D1718932

Kühn/Stegner (Hrsg.)

# Management von Risikokonzentrationen

## Erfassung – Beurteilung – Steuerung – Überwachung

Finanz Colloquium Heidelberg, 2011

Zitiervorschlag:

*Autor* in: Kühn/Stegner (Hrsg.): Management von Risikokonzentrationen, RdNr. XX.

ISBN:            978-3-940976-59-8
© 2011           Finanz Colloquium Heidelberg GmbH
                 Plöck 32a, 69117 Heidelberg
                 www.FC-Heidelberg.de
                 info@FC-Heidelberg.de
Titelfoto:       fotolia.de/OlgaLIS
Satz:            MetaLexis, Niedernhausen
Druck:           Digital Print Group O. Schimek GmbH, Nürnberg

# Management von Risikokonzentrationen

## Erfassung – Beurteilung – Steuerung – Überwachung

Stefan Kühn (Hrsg.)
Leiter Risikocontrollling
Frankfurter Sparkasse, Frankfurt am Main

Philip Stegner (Hrsg.)
Leiter Kreditrisikomanagement/-sekretariat
Frankfurter Sparkasse, Frankfurt am Main

Christian Batz
Abteilungsleiter Betriebswirtschaft
Bereich Bankwirtschaft und Verbundgeschäft
Genossenschaftsverband Bayern e. V., München

Michael Bräuning
Fachmitarbeiter Financial Services Industry
Deloitte & Touche GmbH, Frankfurt am Main

Jörg Bretz
Prüfungsleiter Referat Bankgeschäftliche
Prüfungen 1, Deutsche Bundesbank, Frankfurt am Main

Marco Dörflinger
Manager, Servicebereich Regulatory
PricewaterhouseCoopers AG WPG, Frankfurt am Main

Peter Martin
Controlling/Steuerung
Volksbank Allgäu-West eG, Isny im Allgäu

Markus Andreas Müller
Senior Consultant Bereich Governance, Risk and Compliance
PricewaterhouseCoopers AG WPG, Frankfurt am Main

## Marco Rauthe

stv. Bereichsleiter Interne Revision
VR Bank Schwalm-Eder,
Volksbank Raiffeisenbank eG, Homburg/Efze

## Dr. Wolfgang Seel

Vorstand
VR-Bank Neu-Ulm/Weißenhorn eG, Weißenhorn

## Thomas Teitge

Abteilungsleiter Steuerung
Kasseler Bank eG, Kassel

## Stefanie von Zydowitz

Abteilungsleiterin Bereich Marketing & Vertrieb
Abteilung Vertriebsentwicklung
Genossenschaftsverband Bayern e. V., München

## Dr. Matthias Wagatha

Head of Portfolio Management & Reporting
Risk Management & Control
Deutsche Pfandbriefbank AG, Unterschleißheim

Finanz Colloquium Heidelberg
2011

# Inhaltsübersicht

# Inhaltsverzeichnis

# A.

# Einführung in das Thema und aufsichtsrechtliche Grundlagen

# A. Einführung in das Thema und aufsichtsrechtliche Grundlagen

## I. Begriffsdefinition und Einordnung von Risikokonzentrationen

Die Ereignisse während der Finanzkrise haben viele Beispiele für den Einfluss 1
von Risikokonzentrationen auf die wirtschaftliche Entwicklung einzelner
Institute bzw. ganzer Institutsgruppen ans Licht gebracht. Risiken aus Konzentrationen können ein Institut in seiner Fähigkeit, seine Kernaktivitäten auszuüben stark einschränken oder sogar dessen Fortbestand gefährden. Ein einfaches Beispiel in diesem Beitrag wird die möglichen Auswirkungen veranschaulichen. Anhand verschiedener Ereignisse aus der Subprime-Krise und der anschließenden globalen Finanzkrise wird außerdem der Einfluss von Konzentrationen auf die betroffenen Institute anschaulich dargelegt werden. Risikokonzentrationen können in den verschiedensten Erscheinungsformen auftreten, dementsprechend vielfältig sind die Folgen für die Risikolandschaft und für das Risikomanagement von Instituten. Es erscheint deshalb naheliegend, dass die Aufsicht auf internationaler wie auch auf nationaler Ebene reagiert hat, indem sie Risikokonzentrationen zum Gegenstand vom bankaufsichtlichen Überprüfungsprozess gemacht hat und entsprechende Anforderungen zum Umgang mit Risikokonzentrationen formuliert hat. Diese teilweise verschärften Anforderungen werden im zweiten Kapitel detailliert erläutert.

## 1. Konzentrationen und Korrelationen

Allgemein wird unter einer Konzentration eine Zusammenballung gleicher 2
oder unterschiedlicher Elemente verstanden – in dem hier betrachteten Kontext eine Zusammenballung von wirtschaftlichen Kräften. Konzentrationen können in den unterschiedlichsten Formen auftreten und durch verschiedenste Ereignisse beeinflusst werden. Gegebenenfalls können solche Zusammenballungen vorliegen, ohne dass dies für die betroffenen Parteien offensichtlich wäre und erst unter extremen Bedingungen deutlich werden. Ein einfaches aber anschauliches Beispiel für eine Konzentration im Finanzsektor stellt die klassische Anlageentscheidung in Wertpapieren mit entsprechenden Portfoliowirkungen dar:

Einem Investor stehen bis zum 6. Oktober 2003 € 3.500 zur Verfügung. Er will den vollständigen Betrag in die Aktie der deutschen Bank »National« investieren. Er kann von den € 3.500 272 Aktien zum Preis von € 12,85 kaufen (Rest € 4,80). Der Verlauf der Aktie vom 6. Oktober 2003 bis zum 1. Oktober 2009 ist in Abbildung 1 dargestellt. Die Aktie hat am 6. April 2006 einen Kurs von € 57,30. Bei einem Verkauf hätte der Investor einen Gewinn von € 12.090,40 realisiert, was einer Rendite von über 300 % für diesen Zeitraum entspricht. Am 9. März 2009 steht der Kurs der Aktie hingegen nur noch bei € 0,64. Die Investition wäre zu diesem Zeitpunkt nur € 174,80 wert.

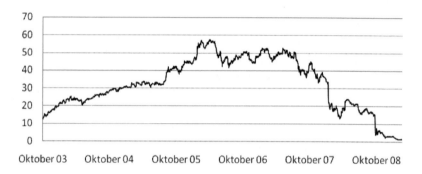

*Abb. 1: Kursverlauf der Bank »National« Aktie*

3    Das Beispiel zeigt eine extreme Form der Portfoliokonzentration, da lediglich in einen Titel investiert wurde. Des Weiteren veranschaulicht es mehrere Aspekte von Konzentrationen in der Finanzwirtschaft. Einerseits bietet die extreme Ungleichverteilung der Investition die Chance zur Realisierung hoher Gewinne, andererseits läuft der Investor aufgrund der Konzentration Gefahr, hohe Verluste zu verzeichnen. Die Gefahr, hohe Verluste aufgrund der Ungleichverteilung seiner Investition hinzunehmen, kann ein Investor jedoch mit einer generellen Strategie begrenzen: Durch eine geeignete **Diversifikationsstrategie**[1] könnte er dieses Risiko reduzieren und erhält so ein breiter gestreutes Portfolio, in dem Risiken unterschiedliche Wirkungszusammenhänge aufweisen. In einem optimal diversifizierten Portfolio gleichen sich idealerweise die unternehmensspezifischen Chancen und Risiken im Wesentlichen aus. Man spricht in diesem Zusammenhang auch von den unsystematischen Risi-

---

1    Vgl. z. B. *Hagin, Robert* (2004).

ken.[2] Der Investor ist folglich nur noch den allgemeinen wirtschaftlichen Schwankungen, den sogenannten systematischen Risiken, ausgesetzt. Um einen Vergleich zwischen der Investition in einen Titel und einem gestreuten Aktienportfolio, wie es durch einen Index wie den DAX oder MDAX abgebildet wird, zu ziehen, wird im folgenden Beispiel die Investition in die Aktie eines Unternehmens und in den DAX angenommen:

Zwei Investoren A und B stehen bis zum 6. Oktober 2003 jeweils € 3.500 zur Verfügung. A investiert den vollständigen Betrag in Aktien der Bank »National«, B investiert den vollständigen Betrag in den DAX.

Die Entwicklung der Investition wird jeweils vom 6. Oktober 2003 bis zum 1. Oktober 2009 in Abbildung 2 dargestellt. Investor A würde bei einem Verkauf zum 6. April 2006 einen Gewinn von € 12.090,40 realisieren, während Investor B zu diesem Zeitpunkt lediglich einen Gewinn von € 2.626,48 erzielen würde. Am 9. März 2009 hingegen müsste Investor A bei einem Verkauf einen Verlust von € 3.321,12 hinnehmen. Er würde den investierten Betrag fast komplett verlieren. Im Gegensatz dazu würde Investor B zum gleichen Zeitpunkt immer noch einen Gewinn von € 287,12 realisieren.

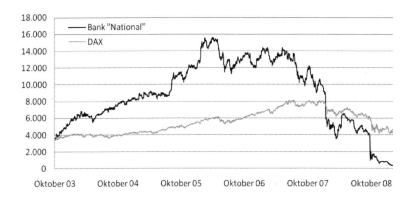

*Abb. 2: Hypothetische Investition von € 3.500 in die Bank »National« Aktie und den Dax*

Das obige Beispiel zeigt, dass durch die Vermeidung von Konzentrationen mittels einer geeigneten Diversifikation im Portfolio, das Risiko, Verluste hinzunehmen, im Regelfall begrenzt werden kann.     4

---

2     Für nähere Informationen sei hier auf Literatur zum Capital Asset Pricing Model (CAPM) verwiesen. (Vgl. z. B. *Sharpe, William* (1964).

5    Eng verwandt mit dem Begriff der Konzentration und gleichzeitig ein wichtiges Instrument der Diversifikation ist die **Korrelation**. Die Korrelation dient
der Beschreibung des Zusammenhangs zwischen Variablen. Man unterscheidet positive (je mehr, desto mehr...) und negative Korrelationen (je mehr,
desto weniger...). Steigt beispielswiese Aktie A, so fällt Aktie B (negative
Korrelation). Zur Quantifizierung der statistischen Korrelation dient als be-
kanntestes Maß der Korrelationskoeffizient. Der Korrelationskoeffizient ist
dabei auf die Werte zwischen -1 und 1 beschränkt. Bei einem Korrelationsko-
effizienten von Null, spricht man von Unabhängigkeit. Übertragen auf das
Beispiel eines Aktienportfolios ist die Wahrscheinlichkeit, Verluste hinzunehmen, umso geringer, je weniger die einzelnen Aktien miteinander korrelieren.
Aus Korrelation lässt sich allerdings noch nicht zwingend ein Kausalzusam-
menhang folgern.[3]

6    Nachfolgend wird der Begriff der Korrelation im Zusammenhang mit dem
Beispiel veranschaulicht:

> Drei Investoren A, B und C stehen bis zum 6. Oktober 2003 jeweils € 3.500
> zur Verfügung. A und B investieren wie oben beschrieben in Aktien der Bank
> »National« beziehungsweise in den DAX. C investiert den vollständigen Be-
> trag in Aktien von der Bank »International.«
>
> Die Entwicklung der Investition wird jeweils vom 6. Oktober 2003 bis zum
> 1. Oktober 2009 in Abbildung 3 dargestellt. Zum 6. April 2006 würde Inves-
> tor A einen Gewinn von € 12.090,40 realisieren, Investor B würde einen Ge-
> winn von € 2.626,48 erzielen und Investor C € 4.059,23. Am 9. März 2009
> hingegen müsste Investor A einen Verlust von € 3.321,12 hinnehmen, Inves-
> tor B würde noch einen Gewinn von € 287,12 realisieren und Investor C hätte
> bei einem Verlust von € 3.490,67 fast alles verloren.
>
> Für den Beobachtungszeitraum weisen die Kurse der Bank »National« und
> von der Bank »International« einen Korrelationskoeffizienten von 0,95 auf,
> während der Korrelationskoeffizient für den Dax und den Kurs der Bank
> »National« lediglich 0,44 beziehungsweise 0,50 für den DAX und den Kurs
> von der Bank »International« beträgt.

---

3    Vgl. *Bankhofer, Udo/Vogel, Jürgen* (2008) Kapitel 5.

Hätte Investor A nicht den vollen Betrag in Aktien der Bank »National« investiert, sondern lediglich die Hälfte und die andere Hälfte in Aktien von der Bank »International,« so hätte er am 6. April 2006 einen Gewinn von € 8.055,11 erzielt und am 9. März 2009 € 3.388,95 verloren.

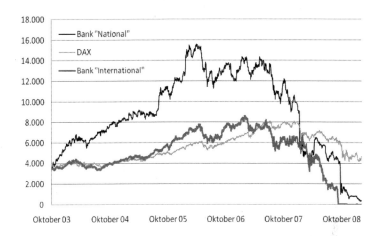

*Abb. 3: Hypothetische Investition von € 3.500 in die Bank »National«, den Dax und die Bank »International«*

Im Beispiel sind die Kurse der Bank »National« und von der Bank »International« stark positiv korreliert. Dieses Ergebnis steht auch im Einklang mit der Entwicklung der hypothetischen Investition, wie man sie in Abbildung 3 beobachten kann. Durch eine Verteilung der Investition auf zwei Titel wie im Beispiel, läge im Portfolio immer noch eine Konzentration vor. Diese resultiert aus der Konzentration von Titeln in der gleichen Branche (**Branchenkonzentration**). Die positive Korrelation weist darauf hin, dass wenn der Kurs der Bank »International« Aktie fällt, auch der Kurs der Bank »National« Aktie fällt. Es bleibt allerdings zu beachten, dass aus einer Korrelation nicht notwendigerweise auf eine kausale Abhängigkeit gefolgert werden. 7

Daneben wird am Kursverlauf ein weiterer Gesichtspunkt von Konzentrationen deutlich: Die Auswirkungen von Konzentrationen können gegebenenfalls erst unter extremen Bedingungen deutlich werden. Der Kursverlauf im Beispiel wird stark von den Ereignissen der Subprime-Krise von 2007/2008 beeinflusst. 8

**Konzentrationen während der Subprime-Krise**

9 Ernsthafte Zweifel an der Kreditqualität von US »Subprime Mortgages«[4] führten zu einem Rückgang der Nachfrage auf der Investorenseite. Dieser Rückgang wurde verstärkt durch Schwierigkeiten bei der Bewertung und Unsicherheiten über die Angemessenheit der Ratings der Ratingagenturen. »Die Subprime-Papiere wurden – von den Rating-Agenturen – sehr hoch eingestuft, 80 % von ihnen mit der Note AAA, 95 % mit A oder höher.«[5]

10 Dies hatte zur Folge, dass die Inhaber der Forderungen nicht mehr in der Lage waren, ihre Forderungen auf den Verbriefungsmarkt zu transferieren. Sie sahen sich plötzlich unerwartet **konzentrierten »Exposures«** in Assets gegenüber, deren Werte sehr sensibel auf verschiedene Marktvariablen, die Kreditqualität und Änderungen in der Liquidität der Assets reagierten. Zusätzlich zu dieser Entwicklung geriet der Markt für »Asset-Backed Commercial Paper« (ABCP) ins Stocken, nachdem es zu Unsicherheiten bezüglich der zugrundeliegenden Qualität der Sicherheiten, gekommen war. Die eingefrorenen Märkte für ABCP wiederum führten zu Schwierigkeiten in der Refinanzierung für verschiedene Finanzinstitute. Die weiteren Wirkungen, die letzteendlich in die sogenannte Finanzmarktkrise mündeten, sind hinlänglich bekannt und aus verschiedensten Sichtweisen an anderer Stelle diskutiert worden.

11 Die so aufgebaute **Konzentration auf der Finanzierungsseite** in einen kurzfristigen Zeithorizont schwächte die Liquiditätsposition vieler Institute. Große (finanzierende) Institute wurden mit dem Aufbau von »Exposures« in strukturierten Krediten und mit weiterem Druck auf ihre Liquiditätsposition konfrontiert. Die allgemeine Tendenz hin zu einer verstärkten Risikoaversion, der steile Anstieg in bestimmten Referenz- und Kreditzinssätzen und gehortete Liquidität führten zu unfreiwilligen Verkäufen von Assets. Den Verkäufen folgte ein ernsthafter Preisverfall in diversen Klassen von Assets (Equity, gehandelte Kredite, Unternehmensanleihen usw.). Dieser Verfall der Assetwerte rief oftmals den Bedarf zusätzlicher Sicherheiten hervor, was wiederum zu einer weiteren Verschlechterung der Liquiditätssituation des Kreditinstituts geführt hat.

12 Dieser allgemeine Liquiditätsengpass, die Unsicherheiten über die eigenen möglichen »Exposures« der Institute und die erhöhten Kontrahentenausfallrisiken brachten letztendlich sogar temporär den Inter-Banken Markt quasi zum Stillstand. Die Absicherung von Kredit- und Marktrisiken erwies sich als ext-

---

4    Vgl. bspw. *DiMartino, Danielle/Duca, John V.* (2007).
5    *Akerlof, George/Shiller, Robert* (2009) S. 65.

rem schwierig unter diesen Bedingungen und weniger effektiv als erwartet, so dass die »Exposures« gegenüber diesen Risiken immer größer wurden. Durch die Verluste und die Herabstufung der Monoliner gerieten die (indirekten) Kontrahentenrisiken plötzlich immer mehr in den Mittelpunkt, da sich die Absicherungen erneut als ineffektiv erwiesen.[6]

In Deutschland waren die IKB und die Sachsen LB die ersten prominenten    13
Opfer der Subprime-Krise, unter anderem da sie beträchtliche Volumina in Subprime-Papiere investiert hatten. Dieser Form von Konzentration sahen sich auch zahlreiche andere Institute ausgesetzt. Aus der Subprime-Krise entwickelte sich die globale Finanz- beziehungsweise Vertrauenskrise, die ihren Höhepunkt in dem Zusammenbruch von Lehman Brothers im September 2008 fand.[7]

## 2.  Folgen von Konzentrationen für die Risikolandschaft

Der Begriff »Risiko« wird zwar in nahezu jeder wissenschaftlichen Disziplin    14
verwendet, allerdings gibt es keine allgemein anerkannte Risikodefinition. Seinen Ursprung findet der Risikobegriff in dem altgriechischen Wort »rhiza« (altgriechisch »Wurzel«, »Klippe«), das in das lateinische Wort »risicare« übernommen wurde. Dies bedeutet soviel wie »eine Klippe umfahren.« Während der Renaissance fand das lateinische Wort »risicare« schließlich Eingang in die italienische Sprache und »(ar)rischiare« bedeutet »wagen« oder »riskieren.«[8]

Die Betriebswirtschaftslehre unterscheidet grundsätzlich zwei Ansätze. Einer-    15
seits gibt es die »ursachenbezogenen Ansätze«, bei denen dem Eintritt unsicherer Ereignisse Wahrscheinlichkeiten zugeordnet werden können. Andererseits gibt es die »wirkungsbezogenen Ansätze,« deren Fokus stärker bei der Risikowirkung liegt und die Risiken als die Möglichkeit einer negativen Zielverfehlung auffassen. Damit ist gleichzeitig die Chance einer positiven Zielverfehlung verbunden. Letztendlich setzt eine wirkungsbezogener Ansatz einen ursachenbezogenen Ansatz voraus, so dass eine strikte Trennung nicht sinnvoll erscheint: Aus der Unsicherheit zukünftiger Ereignisse folgt daher ein Risiko (ursachenbezogen), das sich in einer negativen Abweichung von einer festgelegten Zielgröße äußert (wirkungsbezogen).[9] Dabei sind auch positive Zielabweichungen denkbar.

---

6    Vgl. CEBS GL 31, Anhang 1.
7    Vgl. *Zeranski, Stefan* (Hrsg.) (2011) S. 326.
8    Vgl. *Hannemann, Ralf/Schneider, Andreas/Hanenberg, Ludger* (2008) S. 90.
9    Vgl. *Schulte, Michael/Horsch, Andreas* (2002) S.15.

16 Wie im ersten Abschnitt deutlich wurde, gehen von Konzentrationen Unsicherheiten aus, die sich offensichtlich in negativen Abweichungen von festgelegten Zielgrößen äußern können. Wie im Beispiel ebenfalls deutlich wurde, besteht gleichzeitig die Chance, dass eine positive Abweichung erreicht werden kann. Der Begriff der **Konzentrationsrisiken** steht in diesem Zusammenhang für Risiken, die aus Konzentrationen erwachsen können.

17 Zum allgemeinen Verständnis ist zu beachten, dass die Bedeutung der Begriffe Konzentrationsrisiken und Risikokonzentration nicht identisch ist. Risikokonzentrationen implizieren Konzentrationen von Risiken, während sich Konzentrationsrisiken auf Risiken aus Konzentrationen beziehen. Die Bundesbank spricht sich zwar für die Verwendung des Begriffs Konzentrationsrisiken aus, doch auf Druck der Bankenfachverbände findet in den entsprechenden aufsichtsrechtlichen Anforderungen der Begriff Risikokonzentration Verwendung. Um im Einklang mit dem Wortlaut der aufsichtsrechtlichen Anforderungen zu stehen, wird in diesem Buch ebenfalls das Wort Risikokonzentration verwendet. Es sei jedoch an dieser Stelle darauf hingewiesen, dass damit dennoch auf die Risiken abgezielt wird, die aus Konzentrationen erwachsen.[10]

18 Die abstrakte Bedeutung des Begriffs Risikokonzentration wurde oben hergeleitet, eine allgemeingültige Definition existiert jedoch nicht. Dies gilt im Übrigen genauso für Konzentrationsrisiken. Für die Entstehung von Risikokonzentration ist jedoch charakteristisch, dass »an umfangreiche Geschäftsaktivitäten eines Instituts ähnliche Risikoeigenschaften geknüpft sind.«[11] Es erscheint allerdings sinnvoll, sich bei einer Definition von Risikokonzentrationen auf deren mögliche Wirkungen zu beziehen. Gemeint sind vor allem solche Risiken, die hinreichend große Verluste generieren können, um den Fortbestand eines Institutes zu gefährden oder es in seiner Fähigkeit, seine Kernaktivitäten auszuüben, einschränken.[12]

19 Die möglichen Auswirkungen von Risikokonzentrationen, insbesondere die sehr schwer zu kalkulierende Verlustgefahr, legen nahe, dass eine intensive Auseinandersetzung für Institute unausweichlich ist. Da es sich um **keine eigenständige Risikokategorie** handelt, sondern diese vielmehr in Verbindung mit bestehenden Risikoarten auftreten und auch artenübergreifend wirken können, sind die Erscheinungsformen von Risikokonzentrationen dementsprechend vielfältig und werden im dritten Abschnitt gesondert behandelt.

---

10  Vgl. *Deutsche Bundesbank* (2009) S. 1.
11  Vgl. *Hannemann, Ralf/Schneider, Andreas/Hanenberg, Ludger* (2008) S. 97.
12  Vgl. CEBS GL 31, Tz. 21.

Das Institut der Wirtschaftsprüfer regte zur Bestimmung auch an,»in der Formulierung zwischen den Risikoarten Adressausfallrisiken, Marktpreisrisiken, Liquiditätsrisiken und operationellen Risiken einerseits und der Risikodimension Konzentrationsrisiken andererseits zu unterscheiden.«[13]

Ebenso vielfältig wie die möglichen Erscheinungsformen von Risikokonzent-    20
rationen sind aus betriebswirtschaftlicher Sicht die daraus resultierenden Anforderungen an das Risikomanagement eines Instituts. Zunächst muss ein Institut das notwendige Verständnis aufweisen und geeignete Mittel vorhalten, um die allgemeinen und institutsspezifischen Risikokonzentrationen identifizieren zu können. Nicht jede Risikokonzentration muss wesentlich sein, so dass die identifizierten Risikokonzentrationen beurteilt beziehungsweise gemessen werden müssen.

Der Risikobegriff ist wie oben erläutert zweiseitig, positive Abweichungen    21
von gewissen Zielgrößen können ebenso aus Konzentrationen resultieren. Eine Fokussierung auf ein bestimmtes Produkt, eine Region oder auf eine Branche kann aufgrund von Fachexpertise oder Ähnlichem Wettbewerbsvorteile mit sich bringen. Bausparkassen oder Realkreditinstitute gehen beispielsweise Kreditkonzentrationen bewusst ein.[14] Es gilt daher auch, neben der Verlustgefahr die Chancen aus Konzentrationen angemessen zu berücksichtigen.

Zusätzlich zur Erfassung und Beurteilung ist eine Steuerung der für das Insti-    22
tut wesentlichen Risikokonzentrationen notwendig. Entsprechende Maßnahmen hängen stark von den spezifischen Risikokonzentrationen ab, denen sich ein Institut ausgesetzt sieht. Von der Einführung von Limitstrukturen bis hin zu einer Anpassung der Risikostrategie gibt es verschiedene Maßnahmen, die risikomindernd wirken können. Hierbei sollte allerdings beachtet werden, dass aus den getroffenen Maßnahmen zur Minderung von bestimmten Risikokonzentrationen, nicht neue Risiken oder Risikokonzentrationen entstehen. Daneben stellt die angemessene Berücksichtigung von Risikokonzentrationen bei der Kapitalplanung beim Management von Risikokonzentrationen eine wichtige Aufgabe für Institute dar. Zusammengefasst sind die geeignete Überwachung und Kommunikation von Risikokonzentrationen zusammen mit der Erfassung, Beurteilung und angemessenen Steuerung die wesentlichen, übergeordneten Anforderungen zum Umgang mit Risikokonzentrationen.

---

13   *IDW* (2009) S. 3.
14   Vgl. *Deutsche Bundesbank* (2006) S. 38.

23 Die möglichen negativen Auswirkungen und die komplexe Natur von Risikokonzentrationen untermauern die Notwendigkeit einer aufsichtsrechtlichen
Behandlung von Risikokonzentrationen. Die Aufsicht hat auf internationaler
wie auch auf nationaler Ebene darauf reagiert und Anforderungen sowie
Empfehlungen formuliert, die im nächsten Kapitel detailliert beschrieben
werden.

## 3. Erscheinungsformen von Risikokonzentrationen

24 Im ersten Abschnitt wurde anhand des Beispiels zu Portfoliokonzentrationen
eine spezielle Form von Risikokonzentrationen dargestellt. Wie im zweiten
Abschnitt deutlich wurde, bewegen sich Risikokonzentrationen in einem sehr
breiten Feld und treten in Verbindung mit beziehungsweise als Dimension der
verschiedenen (bestehenden) Risikoarten auf. Risikokonzentrationen können
dabei offensichtlich sehr vielfältig sein. Denkbar sind beispielsweise Konzentrationen in bestimmten Regionen oder Wirtschaftszweigen, aus einseitigen
Refinanzierungs- und Ertragsquellen, aus engen Angebotspaletten und Häufungen nach der Laufzeitstruktur usw. Zur einfacheren Klassifizierung und
aufgrund der Natur von Risikokonzentrationen bietet es sich an, diese zusammen mit den unterschiedlichen Arten von Risiken, die für ein Institut
relevant sind, darzustellen.

### Adressenausfallrisiken

25 Mit dem Adressenausfallrisiko wird aus Sicht eines Instituts die Gefahr beschrieben, dass eine Gegenpartei nicht oder nur teilweise in der Lage ist, den
vertraglichen Verpflichtungen nachzukommen. Dies umfasst in der Regel
sowohl Geschäftsarten wie das traditionelle Kreditrisiko als auch Geschäftsarten, die über das traditionelle Kreditgeschäft hinausgehen wie beispielsweise
das Handelsgeschäft (Kontrahenten- und Emittentenrisiken).[15]

26 Bei Risikokonzentrationen im Zusammenhang mit Adressenausfallrisiken
wird traditionell unterschieden zwischen Risiken, die aus der Konzentration
auf eine einzelne Gegenpartei resultieren, der ungleichmäßigen Verteilung
über Branchen oder geografische Regionen (Sektorenkonzentrationen) und
der Konzentration von Forderungen gegenüber Unternehmen, die durch
Geschäftsbeziehungen miteinander verbunden sind.[16] Das EU-Recht hat sich
dabei bereits früh dem Fall der Groß- und Klumpenrisiken aus Krediten angenommen: »Die übermäßige Konzentration von Krediten auf einen einzigen

---

15   Vgl. *Hannemann, Ralf/ Schneider, Andreas/ Hanenberg, Ludger* (2008) S. 93.
16   Vgl. *Deutsche Bundesbank* (2006) S. 37.

Kunden oder eine Gruppe verbundener Kunden kann einen unannehmbaren Grad der Risikokonzentration zur Folge haben. Eine derartige Situation kann für die Solvenz eines Kreditinstituts als abträglich angesehen werden.«[17] Die Ansteckungsgefahr, die von untereinander verbundenen Kunden ausgeht, stellt in diesem Kontext einen wichtigen Aspekt dar, der in den letzten Jahren in der Forschung Beachtung gefunden hat.[18]

## Marktpreisrisiken

Das Marktpreisrisiko beschreibt die Gefahr, die mit der Veränderung von   27 Preisniveaus, wie Zinsen oder Kursen, verbunden ist. Wesentliche Unterkategorien dieser Risikoart sind:[19]

- Kursrisiken

- Zinsänderungsrisiken

- Währungsrisiken

- Marktpreisrisiken aus Warengeschäften

Risikokonzentrationen sind hier dementsprechend solche Risiken, die aus   28 einer übermäßigen Abhängigkeit von bestimmten externen Kursen, Zinsniveaus, Währungen usw. resultieren. Kommt es aus Sicht des Instituts beispielsweise zu einer negativen Kursveränderung, wird die Risikokonzentration schlagend. Solche Risikokonzentrationen bleiben oftmals unentdeckt und werden gegebenenfalls erst unter extremen Bedingungen deutlich, was auch das Beispiel aus dem ersten Abschnitt belegt. Zur Identifizierung bietet sich in diesem Fall der Einsatz von Stresstests an.

## Liquiditätsrisiken

Das Liquiditätsrisiko stellt aus Sicht eines Instituts die Gefahr dar, dass es   29 seine fälligen oder sonstigen Zahlungsverpflichtungen nicht mehr erfüllen kann und somit illiquide wird. Eine weitere Differenzierung liefert im Wesentlichen einerseits die Fristigkeitsrisiken und andererseits die aus anderen schlagend gewordenen Risiken abgeleiteten. Die Fristigkeitsrisiken folgen dabei aus zeitlich nicht synchron verlaufenden Finanzmittelzu- und -abflüssen, während die anderen als Konsequenz der schlagend gewordenen Risiken liquiditätswirksam werden. Im Vergleich zu den anderen Risikoarten nimmt das Liquiditätsrisiko eine besondere Stellung ein, da es sich um ein »digitales Risiko« (»0/1-Risiko«) handelt und besonders im eigenen Interesse eines Instituts

17    *EG-Kommission* (1987).
18    Vgl. z. B. *Egloff, Daniel/Leippold, Markus/Vanini, Paolo* (2004).
19    Vgl. *Hannemann, Ralf/Schneider, Andreas/Hanenberg, Ludger* (2008) S. 94.

beachtet werden muss. Entweder das Risiko liegt vor oder nicht. Ist es zu einem Liquiditätsengpass gekommen, hilft im Allgemeinen selbst ein interner Kapitalpuffer oder Ähnliches nicht mehr, die Situation zu lösen.[20]

30 Risikokonzentrationen können eine wesentliche Quelle für Liquiditätsrisiken darstellen, da sie sowohl auf der Aktiv- als auch auf der Passivseite zu Engpässen in der Liquidität des Instituts führen können. Konzentrationen auf der Aktivseite können ein Institut in seiner Fähigkeit Liquidität zu generieren einschränken: Kommt es zu einer geminderten Marktliquidität für eine bestimmte Asset-Klasse, auf die das Institut fokussiert ist, wird das Institut eingeschränkt. Zu einer vergleichbaren Situation kam es auch während der Subprime-Krise, wie im ersten Abschnitt erläutert. Eine Risikokonzentration auf der Passivseite liegt vor, wenn das Institut aufgrund seiner spezifischen Refinanzierungsstruktur verbunden mit einem bestimmten Ereignis angreifbar wird.[21] Ein Beispiel für eine Risikokonzentration in der Refinanzierungsstruktur wäre die Konzentration auf einen oder einige wenige Finanzierungsgeber.

**Operationelle Risiken**

31 »Operationelles Risiko ist die Gefahr von Verlusten, die infolge der Unangemessenheit oder des Versagens von internen Verfahren und Systemen, Menschen oder infolge externer Ereignisse eintreten. Diese Definition schließt Rechtsrisiken ein.«[22]

32 Risikokonzentrationen stellen in diesem Zusammenhang solche operationellen Risiken dar, die entweder einzeln oder als Gruppe von verschiedenen operationellen Risiken über ein ausreichend großes Potential verfügen, um den Fortbestand eines Instituts zu gefährden oder es in seiner Fähigkeit zur Ausübung seiner Kernaktivitäten einzuschränken. Ein einfaches Beispiel ist die übermäßige Abhängigkeit eines Instituts von einem bestimmten IT-System.

33 Insbesondere für diese Art von Risikokonzentrationen gilt, dass sie mitunter erst unter extremen Bedingungen deutlich werden und sich folglich der Einsatz von Stresstests zur Aufdeckung anbietet.[23]

34 Zu beachten bleibt allerdings auch, dass Risikokonzentrationen wie zuvor beschrieben nicht nur innerhalb einer Risikoart auftreten, sondern auch in Verbindung mit verschiedenen Risikoarten interagieren können. In den Aus-

---

20  Vgl. *Hannemann, Ralf/ Schneider, Andreas/ Hanenberg, Ludger* (2008) S. 95.
21  Vgl. CEBS GL 31, Tz. 95.
22  Vgl. SolvV (2007) § 269 Abs. 1, Satz 1.
23  Vgl. CEBS GL 31, Tz. 76 ff.

führungen zu den aufsichtsrechtlichen Anforderungen an Risikokonzentrationen im nächsten Kapitel wird auf diese Besonderheit eingegangen, die auch aus aufsichtsrechtlicher Sicht eine Neuerung darstellt.

Ein Beispiel für eine Risikokonzentration, bei der Wechselwirkungen von    35
Adressenausfallrisiken und Marktpreisrisiken bestehen, ist die Vergabe eines
Kredits an einen Kreditnehmer, dessen Heimatwährung sich von der des
Instituts unterscheidet. Das Institut ist in diesem Fall sowohl Marktpreisrisiken (Währungsrisiken) als auch Adressenausfallrisiken ausgesetzt: Wird die
Heimatwährung des Kreditnehmers abgewertet, so erhöht sich der Kreditbetrag in Bezug auf dessen Heimatwährung, was wiederum die Fähigkeit zur
Rückzahlung des Kreditnehmers einschränken kann.[24]

Abbildung 4 stellt zum Abschluss die verschiedenen Erscheinungsformen von    36
Risikokonzentrationen im Zusammenhang mit den vier Risikoarten dar.

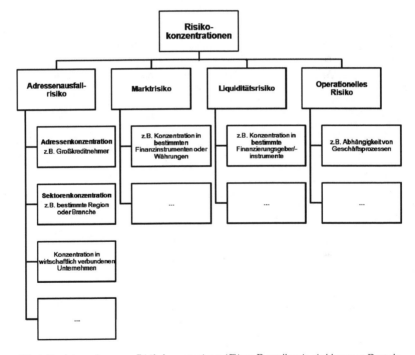

*Abb. 4: Erscheinungsformen von Risikokonzentrationen ( Eigene Darstellung in Anlehnung an Deutsche
Bundesbank Monatsbericht Nr. 6)*

---

24    Vgl. CEBS GL 31, Anhang 1.

**Fazit**

37 »Die Begrenzung beziehungsweise gezielte Steuerung von Risikokonzentrationen […] ist eine zentrale Aufgabe des Risikomanagements in allen Kreditinstituten – unabhängig von deren geschäftspolitischer Ausrichtung. Die Bankenaufsicht ihrerseits leistet ihren Beitrag durch Begrenzungsnormen für die Vergabe von Großkrediten und durch Überwachung der bankinternen Steuerung von Konzentrationsrisiken im Rahmen des bankenaufsichtlichen Überprüfungsprozesses. Darüber hinaus kann auch Marktdisziplin, welche direkt die Refinanzierungskonditionen beeinflusst, zusätzliche Anreize zur Vermeidung von Konzentrationsrisiken geben. Dies geschieht beispielsweise, wenn externe Ratingagenturen Kreditkonzentrationen für das Rating einer Bank berücksichtigen oder durch Offenlegung von Konzentrationsrisiken im Rahmen der dritten Säule von Basel II.«[25] Details zur aufsichtsrechtlichen Behandlung von Risikokonzentrationen werden in den nächsten beiden Kapiteln erläutert.

## II. Aufsichtsrechtliche Behandlung von Risikokonzentrationen

38 Risikokonzentrationen sind spätestens seit der Subprime-Krise von 2007/2008 und der anschließenden globalen Finanzkrise stärker in den Fokus der Finanzaufsicht gerückt und mittels internationaler Guidelines und nationaler Rundschreiben adressiert. Insbesondere die »Guidelines on the management of concentration risk under the supervisory review process« (GL31) des Europäischen Ausschuss der Bankenaufsichtsbehörden (CEBS)[26] vom 2. September 2010 auf internationaler Ebene sowie die Mindestanforderungen an das Risikomanagement (MaRisk) vom 15. Dezember 2010 auf nationaler Ebene bilden den aufsichtsrechtlichen Rahmen zur Behandlung von Risikokonzentrationen.

39 Im Folgenden werden die Empfehlungen und das Verständnis bezüglich der aufsichtsrechtlichen Behandlung von Risikokonzentrationen auf internationaler Ebene aufgezeigt. Darauf aufbauend werden die verschärften Anforderungen an Risikokonzentrationen, die aus der dritten Novelle der MaRisk resultieren, dargestellt.

---

25 Vgl. *Deutsche Bundesbank* (2006), S. 54.
26 Das CEBS (engl. »Committee of European Banking Supervisors«) ist ein Komitee zur Förderung der Kooperation im Bankenbereich und einheitlichen Umsetzung der Richtlinien der EU.

## 1. Empfehlungen der internationalen Aufsicht

Wie bereits in der Einleitung des Kapitels beschrieben sind Risikokonzentra- 40
tionen in der jüngeren Vergangenheit noch stärker in den Fokus der Finanzaufsicht gerückt. Insbesondere auf internationaler Ebene wurden in Form von
Leitfäden Anforderungen und Empfehlungen zum Umgang mit Risikokonzentrationen formuliert. Als unabhängiger Ausschuss der europäischen Bankenaufseher hat CEBS bereits am 17. Dezember 2006 im Leitfaden »Technical
aspects of the management of concentration risk under the supervisory review
process« solche Anforderungen an Risikokonzentrationen festgehalten. Dieser
Leitfaden wurde am 2. September 2010 durch die »Guidelines on the management of concentration risk under the supervisory review process (GL31)«
ersetzt. Diese stehen eng in Verbindung mit weiteren Leitfäden des CEBS.
Dies sind im Wesentlichen:

a) »Guidelines on the Application of the Supervisory Review Process
   under Pillar 2 (GL03)«

b) »High-level principles for risk management«

c) »Guidelines on the implementation of the revised large exposures
   regime«

Da Risikokonzentrationen mitunter bei einer normalen Betrachtung nicht zu 41
erkennen sind und gegebenenfalls erst bei der Durchführung von Stresstests
identifiziert werden, bieten ferner die »Guidelines on stress testing (GL32)« in
diesem Zusammenhang einen hilfreichen Einblick.[27]

CEBS erwartete von seinen Mitgliedern eine Umsetzung des Leitfadens zu 42
Risikokonzentrationen bis zum 31. Dezember 2010. Die Umsetzung in nationales Recht erfolgte in Deutschland durch die entsprechenden Anpassungen
der MaRisk per 15. Dezember 2010, die im zweiten Abschnitt dargestellt werden. Um die tatsächliche Umsetzung zu prüfen, plant CEBS ferner eine **Studie zur Implementierung** des Leitfadens ein Jahr nach Ablauf der Umset-
zungsfrist. Diese Studie wird sowohl die Etablierung der Grundsätze in nationale Regulierungen und deren Installation in aufsichtsrechtliche Praktiken als
auch die Entwicklung in den Instituten mit Blick auf die Anforderungen an
Risikokonzentrationen berücksichtigen.[28]

Der Leitfaden beinhaltet im Wesentlichen die Definition von Risikokonzent- 43
rationen (einschließlich der Einführung des neuen Konzepts von Intra- und

---

27  Vgl. CEBS GL 31, Tz. 13.
28  Vgl. CEBS GL 31, Tz. 20.

Inter-Risikokonzentrationen), allgemeine Grundsätze zum Management von Risikokonzentrationen sowie konkrete Gesichtspunkte zum Management von Risikokonzentrationen mit Blick auf die verschiedenen Risikoarten (Kreditrisiken, Marktpreisrisiken, operationelle Risiken und Liquiditätsrisiken) und Aspekte der aufsichtsrechtlichen Prüfung und Beurteilung von Risikokonzentrationen. Des Weiteren werden anhand von Beispielen Formen von Risikokonzentrationen und Indikatoren zum Management von Risikokonzentrationen dargestellt. Da der CEBS-Leitfaden im Hinblick auf Risikokonzentrationen einen höheren Detailierungsgrad als die MaRisk bietet und auch Beispiele zu Risikokonzentrationen aufführt, werden im Folgenden ausgewählte Punkte des Leitfadens vorgestellt, auf die in den MaRisk nicht beziehungsweise nur in geringerem Ausmaß eingegangen wird. Zusätzlich werden für ausgewählte Themen auch die Ansichten des Baseler Ausschuss für Bankenaufsicht (BCBS) eingebracht.[29]

**Der Begriff der Risikokonzentration**

44 Zum besseren Verständnis der Anforderungen des CEBS an Risikokonzentrationen wird zunächst die Definition vorgestellt, die auch dem des BCBS ähnelt.[30] CEBS versteht unter Risikokonzentrationen das »Exposure«, das innerhalb oder zwischen den verschiedenen Risikoarten im gesamten Institut hinweg entstehen kann, mit dem Potenzial zur Generierung

    a) von Verlusten, die den Fortbestand des Instituts oder die Ausführung der Kernaktivitäten gefährden können, oder

    b) einer wesentlichen Veränderung des Risikoprofils des Instituts.

45 Die Differenzierung von **Intra- und Inter-Risikokonzentrationen** stellt dabei einen wichtigen Aspekt der Definition dar, auf den explizit eingegangen wird.[31] Die Berücksichtigung von Risikokonzentrationen sowohl innerhalb einer Risikoart als auch zwischen den verschiedenen Risikoarten wird im zweiten Abschnitt detailliert erläutert[32] und wird deshalb an dieser Stelle nicht weiter thematisiert. Des Weiteren werden die möglichen Auswirkungen von Risikokonzentrationen auf das Kapital, die Liquidität sowie auf die Erträge des Instituts hervorgehoben, die ineinander übergreifend können.[33]

---

29    Das BCBS (»Basel Committee on Banking Supervision«) ist ein Forum, das unter Zentralbanken und in internationalen Finanz- und Aufsichtskreisen den Austausch fördern und die Entscheidungsfindung erleichtern soll, innerhalb der Bank für Internationalen Zahlungsausgleich (engl. »Bank for International Settlements« (BIS)).

30    Vgl. *Basel Committee on Banking Supervision* (2008).

31    Vgl. CEBS GL 31, Tz. 21.

32    Vgl. auch Abbildung 9.

33    Vgl. CEBS GL 31, Tz. 22.

Ebenso erwähnt wird der Begriff der Ertragskonzentration und in diesem 46
Zusammenhang die hinreichende Kenntnis der Erfolgsquellen. Bei der Berücksichtigung von Risikokonzentrationen wird dabei allerdings nicht außer
Acht gelassen, dass die Spezialisierung auf einen gewissen Sektor, auf ein bestimmtes Produkt oder auf besondere Regionen **Fachexpertise** auf diesem
Gebiet bringen kann. Diese Fachexpertise wiederum kann sich positiv auf die
Leistung des Instituts auswirken. Es gilt deshalb, die Risiken aus Konzentrationen einerseits und die Vorteile aus der Spezialisierung andererseits in ein
angemessenes Verhältnis zueinander zu setzen.[34]

**Allgemeine Grundsätze zum Management von Risikokonzentrationen**

Zum Management von Risikokonzentrationen werden in dem CEBS- 47
Leitfaden sechs **allgemeine Grundsätze** vorgestellt:

1) Das allgemeine Rahmenwerk zum Risikomanagement eines Instituts
   sollte Risikokonzentrationen klar adressieren sowie deren Management
   berücksichtigen.

2) Ein Institut sollte auch mit Blick auf ein adäquates Management der Risikokonzentrationen einen integrierten Ansatz bei der Berücksichtigung
   (sämtlicher Aspekte) von Risikokonzentrationen innerhalb sowie zwischen der Risikoarten (Intra- und Inter-Risikokonzentrationen) verfolgen.

3) Ein Institut sollte ein Rahmenwerk zur Identifizierung von Intra- und
   Inter-Risikokonzentrationen vorhalten.

4) Ein Institut sollte ein Rahmenwerk zur Beurteilung von Intra- und Inter-Risikokonzentrationen vorhalten. Die Beurteilung sollte den Wechselwirkungen zwischen den verschiedenen »Exposures« angemessen
   Rechnung tragen.

5) Ein Institut sollte adäquate Vorkehrungen für eine aktive Steuerung,
   Überwachung und Begrenzung von Risikokonzentrationen treffen. Ein
   Institut sollte auf interne Limits, Schwellenwerte oder, wenn ange-
   bracht, auf ähnliche Konzepte zurückgreifen.

6) Ein Institut sollte sicherstellen, dass Risikokonzentrationen ausreichend
   bei der Kapitalplanung berücksichtigt werden. Es sollte, wenn notwendig, abgewogen werden, welche Menge an Kapital dem ermittelten Level an Risikokonzentrationen im Portfolio entgegen gehalten werden
   soll.

---

34    Vgl. CEBS GL 31, Tz. 23 und 24.

48     Die Grundsätze wurden überwiegend über die dritte Novelle der MaRisk in nationales Recht umgesetzt. Die Frage, welche Anforderungen an Risikokonzentrationen zu erfüllen sind, ist damit in der MaRisk beantwortet. Der Leitfaden des CEBS kann darüber hinaus aufgrund der detaillierteren Ausführungen unter Umständen eine Hilfestellung bieten, wie eine Umsetzung konkreter aussehen könnte.

49     Die Anforderungen an das im **ersten Grundsatz** angesprochene allgemeine Rahmenwerk zum Risikomanagement wird in den High-Level Prinzipien zum Risikomanagement[35] und in dem Leitfaden zur Anwendung des aufsichtsrechtlichen Prüfungsprozesses unter der zweiten Säule[36] genauer erörtert. Die klare Adressierung von Risikokonzentrationen in dem allgemeinen Rahmenwerk zum Risikomanagement eines Instituts ist gleichzeitig Voraussetzung, um klare Verantwortlichkeiten schaffen zu können, Arbeitsrichtlinien zu erstellen und geeignete Prozeduren zur Identifizierung, Beurteilung, Steuerung, Überwachung und Kommunikation von Risikokonzentrationen etablieren zu können.[37]

50     CEBS empfiehlt daneben die Festsetzung einer Wesentlichkeitsgrenze für Risikokonzentrationen in Verbindung mit Risikotoleranzen sowie die Installation einer **Richtlinie zu Risikokonzentrationen**, die dokumentiert, wie Intra- und Inter-Risikokonzentrationen sowohl auf Gruppen- als auch auf Einzelebene behandelt werden sollen. Um gewährleisten zu können, dass die Richtlinie und die entsprechenden Prozeduren befolgt werden, wird vom Institut erwartet, dass eine unabhängige Überwachung der Einhaltung auch im Hinblick auf die Limits erfolgt und ein geeigneter Eskalationsprozess eingerichtet ist. Kommt es zu Abweichungen von der Richtlinie oder den etablierten Prozeduren, sollten ferner eine korrekte Dokumentation der Abweichungen und ein Bericht an die entsprechenden Stellen im Management erfolgen. Dies erfordert mitunter ein ausreichendes Verständnis von Risikokonzentrationen seitens der Geschäftsleitung.[38]

51     Im **zweiten Grundsatz** wird dem Institut ein integrierter Ansatz zum Management von Risikokonzentrationen nahe gelegt. Inter-Risikokonzentrationen, die aus den Wechselwirkungen verschiedener Risikoarten resultieren, können aus Sicht des CEBS nicht über simple Addition der einzelnen Risiken

---

35     Vgl. CEBS »High-level principles for risk management« (Februar 2008).
36     Vgl. CEBS »Guidelines on the Application of the Supervisory Review Process under Pillar 2« (Februar 2006).
37     Vgl. CEBS GL 31, Tz. 25 und 26.
38     Vgl. CEBS GL 31, Tz. 27 und 30.

ermittelt werden, wenn die Risiken über einen sogenannten »Silo-Ansatz« erfasst und bemessen werden. Denn Inter-Risikokonzentrationen werden auf diesem Wege unter Umständen nicht vollumfänglich berücksichtigt: Inter-Risikokonzentrationen bedingt durch verschiedene, einzelne Faktoren, die Risiken in unterschiedlichen Geschäftsfeldern verursachen, können so nicht erfasst werden. Bei einem integrierten Ansatz sollten des Weiteren Rückkopplungseffekte auf das »Exposure« eines Instituts nicht außer Acht gelassen werden. Hierbei handelt es sich um **indirekten Effekte**«, die aus Veränderungen des wirtschaftlichen Umfelds resultieren. In Folge des Wertverfalls eines bestimmten Assets, kann ein Institut beispielsweise nicht mehr in der Lage sein, das Asset zu verkaufen.[39]

Zu dem im **dritten Grundsatz** geforderten Rahmenwerk zur Identifizierung von Intra- als auch Inter-Risikokonzentrationen werden im CEBS-Leitfaden weitere Empfehlungen und Anforderungen formuliert. Dieses Rahmenwerk sollte in jedem Fall umfassend genug sein, um sämtliche, für das Institut wesentliche, Risikokonzentrationen abzudecken. Dies beinhaltet bilanzielle wie auch außerbilanzielle Geschäfte über die verschiedenen Risikoarten, Geschäftssektoren und Einheiten hinweg. Die Risikotreiber, aus denen mögliche Risikokonzentrationen für das Institut resultieren können, sollten ebenfalls im Rahmenwerk Berücksichtigung finden. Das Institut sollte sich bei seinen Überlegungen bezüglich der Identifizierung von Risikokonzentrationen stets bewusst sein, dass es nicht alleine, isoliert operiert, und dementsprechend sein Umfeld sowie die wirtschaftlichen Entwicklungen ausreichend mit in seine Überlegungen einbezieht. Weiterhin sollte die Einbeziehung von solchen möglichen Interaktionen gründlich genug sein, um einen **zukunftsorientieren Ansatz** zum Management der Risikokonzentrationen zu ermöglichen. Die Überwachung des Zusammenspiels von Märkten und Wirtschaft ist damit notwendige Voraussetzung zum Verständnis und zur Identifikation von möglichen Risikokonzentrationen. Daneben unterstreicht die Berücksichtigung von Risikokonzentrationen bei der Erschließung neuer Märkt und Einführung neuer Produkte den zukunftsorientierten Charakter des vorgeschlagenen Ansatzes.[40] 52

In Ergänzung zum bisher Genannten stellen **Stresstests** ein weiteres wichtiges Instrument zur Identifizierung von Risikokonzentrationen dar, bezüglich deren Gestaltung Empfehlungen vom CEBS ausgesprochen werden. Stresstests, sowohl in Form von Sensitivitätsanalysen als auch in Form von komple- 53

---

39 Vgl. CEBS GL 31, Tz. 31 und 33.
40 Vgl. CEBS GL 31, Tz. 34 bis 36, sowie 39.

21

xeren Szenarioanalysen, sollten auf einer institutsweiten Basis durchgeführt werden.[41] Wie bereits angesprochen können durch Stresstests Wechselwirkungen zwischen verschiedenen »Exposures« aufgedeckt werden, die lediglich unter extremen Bedingungen offensichtlich werden. Dies bedeutet allerdings nicht notwendigerweise, dass Stresstests alleine mit Blick auf die Identifizierung von Risikokonzentrationen durchgeführt werden sollten. Vielmehr können nach Ansicht des CEBS bei der Durchführung mit Fokus auf den Risiken, denen sich das Unternehmen insgesamt ausgesetzt sieht, nützliche Informationen über Risikokonzentrationen gewonnen werden.[42]

54 Das Rahmenwerk zur Beurteilung von Risikokonzentrationen, wie im **vierten Grundsatz** des CEBS-Leitfaden gefordert, sollte es dem Institut ermöglichen, die Auswirkungen dieser auf dessen Erträge, Solvabilität, Liquidität sowie die Einhaltung der aufsichtsrechtlichen Anforderungen auf eine angemessene, zeitnahe Art und Weise einzuschätzen und zu quantifizieren. Bei der Festsetzung der Frequenz der Beurteilung schlägt CEBS vor, sich am Umfang und der Komplexität der Tätigkeit des Instituts zu orientieren. Das Rahmenwerk sollte außerdem regelmäßig überprüft werden und Änderungen im wirtschaftlichen Umfeld genauso wie mögliche Änderungen am Risikoprofil des Instituts mit einbeziehen. Es können dabei gegebenenfalls mehrere Methoden und Instrumente zur Beurteilung Verwendung finden. Ein adäquates Mittel, um auch hier einen zukunftsorientierten Ansatz zu verfolgen, bietet die Verwendung von Stresstests (Szenarioanalysen). Die Geschäftsleitung sollte sich dabei der wesentlichen **Grenzen und zugrundeliegenden Annahmen** des Rahmenwerks bewusst sein. Genauso sollte das Risikocontrolling die Grenzen und die getroffenen Annahmen des Modells, insbesondere bei der Verwendung von Stresstests, bei der Beurteilung von Risikokonzentrationen angemessen berücksichtigen.[43]

55 CEBS geht neben der Identifizierung und Beurteilung von Risikokonzentrationen auch gesondert auf mögliche Vorkehrungen zum Umgang mit Risikokonzentrationen ein und benennt hierzu auch konkrete Maßnahmen: Im **fünften Grundsatz** hebt CEBS unter anderem die Notwendigkeit eines aktiven Managements zur Minderung von potenziellen Konzentrationen innerhalb der Portfolien einerseits und die Möglichkeiten, dass aus dem aktiven Management heraus wiederum Risiken entstehen können, auf der anderen Seite hervor. Um daneben den Aufbau unerwünschter, langfristiger Risikokonzentrati-

---

41  Vgl. CEBS »Guidelines on stress testing (GL32)« (August 2010).
42  Vgl. CEBS GL 31, Tz. 37 und 38.
43  Vgl. CEBS GL 31, Tz. 37 und 38.

onen zu vermeiden, werden die **kontinuierliche Beurteilung und Anpassung der Geschäftsziele** empfohlen.[44]

Bei der Festsetzung einer **Limitstruktur** für Risikokonzentrationen sollte ein   56
Top-Down und gruppenweiter Ansatz für »Exposures« gegenüber Kontrahenten oder Gruppen von verbundenen Kontrahenten genauso wie für Sektoren, Industrien, bestimmte Produkte oder Märkte gewählt werden. Die Limitstruktur sollte dabei angemessen die Risikobereitschaft des Instituts reflektieren und wesentliche Wechselwirkungen innerhalb und zwischen den einzelnen Risikofaktoren berücksichtigen. Eine angemessene Dokumentation und Kommunikation an alle betroffenen Stellen des Instituts wird empfohlen.

Die regelmäßige Analyse der Portfolien und »Exposures« des Instituts sollten   57
bei der Prüfung der Angemessenheit der eingerichteten Prozesse, Limits und Schwellenwerte oder ähnlichen Vorkehrungen zum Management von Risikokonzentrationen einbezogen werden. Abbildung 5 stellt ausgewählte Elemente einer solchen Analyse und mögliche Maßnahmen zur Risikominderung wie die Reduzierung von Limits aus dem CEBS-Leitfaden dar.[45]

## Vorkehrungen zum Umgang mit Risikokonzentrationen

| Portfolioanalyse (ausgewählte Elemente) | Mögliche Maßnahmen zur Risikominderung |
|---|---|
| • Detailliertere Prüfung der Risikoumgebung für bestimmte Sektoren<br>• Intensivere Prüfung der Performance von Kreditnehmern<br>• Prüfung der Genehmigungsstufen für das Business<br>• Prüfung von Techniken zur Risikominderung und deren rechtliche Durchsetzbarkeit<br>• Prüfung von ausgelagerten Tätigkeiten und Verträgen mit Dritten<br>• Prüfung der Refinanzierungsstrategie für eine effektive Diversifikation<br>• Prüfung der Geschäftsstrategie<br>• … | • Reduzierung der Limits oder Schwellenwerte für Risikokonzentrationen<br>  └ Limits für Refinanzierungskonzentrationen:<br>    • Limits bzgl. der Refinanzierung am Inter-Bankenmarkt<br>    • Limits bzgl. der maximalen/minimalen durchschnittlichen Laufzeit …<br>  └ sonstige Limits für Liquiditätskonzentrationen<br>    • Limits bzgl. Inkongruenzen von Laufzeiten<br>    • Limits bzgl. außerbilanzieller Positionen<br>• Anpassung der Geschäftsstrategie<br>• Diversifizierung der Asset-Allocation oder Refinanzierung<br>• Anpassung der Refinanzierungsstruktur<br>• Absicherung über Dritte (z.B. über Kreditderivate, Garantien,…)<br>• Verkauf bestimmter Assets<br>• Änderung von Auslagerungsvereinbarungen<br>• … |

*Abb. 5: Vorkehrungen zum Umgang mit Risikokonzentrationen (Eigene Darstellung in Anlehnung an CEBS GL 31, Tz. 46 ff.)*

---

44   Vgl. CEBS GL 31, Tz. 43.
45   Vgl. CEBS GL 31, Tz. 44 bis 46.

58   Weitere nützliche Instrumente wie Indikatoren oder Trigger, die sich wie Limits an bestimmten Schwellenwerten orientieren, werden in der Regel konservativer gewählt als Limits und haben dementsprechend einen präventiven Charakter. Im Folgenden sind einige einfache Beispiele für Indikatoren aufgeführt, die zur Messung von Risikokonzentrationen verwendet werden könnten:[46]

- Konzentrationskurve[47]

- Gini-Koeffizient[48]

- Diversitätskennzahlen (z. B. Herfindahl-Index)

- Porfolio-Korrelationen

- Varianz/Kovarianz Maße

59   An die gewählten Maßnahmen zur Risikominderungen werden ebenfalls Anforderungen im CEBS-Leitfaden formuliert. Diese sollten angemessen, handhabbar und vor allem vollständig verstanden sein vom betroffenen Personal. Bei der Auswahl von Techniken zur Risikominderung sollte sich das Institut nicht übermäßig auf einzelne, bestimmte Techniken beschränken, um nicht Gefahr zu laufen, eine neue Risikokonzentration aufzubauen. Ebenfalls sollte das Institut eine Diversifizierung in neue Geschäftsfelder oder Produkte vermeiden, sofern die entsprechenden Kenntnisse oder Unternehmensstruktur in Bezug auf das neue Feld beziehungsweise Produkt nicht ausreichend sind. Das aktive Management von vorhandenen Risikokonzentrationen sollte wie oben dargelegt nicht zum Aufbau neuer Risikokonzentrationen führen.[49]

60   Zur aktiven Steuerung von Risikokonzentrationen ist dabei zusätzliche die Einrichtung von einer angemessenen **Berichterstattung** mit geeigneten Berichtswegen notwendig. Sie sollte nach Ansicht des CEBS derart gestaltet sein, dass eine zeitnahe, präzise und umfassende Bereitstellung von den relevanten Informationen an die Geschäftsleitung gewährleistet ist. Dies setzt die Existenz eines angemessenen Rahmenwerkes zur Überwachung und zur Berichterstattung voraus, um eine effiziente Entscheidungsfindung zu unterstützen. Dieses Rahmenwerk kann auch Bestandteil eines bereits bestehenden sein.

---

46   Vgl. CEBS GL 31, Anhang 2.

47   Eine Konzentrationskurve stellt ein Hilfsmittel zur Beurteilung dar, ob beispielsweise ein bestimmtes Risiko in einigen Ländern/Sektoren stärker konzentriert ist als in anderen.

48   Der Gini-Koeffizien ist eine Maßzahl, die zwischen 0 und 1 liegt und entsprechend die Granularität beziehungsweise die Konzentration der Risiken in den »Exposures« misst (1 steht für die absolute Konzentration, d. h. ein »Exposure« trägt das gesamte Risiko).

49   Vgl. CEBS GL 31, Tz. 43 ff.

Die Berichte an die Geschäftsleitung sollten dabei

a) qualitative und, wenn angemessen, quantitative Informationen über Intra- und Inter-Risikokonzentrationen,

b) Informationen über wesentliche Risikotreiber,

c) Ergebnisse zu der Überwachung der Limits sowie

d) die ergriffenen Maßnahmen zur Risikominderung enthalten.

Die Frequenz der Berichterstattung sollte sich dabei an der Wesentlichkeit  61
und der Art der Risikotreiber orientieren. In Ergänzung zur regelmäßigen
Berichterstattung können anlassbezogene Berichte notwendig werden.

Um die Überwachung von Risikokonzentrationen überhaupt erst möglich zu  62
machen sollten dem Institut adäquate Management Informationssysteme zur
Verfügung stehen. Mit deren Hilfe können Konzentrationen, die aus verschiedenen »Exposures« resultieren, gegen die genehmigten Limits abgeglichen werden.[50]

CEBS fordert im **sechsten Grundsatz** zum Management von Risikokonzent-  63
rationen, dass ein Institut Kapital und Risiko, das es in Bezug auf Konzentrationen in seinen Portfolien bereit ist einzugehen, in ein **ausgewogenes Verhältnis** setzen sollte. Die Rolle von Kapital sollte dabei in einem breiteren
Zusammenhang gesehen werden. Die grundsätzliche Erwartungshaltung besteht darin, dass je höher der Level an Konzentrationen ist, umso stärker steht
das Institut in der Pflicht zu zeigen, wie die Implikationen (bezogen auf das
Kapital) beurteilt wurden.[51]

In Abbildung 6 werden abschließend die sechs Grundsätze aus dem CEBS-  64
Leitfaden und wesentliche Punkte zu diesen veranschaulicht.

---

50    Vgl. CEBS GL 31, Tz. 53 ff.
51    Vgl. CEBS GL 31, Tz. 57 ff.

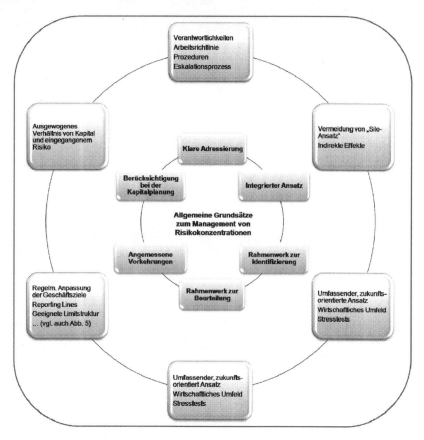

*Abb. 6: Allgemeine Grundsätze zum Management von Risikokonzentrationen
(Eigene Darstellung in Anlehnung an CEBS GL 31 Tz. 25 ff.)*

### Management von Risikokonzentrationen mit Blick auf die Risikoarten

65     Im Fokus von CEBS stehen vier verschiedene Arten von Risiken, die Kreditrisiken, Marktpreisrisiken, Liquiditätsrisiken sowie die operationellen Risiken. Zum Management von Risikokonzentrationen werden im CEBS-Leitfaden verschiedene Aspekte in Bezug auf die verschiedenen Risikoarten dargestellt und einige Grundsätze formuliert. Im Folgenden werden diese Grundsätze zum Management bezogen auf die verschiedenen Risikoarten kurz vorgestellt.

Zum **Kreditrisiko** verweist CEBS zunächst auch auf den entsprechenden    66
Leitfaden zu Großkreditregeln.[52] Es wird gefordert, dass Institute eine prägnante und praktikable Definition darüber formulieren sollten, was eine Kre-
ditkonzentration ausmacht. Diese sollte dabei die verschiedenen Unterarten
von Kreditkonzentrationen einschließlich der »Exposures« gegenüber densel-
ben Kontrahenten, Gruppen von verbundenen Kontrahenten und Kontrahenten in demselben (wirtschaftlichen) Sektor, derselben geografischen Region oder mit derselben Tätigkeit berücksichtigen.[53]

Es werden zwei Grundsätze zum Management von Kreditrisikokonzentratio-    67
nen vorgestellt:

1) Ein Institut sollte bezogen auf das Kreditrisiko Methoden und Instrumente zur systematischen Identifizierung von seinem gesamten
»Exposure« gegenüber einem bestimmten Kunden, Produkt, Branche
oder gegenüber einer geografischen Region einsetzen.

2) Die eingesetzten Modelle und Indikatoren zur Messung von Kreditrisikokonzentrationen sollten die Art der Wechselwirkungen zwischen
verschiedenen »Exposures« angemessen abbilden.

Kreditrisikokonzentrationen können dabei sowohl im Bank- als auch im Han-    68
delsbuch auftreten beziehungsweise auch aus einer Kombination beider heraus entstehen. Um versteckte Konzentrationen im Kreditportfolio aufzudecken, sind Stress-Tests unter Umständen wieder von Nutzen. Die Modelle, die
verwendet werden können, können grundsätzlich verschieden sein und die
Wahl eines bestimmten Modells kann wesentliche Auswirkungen auf die Beurteilung der Risikokonzentration haben. Ein vollständiges Verständnis des
Modells und der zugrunde gelegten Annahmen ist deshalb essentiell. Es sollte
folglich aus Sicht des CEBS nachgewiesen werden können, dass das Modell
bezüglich der Charakteristika des Portfolios angemessen ist und die Abhän-
gigkeitsstruktur der »Exposures« adäquat abbildet. Der Untersuchungszeit-
rum, der zur Modellkalibrierung verwendet wird, spielt in diesem Zusammenhang ebenfalls eine wichtige Rolle und sollte zu robusten Schätzungen führen.[54]

Für Risikokonzentrationen in Bezug auf **Marktpreise** wird vom CEBS be-    69
sonders die Bedeutung von Stress-Tests hervorgehoben. Diese Art von Konzentrationen kann entweder aus »Exposures« aus einem einzelnen Risikofak-

---

52    Vgl. CEBS »Guidelines on the implementation of the revised large exposures regime«
(Dezember 2009).
53    Vgl. CEBS GL 31, Tz. 60.
54    Vgl. CEBS GL 31, Tz. 61 ff.

tor hervorgehen oder aus mehreren Risikofaktoren, die miteinander korreliert sind. Eben diese Korrelation ist nach Ansicht des CEBS nicht immer unmittelbar erkenntlich und wird gegebenenfalls erst unter gestressten Bedingungen deutlich. Umgekehrt scheint auch der Fall denkbar, dass anhand von Stresstests angenommene Korrelationen auch für extremere Situationen validiert werden können. Das Institut sollte deshalb alle wesentlichen Risikofaktoren identifizieren und auch unter dem Einsatz von Stresstests verstehen, wie dessen Portfolien durch die Korrelationen beeinflusst werden können. Konzentrationen können dabei aus »Exposures« aus dem Handelsbuch und auch aus dem Nicht-Handelsbuch hervorgehen. Es sollte ebenfalls beachtet werden, dass Risikokonzentrationen auch aus den Handlungen anderer Marktteilnehmer hervorgehen können. Der von vielen Instituten verwendete Value at Risk (VaR) Ansatz erfasst unter Umständen nicht alle Marktpreis-Risikokonzentrationen, insbesondere die oben angesprochenen Risikokonzentrationen, die erst unter extremen Bedingungen deutlich werden. Die Maßnahmen zur Überwachung von Risikokonzentrationen sollten deshalb grundsätzlich den Aufbau von konzentrierten Positionen in einem oder mehreren Risikofaktoren aufzeigen können. Vom CEBS wurde im Zusammenhang mit Konzentrationen, die Marktpreisrisiken betreffen, schließlich der folgende Grundsatz formuliert: »Die Beurteilung von Risikokonzentrationen eines Instituts sollte die möglichen Effekte von verschiedenen Liquiditätshorizonten umfassen, die sich im Zeitverlauf ändern können.«[55]

70 Konzentrationen im Bereich der **operationellen Risiken**[56] (OPRC) stellen für CEBS jedes beliebige »Exposure« in operationellen Risiken oder die Gruppe solcher »Exposures« dar, die groß genug sind, um das Gesamtrisikoprofil des Instituts zu verschlechtern, so dass dessen finanzieller Fortbestand oder dessen Fähigkeit zur Ausübung seiner Kernaktivitäten gefährdet ist. Die Korrelation verschiedener Risikofaktoren muss auch für diese Risikoart nicht notwendigerweise offensichtlich sein und kann gegebenenfalls erst unter gestressten Bedingungen erkenntlich werden. Da es sich beim Konzept der OPRC um ein relativ neues handelt, empfiehlt CEBS die Berücksichtigung der nachfolgenden beiden Grundsätze zum Umgang mit OPRC unter dem Hinweis, dass diese überarbeitet werden, sobald sich gängige Praktiken zur Identifizierung, Beurteilung und zum Management von ORPC bewährt haben.

---

55    Vgl. CEBS GL 31, Tz. 71 ff.
56    engl. »operational risk concentration« (OPRC).

1) Ein Institut sollte alle Gesichtspunkte von ORPC (im Zusammenhang mit seinen Geschäftsaktivitäten) verstehen.

2) Ein Institut sollte angemessene Instrumente zur Beurteilung seiner »Exposures« in ORPC anwenden.

Die Haupttreiber von OPRC sollten als Teil des operationellen Risikomanagement Rahmenwerkes identifiziert werden. Es sollten dabei grundsätzlich alle Quellen von OPRC in Betracht gezogen werden, wobei die Quellen eng mit den Besonderheiten und der Geschäftstätigkeit des Instituts verbunden sind.   71

Ferner wird vom CEBS gefordert, dass die Instrumente zur Beurteilung von Risikokonzentrationen in Proportion zur Größe und Komplexität des Instituts stehen sollten genauso wie die Methode, die zur Berechnung des entsprechenden Kapitalbetrages Verwendung findet. Zur Vermeidung von nicht notwendigen OPRC sollten robuste, interne Prozesse und Systeme sowie ausreichende Personalkapazitäten zur Verfügung stehen. Nichtsdestotrotz wird sich das Institut OPRC ausgesetzt sehen und der Einsatz von geeigneten internen Kontrollsystemen ist deshalb von großer Bedeutung zur Minderung dieser Risiken. OPRC können außerdem durch verschiedene Techniken zur Risikominderung berücksichtigt werden, wie durch den Abschluss von Versicherungen zur Deckung von Verlusten. Hier sollte allerdings beachtet werden, dass die Verwendung solcher Techniken das Institut wiederum anfällig für andere Arten von Risiken machen kann, was unter Umständen auch als eine sekundäre OPRC gesehen werden kann. Es wäre beispielsweise aus Sicht des CEBS denkbar, dass ein Institut seine Risiken oder Risikokonzentrationen bei lediglich einem Versicherungsunternehmen absichert. Es könnte dann der Fall eintreten, dass dieses Unternehmen über nicht ausreichend Kapazitäten verfügt, um alle operationellen Risiken abzudecken, die vom Institut an das Unternehmen »übertragen« wurden etc.[57]   72

Zum Umgang mit **Liquiditätsrisikokonzentrationen** empfiehlt CEBS, sich zusätzlich mit den entsprechenden CEBS Leitfäden zu Liquiditätsrisiken zu befassen.[58] Aus Sicht des CEBS können Risikokonzentrationen die **Hauptquelle von Liquiditätsrisiken** darstellen, da Konzentrationen sowohl in den Aktiva als auch den Passiva zu Liquiditätsproblemen führen können: Eine   73

---

57   Vgl. CEBS GL 31, Tz. 79 ff.
58   Vgl. »SECOND PART OF CEBS'S TECHNICAL ADVICE TO THE EUROPEAN COMMISSION ON LIQUIDITY RISK MANAGEMENT« (September 2008); CEBS »Liquidity Identity Card« (Juni 2009); CEBS »Guidelines on Liquidity Buffers & Survival Periods« (Dezember 2009).

Konzentration in den Aktiva kann die Fähigkeit des Instituts zur Generierung von liquiden Mitteln in Zeiten von Liquiditätsengpässen oder reduzierter Marktliquidität für bestimmte Klassen von Aktiva stören. Eine Konzentration in den Passiva oder eine Finanzierungskonzentration wiederum liegt aus Sicht des CEBS vor, wenn die Finanzierungsstruktur des Instituts anfällig gegenüber einem einzelnen Ereignis oder Faktor ist.

74 Die zunehmende Nutzung von komplexen Finanzinstrumenten und die Globalisierung der Finanzmärkte in den vergangenen Jahren sind mit der Fokussierung auf eine **marktbasierte Refinanzierung** einhergegangen. Die Institute sehen sich folglich höheren »Exposures« aus Marktpreisen ausgesetzt. Auch im Zusammenhang mit Konzentrationen in den Liquiditätsrisiken formuliert CEBS Grundsätze, die im Folgenden aufgeführt sind:

1) Ein Institut sollte ein sicheres Verständnis über seine Refinanzierungsstruktur sowie über die Struktur seiner Aktiva haben und sich der zugrundeliegenden Faktoren bewusst sein, die die Struktur im Zeitverlauf beeinflussen können, um die entsprechenden Risikokonzentrationen identifizieren zu können. Ebenso sollte sich ein Institut der Anfälligkeiten bewusst sein, die seine Refinanzierungsstruktur und Struktur der Aktiva aufweisen. Gegebenenfalls sollte die Identifizierung der Konzentrationen in Liquiditätsrisiken auch die Analyse der geografischen Besonderheiten sowie außerbilanzielle Geschäfte berücksichtigen.

2) Ein Institut sollte aktiv seine Refinanzierungsquellen überwachen, auch mit Blick auf die Identifizierung seiner »Exposures« aus Risikokonzentrationen in der Finanzierung. Eine umfassende Analyse aller Faktoren, die einen wesentlichen, plötzlichen Entzug von Mitteln oder eine Verschlechterung des Zugangs zu Finanzierungsquellen auslösen können, sollte durchgeführt werden.

3) Die qualitative Beurteilung von Konzentrationen in Liquiditätsrisiken sollte durch quantitative Indikatoren zur Bestimmung des »Levels« an Risikokonzentrationen ergänzt werden.

4) Ein Institut sollte Liquiditätsrisikokonzentrationen berücksichtigen bei der Erstellung von Finanzierungsplänen.

75 An dieser Stelle werden mit den Markt- und Refinanzierungsrisiken noch einmal die zwei Dimensionen von Liquiditätsrisikokonzentrationen hervorgehoben, für die auch gegenseitige Wechselwirkungen zu beachten sind: Ein Institut sollte seine Bestände von liquiden Aktiva managen, um das maximal mögliche Ausmaß zu erreichen, auch im Hinblick auf Phasen stärkerer Belastung. Übermäßige Konzentrationen in weniger liquiden Klassen von Aktiva sollten vermieden werden, um eine stabile, langfristige Refinanzierung zu erreichen.

Ein Institut, das in verschiedenen Ländern mit fremden Währungen tätig ist, 76
benötigt Zugang zu verschiedenen Quellen von Liquidität in jeder Währung,
in welcher das Institut signifikante Positionen hält. Dies ist vor allem vor dem
Hintergrund zu sehen, dass ein Institut nicht immer in der Lage ist Liquidität
von einer Währung in eine andere zu tauschen. Ebenso zählt CEBS **außerbilanzielle Geschäfte** als einen möglichen Einflussfaktor auf Konzentrationen
in Liquiditätsrisiken. Liquiditätsbedarf aus außerbilanziellen Geschäften kann
sowohl aus vertraglichen als auch aus nicht-vertraglichen Zusagen resultierten.
Solche Verpflichtungen können beispielsweise Zusagen für eine Finanzierung
oder Garantien darstellen. Des Weiteren kann eine unerwartet notwendig
gewordene Unterstützung von anderen Unternehmenseinheiten, wie von
Zweckgesellschaften,[59] die Liquiditätsposition des Instituts zusätzlich gefährden. Der potentielle Liquiditätsbedarf aus solchen außerbilanziellen Konstruk-
ten sollte deshalb regelmäßig beurteilt werden.[60]

CEBS weist ferner darauf hin, dass es keine festen Schwellenwerte oder Limi- 77
te gibt, die eine Finanzierungskonzentration definieren würden, nennt allerdings einige Beispiele für Finanzierungskonzentrationen, die in Abbildung 7
wiedergegeben werden.

---

59   Engl. »special-purpose vehicle« (SPV).
60   Vgl. CEBS GL 31, Tz. 79 ff.

**Beispiele für Konzentrationen in der Finanzierung**

| Konzentrationen in einem bestimmten Markt/Instrument | Konzentrationen besicherter Finanzierungsquellen | Konzentration auf einige wenige Liquiditätsgeber | Konzentrationen in der Laufzeit |
|---|---|---|---|
| • Inter-Banken Markt<br>• Emission von Schuldtiteln (Commercial Paper, Hybridanleihen, nachrangige Anleihen etc.)<br>• Andere „wholesale" Finanzierungen (Einlagen von institutionellen Investoren oder große Kooperationen)<br>• Strukturierte Instrumente (FX Swaps, Asset-backed Commercial Paper, gedeckte Anleihen)<br>• ... | • Absprachen zu Wertpapierfinanzierungen wie Rückkauf/ reverse Rückkaufabsprachen, Aktienleihe/-verleihe und spezielle Assets, die für diese Operationen genutzt werden<br>• Assed-Backed Commercial Paper<br>• Verbriefung von Krediten, (Kreditkarten, Hypotheken,..)<br>• Bestimmte Typen von gedeckten Anleihen<br>• Abhängigkeiten von Offenmarktgeschäften<br>• ... | • „Wholesale" Anbieter (Einlagen von institutionellen Investoren und große Kooperationen)<br>• Finanzierung durch die Gruppe, dem das Institut angehört<br>• Vernetzte Kontrahenten<br>• Geografische Konzentrationen oder Währungskonzentrationen der Finanzierungsquellen<br>• Größere Einzelkontrahenten<br>• ... | • Übermäßige Abhängigkeit von kurzfristigen Mittel zur Finanzierung der längerfristigen Kredite (ggf. Probleme beim roll-over der kurzfristigen Mittel)<br>• Ähnliche Fälligkeiten von verschiedenen Finanzierungsquellen<br>• ... |

*Abb. 7: Beispiele für Konzentrationen in der Finanzierung*
*(Eigene Darstellung in Anlehnung an CEBS GL 31 Tz. 102)*

78 Zusammenfassend stellen die »CEBS Guidelines on the management of concentration risk under the supervisory review process« detaillierte Anforderungen zum Umgang mit Risikokonzentrationen dar, die ihre Umsetzung in nationales Recht in den MaRisk gefunden haben. Da der CEBS-Leitfaden in seinen Ausführungen und Empfehlungen zum Umgang mit Risikokonzentrationen ausführlicher ist als die MaRisk, bieten diese interessante, zusätzliche Informationen und können darüber hinaus Impulse geben, wie die Anforderungen erfüllt werden könnten.

## 2. Verschärfte Anforderungen an Risikokonzentrationen gemäß MaRisk

79 Die Bundesanstalt für Finanzdienstleistungsaufsicht (BaFin) hatte mit der Veröffentlichung der neugefassten MaRisk zum 14. August 2009 bereits frühzeitig in einem ersten Schritt auf die durch die Finanzkrise ausgelösten internationalen Regulierungsschritte im Bereich des Risikomanagements reagiert und diese auf nationaler Ebene umgesetzt. Die Regulierungsschritte waren im Wesentlichen getrieben durch das Financial Stability Board (FSB) sowie durch die EU-Kommission.

Die Arbeit internationaler Gremien, wie die des CEBS, ist im Hinblick auf das    80
Risikomanagement seitdem fortgesetzt worden und weitere Themen wurden
in Form von neuen Leitfäden oder Konsultationspapieren behandelt.[61] Um
diesen neuen Anforderungen gerecht zu werden, hat die BaFin zum
15. Dezember 2010 die dritte Novelle der MaRisk veröffentlicht. Dies verdeutlicht insbesondere, dass sich die MaRisk in einem stetigen Anpassungs-
prozess befinden, der Marktentwicklungen, Fehlentwicklungen aber auch
»Best Practice« Methoden berücksichtigt.

In der aktuellen Novelle erfolgten im Wesentlichen Anpassungen bezüglich    81
der Anforderungen an den Strategieprozess, an die Risikotragfähigkeit und die
Steuerung von Risikokonzentrationen, weitere Regelungen zu Stressszenarien
sowie Anforderungen an die Risikosteuerungs- und -controllingprozesse.
Insgesamt erfolgte ein Näherrücken an die Gesamtbanksteuerung und die
Abkehr von Detailbetrachtungen. Abbildung 8 zeigt die dritte Novelle der
MaRisk im Überblick.[62]

---

61    Vgl. BaFin Konsultation 5-2010.
62    Siehe auch www.deloitte.com/de/marisk.

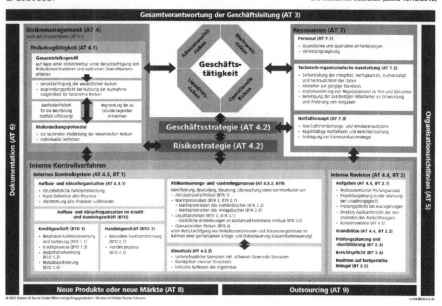

*Abb. 8: Die MaRisk im Überblick (Quelle: http://www.deloitte.com/de/marisk)*

82    Eine wesentliche Neuerung, die die Anforderungen an Risikokonzentrationen betrifft, stellt die Berücksichtigung von **risikoartenübergreifenden Komponenten** dar. Die BaFin fordert die Institute damit explizit auf zu analysieren, »ob bestimmte Risikofaktoren sich gleichermaßen auf verschiedene Risikoarten auswirken bzw. verschiedene Risikofaktoren unterschiedlicher Risikoarten in die gleiche Richtung wirken können.«[63] Eine Bank kann beispielsweise sowohl Aktien an einem Unternehmen im Handelsbestand halten als auch diesem einen Kredit gewährt haben. Bei einer Verschlechterung der Bonität dieses Unternehmens kann sowohl das Marktpreis- als auch das Kreditrisiko der Bank beeinflusst werden.[64]

83    Die novellierten MaRisk sind mit ihrer Veröffentlichung zum 15. Dezember 2010 in Kraft getreten. Die vollumfängliche Umsetzung der neuen Anforderungen ist allerdings erst bis zum 31. Dezember 2011 gefordert, um den Instituten einen angemessenen Umsetzungszeitraum zu gewähren. Von dieser

---

63    BaFin Anschreiben zur MaRisk – Veröffentlichung der Endfassung vom 15. Dezember 2010.
64    Vgl. *Deloitte* White Paper No. 34 (Juli 2010) S. 6.

Schonfrist ausgenommen sind die neuen Anforderungen an kapitalmarktorientierte Institute bezüglich ausreichender Liquiditätspuffer. Für die Umsetzung der meisten neuen Anforderungen bleibt demnach zwar noch bis zum 31. Dezember 2011 Spielraum, eine zeitnahe Umsetzung erscheint jedoch für ein angemessenes Risikomanagement naheliegend.[65]

Alle Institute im Sinne von § 1 Abs. 1b KWG beziehungsweise im Sinne von § 53 Abs. 1 KWG haben die Anforderungen des Rundschreibens zu beachten. Dies gilt ebenso für Zweigniederlassungen deutscher Institute im Ausland. Keine Anwendung finden sie auf Zweigniederlassungen von Unternehmen mit Sitz in einem anderen Staat des Europäischen Wirtschaftsraums nach § 53b KWG.[66]     84

Nachfolgend werden die Komponenten der MaRisk, die Anforderungen an die Berücksichtigung von Risikokonzentrationen stellen, im Detail dargestellt und Neuerungen beziehungsweise Unterschiede zur zweiten Novelle der MaRisk aufgezeigt. Die modulare Struktur des Rundschreibens erlaubt es, dass notwendige Anpassungen auf einzelne Module beschränkt werden können. Dementsprechend fällt der Fokus im Folgenden auf die betroffenen Module. Die im Allgemeinen Teil (Modul AT) festgehaltenen Prinzipien betreffen die grundsätzliche Ausgestaltung des Risikomanagements auch mit Blick auf Risikokonzentrationen. Spezifische Anforderungen an die Organisation des Kredit- und Handelsgeschäfts finden sich hingegen im Besonderen Teil (Modul BT): »Unter Berücksichtigung von **Risikokonzentrationen** werden in diesem Modul auch Anforderungen an die Identifizierung, Beurteilung, Steuerung sowie die Überwachung und Kommunikation von Adressenausfallrisiken, Marktpreisrisiken, Liquiditätsrisiken sowie operationellen Risiken gestellt.«[67]     85

Da sich die Anforderungen der MaRisk auf wesentliche Risiken aus Sicht des Instituts beziehen, ist zunächst eine Beurteilung der Wesentlichkeit notwendig. Gemäß AT 2.2 Tz. 1 ist die Geschäftsleitung des Instituts regelmäßig und auch anlassbezogen dazu angehalten, sich im Rahmen einer **Risikoinventur** einen Überblick über die Risiken des Instituts zu verschaffen. Das gewonnene Gesamtrisikoprofil soll die Risiken auf Ebene des gesamten Instituts erfassen. Risikokonzentrationen, die mit wesentlichen Risiken verbunden sind, sind     86

---

65    BaFin Anschreiben zur MaRisk – Veröffentlichung der Endfassung vom 15. Dezember 2010.
66    Vgl. MaRisk AT 2.1.
67    MaRisk AT 1 Tz. 6.

dabei zu berücksichtigen. Die BaFin gibt dabei grundsätzlich die folgenden vier Risiken als wesentlich (und unabdingbar) vor:

a)  Adressenausfallrisiken (einschließlich Länderrisiken)

b)  Marktpreisrisiken

c)  Liquiditätsrisiken

d)  Operationelle Risiken

87    Darüber hinaus hat jedes Institut einzeln seine weiteren Risiken zu analysieren. Für Risiken, die nicht als wesentlich angesehen werden, sollen nichtsdestotrotz ausreichende Vorkehrungen getroffen werden.[68]

88    Mit der dritten Novelle der MaRisk wird, wie bereits oben angesprochen, der Rahmen, innerhalb dessen Risikokonzentrationen untersucht werden, erweitert und um zwei Begrifflichkeiten ergänzt. Dieser Rahmen umfasst nicht nur solche Risikopositionen gegenüber Einzeladressen, die allein aufgrund ihrer Größe eine Risikokonzentration darstellen, sondern auch »**Intra-Risikokonzentrationen**« sowie »**Inter-Risikokonzentrationen**.« Wie die Namen bereits andeuteten, können Risikokonzentrationen folglich sowohl durch den Gleichlauf von Risikopositionen innerhalb (lat. »intra«) einer Risikoart (Intra-Risikokonzentrationen) als auch durch den Gleichlauf von Risikopositionen zwischen (lat. »inter«) verschiedenen Risikoarten (Inter-Risikokonzentrationen) hervorgerufen werden. Ein Gleichlauf über verschiedene Risikoarten hinweg kann durch gemeinsame Risikofaktoren oder durch Interaktionen verschiedener Risikofaktoren unterschiedlicher Risikoarten entstehen. Abbildung 9 stellt den Zusammenhang der beiden Begriffe vereinfacht dar.[69]

---

68    Vgl. MaRisk AT 2.2 Tz. 1.
69    Vgl. Erläuterung zu den MaRisk AT 2.2. Tz. 1.

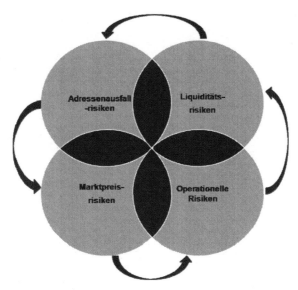

Intra-Risikokonzentrationen            Inter-Risikokonzentrationen

*Abb. 9: Veranschaulichung MaRisk AT 2.2 Risiken*[70]

Die verschärften Anforderungen an Risikokonzentrationen betreffen im All-    89
gemeinen Teil insbesondere die Themenkomplexe zu der Erfassung von Risiken, zur Risikotragfähigkeit (Diversifikationseffekte eingeschlossen), zur Risikostrategie und schließlich zu Risikokonzentrationen und Stresstests, die
nachfolgend dargestellt werden:

**Durchführung einer Risikoinventur**

Die Identifizierung von Risikokonzentrationen ist ein wesentliches Prozessele-    90
ment eines jeden Risikomanagements und setzt die korrekte Erfassung von
Risiken voraus. Die Durchführung einer Risikoinventur ist in diesem Zusammenhang nicht als echte Neuerung zu sehen, sondern vielmehr als Klarstellung
eines vollumfänglichen Ansatzes zu interpretieren. Es gilt bei der Inventur die
Risiken zu berücksichtigen, die die Vermögenslage (inklusive Kapitalausstattung), die Ertragslage oder die Liquiditätslage wesentlich beeinträchtigen können. Es reicht dabei nicht aus, sich auf die Auswirkungen in der Rechnungslegung und auf die formalrechtliche Ausgestaltung zu beschränken.[71]

---

70    Beachte, dass aus der Risikoinventur neben den hier zur Veranschaulichung dargestellten
      Risiken selbstverständlich weitere Risiken hervorgehen können.
71    Vgl. MaRisk AT 2.2 Tz. 2.

91 Um sich wie bereits oben angedeutet einen angemessenen Überblick über die Risiken verschaffen zu können (Gesamtrisikoprofil), ist entsprechend auch eine **ganzheitliche Risikoinventur** erforderlich. Gemeint ist damit, dass außerbilanzielle Gesellschaftskonstruktionen wie beispielsweise Risiken aus nicht konsolidierungspflichtigen Zweckgesellschaften dabei zu berücksichtigen sind und gegebenenfalls kann es notwendig werden, auch weitere Risiken als wesentlich einzustufen. In Abhängigkeit von dem Gesamtrisikoprofil nennt die BaFin als Beispiel für ein sonstiges Risiko Reputationsrisiken, die gegebenenfalls als wesentlich eingestuft werden können.[72]

**Zukunftsorientiertes Risikotragfähigkeitsmodell**

92 Um zu gewährleisten, dass die **Risikotragfähigkeit** des Instituts gegeben ist, müssen die wesentlichen Risiken durch das Risikodeckungspotenzial laufend abgedeckt sein. Im Vergleich zur zweiten Novelle der MaRisk wird an dieser Stelle nun die Berücksichtigung von Risikokonzentrationen ausdrücklich gefordert. Das Gesamtrisikoprofil dient dabei als Grundlage zur Gewährleistung der Risikotragfähigkeit,[73] ein entsprechender interner Prozess ist zu etablieren wie auch adäquate Risikosteuerungs- und -controllingprozesse. Bei der Festlegung der Strategien des Instituts wie auch bei Anpassungen der Strategien ist die Risikotragfähigkeit mit einzubeziehen.[74] Mit der dritten Novelle wird nun auch die Einbeziehung von zukünftigen Entwicklungen in das Risikotragfähigkeitskonzept gefordert. So sollen geplante Änderungen an der Geschäftstätigkeit des Instituts oder absehbare Veränderung des wirtschaftlichen Umfelds berücksichtigt werden.[75]

93 Sollte es allerdings nicht möglich sein, ein bestimmtes wesentliches Risiko beziehungsweise bestimmte wesentliche Risiken wegen gewisser Eigenarten durch das Risikodeckungspotenzial sinnvoll abzudecken, kann davon abgesehen werden. Die Nichtberücksichtigung von solchen wesentlichen Risiken wie gegebenenfalls Liquiditätsrisiken muss entsprechend dokumentiert und über die Einbeziehung in die Risikosteuerungs- und -controllingprozesse angemessen kompensiert werden.[76]

---

72    Vgl. Erläuterung zu den MaRisk AT 2.2 Tz. 2.
73    Vgl. MaRisk AT 4.1 Tz. 1.
74    Vgl. MaRisk AT 4.1 Tz. 2.
75    Vgl. MaRisk AT 4.1 Tz. 3.
76    Vgl. MaRisk AT 4.1 Tz. 4.

Durchaus denkbar erscheint auch der Fall, dass dem Institut keine adäquaten 94
Verfahren zur Quantifizierung von gewissen Risiken zur Verfügung stehen,
wobei diese Risiken eigentlich im Risikotragfähigkeitskonzept berücksichtigt
werden sollten. Alternativ kann in dieser Situation anhand von Expertenschätzungen ein Risikobetrag bestimmt werden.[77]

## Diversifikationseffekte

Auch an **Diversifikationseffekte**,[78] die risikomindernd innerhalb oder zwi- 95
schen Risikoarten im Risikotragfähigkeitskonzept berücksichtigt werden, werden neue Anforderungen gestellt. Da anhand von Diversifizierung Risiken aus
Konzentrationen gegebenenfalls beseitigt oder gemindert werden können,
betrifft dieser Punkt insbesondere auch den Umgang mit Risikokonzentrationen.

Die Annahmen, die bezüglich der Minderung der Risiken durch Diversifikati- 96
onseffekte getroffen werden, sollen auf einer Analyse basieren. Diese Analyse
muss den institutsspezifischen Verhältnissen gerecht werden. Gleiches wird
für die gewählte Datenbasis gefordert, diese soll der institutsspezifischen Risikosituation entsprechen. Des Weiteren sollte eine ausreichend lange Historie
der Daten zugrunde gelegt werden, um Veränderungen von Diversifikationseffekten angemessen zu erfassen (Berücksichtigung von konjunkturellen Auf-
und Abschwungphasen).[79]

Neben der regelmäßigen und wenn notwendig anlassbezogenen Prüfung der 97
Annahmen bezüglich der Diversifikationseffekte, sind die getroffenen Diversifikationsannahmen der Geschäftsleitung zu berichten und auch von dieser
genehmigen zu lassen.[80]

Abbildung 10 veranschaulicht zusammenfassend die allgemeinen Anforderun- 98
gen an das Risikomanagement im Hinblick auf die Risikotragfähigkeit unter
Berücksichtigung von Risikokonzentrationen.

---

77   Vgl. MaRisk AT 4.1 Tz. 5.
78   Diversifikationseffekte kann man als eine Art »Komplement« zu Konzentrationseffekten
     sehen. Siehe hierzu z. B. *Wilkens, Marco/Baule, Rainer/Entrop, Oliver* (2001) »Berücksichtigung
     von Diversifikationseffekten im Kreditportfolio durch das Granularity Adjustment.«
79   Vgl. MaRisk AT 4.1 Tz. 6.
80   Vgl. MaRisk AT 4.1 Tz. 7.

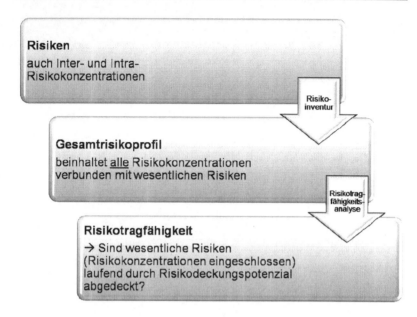

*Abb. 10: Risikotragfähigkeit unter Berücksichtigung von Risikokonzentrationen*

**Konsistente Geschäfts- und Risikostrategie**

99　Die Anforderungen an die **Risikostrategie** wurden ebenfalls erweitert. Gemäß AT 4.2 Tz. 2 hat die Risikostrategie neben den Zielen der Risikosteuerung der wesentlichen Geschäftsaktivitäten nun auch Maßnahmen zur Zielerreichung zu beinhalten. Des Weiteren hat die Geschäftsleitung dafür eine Risikostrategie festzulegen, die mit der Geschäftsstrategie und den entsprechenden Risiken konsistent ist.

100　In diesem Modul wird außerdem mit dem Begriff der **Risikotoleranz** in Verbindung mit den wesentlichen Risiken eine weitere neue Anforderung hinzugefügt. Bei der Festlegung von Risikotoleranzen für die wesentlichen Risiken gilt es, Risikokonzentrationen zu berücksichtigen. Durch die Festlegung von solchen Risikotoleranzen zeigt die Geschäftsleitung, wie groß jeweils die Bereitschaft ist, bestimmte Risiken einzugehen.

101　Insbesondere Institute, deren Erträge sich auf bestimmte Quellen konzentrieren, sind stärker anfällig gegenüber Marktveränderungen. Die Berücksichtigung von **Ertragskonzentrationen** in der Risikostrategie, also Risikokonzentrationen mit Fokus auf die Ertragssituation, stellt dabei keine Neuerung dar, die Voraussetzung, »dass das Institut seine Erfolgsquellen voneinander abgrenzen und quantifizieren kann (zum Beispiel im Hinblick auf den Konditionen- und Strukturbeitrag im Zinsbuch),« hingegen schon.[81]

Die Berücksichtigung von Risikokonzentrationen in den Risikosteuerungs- und -controllingprozessen stellt eine weitere wesentliche Anforderung an die Institute dar, die auch im Hinblick auf die zur Risikobegrenzung getroffenen Maßnahmen wie Limitsysteme verschärft wurde. Diese Prozesse, die auch in die Gesamtbanksteuerung einzubinden sind, sind dabei derart zu gestalten, dass eine

    102

a) Identifizierung,

b) Beurteilung,

c) Steuerung sowie

d) Überwachung und Kommunikation

der wesentlichen Risiken und damit verbundener Risikokonzentrationen sichergestellt ist. Abbildung 11 veranschaulicht hierzu die Anforderungen an die Prozesse in Verbindung mit den vier wesentlichen Risikoarten, die gegebenenfalls mit (artenübergreifenden) Risikokonzentrationen verbunden sind. Mit der dritten Novelle der MaRisk wurde klargestellt, dass dabei »angemessene Vorkehrungen zur Begrenzung von Risikokonzentrationen zu treffen«[82] sind. Als angemessene Vorkehrungen zur Begrenzung von Risikokonzentrationen werden dabei einerseits quantitative Instrumente wie beispielsweise Limitsysteme oder Ampelsysteme oder andererseits qualitative Instrumente wie eine regelmäßige Risikoanalyse gesehen.

---

81    MaRisk AT 4.2 Tz. 2.
82    MaRisk AT 4.3.2 Tz. 1.

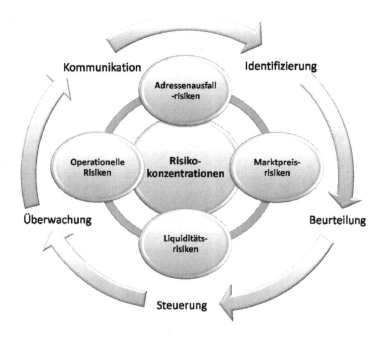

*Abb. 11: Veranschaulichung des AT 4.3.2*

**Risikokonzentrationen und Stresstests**

103 Mit der dritten Novelle der MaRisk sind nun auch Risikokonzentrationen sowie deren potenzielle Auswirkungen gesondert in der **Risikoberichterstattung** zu erfassen. Die Ergebnisse aus Stresstests, deren mögliche Auswirkungen sowie die getroffenen Annahmen sind ebenfalls in den Risikoberichten zu erfassen.[83] Da die Anforderungen an Stresstests allerdings aufgrund des entsprechenden CEBS-Papiers auch mit Blick auf Risikokonzentrationen ergänzt wurden, finden sich diese nun in dem separaten Untermodul AT 4.3.3 »Stresstests.«

104 Darin wird gefordert, dass die **Stresstests** für die wesentlichen Risiken derart zu gestalten sind, dass sie für die Geschäftsaktivitäten des Instituts angemessen sind, was eine Identifizierung der wesentlichen Risikofaktoren voraussetzt. Die Stresstests haben dabei »die angenommenen Risikokonzentrationen und Diversifikationseffekte innerhalb und zwischen den Risikoarten« wie auch

---

83    Vgl. MaRisk AT 4.3.2 Tz. 4.

»außerbilanzielle Gesellschaftskonstruktionen und Verbriefungstransaktionen«[84] zu berücksichtigen. Da Risikokonzentrationen im »Normalzustand« oft nicht unmittelbar erkennbar sind, treten diese gegebenenfalls erst unter Stress zu Tage.

Unter dem Begriff »Stresstest« wird hier sowohl die Sensitivitätsanalyse (Variierung von i. d. R. einem Risikofaktor) als auch die Szenarioanalyse (simultane Variierung mehrerer Risikofaktoren) subsumiert. Die Anforderung zur Durchführung von »inversen Stresstests« stellt dabei eine echte Neuerung dar und meint die Analyse von Ereignissen, die die Überlebensfähigkeit des Instituts gefährden können. Hierzu wird die bedrohte Überlebensfähigkeit (Nichterfüllbarkeit des ursprünglichen Geschäftsmodells) als Stressergebnis unterstellt.[85] Sollte aus den Ergebnissen der Stresstests Handlungsbedarf identifiziert werden, muss dies nicht zwangsläufig eine Unterlegung mit Risikodeckungspotenzial bedeuten, sondern alternative Maßnahmen wie die verschärfte Überwachung von Risiken können gegebenenfalls ausreichen.[86]  105

Im Besonderen Teil der MaRisk betreffen insbesondere die Anforderungen an das interne Kontrollsystem, genauer an die Risikosteuerungs- und -controllingprozesse, die Berücksichtigung von Risikokonzentrationen. »Unter Berücksichtigung von Risikokonzentrationen [werden] Anforderungen an die Ausgestaltung der Risikosteuerungs- und -controllingprozesse für Adressenausfallrisiken, Marktpreisrisiken, Liquiditätsrisiken und operationelle Risiken gestellt (BTR).«[87] Diese Anforderungen stellen jedoch bis auf die Berücksichtigung von Risikokonzentrationen bei der Begrenzung von Marktpreisrisiken keine Neuerung dar. Nichtsdestotrotz werden alle Anforderungen an Risikokonzentrationen, die aus dem Besonderen Teil der MaRisk resultieren, nachfolgend dargestellt, da es diese Anforderungen weiterhin zu beachten gilt.  106

Bei den Anforderungen an Risikokonzentrationen in Bezug auf die verschiedenen Risikoarten liegt der Fokus klar bei den **Adressenausfallrisiken**. Die allgemeine Forderung nach angemessenen Vorkehrungen zur Begrenzung von Risikokonzentrationen[88] wird im BTR 1 Tz. 1 weiter dahingehend konkretisiert, dass durch geeignete Maßnahmen zu gewährleisten ist, »dass Adressenausfallrisiken und damit verbundene Risikokonzentrationen unter Berücksichtigung der Risikotragfähigkeit begrenzt werden.« Die Aufsicht setzt dabei zur  107

---

84  MaRisk AT 4.3.3 Tz. 1.
85  Vgl. MaRisk AT 4.3.3 Tz. 3.
86  Vgl. MaRisk AT 4.3.3 Tz. 5.
87  MaRisk BT 1 Tz. 1.
88  Vgl. MaRisk 4.3.2 Tz. 1.

genaueren Erläuterung, wann Risikokonzentrationen bei Adressenausfallrisiken vorliegen, diese ins Verhältnis zum Risikodeckungspotenzial. Adressen- oder Sektorkonzentrationen, regionale Konzentrationen oder sonstige Konzentrationen im Kreditgeschäft können erhebliche Verluste in Relation zum Risikodeckungspotenzial verursachen. Als Beispiele für solche Risikokonzentrationen werden unter anderem Konzentrationen nach Kreditnehmern, Produkten oder Basiswerte strukturierter Produkte genannt beziehungsweise allgemein alle sonstigen Risiken, die hoch korreliert sind.[89]

108 Es muss beachtet werden, dass kein Kreditgeschäft vollzogen werden darf ohne ein entsprechendes kreditnehmerbezogenes Limit, was Limite für Kreditnehmereinheiten mit einschließt.[90] Mit der Zusammenfassung von einzelnen Kreditnehmern, die gegebenenfalls wirtschaftlich miteinander verbunden sind, zu einer Kreditnehmereinheit und der Vergabe des entsprechenden Limits, sollen Risikokonzentrationen vermieden beziehungsweise begrenzt werden. Grundsätzlich dürfen auch Handelsgeschäfte nur getätigt werden, wenn für den Vertragspartner ein Kontrahentenlimit eingerichtet wurde.[91] Des Weiteren sind bei Handelsgeschäften in der Regel Emittentenlimite festzulegen und bei den besonderen Kursrisiken eines Emittenten sind Risikokonzentrationen angemessen zu berücksichtigen.[92]

109 In den Vorbemerkungen der MaRisk ist bereits allgemein gefordert, dass Risikokonzentrationen zu berücksichtigen sind bei der Identifizierung, Beurteilung, Steuerung sowie der Überwachung und Kommunikation von den verschiedenen Risikoarten.[93] Im besonderen Teil der MaRisk wird in dem Abschnitt zu den Adressenausfallrisiken genauer darauf eingegangen. Darin wird zunächst gefordert, dass Risikokonzentrationen zu identifizieren sind und vorhandene **Abhängigkeiten** unter Umständen bei der Identifizierung zu beachten sind. Als Beispiele für solche Abhängigkeiten sieht die Aufsicht wirtschaftliche Verflechtungen oder juristische Verflechtungen zwischen Unternehmen. Im nächsten Schritt, bei der Beurteilung der Risikokonzentrationen,[94] soll sowohl auf qualitative als auch auf quantitative Verfahren zurückgegriffen werden. Bei der Beurteilung ist allerdings nur dann, wenn es möglich

---

89  Vgl. Erläuterung zu den MaRisk BTR 1 Tz. 1.
90  Vgl. MaRisk BTR 1 Tz. 2.
91  Vgl. MaRisk BTR 1 Tz. 3.
92  Vgl. MaRisk BTR 1 Tz. 4 bzw. Erläuterung zu BTR 1 Tz. 4.
93  Vgl. MaRisk AT 1 Tz. 6.
94  Vgl. auch Abbildung 10.

ist, auf quantitative Verfahren abzustellen. Zur Steuerung und Überwachung der Risikokonzentrationen, den folgenden beiden Schritten, sind dabei geeignete Verfahren einzusetzen. Limite oder Ampelsysteme werden als Beispiele für solche Verfahren genannt, die die Aufsicht als geeignet einschätzt.[95]

Gemäß BTR 7 Tz. 7 ist »in regelmäßigen Abständen, mindestens aber viertel-jährlich, [...] ein Risikobericht, in dem die wesentlichen strukturellen Merkmale des Kreditgeschäfts enthalten sind, zu erstellen und der Geschäftsleitung zur Verfügung zu stellen.« Im allgemeinen Teil der MaRisk ist als eine Neuerung festgelegt worden, dass bei der **Risikoberichterstattung** gesondert auf Risikokonzentrationen und die möglichen Auswirkungen einzugehen ist.[96] Die Konkretisierung dieser Forderung im besonderen Teil (in Bezug auf Adressenausfallrisiken) stellt hingegen keine Neuerung dar. Es wurde bereits vor der dritten Novelle der MaRisk gefordert, dass der Risikobericht Risikokonzentrationen in Verbindung mit der Entwicklung des Kreditportfolios zu berücksichtigen hat.[97]

110

Wie bereits erläutert, stellt die Berücksichtigung von Risikokonzentrationen bei der Begrenzung von Marktpreisrisiken die einzige Neuerung bezüglich der Anforderungen an Risikokonzentrationen im besonderen Teil der MaRisk dar. Als Marktpreisrisiken werden grundsätzlich Kursrisiken, Zinsänderungsrisiken, Währungsrisiken sowie Marktpreisrisiken aus Warengeschäften eingestuft. Zu Warengeschäften werden insbesondere der Handel mit Edelmetallen und Rohwaren sowie der $CO_2$-Handel und der Stromhandel gezählt. Zur Begrenzung dieser Risiken wird unter Berücksichtigung von Risikokonzentrationen die Implementierung eines **Systems von Limiten** gefordert, das sich an der Risikotragfähigkeit des Instituts orientiert.[98]

111

Zusammenfassend ist die Unterscheidung und Behandlung von **Inter- und Intra-Risikokonzentrationen** als die wesentliche Neuerung in Bezug auf Risikokonzentrationen zu sehen, die mit der dritten Novelle der MaRisk eingeführt wurde. Ansonsten handelt es sich vielmehr um eine Betonung des Themas als um echte Neuerungen beziehungsweise es wird an vielen Punkten klargestellt, dass Risikokonzentrationen zu berücksichtigen sind. Abbildung 12 stellt hierzu Anforderungen mit Blick auf Risikokonzentrationen dar.

112

---

95    Vgl. MaRisk BTR 1 Tz. 6.
96    Vgl. MaRisk AT 4.3.2 Tz. 6.
97    Vgl. MaRisk BTR 7 Tz. 7 a.
98    Vgl. MaRisk BTR 2.1 Tz. 1.

**Anforderungen an die Berücksichtigung von Risikokonzentrationen (unter expliziter Nennung in den MaRisk, Stand 15. Dezember 2010)**

**Kurzzusammenfassung (mit Bezug auf Risikokonzentration)**

**Allgemeiner Teil**

**Vorbemerkung**

**AT 1 Vorbemerkung**

**6** Identifizierung, Beurteilung, Steuerung sowie Überwachung und Kommunikation von Adressenausfallrisiken, Marktpreisrisiken, Liquiditätsrisiken sowie operationellen Risiken unter Berücksichtigung von Risikokonzentrationen

**Anwendungsbereich**

**AT 2.2 Risiken**

**1** Geschäftsleitung hat sich im Rahmen einer Risikoinventur einen Überblick über die Risiken des Instituts zu verschaffen
Mit wesentlichen Risiken verbundene Risikokonzentrationen sind zu berücksichtigen

**Allgemeine Anforderungen an das Risikomanagement**

**AT 4.1 Risikotragfähigkeit**

**1** Wesentliche Risiken des Instituts sind durch das Risikodeckungspotenzial, unter Berücksichtigung von Risikokonzentrationen, laufend abzudecken, damit die Risikotragfähigkeit gegeben ist

**AT 4.2 Strategien**

**2** Unter Berücksichtigung von Risikokonzentrationen sind für alle wesentlichen Risiken Risikotoleranzen festzulegen
Berücksichtigung von Ertragskonzentrationen

**AT 4.3.2 Risikosteuerungs- und –controllingprozesse**

**1** Angemessene Risikosteuerungs- und -controllingprozesse sind einzurichten, die eine Identifizierung, Beurteilung, Steuerung sowie Überwachung und Kommunikation der wesentlichen Risiken und damit verbundener Risikokonzentrationen gewährleisten
Es sind angemessene Vorkehrungen zur Begrenzung von Risikokonzentrationen zu treffen

**4** Auf Risikokonzentrationen und deren potenzielle Auswirkungen ist in den Risikoberichten gesondert einzugehen

**AT 4.3.3 Stresstests**

**1** Die Stresstests haben sich auch auf die angenommenen Risikokonzentrationen und Diversifikationseffekte innerhalb und zwischen den Risikoarten zu erstrecken

| | | | | | |
|---|---|---|---|---|---|
| **Anforderungen an die Berücksichtigung von Risikokonzentrationen<br>- Fortsetzung -** ||||||

**Kurzzusammenfassung (mit Bezug auf Risikokonzentration)**

**Besonderer Teil**

  **Besondere Anforderungen an das interne Kontrollsystem**

    **BT 1 Besondere Anforderungen an das interne Kontrollsystem**
    1 Ausgestaltung der Risikosteuerungs- und -controllingprozesse unter Berücksichtigung von Risikokonzentrationen

    **Anforderungen an die Risikosteuerungs- und -controllingprozesse**

      **BTR Anforderungen an die Risikosteuerungs- und –controllingprozesse**
      1 Ausgestaltung der Risikosteuerungs- und -controllingprozesse unter Berücksichtigung von Risikokonzentrationen

      **Adressenausfallrisiken**

        **BTR 1 Adressenausfallrisiken**
        1 Begrenzung von Adressenausfallrisiken durch geeignete Maßnahmen und damit verbundene Risikokonzentrationen unter Berücksichtigung der Risikotragfähigkeit

        6 Risikokonzentrationen sind zu identifizieren
        Beurteilung mittels qualitativer und, soweit möglich, quantitativer Verfahren
        Steuerung und Überwachung mittels geeigneter Verfahren

        7 Risikobericht hat Informationen über die Entwicklung des Kreditportfolios unter Berücksichtigung von Risikokonzentration zu enthalten

      **Marktpreisrisiken**

        **BTR 2.1 Allgemeine Anforderungen**
        1 Auf Grundlage der Risikotragfähigkeit ist ein System von Limiten zur Begrenzung der Marktpreisrisiken unter Berücksichtigung von Risikokonzentrationen einzurichten

*(Randspalten: BT | BT1 | BTR | BTR1 | BTR2)*

*Abb. 12: Anforderungen mit Blick auf Risikokonzentrationen*

## Fazit

Aufgrund diverser Marktentwicklungen, insbesondere der Auswirkungen der Subprime-Krise und der anschließenden globalen Finanzkrise, hat die Aufsicht die Mindestanforderungen an das Risikomanagement eines Instituts mit Blick auf die angemessene Behandlung von Risikokonzentrationen angepasst. Diese Anpassung stellt im Grunde keine echte Neuerung dar, sondern ist an vielen Stellen vielmehr als eine Klarstellung bezügliche der Berücksichtigung von Risikokonzentrationen oder als eine Erweiterung des Betrachtungshorizonts zu sehen. Eine angemessene Berücksichtigung von Risikokonzentrationen ist – wie gezeigt – jedoch bereits ungeachtet der aufsichtsrechtlichen Anforderungen aus betriebswirtschaftlicher Sicht in Anbetracht der potenziellen Auswirkungen essentiell. <sup>113</sup>

## III. Kreditrisikokonzentrationen im Fokus von § 19 Abs. 2 KWG

### 1. Risikokonzentrationen im Kreditgeschäft

114    Risikokonzentrationen im Kreditgeschäft (so genannte Kreditrisikokonzentrationen) basieren naturgemäß auf gemeinsamen oder korrelierten Risikofaktoren, die sich in Ausfällen oder Bonitätsänderungen von Kreditnehmern sowie Wertverlusten von Sicherheiten zeigen. Diese können insbesondere im Stressfall zu existenzbedrohenden Verlusten bei einem Institut führen. Solche Kreditrisikokonzentrationen können auftreten bei:

- Engagements gegenüber einzelnen Kunden oder einer Gruppe verbundener Kunden (**Adressenkonzentration**),

- Kredite an Kunden innerhalb einer Branche oder Region (**Sektorkonzentration**),

- Forderungen an Kunden, deren Finanzkraft von derselben Leistung oder Ware abhängt (**Konzentration in wirtschaftlich verbundene Unternehmen**).[99]

115    Darüber hinaus kann es auch zu Konzentrationen bei einzelnen Sicherungsarten oder Sicherungsgebern (**Sicherheitenkonzentration**) kommen, die erst im Verwertungsfall als indirekte Kreditrisiken schlagend werden, wie beispielsweise Art und Lokation von Immobilien oder Konzentrationen in Garantie- oder Bürgschaftsgebern.[100]

116    Die Gefahr von **Adressenkonzentrationen** stellt ein unternehmensspezifisches (so genanntes idiosynkratisches) Risiko dar. Dieses idiosynkratrische Risiko resultiert aus dem möglichen Ausfall von einzelnen Kreditnehmern oder einer Gruppe von rechtlich abhängigen Unternehmen. Stellen die Forderungen an einen Kreditnehmer einen wesentlichen Teil der Gesamtforderungen eines Portfolios dar, wird von einem Adressenkonzentrationsrisiko gesprochen.[101]

117    Dagegen treffen **Sektorkonzentrationen** als systematische Risiken alle rechtlich abhängigen und unabhängigen Unternehmen in gleicher Weise. Konzentrationen entstehen bei einer ungleichmäßigen Verteilung von Kreditforderun-

---

99    Vgl. *Basel Committee on Banking Supervision* (2004), S. 155, Tz. 772 f.
100   Vgl. *Deutsche Bundesbank* (2006), S. 36 f.
101   Vgl. *Ebenda*, S. 39.

gen über Industrie- und Dienstleistungssektoren und geographische Regionen hinweg.[102]

Konzentrationen in **wirtschaftlich verbundenen Unternehmen** können einer idiosynkratrischen und einer systematischen Risikokomponente unterliegen. Unternehmen, die wirtschaftlich so eng verbunden sind, dass sie als eine Risikoeinheit gesehen werden, können Adressenkonzentration darstellen. In solchen Fällen kann der Ausfall eines Kreditnehmers aufgrund von Ansteckungseffekten zum Ausfall anderer (wirtschaftlich verbundener) Kreditnehmer führen. Bei der Sektorkonzentration liegt eine schwächere Abhängigkeit zwischen den wirtschaftlich verbundenen Unternehmen vor, die sich aus der Zugehörigkeit zum selben Wirtschaftssektor ergibt.[103]   118

Die **übermäßige Konzentration** von Krediten auf einen einzigen Kunden oder eine Gruppe verbundener Kunden kann zu hohen Verlusten führen, die die Solvenz eines Kreditinstituts gefährden können. Dabei entfalten Risikokonzentrationen insbesondere unter schwierigen ökonomischen Rahmenbedingungen ihre volle Wirkung, die die Verluste aus einem hoch korrelierten Portfolio zusätzlich steigen lassen kann.[104]   119

Neben den gerade beschriebenen Ursachen und Wirkungen von Risikokonzentrationen können diese auch anhand ihrer **Diversifizierbarkeit** beschrieben werden. Dabei stellt sich bei Betrachtung der Auswirkungen von Risikokonzentrationen die Frage nach der Möglichkeit, die Risikokonzentrationen durch geeignete Steuerungsmaßnahmen zu beeinflussen. Hierbei kann zwischen systemimmanenten und systemischen Risikopotentialen unterschieden werden.[105]   120

Die **aufsichtsrechtliche Bewältigung** von **Kreditrisikokonzentrationen** wird nicht in den Mindesteigenkapitalanforderungen für Kreditrisiken der Säule 1 (Konkretisierung in deutsches Recht durch die Solvabilitätsverordnung, SolvV), sondern in dem aufsichtlichen Überprüfungsverfahren der Säule 2 (Konkretisierung in deutsches Recht in Form der Mindestanforderungen an das Risikomanagement, **MaRisk**) behandelt.[106] Damit hat eine Berücksichtigung der Kreditrisikokonzentrationen im bankinternen Risikomanagement zu erfolgen.   121

---

102   Vgl. *Ebenda,* S. 37.
103   Vgl. *Ebenda,* S. 50.
104   Vgl. *Ade, B./Dörflinger, M.* (2010), S. 232.
105   Vgl. *Ade, B./Winkler, S.* (2010), S. 385ff.
106   Vgl. *Basel Committee on Banking Supervision* (2004), S. 155, Tz. 772.

122    Zudem bestehen noch quantitative **aufsichtsrechtliche Vorgaben** zur Begrenzung von Kreditrisikokonzentrationen, die von den Instituten beachtet werden müssen. Durch die **Großkreditvorschriften**, geregelt durch das Kreditwesengesetz (KWG) und die Groß- und Millionenkreditverordnung (GroMiKV), werden die Adressenkonzentrationen sowie der Teil der Konzentrationen in wirtschaftlich verbundenen Unternehmen, der im Rahmen der Bildung einer Risikoeinheit berücksichtigt wurde, erfasst. Zudem werden bei den Großkreditvorschriften auch Sicherheitenkonzentrationen berücksichtigt.

123    Eine Systematisierung von Risikokonzentrationen im Kreditgeschäft und die aufsichtsrechtlichen Anspruchsgrundlagen zeigt Abbildung 13:

*Abb. 13: Systematisierung und Anspruchsgrundlagen bei Kreditrisikokonzentrationen*

## 2.    Aufsichtsrechtliche Vorgaben zur Begrenzung von Kreditrisikokonzentrationen

### 2.1.    Großkreditvorschriften

124    Die Ausführungen in diesem Kapitel stellen die Idee und Funktionsweise der Großkreditvorschriften dar. Bei dieser generischen Darstellung wird Bezug auf den **Gesetzesstand per 30. Dezember 2010** genommen. Dadurch können die bei den Großkreditvorschriften vorgenommenen Änderungen zum 31. Dezember 2010, auf die im nächsten Kapitel separat eingegangen wird, besser nachvollzogen werden.

Die **Regelungen zu den Großkrediten** (Großkreditvorschriften) sind so- 125
wohl im KWG als auch in der GroMiKV zu finden. Grundsätzlich wird dabei
zwischen Handelsbuch- und Nichthandelsbuchinstituten unterschieden. Der
Übersichtlichkeit halber wird im Folgenden jedoch nur noch auf die Nicht-
handelsbuchinstitute abgestellt.

Die Großkreditvorschriften haben das **Ziel,** eine Konzentration von Krediten 126
auf einen einzigen Kunden oder eine Gruppe von verbundenen Kunden zu
verhindern und damit das maximale Verlustrisiko zu begrenzen.[107] Sie gelten
sowohl für Einzelinstitute als auch für Institutsgruppen und Finanzholding-
Gruppen, um auch Risikokonzentrationen auf Gruppenebene erfassen und
begrenzen zu können. Neben der Vermeidung von Kreditrisikokonzentrationen und der Begrenzung von unverhältnismäßig hohen Verlusten hinsichtlich
eines Kreditnehmers verfolgt die Bankenaufsicht bei der Überwachung der
Großkredite auch das Ziel, eine Risikodiversifizierung bei den Instituten zu
erreichen und damit die Stabilität des Finanzsystems zu gewährleisten.

Die **Großkredite** werden in den §§ 13-13b KWG definiert, die sich an der 127
gegebenen Kapitalausstattung des Instituts orientieren. Danach handelt es sich
um einen Großkredit, wenn die Kredite an einen Kreditnehmer insgesamt
10 % des haftenden Eigenkapitals des Instituts erreichen oder übersteigen.

Für die Großkredite sind bestimmte **Großkreditgrenzen** zu beachten, die 128
sich bislang zum einen auf den einzelnen Großkredit (Großkrediteinzelobergrenze) und zum anderen auf alle Großkredite (Großkreditgesamtobergrenze)
bezogen haben. Grundsätzlich darf ein Institut einem einzelnen Kreditnehmer
Kredite in einem Gesamtvolumen von maximal 25 % des haftenden Eigenkapitals gewähren.

Von besonderer Bedeutung für das Großkreditregime sind die **Begriffsbe-** 129
**stimmungen** des Kredits und des Kreditnehmers.

Die Bestimmung des **Kredits** erfolgt in § 19 Abs. 1 KWG. Danach sind Bi- 130
lanzaktiva (z. B. Forderungen an Kunden und Kreditinstitute), außerbilanzielle
Geschäfte (z. B. Bürgschaften und Garantien) sowie Derivate (mit Ausnahme
der Stillhalterverpflichtungen aus Kaufoptionen) als Kredite definiert. Es
handelt sich somit um einen weit gefassten Kreditbegriff. Ausnahmen davon
werden in § 20 Abs. 1 KWG geregelt. Somit stellen Kredite bei Wechselkurs-
und Wertpapiergeschäften, die im Rahmen des üblichen Abrechnungsverfah-

---

107  Darüber hinaus stehen bei den Großkreditvorschriften auch die Konzentrationen in Sicher-
     heiten im Fokus. So bestehen im Rahmen der Mindestanforderungen an Sicherheiten ein
     Verbot von Konzentrationen sowie Anforderungen an die Steuerung von Sicherheiten.

rens abgewickelt werden, vom haftenden Eigenkapital abgezogene Bilanzaktiva sowie abgeschriebene Kredite keine Großkredite dar. Der anzusetzende Kreditbetrag ergibt sich aus den Regelungen der GroMiKV. Dort werden u. a. Angaben zur Bemessungsgrundlage, zur Umrechnung von Fremdwährungen sowie zur Ermittlung von Kreditäquivalenzbeträgen bei Derivaten gemacht.

131   Der Begriff des **Kreditnehmers** wird in § 4 GroMiKV allgemein definiert. Danach ist diejenige Adresse der Kreditnehmer, die das Adressenausfallrisiko trägt. Darüber hinaus wird in §§ 4 bis 6 GroMiKV festgelegt, wer für eine Reihe von Einzelgeschäften grundsätzlich als Kreditnehmer anzusehen ist.[108] Von besonderem Interesse ist dabei die Bestimmung des Kreditnehmers bei Anteilen an Investmentvermögen. Nach § 6 GroMiKV bestanden hierfür wahlweise der Basisansatz, der das Investmentvermögen als den Kreditnehmer ansieht, oder der Alternativansatz, der eine anteilige Zerlegung des Investmentvermögens in dessen Vermögensgegenstände vorsieht und diese den einzelnen Kreditnehmern als Kredit zurechnet. Des Weiteren sind auch die Aspekte der Bildung von Kreditnehmereinheiten gemäß § 19 Abs. 2 KWG bei der Bestimmung des Kreditnehmers zu beachten.

132   Darüber hinaus bestanden bislang im KWG und in der GroMiKV noch bestimmte **Anzeige- und Anrechnungserleichterungen**, die dazu führten, dass nicht jeder Großkredit mit seinem vollen Betrag berücksichtigt werden muss. Danach musste für Kredite gem. § 20 Abs. 2 Satz 1 KWG (z. B. inländische oder ausländische Gebietskörperschaften mit einem KSA-Risikogewicht von 0 % als Kreditnehmer) keine Anzeige erfolgen (Anzeigeerleichterungen). Für Kredite i. S. v. § 20 Abs. 3 KWG (z. B. Kredite an eine Zentralregierung oder Zentralnotenbank mit einem KSA-Risikogewicht > 0 %, sofern kein Währungsrisiko besteht) wurde dagegen keine Anrechnung auf die Großkreditgrenzen vorgenommen (Anrechnungserleichterungen). Zudem bestanden noch Anrechnungserleichterungen gem. §§ 25-27 GroMiKV, die insbesondere Interbankenforderungen in Abhängigkeit von ihrer Laufzeit privilegierten.

133   Zudem kann der Kreditbetrag durch **Kreditrisikominderungstechniken** reduziert werden. Dazu bestehen zum einen Möglichkeiten der Aufrechnung (Netting und Verrechnung) und zum anderen die Anrechnung von Finanzsicherheiten und Gewährleistungen[109] (Sicherheitenanrechnung). Die Kreditrisi-

---

108   Ferner räumt § 7 GroMiKV der BaFin die Möglichkeit ein, auf Antrag eines Instituts den Kreditnehmer unter bestimmten Voraussetzungen für einzelne Geschäfte abweichend zu bestimmen (sog. Kreditnehmerfiktion).

109   Zu den Gewährleistungen zählen neben Garantien und Bürgschaften auch Kreditderivate.

kominderungstechniken sind jedoch an bestimmte Voraussetzungen und Mindestanforderungen geknüpft. So wird beispielsweise bei der Sicherheitenanrechnung im Rahmen der allgemeinen Anforderungen an die Verwendung von Sicherungsinstrumenten, die Einrichtung von angemessenen Risikosteuerungsprozessen (§ 34 Abs. 1 GroMiKV a. F.) oder im Rahmen der Mindestanforderungen an Finanzsicherheiten bzw. Gewährleistungen die Anwendung von Verfahren zur Steuerung potenzieller Risikokonzentrationen aus der Verwendung von Besicherungen (§ 35Abs. 5 GroMiKV a. F.) bzw. der Berücksichtigung von Gewährleistungen (§ 37 Abs. 1 GroMiKV a. F.) verlangt.

## 2.2. Aktuelle Änderungen der Großkreditvorschriften

Um die **Lehren aus der Finanzmarktkrise** zu berücksichtigen, haben auf internationaler Ebene sowohl der Baseler Ausschuss für Bankenaufsicht als auch die EU Kommission mit Änderungen des Baseler Rahmenwerkes (Basel II) bzw. der Kapitalanforderungsrichtlinie (CRD[110]) reagiert. Die Änderungen bei den Großkreditvorschriften werden dabei in der ersten CRD-Änderungsrichtlinie (CRD II[111]) umgesetzt. Neben einer Vereinfachung der Großkreditvorschriften standen bei der Überarbeitung die idiosynkratischen Risiken im Fokus. Darüber hinaus hat der Ausschuss der europäischen Bankaufsichtsbehörden (Committee of European Banking Supervisors, CEBS)[112] Empfehlungen zu den Großkreditvorschriften veröffentlicht, die sich insbesondere mit den Vorschriften zur Bildung von Kreditnehmereinheiten und der Bestimmung von Kreditnehmern bei Positionen mit zugrundeliegenden Vermögenswerten auseinandersetzen (CEBS-Leitlinie).[113]

In **Deutschland** wurden die CRD II durch das CRD II-Umsetzungsgesetz (Gesetz zur Umsetzung der geänderten Bankenrichtlinie und der geänderten Kapitaladäquanzrichtlinie)[114] sowie die CRD II-ÄnderungsVO (Verordnung zur weiteren Umsetzung der geänderten Bankenrichtlinie und der geänderten

134

135

---

110 CRD: Capital Requirements Directive, bezeichnet in diesem Sinne keine eigenständige Richtlinie, sondern wird als »Arbeitstitel« für die Bankenrichtlinie (2006/48/EG) sowie die Kapitaladäquanzrichtlinie (2006/49/EG) verwendet.

111 Siehe hierzu Richtlinie 2009/27/EG, Richtlinie 2009/83/EG sowie Richtlinie 2009/111/EG.

112 Durch die Umsetzung der neuen europäischen Finanzaufsichtsstruktur wurde zum 1. Januar 2011 aus dem CEBS die europäische Bankaufsichtsbehörde (European Banking Authority, EBA).

113 Vgl. *Committee of European Banking Supervisors* (2009), S. 5, Tz. 12.

114 Das Gesetz zur Umsetzung der geänderten Bankenrichtlinie und der geänderten Kapitaladäquanzrichtlinie vom 19. November 2010 wurde im Bundesgesetzblatt Teil I Nr. 58 vom 24. November 2010, Seite 1592ff. veröffentlicht.

Kapitaladäquanzrichtlinie)[115] umgesetzt. Damit wurden umfangreiche Überarbeitungen des Kreditwesengesetzes (KWG n. F.), der Solvabilitätsverordnung (SolvV n. F.) und der Groß- und Millionenkreditverordnung (GroMiKV n. F.) auf den Weg gebracht. Die Änderungen sind zum 31. Dezember 2010 in Kraft getreten. Zudem wird mit dem bisher erst im Entwurf vorliegenden Rundschreiben der Bundesanstalt für Finanzdienstleistungsaufsicht (BaFin) die CEBS-Leitlinie mit Wirkung zum 31. Dezember 2010 in die deutsche Verwaltungspraxis eingeführt.[116] Im Wesentlichen basieren die Bestimmungen auf der Übersetzung der CEBS-Vorgaben. Die dem Rundschreiben als Anlage beigefügte FAQ-Liste beantwortet darüber hinaus noch detaillierte Auslegungsfragen und nimmt weitere Präzisierungen vor.

136    Eine **Übersicht** der wesentlichen Änderungen bei den Großkreditvorschriften kann der nachfolgenden Abbildung 14 entnommen werden.[117]

| Ansatzpunkte | KWG | GroMiKV |
|---|---|---|
| Kreditbegriff und Bemessungsgrundlage | §§ 19 (1), 20 (1) | § 2 |
| Großkreditobergrenzen | §§ 13, 13a | |
| Behandlung strukturierter Produkte | | § 6 |
| Anrechnungserleichterungen | § 20 (2) | §§ 9 bis 11 |
| Intragruppenforderungen | | § 9 (2) |
| Interbankenforderungen | §§ 13 (3), 13a (4) | |
| Kreditrisikominderung | | §§ 12, 13 |
| Bildung von Kreditnehmereinheiten (KNE) | § 19 (2) | |

*Abb. 14: Die wesentlichen Änderungen bei den Großkreditvorschriften*

137    Beim **Kreditbegriff** werden Vorgaben für die Behandlung von Leasinggeschäften aufgenommen, welche klarstellen, in welchem Umfang Leasingverträge als Kredite zu behandeln sind (§ 19 Abs. 1 KWG n. F.). Zudem werden bestimmte Transaktionen mit Instituten im Rahmen der Zahlungsverkehrs-

---

115    Die Verordnung zur weiteren Umsetzung der geänderten Bankenrichtlinie und der geänderten Kapitaladäquanzrichtlinie vom 5. Oktober 2010 wurde im Bundesgesetzblatt Teil I Nr. 49 vom 8. Oktober 2010, S. 1330 ff. veröffentlicht.
116    Vgl. *Bundesanstalt für Finanzdienstleistungsaufsicht* (2011), S. 1, Tz. 1.
117    Eine kurze Beschreibung ist bei *Göddecke, C./Fuchs, M.* (2010), S. 8f. zu finden. Vgl. ausführlich *Deutsche Bundesbank* (2009), S. 68ff.

und Wertpapierabwicklung, die zu Forderungen führen, die nicht länger als bis zum Ende des nächsten Geschäftstages bzw. untertägig dauern, als weitere Ausnahme vom Kreditbegriff eingeführt (§ 20 Abs. 1 Nr. 3 und 4 KWG n. F.).

Für Forderungen und Ansprüche aus Leasingverträgen wird als **Bemes-** **sungsgrundlage** nicht mehr der (Rest-)Buchwert der Leasinggegenstände, sondern der Barwert der Mindestleasingzahlungen herangezogen. Die Berechnung der Kreditäquivalenzbeträge sowie die Aufrechnungsvereinbarungen richten sich jetzt nur noch nach den Vorgaben der SolvV. Durch die Streichung der bisherigen, teilweise von der SolvV abweichenden Regelungen erfolgt damit eine Harmonisierung mit dieser Verordnung.      138

Bei den **Großkreditobergrenzen** wurde die bislang bestehende Ausnahme bei der Großkrediteinzelobergrenze von 20 % des haftenden Eigenkapitals bei verbundenen Unternehmen gestrichen und auf die allgemeine Großkreditobergrenze von 25 % des haftenden Eigenkapitals angehoben. Zudem ist die Großkreditgesamtobergrenze, die bei 800 % des haftenden Eigenkapitals lag, weggefallen.      139

Wesentliche Neuerungen ergeben sich bei der **Behandlung von strukturier-** **ten Produkten**. Um mögliche Risikokonzentrationen identifizieren zu können, wurde die Pflicht zur Analyse strukturierter Produkte (z. B. Anteile an Investmentvermögen, Verbriefungspositionen, Zertifikate, Private Equity Fonds etc.) in § 6 GroMiKV n. F. aufgenommen. Die Institute müssen damit bei der Kreditnehmerbestimmung risikosensitiver vorgehen. Gemäß § 6 Abs. 1 GroMiKV n. F. hat ein Institut den oder die Kreditnehmer bei Forderungen aus Verbriefungspositionen, bei Anteilen an Investmentvermögen und bei allen anderen Krediten, bei denen sich aus den diesen zugrunde liegenden Geschäften Adressenausfallrisiken ergeben, dadurch zu bestimmen, dass es das Gesamtkonstrukt, seine zugrunde liegenden Geschäfte oder beides in einer Weise bewertet, die der wirtschaftlichen Substanz und den strukturinhärenten Risiken der Geschäfte, insbesondere möglichen Risikokonzentrationen, gerecht wird.[118]      140

Die **Anzeigeerleichterungen** wurden vollständig gestrichen, d. h. bisher anzeigebefreite Kredite sind zukünftig zu melden. Die bisherigen Anzeigeerleichterungen sind nun ausschließlich als Anrechnungserleichterungen ausgestaltet. Bei den **Anrechnungserleichterungen** sind die laufzeitabhängigen      141

---

[118]    Eine ausführliche Darstellung (Fallbeispiele, Auslegungen) findet sich in *Bundesanstalt für Finanzdienstleistungsaufsicht* (2011), S. 11ff.

Anrechnungserleichterungen weggefallen. Bei den 0 %-, 20 %- und 50 %-Anrechnungen gemäß §§ 25 bis 27 GroMiKV a. F. ergaben sich umfassende Änderungen.

142 Für Forderungen an andere Institute innerhalb einer Gruppe bzw. eines Verbunds (**Intragruppenforderungen**) bestehen weiterhin Ausnahmeregelungen. Werden die Voraussetzungen in § 9 Abs. 2 bzw. 3 GroMiKV n. F. eingehalten, sind diese Forderungen bei der Anrechnung auf die Großkreditobergrenze nicht zu berücksichtigen. Damit wurde eine Anpassung der Voraussetzungen an die SolvV erreicht, was jedoch eine Verschärfung darstellt.

143 Bei den **Interbankenforderungen** entfallen zukünftig die laufzeitabhängigen Anrechnungserleichterungen. Ein Institut muss daher zukünftig alle Interbankenforderungen unabhängig von ihrer Laufzeit vollständig auf die Großkreditobergrenze anrechnen.[119] Grund hierfür war, dass Interbankenforderungen ein erhebliches Risiko darstellen, da Institute durchaus auch ausfallen können (z. B. Lehman Brothers). Der Zusammenbruch eines Instituts kann dann weitere Institute zu Fall bringen und letztlich eine Systemkrise auslösen.

144 Gemäß § 64m Abs. 5 KWG n. F. bestehen jedoch für Interbankenforderungen noch **Übergangsregelungen**. Für Kredite, die vor dem 31. Dezember 2009 gewährt worden sind, sind bis zum 31. Dezember 2012 die alten Regelungen der GroMiKV anzuwenden.

145 Die Großkreditobergrenze gegenüber anderen Instituten bestimmt sich als die höhere der Großkrediteinzelobergrenze von 25 % des haftenden Eigenkapitals und der absoluten Obergrenze von € 150 Mio. Diese absolute Obergrenze stellt eine **Erleichterung** für kleinere Institute dar. In keinem Fall darf aber nach § 13 Abs. 3 KWG n. F. die erhöhte Großkreditobergrenze 100 % des haftenden Eigenkapitals überschreiten. Beispielsweise liegt bei einem Institut mit einem haftenden Eigenkapital von € 100 Mio. die Obergrenze für Kredite an andere Institute ebenfalls bei € 100 Mio. Zudem hat eine explizite Berücksichtigung entsprechender Risikokonzentrationen im Rahmen des Risikomanagements nach § 25a Abs. 1 KWG zu erfolgen.

146 Die Änderungen bei der **Kreditrisikominderung** haben die Harmonisierung mit den Regelungen der SolvV zum Ziel. Dazu wurden die bisher in der GroMiKV geltenden spezifischen Regelungen zur Besicherung mittels qualifi-

---

119 Um jedoch die Effizienz des Zahlungsverkehrs und des Wertpapiergeschäfts aufgrund der neuen Anrechnung der Kredite aus dem Interbankengeschäft auf die Großkreditgrenzen nicht zu beeinträchtigen, wurde die bereits oben beschriebene Änderung des Kreditbegriffs vorgenommen.

zierter Wertpapiere und erforderlichen Marktwertüberschüssen (§ 28 GroMiKV a. F.) gestrichen. Zudem entfallen die bisherigen, teilweise von der SolvV abweichenden Regelungen zu berücksichtigungsfähigen Sicherheiten (Finanzsicherheiten und Gewährleistungen), allgemeinen und besonderen (Mindest-)Anforderungen je Sicherheitenart sowie zur Bewertung und zum Ansatz. Es erfolgt zukünftig eine Berücksichtigung analog zur SolvV. Somit ist jetzt durch den neu aufgenommenen Substitutionsansatz (§ 13 GroMiKV n. F.) eine Entlastung der Großkreditgrenzen des eigentlichen Kreditnehmers durch die Anrechnung auf die Großkreditgrenze des Gewährleistungsgebers bzw. des Emittenten der finanziellen Sicherheit möglich. Weitere Änderungen ergeben sich bei der Besicherungswirkung von finanziellen Sicherheiten. Aufgrund der hohen Volatilität von finanziellen Sicherheiten können diese nur noch berücksichtigt werden, wenn die Institute Stresstests durchführen und Strategien zur Steuerung von Risikokonzentrationen entwickelt haben (§ 12 Abs. 3 GroMiKV n. F.).

Im Rahmen der Überarbeitung der Großkreditvorschriften wurden darüber 147 hinaus weitreichende Anpassungen bei den **Kreditnehmereinheiten** (§ 19 Abs. 2 KWG) vorgenommen. Bei der Bildung von Kreditnehmereinheiten aufgrund wirtschaftlicher Abhängigkeiten (Risikoeinheit) wird nun nicht nur das Risiko berücksichtigt, das aus dem Geschäft und dem Vermögen zweier verbundener Parteien herrührt, sondern auch aus ihren Verbindlichkeiten bzw. ihrer Finanzierungsseite. Nunmehr reichen einseitige Abhängigkeiten für die Bildung einer Risikoeinheit aus, so dass die bisherige Verwaltungspraxis, nur wechselseitige Abhängigkeiten zu berücksichtigen, nicht länger Bestand hat.

Die Änderungen bei der Bildung von Kreditnehmereinheiten haben jedoch 148 nicht nur Auswirkungen auf die Großkreditvorschriften, sondern auch auf die Regelungsbereiche des Risikomanagements. Zunächst wird im Folgenden näher auf die Kreditnehmereinheiten und deren Änderungen eingegangen.

## 3. Kreditnehmereinheiten nach § 19 Abs. 2 KWG

### 3.1. Definition von Kreditnehmereinheiten

149 Der Begriff des Kreditnehmers ist nicht durch eine Legaldefinition beschrieben. Aus Gründen einer wirtschaftlichen und aufsichtsrechtlichen Betrachtungsweise wurde der Begriff des Kreditnehmers in **§ 19 Abs. 2 KWG** für so genannte Kreditnehmereinheiten konkretisiert.[120] Die Bildung von Kreditnehmereinheiten ist relevant für die Groß- und Millionenkreditvorschriften (§§ 13 bis 13b und 14 KWG), die Anforderungen an die Eigenmittelausstattung (§ 10 KWG), die Organkredite (§ 15 KWG) und die Kreditunterlagen (§ 18 KWG). Darüber hinaus finden die Kreditnehmereinheiten grundsätzlich im Rahmen des bankinternen Risikomanagements Anwendung.

150 Um die **Entwicklung der Definition** einer Kreditnehmereinheit aufzuzeigen, soll im Folgenden zunächst die Umsetzung der Definition einer Kreditnehmereinheit in der alten Fassung des § 19 Abs. 2 KWG und anschließend in der neuen Fassung erläutert werden. Sinn und Zweck dieser Vorschrift ist seit Beginn die Identifikation von gleichlaufenden Risikopositionen und Klumpenrisiken auf Basis von Abhängigkeitsstrukturen. Die englische Fassung der CRD umschreibt dies durch die Formulierung »connected clients«[121].

151 Durch die 5. KWG-Novelle wurde die geltende Definition einer Kreditnehmereinheit im Sinne von definierten Fallgruppen um eine risikoorientierte Sichtweise (sogenannte Regelvermutung) ergänzt. Mit der Vorschrift zur Bildung von Kreditnehmereinheiten unter Berücksichtigung von Risikoverbünden sollen im Zusammenhang mit der Großkreditobergrenze die Klumpenrisiken der Banken begrenzt und Umgehungsmöglichkeiten verhindert werden.[122] Gemäß **§ 19 Abs. 2 KWG a. F.** werden zwei oder mehrere natürliche oder juristische Personen oder Personengesellschaften als ein Kreditnehmer betrachtet, wenn

1. eine von ihnen unmittelbar oder mittelbar beherrschenden Einfluss über die andere oder die anderen ausüben kann (**Beherrschungsverhältnis**) oder

2. die zwischen ihnen bestehenden Abhängigkeiten es wahrscheinlich machen, dass finanzielle Schwierigkeiten bei dem einen auch bei dem oder den anderen zu Zahlungsschwierigkeiten führen (**gegenseitige wirtschaftliche Abhängigkeit**).[123]

---

120  Vgl. *Bock, H.* (2008), S. 502.
121  Übersetzt in Deutsch als »verbundene Kunden«.
122  Vgl. *Sprissler, W. / Kemmer, M.* (2000), S. 1401 ff.
123  Vgl. *Bock, H.* (2008), S. 503.

Die Vorgaben für die Bildung einer Kreditnehmereinheit gemäß § 19 Abs. 2    152
KWG a. F. lassen sich wie folgt verdeutlichen:

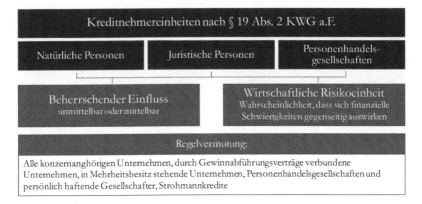

Abb. 15: Kreditnehmereinheiten nach § 19 Abs. 2 KWG a. F.

Zwei oder mehrere natürliche oder juristische Personen oder Personenhan-    153
delsgesellschaften, die ein Beherrschungsverhältnis oder eine enge wirtschaftliche Abhängigkeit aufweisen, sind gemäß dieser Vorschrift zu einer Kreditnehmereinheit zusammenzufassen. Sie gelten daher im Sinne der aufsichtsrechtlichen Definition als ein Kreditnehmer. Für die Kreditnehmereinheit ist
es entscheidend, dass eine finanzielle Schicksalsgemeinschaft besteht, durch
die wesentliche finanzielle Schwierigkeiten bei der einen mit hoher Wahrscheinlichkeit zu finanziellen Schwierigkeiten bei der anderen Person führen
(Dominoeffekt). Somit ist es nach alter Rechtslage entscheidend, dass die
Schicksalsgemeinschaft und Abhängigkeit wechselseitig besteht.[124] Die enge
wirtschaftliche Abhängigkeit wird in den Regelvermutungen der alten Fassung
insbesondere bei rechtlich miteinander verbundenen Unternehmen gesehen.
In solchen Fällen würde der Ausfall des einen Unternehmens zum Ausfall des
anderen, eng verbundenen Unternehmen führen und umgekehrt.

Nach § 19 Abs. 2 KWG n. F. gelten zwei oder mehrere natürliche oder juristi-    154
sche Personen, Personen- und Kapitalgesellschaften, jeder persönlich haften-
de Gesellschafter, Partnerschaften sowie Partner als ein Kreditnehmer im
Sinne dieser Vorschrift, wenn bestimmte, teilweise **neu definierte Kriterien**
zum beherrschenden Einfluss oder zur wirtschaftlichen Risikoeinheit gegeben

---

124    Vgl. *Ebenda*, S. 507.

sind. Gemäß der Begründung zur Neufassung des § 19 Abs. 2 KWG n. F. werden mit den vorgenommenen Änderungen u. a. die Regelungen der CEBS-Leitlinie zur Bildung von Kreditnehmereinheiten berücksichtigt.

155 Die Kriterien für die Bildung einer Kreditnehmereinheit gemäß des § 19 Abs. 2 KWG n. F. lassen sich wie folgt verdeutlichen:

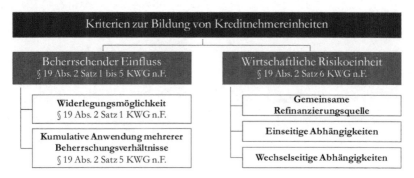

*Abb. 16: Kreditnehmereinheiten nach § 19 Abs. 2 KWG n. F.*

156 Das Kriterium einer unmittelbaren oder mittelbaren Beherrschung wird insbesondere vermutet bei

1. Unternehmen, die demselben Konzern im Sinne von § 18 AktG angehören,

2. Unternehmen, die durch Verträge so verbunden sind, dass eine Verpflichtung zur ganzen Gewinnabführung besteht, sowie

3. Unternehmen, die in Mehrheitsbesitz stehen und den an ihnen mit Mehrheit beteiligten Unternehmen oder Personen.

157 Die Institute haben aber nunmehr auch die Möglichkeit nachzuweisen, dass bei bestimmten Kreditnehmern trotz formaler Beherrschung keine Kreditnehmereinheit vorliegt (**Wiederlegungsmöglichkeit**). Mit dieser Neuregelung sollen praxisgerechtere Lösungen möglich sein. Die explizite Regelung zu Personen und Unternehmen, für deren Rechnung Kredit aufgenommen wird, und denjenigen, die Kredit im eigenen Namen aufnehmen, ist entfallen (Streichung »Strohmannkredite«).

158 In § 19 Abs. 2 Satz 5 KWG n. F. wird explizit darauf hingewiesen, dass die **Zusammenfassungstatbestände in der Regel kumulativ** anzuwenden sind. Dies war bereits gängige Praxis und gilt somit auch weiterhin. Im Falle

von Risikoeinheiten ist jedoch keine kumulative Anwendung mit anderen Zusammenfassungstatbeständen für die Bildung von Kreditnehmereinheiten vorzunehmen.

Gemäß § 19 Abs. 2 Satz 6 KWG n. F. reicht es für die **Bildung einer Risi-** 159 **koeinheit** künftig aus, dass Abhängigkeiten zwischen zwei Kreditnehmern in dem Sinne bestehen, dass es wahrscheinlich erscheint, dass, wenn einer dieser Kreditnehmer in finanzielle Schwierigkeiten, insbesondere in Finanzierungs- oder Refinanzierungsschwierigkeiten gerät, auch der andere oder alle anderen auf existenzielle Finanzierungs- oder Rückzahlungsschwierigkeiten stoßen. Hierbei wird keine wechselseitige Abhängigkeit mehr verlangt. Vielmehr führt bereits eine einseitige wirtschaftliche Abhängigkeit zur Bildung einer Kredit- nehmereinheit. Die Einschätzung, ob sich diese Schwierigkeiten überwinden lassen (z. B. durch andere Geschäftspartner oder Kosteneinsparungen) oder tatsächlich existenzbedrohend werden, ist wesentlich für die Bildung einer Kreditnehmereinheit auf Basis der Risikoeinheit.

**Wirtschaftliche Abhängigkeiten,** die zur Bildung einer Risikoeinheit führen, 160 können aus Geschäftsverbindungen wie aus Lieferantenbeziehungen, Abhän- gigkeiten von Großkunden oder auch großen Forderungen gegenüber einzel- nen Kontrahenten entstehen. Dabei ist für die Bildung einer Kreditneh- mereinheit entscheidend, dass die Abhängigkeiten so stark ausgeprägt sind, dass der abhängigen Partei substanzielle, existenzbedrohende Rückzahlungs- schwierigkeiten drohen würden, falls die Geschäftsverbindung, auf welche Weise auch immer, entfallen würde. Hat der Kreditnehmer die Mittel bzw. Möglichkeiten diese existenzbedrohenden Zahlungsschwierigkeiten zu kom- pensieren, ist eine einseitige wirtschaftliche Abhängigkeit nicht gegeben.

Die Neufassung des KWG berücksichtigt überdies, dass bei der Bewertung 161 der Abhängigkeit auch gemeinsame Abhängigkeiten auf der Passivseite, d. h. **gemeinsame Refinanzierungsquellen,** zu berücksichtigen sind. Damit werden erstmals auch gemeinsame Abhängigkeiten auf der Refinanzierungs- seite berücksichtigt, wie sie u. a. bei Ankaufsgesellschaften im Rahmen von Verbriefungsprogrammen vorkommen können.

Die **sektoralen und regionalen Abhängigkeiten** sind nicht in die Betrach- 162 tung einzubeziehen. Beispielsweise bilden Unternehmen, die sich über die gleiche regionale Sparkasse oder Bank refinanzieren keine Risikoeinheit im Sinne des § 19 Abs. 2 KWG n. F. Damit erfasst die Vorschrift nicht das sys- tematische Risiko, das auf alle Kreditnehmer eines Marktes in gleicher Weise wirkt. Risikokonzentrationen dieser Art sind explizit im bankinternen Risikomanagement zu berücksichtigen. Nichtsdestotrotz führt das Vorliegen sektoraler oder regionaler Risikokonzentrationen nicht dazu, von vornherein auf die Bildung von Risikoeinheiten zu verzichten.[125]

163    Von der Bildung einer Kreditnehmereinheit nach § 19 Abs. 2 Satz 3 KWG n. F. sind ferner **grundsätzlich ausgenommen:**

1. der Bund, ein Sondervermögen des Bundes, ein Land, eine Gemeinde oder ein Gemeindeverband,

2. die Europäischen Gemeinschaften,

3. ausländische Zentralregierungen, wenn ungesicherte Kredite an diese Gebietskörperschaften ein KSA-Risikogewicht von 0 % erhalten würden,

4. Regionalregierungen und örtliche Gebietskörperschaften in anderen Staaten des EWR, wenn ungesicherte Kredite an diese Gebietskörperschaften ein KSA-Risikogewicht von 0 % erhalten würden.

164    Damit kann bei Krediten gegenüber staatlichen Unternehmen eine Zusammenfassung zur Kreditnehmereinheit der Zentralregierung nur noch dann unterbleiben, wenn die Zentralregierung ein KSA-Risikogewicht von 0 % erhält.[126] Zukünftig müssen z. B. alle Unternehmen, an denen der russische Staat beteiligt ist, zu einer Kreditnehmereinheit mit Russland (KSA-Risikogewicht von > 0 %) zusammengefasst werden.

165    Ein Institut sollte grundsätzlich sämtliche Engagements auf die **Bildung einer Risikoeinheit überprüfen.** Von der Aufsicht wird erwartet, dass für alle Einzelkreditnehmer eines Instituts, deren Gesamtkreditengagement über 2 % des haftenden Eigenkapitals des Instituts liegt (Schwellenwert), zwingend eine Prüfung auf wirtschaftliche Abhängigkeiten durchgeführt und entsprechend dokumentiert wird. Darüber hinaus sind Engagements unter der Schwelle bei positiver Kenntnis entsprechend zu prüfen. Zudem sehen sich die Institute mit dem in § 18 KWG vorgegebenen Grenzwert von 750.000 € konfrontiert. Die Aufsicht geht davon aus, dass bei der gewissenhaften Untersuchung der wirtschaftlichen Verhältnisse auch den Verflechtungen des Kreditnehmers aufgrund rechtlicher oder wirtschaftlicher Abhängigkeiten nachgegangen wird.

---

125    Vgl. *Bundesanstalt für Finanzdienstleistungsaufsicht* (2011), S. 10.

126    In der alten Fassung des § 19 Abs. 2 KWG waren alle ausländische Zentralregierungen, unabhängig von ihrem KSA-Risikogewicht, von der Bildung einer Kreditnehmereinheit ausgenommen.

## 3.2.  Beispiele zum Kriterium der wirtschaftlichen Abhängigkeit

Abhängigkeiten zwischen Kunden entstehen, wenn sie dem gleichen idio-  166
synkratischen Risiko unterliegen. Dies tritt beispielsweise durch Interdependenzen der Kunden in einer Wertschöpfungskette, bei finanziellen Verflechtungen oder Geschäften sowie bei Abhängigkeiten von Großlieferanten oder
Großabnehmern auf. Entsprechende Abhängigkeiten können unabhängig von
sektoralen oder geographischen Risiken zwischen den Kunden zu Ansteckungseffekten führen.[127]

Wenn es wahrscheinlich ist, dass finanzielle Schwierigkeiten eines Unterneh-  167
mens, die termingerechte Rückzahlung von Zahlungsverpflichtungen bei
einem anderen Unternehmen erschweren, besteht ein einheitliches Risiko in
Bezug auf diese Unternehmen. Bei solchen wirtschaftlich verbundenen Unternehmen liegt eine wirtschaftliche Abhängigkeit vor, die wechselseitig oder
einseitig sein kann (**Kriterium der wirtschaftlichen Abhängigkeit**).

Wirtschaftliche Abhängigkeiten könnten beispielsweise bei folgenden **Kons-**  168
**tellationen** bestehen:

- Garantien oder Bürgschaften zwischen Kreditnehmern, sofern diese
  derart wesentlich ist, dass bei einer Inanspruchnahme der Bürge/
  Garantiegeber in Zahlungsverzug geraten würde,

- Eigentümer-Mieter-Verhältnisse, wenn für den Eigentümer einer
  Wohn-/Gewerbeimmobilie der Mieter die Haupteinnahmequelle darstellt,

- Forderungen und Verbindlichkeiten des Kunden, die zu einem be-
  trächtlichen Teil auf eine Gegenpartei entfallen,

- Abhängigkeitsverhältnisse zwischen Hersteller und Verkäufer, bei denen der Wegfall des einen nur schwer zu substituieren ist,

- Unternehmen mit identischem Kundenkreis, der relativ klein und
  schwierig zu ersetzten ist,

- Vertragliche Vereinbarungen zwischen Ehepartnern im Hinblick auf die
  Haftung bei Krediten.[128]

Ein umfassendes Verzeichnis möglicher Fälle kann nicht gegeben werden,  169
sondern muss situativ und individuell mit Blick auf die eigenen Kreditnehmer
erfolgen. Bei wirtschaftlichen Abhängigkeiten sind folgenden **Ausnahmen** zu
berücksichtigten:

---

127  Vgl. *Bundesanstalt für Finanzdienstleistungsaufsicht* (2011), S. 3, Tz. 10. Die nachfolgenden Aus-
     führungen stellen auf dieses im Entwurf vorliegendes Rundschreiben der BaFin ab.
128  Vgl. *Bundesanstalt für Finanzdienstleistungsaufsicht* (2011), S. 4f., Tz. 12.

- Sektorale und regionale Interdependenzen sind nicht einzubeziehen (beispielsweise bilden kleine und mittlere Unternehmen, die hauptsächlich über die gleiche regionale Bank finanziert sind, miteinander keine Kreditnehmereinheit)

- Keine kumulative Berücksichtigung von Risikoeinheiten bei Kreditnehmerbildung.

170 Voraussetzung für die Bildung einer Kreditnehmereinheit wegen wirtschaftlicher Abhängigkeit ist in jedem Falle, dass durch die wirtschaftliche Abhängigkeit bedingte Schwierigkeiten bei einem Unternehmen zur Existenzgefährdung des anderen Unternehmens führen (**Kriterium der Existenzbedrohung**). Wenn eine solche existentielle Gefährdung durch ein alternatives Geschäft oder adäquaten Ersatz in angemessener Zeit überwunden werden kann (**Kriterium der Ersetzbarkeit**), muss nicht von einer wirtschaftlichen Abhängigkeit im Sinne der Anforderung ausgegangen werden.

171 Die Untersuchung der Bildung von Kreditnehmereinheiten erfolgt, ausgehend von einem bestimmten Kreditnehmer, unabhängig von der Kreditgewährung an weitere Unternehmen zumindest bis zur nächst höheren Ebene. Darüber hinausgehende Abhängigkeiten sind zu überprüfen, sobald diese offensichtlich sind. In die Kreditnehmereinheit werden aber nur die Unternehmen und Personen einbezogen, denen tatsächlich Kredit gewährt wurde.[129]

172 Die Auslegung dieser Kriterien soll im Folgenden anhand von **zwei Beispielen** verdeutlicht werden. Dabei wird der Fall einer einseitigen wirtschaftlichen Abhängigkeit und einer gemeinsamen Hauptrefinanzierungsquelle dargestellt.

173 Im folgenden Beispiel der **einseitigen wirtschaftlichen Abhängigkeit** hat das meldepflichtige Institut auf Grundlage des Kontrollkriteriums zwei Gruppen von verbunden Unternehmen identifiziert.[130] Kreditverhältnisse bestehen mit der Leasing GmbH & Co. KG und der Autoteile GmbH. Im Sinne des § 19 Abs. 2 Satz 1 bis 5 KWG n. F. sind daher zwei Kreditnehmereinheiten (KNE 1 und KNE 2) aufgrund des Beherrschungsverhältnisses gebildet worden. Die Beherrschung ist nicht widerlegt.

174 Die Autoteile GmbH liefert ca. 80 % der Gesamtproduktion in Form von Spezialerzeugnissen (Kunststoffarmaturen der Autoserie X 7) an die Sternproduktions AG. Beide Unternehmen sind voneinander rechtlich unabhängig. Es besteht aber eine einseitige wirtschaftliche Abhängigkeit der Autoteile

---

129   Vgl. *Bundesanstalt für Finanzdienstleistungsaufsicht* (2011), Anlage S. 11f.
130   Abhängigkeiten aus Kontrollverhältnissen unterscheiden sich von Abhängigkeiten, die aus wirtschaftlichen Abhängigkeiten resultieren. Eine Verbindung der beiden Abhängigkeiten erfolgt nicht.

GmbH gegenüber der Sternproduktions AG, da ein Ausfall dieses Hauptab-
nehmers für die Autoteile AG zu einer nicht substituierbaren, existenziellen
Gefährdung führen würde.

Da die Wahrscheinlichkeit gering ist, dass finanzielle Schwierigkeiten bei der    175
Sternproduktions AG anderen Mitgliedern der KNE 1 den vollständigen und
fristgerechten Kapitaldienst gefährden, muss die Sternproduktions AG nicht
in der KNE 1 aufgenommen werden. Die Autoteile GmbH und die Sternproduktions AG bilden somit eine eigene Gruppe von verbundenen Unternehm-
men, die in Abbildung 17 als Kreditnehmereinheit KNE 3 dargestellt ist.

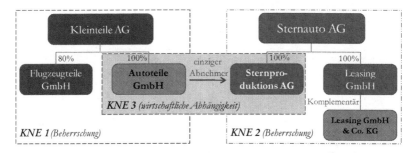

*Abb. 17: Fallbeispiel mit einseitiger wirtschaftlicher Abhängigkeit*

Eine wirtschaftliche Verbundenheit zwischen Kunden kann aber auch auftre-    176
ten, wenn diese aufgrund von Finanzierungsbeziehungen mit einander verbunden sind. Dies tritt in solchen Fällen auf, in denen die Finanzierungsprobleme eines Unternehmens wahrscheinlich auch ein anderes treffen, da beide
von der gleichen Finanzierungsquelle abhängig sind. Die **Abhängigkeit von
der Finanzierungsquelle** begründet sich dabei nicht durch den Umstand des
gleichen Markts (z. B. Markt für Commercial Papers) sondern dadurch, dass
sich die Finanzierungsquelle nicht ohne weiteres ersetzen lässt.[131]

Im folgenden Beispiel hat die ABC-Bank als meldepflichtiges Institut an drei    177
verschiedene Conduits[132] (A, B und C) jeweils eine Liquiditätsfazilität gegeben.
Die drei Conduits sind rechtlich unabhängig. Ihre Hauptfinanzierungsquelle
stellt eine Finanzierungsgesellschaft (sog. Funding Special Purpose Vehicle,
Funding SPV) dar, die im Rahmen einer Verbriefungstransaktion (z. B. Asset
Backed Securities) Geldmarktpapiere (sog. Commercial Papers) begeben hat.

---

131    Vgl. *Bundesanstalt für Finanzdienstleistungsaufsicht* (2011), S. 5, Tz. 14.
132    Der Begriff des »Conduits« steht für Finanzierungs- und Refinanzierungsstrukturen im
       Zusammenhang mit Verbriefungs-Transaktionen. Dabei steht regelmäßig eine Zweckgesell-
       schaft (Special Purpose Vehicle, SPV) im Zentrum der Finanzkonstruktion.

178    Wenn die Möglichkeit zur Begebung der Geldmarktpapiere ausfällt, können sich die Conduits nicht mehr über die Finanzierungsgesellschaft refinanzieren. In einem solchen Fall bleiben den Conduits nur die Liquiditätsfazilitäten der ABC-Bank als Finanzierungsquelle. Auch wenn die Conduits rechtlich unabhängig sind, müssen sie als wirtschaftlich verbundene Gruppe von Unternehmen angesehen werden. Sie stellen eine Kreditnehmereinheit im Sinne des § 19 Abs. 2 KWG n. F. dar.

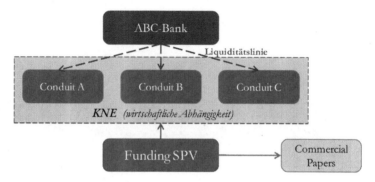

*Abb. 18: Fallbeispiel mit Abhängigkeit von einer Refinanzierungsquelle*

## 4.    Auswirkungen des § 19 Abs. 2 KWG auf das Management von Risikokonzentrationen im Kreditgeschäft

4.1.    Anknüpfungspunkte für Risikokonzentrationen im Kreditrisikomanagement

179    Gemäß AT 4.3.2 MaRisk haben die Institute für ihre wesentlichen Risiken und den damit verbundenen Risikokonzentrationen angemessene **Risikosteuerungs- und -controllingprozesse** einzurichten. Diese umfassen im Kreditgeschäft regelmäßig die Identifikation, die Messung, die Steuerung sowie die Überwachung und die Kommunikation der Kreditrisiken und den damit verbundenen Risikokonzentrationen (Managementkreislauf von Kreditrisiken).

180    Durch die Ermittlung von Kreditnehmereinheiten nach § 19 Abs. 2 KWG werden die damit erfassten Kreditrisikokonzentrationen integraler Bestandteil des Kreditprozesses und des Kreditrisikomanagements. Während auf der Einzelebene im Kreditprozess die Kreditnehmereinheiten auf die Kreditrisikostrategie, die Kreditbearbeitung, das Kreditcontrolling und auf das Rech-

nungswesen wirken, sind auf der Portfolioebene in der Kreditportfoliosteuerung die Messung, die Steuerung und die Berichterstattung betroffen. Einen Kreditprozess auf Einzelebene und eine Kreditrisikosteuerung auf Portfolioebene zeigt Abbildung 19 schematisch:

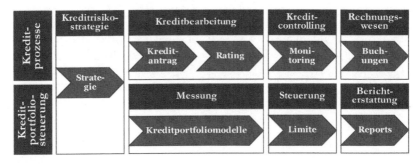

*Abb. 19: Wirkungsbereiche des § 19 Abs. 2 KWG im Managementprozess des Kreditgeschäfts*

Die **Kreditrisikostrategie** beinhaltet die kreditpolitischen Grundsätze und konkreten risikostrategischen Maßnahmen eines Instituts, die im Einklang zur Gesamtstrategie stehen. Im Rahmen der Kreditrisikostrategie kann ein Zielportfolio formuliert werden, das sich beispielsweise an Wachstumszielen, Kundengruppen, Größenklassen und Risikoklassen orientiert. Regelmäßig werden dabei auch Verfahren zur Messung und Bewältigung von Risikokonzentrationen im Kreditgeschäft aufgeführt. Durch die konsequente Umsetzung des § 19 Abs. 2 KWG n. F. werden Risikokonzentrationen in der Kreditrisikostrategie berücksichtigt.   181

In der **Kreditbearbeitung** stellen die Institute im Rahmen einer Bonitäts- und Sicherheitenprüfung sowie bei der Festlegung von Konditionen vornehmlich auf Kreditnehmereinheiten ab. Auch bei Entscheidungen über die Neukreditvergabe, die Krediterhöhung, die Prolongation und die Festlegung von kreditnehmerbezogenen Limiten werden die Kreditnehmereinheiten als Bezugsobjekt herangezogen.[133] Dies umfasst auch die sachgerechte Abgrenzung von Kreditnehmereinheiten und institutsspezifisch definierten Schuldnergesamtheiten und Risikoeinheiten. Als Grundlage der Entscheidung dienen Risikoeinstufungen und Schätzungen über die Ausfallwahrscheinlichkeit aus internen und externen Ratingverfahren.   182

---

133   Eine Kreditentscheidung im Sinne des AT 2.3 MaRisk umfasst Entscheidungen über Beteiligungen, Überschreitungen sowie Änderungen von risikorelevanten Sachverhalten, die dem Kreditbeschluss zugrunde lagen (z. B. Sicherheiten, Verwendungszweck).

183    Im anschließenden **Kreditcontrolling** erfolgt ein laufendes Monitoring. Dabei werden die Einzelkredite einer turnusmäßigen oder anlassbezogenen Überwachung unterzogen. Dabei wird auch laufend die Risikotragfähigkeit des Instituts ermittelt. Durch die Berücksichtigung von Kreditnehmereinheiten im Risikopotenzial eines Instituts werden die Risikokonzentrationen des Kreditgeschäfts dem Risikodeckungspotenzial gegenübergestellt.

184    Selbst im **Rechnungswesen** werden die Kreditnehmereinheiten nach § 19 Abs. 2 KWG n. F. Spuren hinterlassen. Insbesondere bei den Wertberichtigungen sind diese unter Berücksichtigung der jeweiligen Kreditnehmereinheit zu ermitteln. Bisher nicht berücksichtigte einseitige wirtschaftliche Verflechtungen können somit zu einer zusätzlichen Ermittlung von Wertberichtigungsbedarf führen.

185    Auf der Portfolioebene erfolgt die **Messung** von Kreditrisiken regelmäßig durch Kreditrisikomodelle. Diese Verfahren ermöglichen eine Quantifizierung von Adressrisiken in Form von erwarteten und unerwarteten Verlusten. In den Kreditrisikomodellen werden die Risikokonzentrationen durch Annahmen über die Diversifikation oder durch Stresstests abgebildet. Durch die Kreditnehmereinheiten werden die Risikokonzentrationen im Kreditgeschäft bereits durch die Inputparameter eines Kreditrisikomodells berücksichtigt.

186    Durch die **Steuerung** von Kreditrisiken auf Portfolioebene wird regelmäßig versucht, die Eintrittswahrscheinlichkeit und die Tragweite des Risikos zu verändern, und gegebenenfalls die Auswirkungen von Kreditverlusten für das Institut verkraftbar zu machen. Durch die Limitierung von Risikokonzentrationen auf Basis von Kreditnehmereinheiten kann die Eintrittswahrscheinlichkeit und die Tragweite der Risikokonzentrationen auf ein für das Institut akzeptables Maß begrenzt werden. Ferner können Diversifikationsstrategien eingesetzt werden, um die aus wirtschaftlichen Verflechtungen identifizierten Risikokonzentrationen volumenmäßig zu streuen.

187    Selbst in der **Berichterstattung** müssen Risikokonzentrationen aus wirtschaftlichen Verflechtungen in Form der Kreditnehmereinheiten durch eine angemessene Dokumentation, Überwachung und Kommunikation ersichtlich gemacht werden. Die identifizierten Verflechtungen zwischen Kreditnehmern sind in den jeweiligen Reports aufzuarbeiten und zu berichten.

## 4.2. Herausforderungen für den Kredit- und Risikomanagementprozess aus § 19 Abs. 2 KWG n. F.

Die neuen Vorschriften zu den Kreditnehmereinheiten werden auf **Ebene** **der Einzelkreditprozesse und der Portfolioebene** zu Anpassungen führen. Dabei sind die in **Fehler! Verweisquelle konnte nicht gefunden werden.** bereits dargestellten Anknüpfungspunkte des § 19 Abs. 2 KWG besonders betroffen. Im Folgenden sollen einige Herausforderungen aufgezeigt werden, mit denen die Institute durch die Neuerung des § 19 Abs. 2 KWG konfrontiert sind. Dies betrifft in erster Linie die Kreditbearbeitung und -controlling, die Risikomessung und -steuerung sowie die Berichterstattung eines Instituts.

In der **Kreditbearbeitung** eröffnet der neue Gesetzesrahmen durch den Interpretations- und Argumentationsspielraum einen größer gewordenen Grenzbereich, den es im Kreditantrag oder bei Kreditentscheidungen hinsichtlich der Bildung von Kreditnehmereinheiten zu beachten gilt. Je nach Anwendungsfall kann es sich um einseitige oder wechselseitige Risikoeinheiten, Refinanzierungsabhängigkeiten, Durchschau-Erfordernissen oder Gegendarstellungen von vermeintlich beherrschenden Einflüssen handeln, die durch das Institut widerlegt oder untermauert werden können. In allen Fällen liegt es in der Verantwortung der Institute, die bankinterne Einschätzung zur Bildung der Kreditnehmereinheit sachgerecht herzuleiten und zu dokumentieren.

Für die **Identifikation von wirtschaftlichen Abhängigkeiten** sind im Rahmen der Kreditbearbeitung detaillierte, kundenspezifische Informationen notwendig. Neben öffentlich verfügbaren Informationen werden auch Informationen zu den natürlichen und juristischen Personen, die mit dem Kreditnehmer verbunden sind, benötigt. Um wirtschaftliche Abhängigkeiten aufzudecken, ist eine individuelle Analyse und Beurteilung der Geschäftsbeziehungen der Kunden (Einzelfallprüfung) notwendig. Dies erfordert ein erhebliches Maß an fachlichem Know-How und Urteilsvermögen. Eine Einführung eines automatischen Prozesses für die Identifikation ist bisher nicht möglich.

Werden im Rahmen der Eigenkapitalunterlegung für Adressrisiken **interne** **Ratings** genutzt (IRBA-Institut), müssen von den Instituten bestimmte Mindestanforderungen der SolvV eingehalten werden, die u. a. auch den Rating- und damit den Kreditbearbeitungsprozess betreffen. Gemäß § 113 Abs. 4 SolvV muss das Institut für jeden rechtlich selbständigen Schuldner eine separate Risikoeinstufung (Rating) vornehmen. Dabei müssen geeignete Verfahrensweisen zur Behandlung von Kunden, die Einzelschuldner sind, und von Schuldnergesamtheiten nach § 4 Abs. 8 SolvV vorhanden sein. Bei der Ratingerstellung sind rechtliche und wirtschaftliche Abhängigkeiten zu berücksichtigen. Dazu sind alle verfügbaren Informationen verbundener Unternehmen heranzuziehen. Es sind dann grundsätzlich Informationsquellen zu nutzen, die in vertretbarer Weise zugänglich sind. Dies kann auch die Nutzung kostenpflichtiger Datenbanken bedeuten. Die Beschaffung dieser Informationen stellt die Institute insbesondere bei Nichtkunden vor neue Herausforderungen.

192 Im Rahmen der Kreditbearbeitung ist zu beachten, dass die **Beurteilung der wirtschaftlichen Verhältnisse** für die gesamte Kreditnehmereinheit zu erfolgen hat. Damit müssen auch für Nichtkunden, die der Kreditnehmereinheit angehören, die Anforderungen des § 18 KWG erfüllt werden. Eine Auswertung vorliegender bzw. frei zugänglicher Informationen sollte hierfür jedoch ausreichend sein.

193 Die **Schuldnergesamtheit** wurde in der SolvV eingeführt, um den Begriff der »Gruppe verbundener Kunden« aus der Bankenrichtlinie umzusetzen. Eine Bezugnahme auf die Kreditnehmereinheit erfolgte dabei nicht. Grund hierfür war, dass der Begriff der Kreditnehmereinheit über die Anforderungen der Bankenrichtlinie hinausging und damit eine zu starke Einengung des Spielraums für IRBA-Institute zur Folge gehabt hätte. Den Instituten wurde es jedoch gestattet, bei der Bildung von Schuldnergesamtheiten auf die Kreditnehmereinheiten abzustellen. Da sowohl die Schuldnergesamtheit als auch die Kreditnehmereinheit die identische Anspruchsgrundlage (Art. 4 Abs. 45 der Bankenrichtlinie) haben, und bei den Änderungen der Kreditnehmereinheiten die Vorgaben der EU-Richtlinie nun vollständig umgesetzt wurden, wird eine konsistente Verwendung der Begrifflichkeiten möglich. Damit kann ein Gleichlauf in der internen Steuerung erzielt werden.

194 Die rechtzeitige Identifizierung bzw. Bildung und Prüfung von Kreditnehmereinheiten (insbesondere unter Berücksichtigung der gesetzlichen Neuerungen) muss integraler Bestandteil der Kreditvergabepolitik und des laufenden Monitorings (**Kreditcontrolling**) des Instituts sein. Die gesetzlichen Neuerungen müssen in den bankinternen Systemen und Prozessen integriert und durch das Institut »gelebt« werden. Die Institute müssen die Angemessenheit dieser Prozesse laufend überprüfen. Hieraus ergibt sich wiederum eine Dokumentationspflicht. Die Institute sind außerdem gehalten, den zuständigen Aufsichtsbehörden laufend nachzuweisen, dass die Prozesse für ihr Geschäftsmodell und Portfolio angemessen sind.

Im Rahmen der **Kreditprozesse auf Einzelgeschäftsebene** werden daher 195
weitere **Anpassungen** vorzunehmen sein:

- Bei der Bildung von Kreditnehmereinheiten müssen die verantwortlichen Personen (z. B. Kreditsachbearbeiter, Kundenbetreuer) die wirtschaftlichen Abhängigkeiten und Refinanzierungsabhängigkeiten der Kunden nachvollziehbar berücksichtigen.

- Große Engagements sind einer intensiven Überprüfung im Hinblick auf wirtschaftliche Abhängigkeiten zu unterziehen. Bei kleinen Engagements ist dies insbesondere bei Kenntnis oder Vermutung einer wirtschaftlichen Abhängigkeit eingehend zu berücksichtigen.

- Die Entscheidungen im Rahmen der Bildung und Pflege von Kreditnehmereinheiten sind in den Kreditakten und den Systemen angemessen zu dokumentieren und nachzuhalten.

- Es ist eine gruppenweit einheitliche Handhabung der gesetzlichen Neuerungen aus § 19 Abs. 2 KWG zu gewährleisten (z. B. Arbeitsanweisungen, Handbücher).

- Es werden fachliche und IT-technische Anpassungen bei der Kreditnehmererfassung bzw. Großkreditüberwachung erforderlich.

Ebenso ergibt sich bei der **Kreditrisikomessung auf Portfolioebene** ein 196
Handlungsbedarf aufgrund der neuen Kreditnehmereinheiten. Dabei müssen
einseitige Abhängigkeiten im Kreditportfoliomodell abgebildet werden. Eine
angemessene Ermittlung von Ausfallwahrscheinlichkeiten für Positionen, die zu
mehreren Einheiten gehören sowie der zeitgleiche Ausfall von einseitig abhängigen Positionen muss sichergestellt werden. Dabei muss die Behandlung von
wirtschaftlichen Abhängigkeiten bei der Ratingvergabe berücksichtigt werden.
Die doppelte Erfassung bestimmter Exposures aufgrund der Zugehörigkeit
eines Kreditnehmers zu mehreren Kreditnehmereinheiten darf nicht zu einer
doppelten Berücksichtigung im Modell führen. Daher können Modellanpassungen bei der Ermittlung von Risikobeiträgen notwendig werden.

Im Rahmen der **Steuerung** von Kreditrisiken auf Portfolioebene werden die 197
Kreditnehmereinheiten neu zu berücksichtigen sein. So kann beispielsweise
im Rahmen der Risikobegrenzung für bestimmte Kreditnehmereinheiten die
Stellung von als eng korreliert identifizierten Sicherheiten (Neubewertung der
Unabhängigkeit) fraglich werden. Durch die Erweiterung der Kreditnehmereinheiten werden möglicherweise die Limite (z. B. Großkreditauslastung)
schneller erreicht als zuvor.

198 Bei der **Berichterstattung** werden im Kreditrisikobericht bzw. bei der Darstellung der Kreditrisikokonzentrationen die größten Kreditnehmereinheiten dargestellt. Durch die Berücksichtigung der wirtschaftlichen Abhängigkeiten bei der Bildung von Kreditnehmereinheiten können in diesem Bericht auf einmal komplett andere Kreditnehmereinheiten auftauchen. Die Adressaten der Berichterstattung sollten darauf sensibilisiert werden.

199 Insgesamt werden die Neuerungen des § 19 Abs. 2 KWG zu mehr Einzelfallanalysen und individuellen Beurteilungen in der Kreditbearbeitung und im Kreditcontrolling führen. Denn nur mit ausreichenden Informationen über die Kunden und deren Geschäftsbeziehungen, die beispielsweise aus persönlichen Gesprächen und regelmäßigen Kundenkontakten gewonnen werden, können die wirtschaftlichen Verflechtungen des Kunden sachgerecht erfasst werden. Die Neuregelungen bei den Großkreditvorschriften und die damit verbundenen Änderungen zur Bildung von Kreditnehmereinheiten werden zudem Auswirkungen auf den kompletten **Risikomanagementkreislauf** haben. Die Institute müssen sich daher mit den Auswirkungen auf ihre Prozesse im Risikomanagement auseinandersetzen und entsprechende Anpassungsmaßnahmen einleiten. In jedem Fall werden durch die sachgerechte Erfassung von Kreditnehmereinheiten nach § 19 Abs. 2 KWG n. F. auch Risikokonzentrationen im Kreditgeschäft berücksichtigt.

# B.

# Erfassung und Beurteilung von Risikokonzentrationen

# B. Erfassung und Beurteilung von Risikokonzentrationen

## I. Einbindung von Risiko- und Ertragskonzentrationen in den Strategieprozess

### 1. Einführung

Die Generierung von wesentlichen Strukturbeiträgen gestaltet sich derzeit 200 aufgrund der Auswirkungen der Finanzmarktkrise relativ einfach. Durch die gravierende Verbilligung der Passivseite können deutliche Ergebniszuwächse generiert werden (vgl. nachfolgende Abbildung zur Zinsentwicklung).

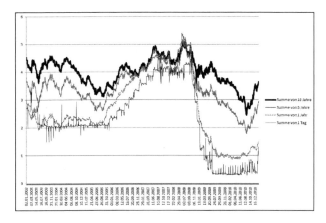

*Abb. 20: Jüngere Zinsentwicklung*

Dieser Zustand wird nur leider nicht ewig anhalten. In absehbarer Zeit wer- 201 den die Zinsen, insbesondere in kurzen Laufzeitbändern, wieder steigen (erste Anzeichen sind bereits erkennbar, beispielsweise die Diskussion um die Anpassung der Berechnungsmodalitäten des Basel II Zinsrisikokoeffizienten auf +/- 200 Basispunkte oder vgl. auch obige Abbildung).

Als Folge dieser Entwicklung resultieren momentan für das Kundengeschäft 202 wesentliche Ergebniseinbußen auf Seiten der Kundenpassiva. Es handelt sich hierbei bei den meisten Banken um eine Verschiebung der Ergebnisherkunft vom Konditionsbeitrag hin zum Strukturbeitrag. Die ursprünglich angedachten Plan-Margen können somit in vielen Banken nicht gehalten werden. Konsequenz: Die Erfolgsbeiträge der eigentlichen »Vertriebsbank« stehen teilweise massiv unter Druck.

203 Das Wettbewerbsumfeld in der Vertriebsbank zeichnet sich trotz der, durch die Finanzmarktkrise verursachten Vertrauenskrise, weiterhin durch eine Vielzahl an Mitbewerbern aus, die mit aggressiven Angeboten vermeintlich sicher geglaubte, wesentliche Ertragsfelder in Frage stellen bzw. zumindest unter erheblichen Druck setzen. Als Beispiele lassen sich kostenfreie Girokonten, attraktive Tagesgeldkonditionen, kostengünstige Depotangebote, günstige Baufinanzierungen, etc. anführen.

204 Auf dieses Umfeld reagieren viele Banken mit Preiszugeständnissen und zunehmend flexibleren Kundenprodukten (z. B. Kündigungsoptionen, Verfügungsrechten). Diese deutliche Zunahme an Flexibilität vieler Produkte kann trotz interessanter Erträge erhebliche Auswirkungen auf die Stabilität der zukünftigen Ergebnisse entfalten. Das Verhalten vieler Optionstypen im Kundengeschäft muss prognostiziert werden können. So steigen derzeit bei einer Vielzahl von Banken die Schäden durch Leistungsstörungen aus Sondertilgungen nennenswert an.

205 Für regional aufgestellte Filialbanken (Genossenschaftsbanken und Sparkassen) lässt sich festhalten, dass bei manchen die Erträge aus der Vertriebsbank teilweise nicht mehr ausreichend sind. CIR-Maße, bei denen die Erträge der Vertriebsbank gegen den Aufwand der Gesamtbank gestellt werden, liegen gegenwärtig im Regelfall über 100 %. Das heißt ohne die Erwirtschaftung von nennenswerten Strukturbeiträgen könnten viele dieser Banken ihr Geschäftsmodell nicht dauerhaft aufrecht erhalten. Zusätzlich stammen wesentliche Ergebnisbeiträge der Vertriebsbank aus Produkten, die in der Zukunft mit zunehmender Unsicherheit zu planen sind. Als Beispiele lassen sich die Entwicklung der Zahlungsverkehrsprovisionen (inkl. GAA-Gebühren), die Erträge aus Sichteinlagen oder die Entwicklung der Erträge aus KK-Inanspruchnahmen anführen. Diese Produkte haben wesentliche Bedeutung für die gesamte Ertragslage. Fallen sie aus oder brechen nennenswert ein, sind große Herausforderungen an die Unternehmensführung die Folge.

206 Auch die demographische Entwicklung geht an den Instituten nicht spurlos vorbei. Es werden erhebliche Ergebnisbeiträge im Privatkundengeschäft in höheren und hohen Alterssegmenten erwirtschaftet. Die Marktanteile, gerade in diesen Alterssegmenten, sind relativ hoch, wohingegen in jüngeren Alterssegmenten häufig deutlich niedrigere Marktanteile zu verzeichnen sind. Dabei

zeichnen sich ältere Kunden meist durch eine höhere Loyalität aus. Für sie ist-
zumindest derzeit noch – der persönliche Kontakt einer Filialbank ein wichtiges Kriterium.

Anhand dieser zwei Beispiele zeigt sich, dass sich die Geschäftsführung der 207
Banken momentan zentrale Fragen stellen muss, nämlich: Mit welchen Kunden, welchen Produkten und welchem Geschäftsmodell (Geschäftsfelder,
Treasury-Strategie, Vertriebsstrategie, Vertriebskanäle, uvm.) sollen in 5, 10,
15 oder auch 20 Jahren die notwendigen Erträge verdient werden?

Diese Frage gewinnt insbesondere bei den Banken eine immer gewichtigere 208
Rolle, deren Geschäftsgebiet (Regionalprinzip) sich durch eine rückläufige
Bevölkerung auszeichnet.

Darüber hinaus müssen diese Fragen in unsicheren Zeiten beantwortet wer- 209
den. Diese Unsicherheit vieler Markteilnehmer über die zukünftige Entwicklung lässt sich eindrucksvoll an den volatilen Finanzmärkten ablesen. Diese
Volatilität hat Folgen und führt so zu schwankenden Ergebnisbeiträgen aus
dem Investment-Banking. Auch aus diesem Grund streben viele, stark im
Investment-Banking engagierte Institute, ein größeres und breiter aufgestelltes
Kundengeschäft – insbesondere bei Privatkunden – an (beispielsweise die
Übernahme der Postbank durch die Deutsche Bank). Die Folge sind, wie
bereits erwähnt, heftig umkämpfte Märkte mit entsprechend hohem Wettbe-
werbsdruck.

Der derzeit deutlich spürbare Aufschwung steht noch nicht auf sicheren Bei- 210
nen. Die Folge sind mögliche Rückschläge, die durchaus zu einer Zunahme
der Bewertungsergebnisse im Kreditgeschäft führen können. Zusätzlich führt
die massive Verschuldung vieler Staaten (z. B. USA, Irland, Griechenland,
Portugal) bei vielen Menschen und Investoren zu Inflationsängsten. Dies lässt
die zunehmende Flucht in Sachwerte wahrscheinlicher werden (preisliche
Entwicklung der Rohstoffe). In diesem Zusammenhang wirken die jüngsten
Äußerungen des US-Finanzministeriums zur Erhöhung der Schuldenober-
grenze nicht beruhigender. Höhere Risikoaufschläge für Staatsanleihen würden zu deutlichen Bewertungsabschlägen im Depot A führen. Staatsanleihen
sind die Anlagegattung, die hinsichtlich ihrer Sicherheit bislang völlig außer
Frage stand. Hier platzierte Investitionen wurden und werden zudem auf-
sichtsrechtlich privilegiert behandelt.

Die in die Märkte gepumpte Liquidität wird sich – sofern nicht irgendwann 211
gegengesteuert wird – reale Werte »suchen«. Hierdurch steigt die Gefahr weiterer Spekulationsblasen an. Hinzu kommt, dass die Notwendigkeit auf der

Aktivseite bestimmte Zinserträge zu erzielen um die benötigte Zinsspanne halten zu können, viele Marktteilnehmer motiviert wieder in riskanten Investments aktiv zu werden. Die Unsicherheit und teilweise Ratlosigkeit vieler Marktteilnehmer lässt sich auch an der deutlichen Nachfrage nach entsprechender Literatur ablesen. Als Beispiele können momentane Bestseller angeführt werden: z. B. »Kasino-Kapitalismus«, »Der Crash kommt«, »Der Staatsbankrott kommt«, »Schulden ohne Sühne?«.

212 Alle genannten Veränderungen des Umfeldes machen die vernünftige und sachgerechte Steuerung eines Kreditinstituts gegenüber früheren Jahren nicht einfacher. Es wird demnach immer wichtiger sich mit folgenden Fragen auseinanderzusetzen:

- Welches ist unser Geschäftsmodell?
- Womit, mit wem und wie lange noch verdienen wir unser Geld?
- Welchen Risiken und Risikokonzentrationen sind wir dabei ausgesetzt?
- Gibt es Geschäftsfelder, Produkte oder Kunden, auf die sich wesentliche Ertragsbestandteile konzentrieren?
- Welche Infrastruktur müssen wir vorhalten?
- ...

213 Aus den genannten Zusammenhängen könnten eine Vielzahl weiterer Fragen formuliert werden. Im Kern wird man aber immer auf das gleiche Ergebnis kommen: Die saubere strategische Ausrichtung und deren regelmäßige Überprüfung gewinnen massiv an Bedeutung!

214 In dem nachfolgenden Beitrag möchten wir Ihnen einige Ideen und Anregungen geben, mit welchen Themen und Fragestellungen sich eine – aus unserer Sicht – intensive Beschäftigung lohnt. Der Fokus liegt dabei auf dem (1) Aufbau und der Umsetzung eines adäquaten Strategieprozesses, (2) auf der Ermittlung von Risikokonzentrationen und (3) auf der Analyse von möglichen Ertragskonzentrationen.

215 Wir wünschen Ihnen dabei einen hohen Erkenntnisgewinn und viel Spaß!

## 2. Der Strategieprozess als wesentliches Element des Risikomanagements

216 Mit ihrem Begleitschreiben an alle Verbände der Kreditwirtschaft vom 15. Dezember 2010 hat die Bundesanstalt für Finanzdienstleistungsaufsicht (im Folgenden die Aufsicht genannt) die wesentlichen Veränderungen der

Neufassung der MaRisk 4.0 erläutert. Neben den in diesem Artikel (siehe Kapitel 1 und 2 dieses Beitrages) noch näher ausgeführten Veränderungen in Bezug auf Risikoinventur und Risikotragfähigkeit, den veränderten Anforderungen an eine gemeinsame Ertrags- und Risikosteuerung, den Risikokonzentrationen und der Neuausrichtung der Stresstests, wird die Notwendigkeit zur Anpassung der Anforderungen an Strategien ausgeführt. So folgen diese Anpassungen dem Eindruck der Aufsicht, »dass teilweise die Anforderungen des Moduls AT 4.2 in der Praxis nicht gelebt werden, sondern sich auf eine rein formale Umsetzung beschränken.

Bisweilen werden interne und externe Einflussfaktoren, die für strategische 217 Weichenstellungen bedeutend sind, nicht ausreichend gewürdigt; teils sind strategische Ziele auch derart unbestimmt formuliert, dass Zielabweichungen erst gar nicht identifiziert werden können.[…] somit (besteht die Gefahr, dass) strategische und operative Planung isoliert nebeneinander stehen und keine plausible Ableitung operativer Ziele aus den Strategien möglich ist.« (BaFin 2010a) Dieser Hinweis auf eine rein formale Umsetzung lässt einerseits die Frage entstehen woran die Implementierung der (formalen) Strategie in die (informelle) Kultur gescheitert sein könnte und stellt andererseits die Herausforderung an die Institute ein verbessertes (Vorgehens-) Modell zur Implementierung zu entwickeln, ohne dabei die für den Strategieprozess so wichtige Würdigung interner und externer Faktoren zu vernachlässigen. Ferner stellt die Aufsicht in ihrem Begleitschreiben fest, dass »[…] eine Überprüfung des Zielerreichungsgrades und eine Ursachenanalyse der Zielabweichungen (besonders wichtig sind), da gerade eine Analyse negativer Zielabweichungen wichtige Steuerungsimpulse für das unternehmerische Handeln liefern kann […].

Gleichzeitig bedeutet dies jedoch nicht, dass alle strategischen Ziele – auch 218 solche, die von Natur aus eher qualitativ sind – zwingend »in Zahlen gegossen« werden müssen, wie es bisweilen befürchtet wurde.« (BaFin 2010a) Insbesondere mit Blick auf die im Fokus dieses Betrages stehenden Kreditgenossenschaften erscheint dieser Hinweis sinnvoll, da eine zwingende Kardinalisierung des, über das Genossenschaftsgesetz definierten und des in den Satzungen regelmäßig formulierten, genossenschaftlichen Förderauftrages schwer erreichbar ist. So ist die Förderung des »Erwerbes oder der Wirtschaft ihrer Mitglieder mittels gemeinschaftlichen Geschäftsbetriebes« (§ 1 GenG) ein über die Satzung konkretisierter (qualitativer) »Gencode«, der seinen Niederschlag in der Formulierung der Geschäftsstrategie finden muss. Dies nicht nur, da seine Missachtung ein Anspruch auf Auflösungen der Genossenschaft i. S. § 81 GenG begründet, sondern auch, da seine wirkungsvolle Umsetzung

das zentrale Differenzierungsmerkmal im Wettbewerb zu anderen Institutsgruppen darstellt. An dieser, möglicherweise als eigenständiger Teilstrategie
formulierten, Mitgliederförderung wird die Bedeutung der Integration qualitativer, strategischer Ziele deutlich.

219  Um den einleitenden Überblick über die veränderte Rolle des Strategieprozesses i. S. des AT 4.2 TZ 4 abzuschließen, soll der Hinweis erfolgen, dass künftig dem Aufsichtsorgan (i. S. AT 4.2 TZ 5 S. 2) nicht nur die Geschäfts- und
Risikostrategie zur Kenntnis zu geben und mit diesem zu erörtern ist, sondern
im Falle von Zielabweichungen sogar eine gemeinsame Ursachenanalyse erfolgen muss. Diese durchgängig gewählte Logik systematischer Abweichungs-
analysen setzt, mit Blick auf die beschriebene Möglichkeit und regelmäßige
Notwendigkeit, die Integration qualitativer Ziele in die Strategie voraus.

220  Im Ergebnis wird mit Blick auf die Herausforderungen der Praxis deutlich,
dass die Aufsicht moderne Instrumente zur Entwicklung und zum Monitoring
der Geschäfts- und Risikostrategie erwartet, die im Sinne der doppelten Proportionalität die organisatorischen Mindestanforderungen an das Risikomanagement erfüllen, ohne dabei nur formal auf dem Papier existent zu sein.
Eine wirksame Steuerung im Sinne der MaRisk erreicht somit eine Integration
aus instrumenteller, struktureller und kultureller Ebene im Institut und genügt
damit im Sinne dieses Beitrages vier zentralen Perspektiven:

221  Eine (regulatorischen) aufsichtsrechtliche, eine (makro- und mikroökonomi-
schen) steuerungstechnische Perspektive und die Anforderungen weiterer Sta-
keholder, hierbei insbesondere die Anforderungen der Kunden und Mitarbeiter.

222  Die in die Strukturierung aufgenommene steuerungskulturelle Ebene folgt
dabei dem Wunsch der Aufsicht nach einer wirkungsvollen Integration der
Strategie in das Institut. Insofern wäre es falsch eine wirkungsvolle, integrierte
Risiko- und Renditesteuerung auf die Einführung neuer Instrumente in den
Kreditinstituten zu reduzieren. Vielmehr ist die Suche nach geeigneten Strategien, und insbesondere die Änderung etablierter Denk- und Verhaltensmuster,
erforderlich, um dem Ziel einer unter Rendite-/Risiko-Gesichtspunkten optimal positionierten Bank näher zu kommen. Dabei zeigen die Umsetzungserfahrungen, dass die Beschäftigung mit der Steuerungskultur nicht als »netter
Nebenaspekt« der Führung in wirtschaftlich guten Zeiten verstanden werden
darf (siehe Kapitel 4 dieses Artikels). Die Fortentwicklung von Strukturen und
Instrumenten in einem zunehmend arbeitsteiligen Ertrags- und Risikomanagement muss vielmehr als permanenter Prozess in einer Bank etabliert werden, wobei eine Gestaltung des Strategieprozesses als Regelkreis wirkungsvolle

Unterstützung liefert. Die Anforderungen der Bankaufsicht sowie die Weiterentwicklung der einzelnen Instrumente zur Gesamtbanksteuerung unter VR-Control liefern hierzu die Basis bzw. den Anlass. Die Strategien und ihre gelebte, steuerungskulturelle Umsetzung erst das Ergebnis (siehe Abbildung 21).

## 2.1. Der Strategieprozess als Regelkreis

Eine in diesem Sinne verstandene ganzheitliche Strukturierung des jährlichen Strategieprozesses sollte einem mehrstufigen Prozess folgen:  223

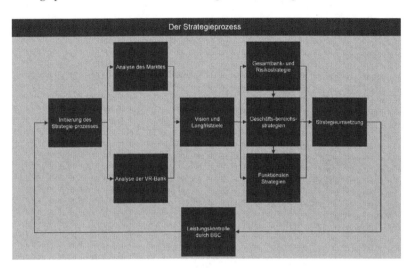

*Abb. 21: Der Strategieprozess in neun Stufen als Regelkreis*
*(Quelle: In Anlehnung an Venzin, Rasner, Mahnke (2010), S. 14 ff.)*

Für die Analyse des Marktes können hierzu die Angebote genossenschaftli-  224
cher Verbände zu sozioökonomischen Daten eine wirkungsvolle Unterstützung darstellen. Zur bankeigenen Stärken-/Schwächen-Analyse sowie zur Positionierung gegenüber der ortsansässigen Konkurrenz bieten sich Ansätze des strategischen Benchmarking sowie klassische Konkurrenzvergleiche an. In die Analyse des einzelnen Institutes und in die Prognosen sollten hierbei sowohl interne als auch externe Rahmenbedingungen einfließen. Externe Rahmenbedingungen können z. B. allgemeine Markttrends, Analysen des eigenen/relevanten Geschäftsgebietes, Konjunkturprognosen, Geld- und Kapitalmarktentwicklungen, Veränderungen im rechtlichen Handlungskontext sowie Veränderungen im (sozio)demographischen und im politischen Handlungsumfeld sein.

225 Im Rahmen dieser Analysen wird das Institut regelmäßig die Grenzen der prognostischen Modellierung im Strategieprozess erfahren, die durch die Aussage zur relativen Stabilität systemischer Kontextfaktoren (z. B. Fortbestehen marktwirtschaftlicher und demokratischer Grundordnung) unterstützt werden können. Als Zwischenergebnis kann die Integration der endogenen Stärken- und Schwächen-Analyse und der exogenen Chancen- und Risiken-Analyse über eine SWOT-Analyse erfolgen, welche auf Basis der Positionierung strategischer Geschäftsfelder und der sich hieraus ableitenden Investitions-, Selektiv- bzw. Desinvestitionsstrategien. Diese bilden die Grundlage zur Ableitung von Mission und Vision und schließlich der Langfristziele des Institutes und fließen so ihrerseits in die Geschäftsstrategie ein.

226 Mit Blick auf die Erkenntnisse der Finanzmarktkrise erweist sich die Formulierung von nachhaltigen Zielen als sinnvoll, die in Kreditgenossenschaften insbesondere in der Mitgliederförderung zu Ausdruck kommen. Anstelle einer reinen top-down-Planung als Ergebnis eines Asset-Allocation-Prozesses bietet sich hierzu eine Formulierung im Gegenstromverfahren an. Ausgangspunkt einer entsprechenden bottom-up-Planung können Planungsworkshops (z. B. unter Einbindung der im Kundenkontakt stehenden Berater sein). Gegenstand solcher Workshops sind, neben der Festlegung eines strategischen (Kunden-) Zielportfolios, Wachstumstrends für einen strategischen Planungshorizont und die operativen Wachstumsziele für das kommende Wirtschaftjahr abzuleiten. Für die sich aus den mit den Kundenberatern erarbeiteten Zielgruppen und deren Parameter (Volumina, Bonitäten, Branchen) ergebende Portfoliostruktur kann schließlich die Ertrags- und die Risikoerwartung des Folgejahres ermittelt werden.

227 In einem nachfolgenden Abstimmungsprozess können diese Ergebnisse mit den Ergebnissen der Asset-Allocation verglichen werden. Die dabei möglicherweise offensichtlich werdenden Unter- oder Überschreitungen können zu einer abschließenden Adjustierung der Ertrags- und Risikoziele und deren Limite in einzelnen Risikobüchern führen. Mit einer im Anschluss vorgenommenen funktionalen Operationalisierung dieser Teilbereichsstrategien, kann eine Umsetzung in der jeweiligen Referenzperiode erfolgen.

228 Die systematische Beteiligung der Mitarbeiter und der Führungskräfte sollte eine hohe Identifikation mit den Inhalten ermöglichen, was einen konsistenten Praxistransfer begünstigt und einen wertvollen Beitrag dazu leisten kann, dass die von der Aufsicht im Begleitschreiben kritisierte rein formale Umsetzung vermieden werden kann. Zur prozessualen Integration der Ergebnisse

aus der Strategieumsetzung sollte abschließend eine vierteljährliche Berichterstattung über die Einhaltung der Ziele und eine strukturierte Abweichungsanalyse erfolgen.

Um eine Integration von qualitativen Zielen in diesen Strategieprozess zu ermöglichen, erscheint der Einsatz von Balanced Score Cards sinnvoll. Eine wirkungsvolle Zusammenfassung der im Prozess formulierten quantitativen und qualitativen Ziele sollte für die einzelne Primärgenossenschaft auch die Integration von Zielen der Mitgliederstrategie ermöglichen. Gleichzeitig bietet sie die Grundlage für eine systematische Leistungskontrolle mit einer Abweichungsanalyse ermöglichen, die eine konsistente Ableitung von risikostrategischen Zielen voraussetzt (siehe Abbildung 22).

229

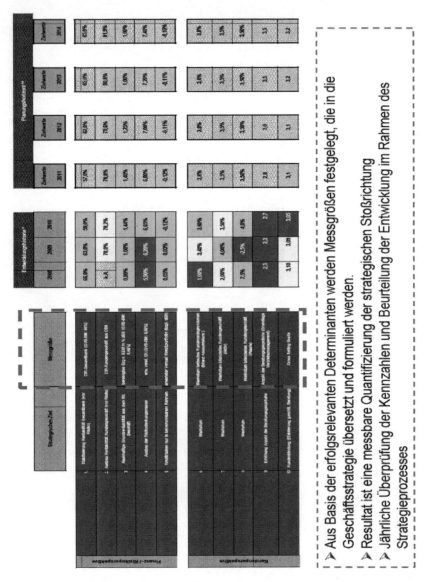

*Abb. 22: Balanced Scorecard*
*(Quelle: GVB (2010a))*

## 2.2.   Die Verzahnung von Geschäfts- und Risikostrategie

»Die erstmals explizit aufgenommene Forderung nach einer Risikoinventur 230
zur Identifizierung der für das Institut wesentlichen Risiken ist im Kern keine
materielle Neuerung. Auch bisher schon haben die Institute ein Gesamtrisikoprofil zu erstellen, um sich einen Überblick über ihre Risiken zu verschaffen.« (BaFin 2010a) Die eigentliche Neuerung im Rahmen des Strategieprozesses ist vielmehr in der Notwendigkeit einer strukturierten Vorgehensweise
bei der Risikoinventur zu sehen, die im Ergebnis zu keiner mechanischen
Ableitung wesentlicher Risiken führen darf (vgl. BaFin 2010a).

Die fundierte Einstufungsentscheidung in Bezug auf die Wesentlichkeit kann 231
das Institut in den Rahmen des beschriebenen Strategieprozess integrieren.
Hierbei sind unter anderem zusätzlich Aussagen zur Risikotragfähigkeit wichtig, welche im Sinne der neuen MaRisk, im Falle einer periodischen Risiko-
tragfähigkeitsermittlung durch eine rollierende Zwölfmonatsplanung, einen
verstärkten Zukunftscharakter erhalten soll. Weitere Kriterien der Risikoinventur sind unter anderem für Kreditgenossenschaften in der Struktur des
Kreditgeschäftes, der Struktur des Handelsgeschäftes, der Struktur des Einla-
gengeschäftes, den abgeleiteten Finanz- und Risikokennzahlen und in den
Aussagen zu den Mitarbeitern und zur technisch-organisatorische Ausstattung
zu sehen. Im Kern ist jedoch die Zweck-Mittel-Beziehung der Risikostrategie
zur Geschäftsstrategie zu beachten. Danach muss der subsidiäre Charakter,
der in Bezug auf die strategischen Ziele als wesentlich definierte Risiken und
deren Teilrisikostrategien, jeweils die Erreichung der Oberziele der Geschäftsstrategie unterstützen. Gleichzeitig bedeutet dies, dass die Veränderungen der
geschäftspolitischen Ausrichtung in einem veränderten Handlungskontext
Auswirkungen auf die Beurteilung der Wesentlichkeit, der zu untersuchenden
Risiken, haben müssen.

Die Beachtung von Risiko- und Ertragskonzentrationen erscheint hierbei 232
besonders wichtig.

## 3.   Das Management von Risikokonzentrationen

### 3.1.   Identifikation von Risikokonzentrationen

Die Identifikation von Risikokonzentrationen ist der zentrale Erfolgsfaktor 233
für die erfolgreiche Messung und Steuerung von diesen. Insbesondere für
kleinere und mittlere Banken bietet es sich an, im ersten Schritt für alle we-

sentlichen Risikoarten systematisch nach Risikokonzentrationen zu suchen. In der Regel geht es dabei um folgende Risiken:

- Adressrisiken Kundengeschäft
- Adressrisiken Eigengeschäft
- Zinsänderungsrisiko
- Weitere Marktpreisrisiken (Fonds, Aktien, etc.)

234 Die in den MaRisk genannten weiteren wesentlichen Risikoarten – Operationelles Risiko und Liquiditätsrisiko – sind in der Regel nicht von großer praktischer Relevanz für die Identifikation von Risikokonzentrationen. Die systematische Erhebung von Risikokonzentrationen für die Adressrisiken im Kundengeschäft und Eigengeschäft kann beispielsweise mit Hilfe folgender Kriterien erfolgen:

- Ratingstruktur
- Blankokreditstruktur
- Produktstruktur
- Größenklassenstruktur
- Sicherheitenstruktur
- Branchenstruktur

235 Im Rahmen der Produktstruktur kann z. B. geprüft werden, ob es bei bestimmten Produktarten wesentliche Häufungen gibt. Als Beispiel kann hier bei Eigenanlagen das Thema Credit Link Note genannt werden.

236 Bei regional ansässigen Instituten (Sparkassen und Genossenschaftsbanken) dominieren in der Regel beim Kundenkreditgeschäft die Sicherheitenart Grundpfandrechte. Insbesondere bei diesem Beispiel ist es erforderlich eine Beurteilung durchzuführen. Die Sicherheitenart Grundpfandrechte ist grundsätzlich eine anzustrebende Sicherheitenart, da sie werthaltig ist. Dennoch kann insbesondere in strukturschwachen Gebieten die Werthaltigkeit von Grundpfandrechten zukünftig deutlich sinken. Diese mögliche Erkenntnis ist im Rahmen des Strategieprozesses und im Stresstesting-Programm angemessen zu berücksichtigen.

237 Das oben genannte Kriterium Größenklassenstruktur ist insbesondere für das Thema Eigenanlagen von zentraler Bedeutung. Ein möglicher Emittent kann sowohl im Rahmen der klassischen Wertpapiere als auch im Rahmen von komplex strukturierten Produkten wie bei CLN auftauchen. Das Thema CLN führt je nach Produktausstattung dazu, dass das vorhandene Anlagevolumen

bei verschiedenen Emittenten anzurechnen ist. Dies gilt insbesondere für CLNs, die nach dem Muster »First to default« konstruiert sind und auf mehrere Schuldner lauten.

| Wesentliche Risikoart | Risikotreiber 1 z.B. Branche | Risikotreiber 2 z.B. Land | ... z.B. Produkte | Risikotreiber n z.B. Größenklasse |
|---|---|---|---|---|
| ADR Kundengeschäft | KFZ (wesentlich) | Wesentlich/ unwesentlich/ Nicht vorhanden | Finanzierung erneuerbare Energien (unwesentlich) | z.B. Kunde x Wesentlich/ unwesentlich/ |
| ADR Eigengeschäft | KFZ (wesentlich) | Spanien (unwesentlich) | CLN-Baskets | z.B. Anleihe y |
| Zinsänderungsrisiko | Nicht relevant | | Spread-Tarn | |
| Aktienrisiko | KFZ (unwesentlich) | | Fonds/ Zertifikate (unwesentlich) | z.B. Aktie z |
| Immobilienrisiko | | Spanien (unwesentlich) | | unwesentlich |
| Operationelle Risiken z.B: Beraterhaftung | | | Fonds/ Zertifikate (unwesentlich) | |
| Liquiditätsrisiken | | | | |
| ... | ... | ... | ... | ... |
| Ertragskonzentrationen | | | Finanzierung erneuerbare Energien (unwesentlich) | |
| Risikoartenübergreifende Einschätzung | Wesentlich / unwesentlich | Wesentlich / unwesentlich | Wesentlich / unwesentlich | Wesentlich / unwesentlich |

*Abb. 23: Risikolandkarte*

In der hier dargestellten Abbildung wird versucht das Thema Risikokonzentrationen ganzheitlich zu betrachten. Dies bedeutet, dass sowohl eine Betrachtung innerhalb der Risikoarten als auch zwischen den einzelnen Risikoarten durchgeführt werden muss. Das oben genannte Emittentenbeispiel kann sogar noch komplexer werden, sofern die jeweilige Bank einen Fonds besitzt, in dem der jeweilige Emittent ebenfalls mit einem wesentlichen Betrag vertreten ist. 238

### 3.2.  Begrenzung von Risikokonzentrationen

Insbesondere bei kleineren und mittleren Banken ist es in der Praxis ein probates Mittel die Risikokonzentrationen mit Hilfe von Limitsystemen zu begrenzen. Im Folgenden wird eine mögliche Vorgehensweise für ein Limitsystem »Eigenanlagen« skizziert. 239

240   Jede Bank benötigt ein abgestuftes Emittentenlimitsystem. In einem verkürzten Beispiel kann dies wie unten dargestellt erfolgen:

| Emittentengruppe | Maximale Limithöhe |
|---|---|
| Banken Deutschland | 5 Mio. Euro |
| Banken Euroraum | 4 Mio. Euro |
| Unternehmensanleihen Deutschland | 2 Mio. Euro |
| Unternehmensanleihen Euroraum | 1 Mio. Euro |
| ... | ... |

*Abb. 24: Emittentenlimite*

241   Die hier dargestellten Limite gelten nur für Bonitäten ab A- und besser. In der Abbildung wurde für Bankanleihen Deutschland ein maximales Limit in Höhe von 5 Mio. Euro gesetzt. Im Rahmen dieses Limit sind über alle Risikoarten hinweg Bestände vom jeweiligen Emittenten zu berücksichtigen. Folgendes Beispiel soll dies illustrieren:

242   Die Beilspielbank hat den Emittenten Deutsche Bank in folgenden Wertpapieren/Risikoarten im Bestand.

| Aktien Deutsche Bank: | 0,25 Mio. Euro |
|---|---|
| Wertpapier Deutsche Bank: | 4 Mio. Euro |
| CLN (First to default) auf Deutsche Bank und Commerzbank: | 1 Mio. Euro |
| Im Rahmen des Spezialfonds Bestände der Deutschen Bank: | 0,5 Mio. Euro |
| Summe: | 5,75 Mio. Euro |

243   Dieses Beispiel zeigt, dass die Bank ihr selbst gesetztes Limit in Höhe von 5 Mio. Euro um 0,75 Mio. Euro gerissen hat. Entscheidend bei einer erfolgreichen Steuerung und Begrenzung von Risikokonzentrationen ist, die Bestände auf Gesamtbankebene richtig zu erfassen. Dies kann zum Teil hohe Anforderungen an die IT-Systeme stellen.

In der Praxis wird bei Instituten, die Fondsbestände im Bestand haben, das    244
Thema »Begrenzung von Risikokonzentrationen« oft über Anlagerestriktionen
gelöst.

### 3.3.    Einbindung von Risikokonzentrationen in die Risikotragfähigkeit

Gemäß MaRisk AT 4.1 Tz. 1 sind die Institute dazu aufgefordert, dass die    245
wesentlichen Risiken der jeweiligen Bank durch das Risikodeckungspotenzial,
unter Berücksichtigung von Risikokonzentrationen, laufend abgedeckt sind;
und damit die Risikotragfähigkeit gegeben ist.

Für die Abbildung der **Risikokonzentrationen** sind verschiedene Möglich-    246
keiten vorhanden:

**Direkte Abbildung über Szenarien in der Risikotragfähigkeit**

Grundsätzlich besteht die Möglichkeit, dass Risikokonzentrationen direkt in    247
der Risikotragfähigkeit im Stressszenario abgebildet und mit Risikokapital
unterlegt werden. Den möglichen Umgang mit Risikokonzentrationen bei
Adressrisiken stellen die folgenden Beispiele dar (Anmerkung: Diese Beispiele
beziehen sich auf regional ansässige Banken wie Sparkassen und Genossenschaftsbanken).

Beispiel 1:

Das Institut hat als Risikokonzentration das Blankovolumen bei den größten    248
Kreditnehmern im Kundenkreditportfolio identifiziert. Grundsätzlich rechnet
das Institut im Stress-Szenario die Adressrisiken im Kundengeschäft mit der
Methodik Summe aus Credit Value at Risk (CVaR) und erwartetem Verlust
aus dem verwendeten Kreditportfoliomodell.

Das Institut geht zukünftig folgendermaßen vor:    249

Verwendung der Summe aus Credit Value at Risk und erwartetem Verlust für    250
das Stress-Szenario im Rahmen der Risikotragfähigkeit, aber mindestens Ausfall der drei größten Kreditnehmer (Blankovolumen). Somit ist gewährleistet,
dass auch ein möglicher Ausfall der drei größten Kreditnehmer durch den
Szenarioansatz in der Risikotragfähigkeit abgedeckt werden könnte.

Beispiel 2:

Das Institut hat als Risikokonzentration die Branche »Hotel und Gaststätten-    251
gewerbe« identifiziert. Als Risikomessinstrument verwendet die Bank im
Rahmen der Risikotragfähigkeitsberechnung im Stress-Szenario die Summe
aus erwartetem Verlust und Credit Value at Risk. Aufgrund der identifizierten

Risikokonzentrationen in der Branche »Hotel und Gaststättengewerbe« wird zukünftig die Summe aus erwartetem Verlust und Credit Value at Risk mit einer Erhöhung der Ausfallwahrscheinlichkeiten dieser Branche (z. B. Faktor 3) berechnet, bzw. zusätzlich noch mit einem Sicherheitenabschlag (z. B. 20 %) gerechnet und in der Risikotragfähigkeit angesetzt.

Beispiel 3:

252 Das Institut hat als Risikokonzentration die Blankoanteile im Eigengeschäft identifiziert. Als Risikowertansatz verwendet die Bank im Rahmen der Risikotragfähigkeitsberechnung im Stress-Szenario die Summe aus erwartetem und unerwartetem Verlust (VaR). Aufgrund der identifizierten Risikokonzentration sollte in der Risikotragfähigkeit dieser Wertansatz mit dem Volumen einer gängigen Bankanleihe im Depot A plausibilisiert werden. Der höhere beider Werte würde dann im Stressszenario angesetzt werden.

**Abbildung der Risikokonzentrationen im Rahmen des Stresstesting-Programms**

253 Dieser Fall wird im folgenden Kapitel detailliert beschrieben. Grundsätzlich sollte das Institut die identifizierten Risikokonzentrationen mit einer selbstgewählten Stresstesting-Methode darstellen. Dabei sind die Auswirkungen auf das Institut zu beschreiben. Das Ergebnis ist kritisch zu reflektieren und gegebenenfalls sind Maßnahmen daraus abzuleiten. Eine direkte Kapitalunterlegung wäre demnach nicht erforderlich.

3.4.    Einbindung von Risikokonzentrationen in das Stresstesting-
        Programm

254 Für die angemessene Abbildung der identifizierten Risikokonzentrationen im Rahmen des Stresstesting-Programms sind grundsätzlich mehrere Methoden (vgl. folgende Abbildung) denkbar.

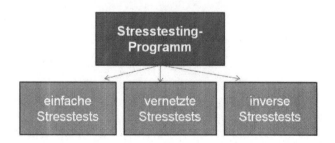

*Abb. 25: Stresstesting-Programm*

**Einfache Stresstests**

Unter dem Begriff »einfache Stresstests« wird verstanden, dass nur ein Risiko-    255
faktor isoliert betrachtet und verändert wird bzw. eine Risikoart separat betrachtet wird.

Als Beispiel kann hier der Stresstest »Ausfall des größten Emittenten unter    256
Verwendung einer Rückflussquote« genannt werden. Bei diesen Stresstests
geht es darum, darzulegen wie sich ein bestimmtes Ereignis auf die Bank auswirken würde. Dabei soll die Auswirkung logisch dargestellt werden. Bei dem
Ausfall des größten Emittenten würde zuerst die Ertragslage negativ beeinflusst werden. Sollte der Ertragsüberschuss, der jeweils betrachteten Periode,
nicht ausreichen, müssen in der Regel stille oder offene Reserven aufgelöst
werden. Das berechnete Ergebnis und die Konsequenzen muss jedes Institut
kritisch reflektieren. Die MaRisk sehen vor, dass selbst bei diesen einfachen
Stresstests gegebenenfalls Maßnahmen abgeleitet werden müssen. Bei dem
genannten Stresstest »Ausfall des größten Emittenten« könnte eine Maßnahme sein, dass das zukünftige Limitsystem so ausgerichtet wird, dass ein Ein-
zelereignis künftig weit weniger Auswirkungen auf die Risiko- und Ertragslage
des Institutes hat. Denkbare Maßnahmen wären auch ein Teilverkauf des
Bestandes oder eine intensivere Überwachung der Eigenanlagen. Die einfachen Stresstests stellen somit die einfachste Möglichkeit dar, Risikokonzentrationen zu berücksichtigen.

**Vernetzte Stresstests**

Bei vernetzten Stresstests geht es in der Regel darum, dass das betrachtete    257
Ereignis, und dessen Auswirkungen auf die anderen Risikoarten, in Summe
dargestellt werden. Als Beispiel kann hier der Ausfall des größten Emittenten
dienen. Selbst der Ausfall einer systemrelevanten Bank (welche nicht der größte Emittent des jeweiligen Institutes ist) führt dazu, dass sich die Spreads der
anderen Bankanleihen deutlich erhöhen werden. Vernetzt bedeutet in diesem
Zusammenhang, dass das Gesamtereignis ausreichend abgebildet wird. Die
MaRisk-Novelle 2010 fordert mindestens die Durchführung des vernetzten
Stresstests schwerer konjunktureller Einbruch (vgl. MaRisk AT 4.3.3 Tz. 2)
ein. Die vernetzten Stresstests stellen eine gute Vorgehensweise dar, Risikokonzentrationen angemessen zu berücksichtigen.

Um solche vernetzten Stresstests besser durchführen zu können, ist es erfor-    258
derlich, für jede hausintern definierte wesentliche Risikoart die jeweiligen
Risikofaktoren zu identifizieren.

Beispiel:

| Risikoart | Risikofaktor |
|---|---|
| Zinsänderungsrisiko | Zinsveränderung |
| Kursänderungsrisiko Wertpapier | Zinsveränderung |
| Adressrisiko Kundengeschäft | Ausfallraten und Blankoanteile/ggf. Branchen |
| Adressrisiko Eigengeschäft | Spread-Veränderungen, Ausfallraten, ggf. Sicherheiten/ggf. Länder |
| Operationelle Risiken | Ggf. Identifizierung auf Basis der bankinternen Risikoinventur bzw. Schadensdatenbank |
| Weitere bankindividuell identifizierte wesentliche Risikoarten | |

259   Die Methodik der vernetzten Stresstests erfordert, dass ausgehend vom jeweiligen Ereignis bankindividuelle Annahmen für die relevanten Risikofaktoren festgelegt werden.

Beispiel:

260   Vernetzter Stresstest »Ausfall des größten Arbeitgebers in der Region« als Beispiel für eine konsistente Abbildung einer Risikokonzentration:

261   Der Ausfall des größten Arbeitgebers in der Region hat auf den Risikofaktor Zinsveränderung keinen Einfluss. Somit sind die Auswirkungen auf das Zinsänderungsrisiko neutral. Der Ausfall des größten Arbeitgebers in der Region hat auf die Risikofaktoren Blankoanteil und Ausfallwahrscheinlichkeit erheblichen Einfluss. Das Institut könnte beispielsweise den möglichen Kreditausfall über Ausfallwahrscheinlichkeit multipliziert mit dem Blankoanteil quantifizieren. Dabei kann beispielsweise unterstellt werden, dass sich durch den Ausfall des größten Arbeitgebers in der Region die durchschnittliche Ausfallrate von 2 % auf 6 % erhöht und die Werthaltigkeit der Sicherheiten um 20 % abnimmt.

262   Das Szenario »Ausfall des größten Arbeitsgebers in der Region« dürfte allerdings keinen Einfluss auf die Adressrisiken im Eigenanlagenbereich haben. Es sei denn, es gibt eine enge Verbindung des regionalen Arbeitgebers mit den

vorhandenen Emittenten im Depot A. Für das Operationelle Risiko dürfte der Ausfall des größten Arbeitgebers kaum relevant sein. Da der Ausfall generell zu einer Schrumpfung des Geschäftsvolumens führt, dürfte sich dieser Ausfall auch negativ auf die Gesamtertragslage auswirken.

Ziel dieses vernetzten Stresstests wäre es, die Summe der einzelnen Risiken, inklusive der schlechteren Ertragserwartung, zu berechnen und deren Auswirkungen auf die Bank zu beschreiben. Da im Rahmen der MaRisk-Umsetzung bei den Stresstests, die kritische Reflexion der Ergebnisse im Vordergrund steht, hat das Institut aus diesem Ereignis ggf. Maßnahmen abzuleiten. Eine mögliche Maßnahme könnte sein, dass das Institut keine Eigenanlagen mehr tätigt, die in irgendeiner Form in Verbindung mit der Branche des regionalen größten Arbeitgebers stehen.   263

### Inverse Stresstests

Bei inversen Stresstests wird untersucht, welche Ereignisse das Institut in seiner Überlebensfähigkeit gefährden können. Im Gegensatz zu den oben beschriebenen Stresstests, bei denen die Frage nach der Auswirkung eines vorher determinierten Ereignisses beantwortet wird, wird hier die Frage gestellt, welches Ereignis eintreten darf, so dass die Überlebensfähigkeit noch gegeben ist. Somit sind inverse Stresstests eine ergänzende Methode zu den bereits beschriebenen Stresstests. In der praktischen Anwendung müsste das Institut die jeweiligen Risikofaktoren soweit erhöhen (stressen), bis das Institut gerade noch überlebensfähig wäre.   264

Inverse Stresstests sind insbesondere dann sinnvoll, wenn das Institut ein individuelles Geschäftsmodell aufweist. Als Beispiele können hier große Abhängigkeiten von einem bestimmten Geschäftsfeld genannt werden (z. B. sehr große Abhängigkeit vom Geschäftsfeld alternative Energien). Auch bei den inversen Stresstests steht die kritische Reflexion der Ergebnisse im Vordergrund. Das Institut ist deshalb aufgefordert, die Ergebnisse, insbesondere die Eintrittswahrscheinlichkeit für das generierte Ereignis, zu beurteilen und gegebenenfalls Maßnahmen daraus abzuleiten.   265

Inverse Stresstests lassen sich allerdings nicht nur bei übergreifenden Szenarien darstellen. Die Möglichkeit besteht auch, z. B. das Zinsniveau soweit zu verändern, bis das Institut unter einen eigendefinierten Mindestergebnisanspruch sinkt, welcher sich aus der Eckwertplanung ableiten kann. Betriebswirtschaftlich nötig wäre hier auch eine Mehrjahresbetrachtung durchzuführen. In der Praxis können sich wesentliche Zinsveränderungen, welche schnell eintreten, kurzfristig sehr negativ auf die Ertragslage auswirken, mittel- bis   266 langfristig können solche Szenarien allerdings zum Teil die größten Chancen-szenarien darstellen. Sollte das Institut bei dem inversen Stresstest für das Zinsänderungsrisiko feststellen, dass bereits ein sehr realistischer Zinsanstieg zu einem Ertragseinbruch auf Höhe des Mindestzinsergebnisses führen wür-de, sollte die jeweilige Bank zwangsläufig über Absicherungsmaßnahmen nachdenken.

267    Das hier beschriebene Beispiel eines inversen Stresstests für das Zinsände-rungsrisiko stellt eine konsistente Möglichkeit dar eine mögliche Risikokon-zentration »Zinsänderungsrisiko« angemessen zu berücksichtigen.

## 4. Das Management von Ertragskonzentrationen

### 4.1. Analyse der Ertragskonzentrationen

#### 4.1.1. Motivation

268    Vor dem Hintergrund der in der Einleitung formulierten Zusammenhänge gewinnt die Abbildung von Vertriebsrisiken (inkl. Ertragskonzentrationen) eine immer größere Bedeutung. Obwohl die Vertriebsergebnisse deutliche Anteile an der Risikotragfähigkeit aus dem Ergebnis ausmachen, unterlegen bislang nur wenige Banken diese Risikoart explizit mit Risikokapital (häufiges Vorgehen: Berücksichtigung als **unwesentliche** Risikoart im Rahmen eines Risikopuffers innerhalb der Risikotragfähigkeit).

269    Die zukünftige Ergebniswirkung von Geschäftsfeldern, Produkten, Kunden-segmenten und auch einzelnen Kunden bzw. Kundenverbünden lassen sich immer schwerer prognostizieren:

- Kunden sind immer besser informiert (die Nutzung von Onlineangebo-ten steigt stetig an)

- Kunden reagieren zunehmend schneller und preissensibler

- Produktlebenszyklen verkürzen sich (neue Produkte, flexiblere Produk-te)

- Bindungen (insbesondere langfristige) werden aus Kundensicht immer unattraktiver

- Erwartungen bzgl. der Zukunft sind somit immer unsicherer

270    In diesem Umfeld gewinnt eine klare und vielleicht auch schonungslose Ana-lyse der vorliegenden Ertragskonzentrationen und Unsicherheitsfaktoren im Kundengeschäft eine hohe Bedeutung. Es ist wichtig, sich klarzumachen, von

welchen Werttreibern (Geschäftsfelder, Produkten und Kunden) die eigene Bank im Wesentlichen abhängt. Die gegenwärtigen aufsichtsrechtlichen Anforderungen der MaRisk (und deren weitere Entwicklung) werden den Handlungsanlass bzw. den Handlungsdruck verstärken, jedoch sollten diese Fragen schon aus reinem Eigeninteresse für jede Bank wichtig sein. Eine hochwertige und nachhaltige Vertriebsstrategie muss genau an der Beantwortung dieser Fragen ansetzen.

Die nachfolgenden Auswertungsbeispiele sollen eine Unterstützung bieten, zentrale Fragen zu beantworten:

- Woher stammen die Ergebnisse in der Gesamtbanksicht?
- Welche Geschäftsfelder sind wesentlich?
- Welche Produkte sind wesentlich?
- Welche Kunden sind wesentlich?

Die nachfolgend beschriebenen Analysen erheben keinen Anspruch auf Vollständigkeit. Aus unserer Sicht werden jedoch die wesentlichen Fragen transparent. Es ist durchaus möglich, dass für andere Banken aufgrund bestimmter Eigenschaften (andere Produkte, unterschiedliches Geschäftsmodell, etc.) noch weitere Auswertungen relevant sein können bzw. bestimmte, hier vorgeschlagene Auswertungen nicht relevant sind. In Abschnitt 3.1.7. werden weitere Analyseideen vorgestellt. 271

Die in den anschließenden Auswertungen gewählte Datengrundlage basiert auf periodischen Berichtsgrößen. Teilweise werden die Ergebnisse auch durch die einfache Hochrechnung von Erträgen einer Monatsscheibe auf ein Jahr erzeugt. Hierdurch entstehen gewisse Ungenauigkeiten, die jedoch für unsere Zielsetzung, der »Abbildung der Ertragskonzentrationen«, im Regelfall unwesentlich sind. Das heißt die grundsätzlichen Zusammenhänge und ableitbaren Aussagen werden hierdurch letztlich nicht oder nur in geringem Ausmaß beeinträchtigt. 272

Neben der grundsätzlichen Voraussetzung einer hinreichenden Daten- und Kalkulationsqualität (Datenversorgung, Parametrisierung, Rechenkerne) wird weiterhin die Auswertungsfähigkeit bestimmter Informationen vorausgesetzt (Kundenarten, -segmente, Organisationseinheiten, etc.). 273

4.1.2.    Erträge auf Gesamtbankebene

274    Im ersten Schritt geht es um die Frage, »Welche Ertragsquellen tragen welche Anteile zum Gesamtbankergebnis bei?«. Als zentrale Quellen werden dabei unterschieden:

- Strukturbeitrag

- Periodischer Konditionsbeitrag

- Periodischer Provisionsbeitrag

275    Ziel ist Transparenz zu erhalten, welcher Anteil aus dem Zinsüberschuss (differenziert nach Konditions- und Strukturbeitrag) und welcher Anteil aus dem Provisionsüberschuss generiert werden.

276    Erträge aus dem Zinsüberschuss gelten gemeinhin als etwas zeitstabiler als Provisionserträge. Diese Aussage lässt sich zumindest derzeit noch für Zinsüberschüsse aus dem Konditionsbeitrag formulieren. Die Erzielung von Strukturbeiträgen hängt von der Steilheit der Zinsstruktur und dem Aufbau des Gesamtbankcashflows ab (Dominanz der Zinsänderungsrisiken innerhalb der Marktpreisrisikosteuerung wird unterstellt). Das heißt bei einer längerfristig flachen Zinsstruktur fällt diese Ergebniskomponente weitgehend weg (vgl. auch nachfolgende Abbildung).

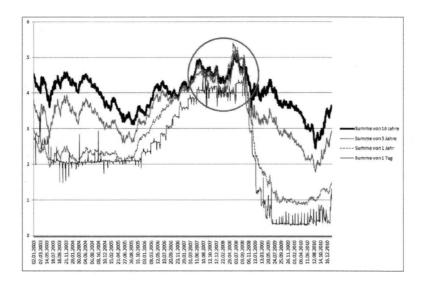

*Abb. 26: Flache Zinsstruktur*

Provisionsbeiträge hingegen müssen bis auf einige Ausnahmen jedes Jahr »neu   277
verdient« werden. Je höher also dieser Anteil ist, desto größer ist auch der
notwendige vertriebliche Handlungsdruck. Diese Aussage gilt zumindest,
sofern der Schwerpunkt der Provisionszahlungen auf Abschlussprovisionen
liegt.

Im Weiteren werden die genannten Ertragsquellen noch hinsichtlich der rele-   278
vanten Produkt- und Provisionsarten differenziert. Hieran lassen sich bereits
sehr gut mögliche Ertragskonzentrationen erkennen. Diese sind insbesondere
bei den Produkten und den Provisionstypen spannend, die als schwer planbar
oder durch die allgemeine Wettbewerbssituation und der demographischen
Entwicklung als stark umkämpft bzw. gefährdet eingestuft werden können.

**Wie sehen mögliche Ergebnisse aus?**

In der ersten Abbildung wird das Gesamtbankergebnis nach dem Strukturbei-   279
trag, dem Konditionsbeitrag und dem Provisionsbeitrag zerlegt.

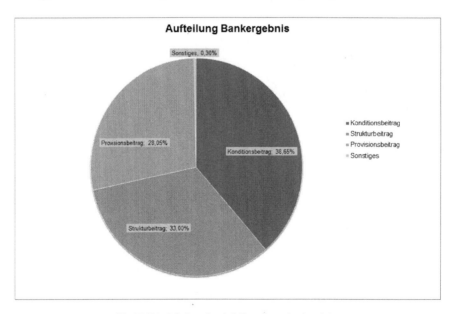

*Abb. 27: Beispielhafte grobe Aufteilung Gesamtbankergebnis*

280 In der nächsten Abbildung wird der Konditionsbeitrag differenziert dargestellt. Man kann aus den Ergebnissen bereits erkennen, aus welchen Produkten wesentliche Ertragsbestandteile stammen. Häufig haben schwer planbare Produkte (bspw. KK-Inanspruchnahmen oder auch Sichteinlagen) ein deutliches Gewicht.

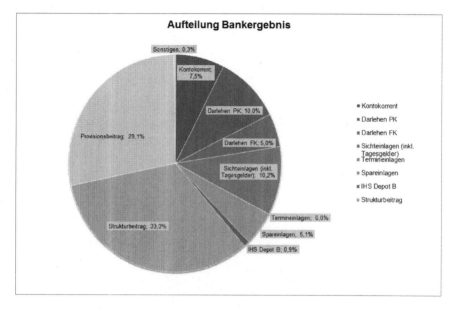

*Abb. 28: Beispielhafte Aufteilung Gesamtbankergebnis (Konditionsbeitrag differenziert)*

281 In der obigen Abbildung fehlen die Erträge aus Tagesgeldern und Termineinlagen. Hintergrund ist, dass bei diesem Beispiel in diesen Produkten derzeit keine Beiträge erwirtschaftet werden. Diese Situation hier unterscheidet sich zum Teil wesentlich von anderen Instituten.

282 In der nachfolgenden Auswertung werden zusätzlich die Provisionsbeiträge differenziert dargestellt. Man kann erkennen, welche Anteile letztlich aus derzeit noch recht sicheren Quellen kommen und welche Anteile definitiv jedes Jahr im Vertrieb neu verdient werden müssen. Bei dieser Aussage wird unterstellt, dass der erhebliche Anteil der Provisionen mit Partnern (Verbund und andere Anbieter) auf der Abschlussprovision liegt. Bestandsprovisionen fallen zumindest derzeit bei vielen Provisionsarten (außer bei Zahlungsverkehrsprovisionen) nicht groß ins Gewicht. Je höher der Anteil der angesprochenen Provisionsbeiträge ist, desto größer ist also auch der resultierende »Vertriebsdruck«.

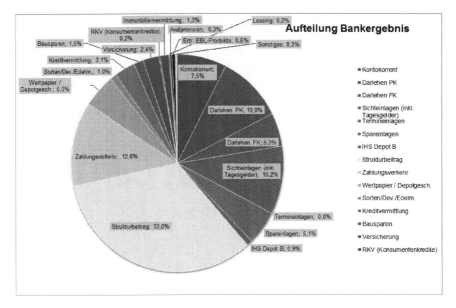

*Abb. 29: Beispielhafte Aufteilung Gesamtbankergebnis (Provisionen differenziert)*

Man könnte die Abfrage noch zusätzlich erweitern, indem beispielsweise bei    283
verschiedenen Provisionstypen entsprechende Aufwandspositionen in die
Berechnung einbezogen werden. Als Beispiele lassen sich folgende Positionen
nennen:

- GAA-Aufwand

- Aufwendungen bei Immobilienvermittlungen

- Aufwendungen bei Vertriebsleistungen durch Mitarbeiter von Ver-
  bundunternehmen

### 4.1.3.  Erträge der Vertriebsbank (Produktsicht)

In den nächsten Auswertungen werden der Konditionsbeitrag und der Provi-    284
sionsbeitrag getrennt betrachtet. Die Positionen werden nach den wesentlichen Produkt- und Provisionstypen unterschieden. Mögliche Risiken aus
Ertragskonzentrationen können jedoch bereits durch die Ertragszusammen-
setzung auf Gesamtbankebene erkannt werden (siehe oben stehender Abschnitt). Der Vorteil gegenüber der vorigen Abfrage liegt in der ausschließli-
chen Fokussierung auf die Erträge der Vertriebsbank. Das heißt, die Auswertungen werden nicht mehr durch Strukturbeiträge überlagert. Dieser Vorteil

gilt insbesondere für die Institute, die als ein zentrales strategisches Ziel die Bewirtschaftung des gesamten Bankbetriebs allein aus den Ergebnissen der Vertriebsbank anstreben.

285    Aus den Ergebnissen lassen sich folgende Fragen beantworten:

- Welche Ergebnisse und Ergebnisanteile werden aus tendenziell schwer planbaren Produkten generiert? Als Beispiele lassen sich die Erträge Sichteinlagen und KK-Inanspruchnahmen nennen.

- Welche Ergebnisse und Ergebnisanteile werden aus tendenziell rückläufigen Produkten generiert? Als Beispiele lassen sich hier verschiedene Sparformen, wie z. B. Gelder mit vereinbarter Kündigungsfrist nennen.

- Welche Ergebnisse und Ergebnisanteile werden aus Produkten generiert, die derzeit verstärkt unter Druck stehen (Wettbewerb, rechtliche Änderungen, etc.)? Als Beispiele lassen sich die Erträge aus Tagesgeldern oder auch Gebührenerträge aus GAA-Verfügungen nennen.

286    In diesem Zusammenhang kann auch auf die später vorgestellten privatkundenbezogene Auswertungen der Alterssegmente verwiesen werden (Abschnitt 3.1.6). Hintergrund: Viele der heute zwar schon rückläufigen aber noch weitgehend stabilen Produktsparten werden von älteren Kunden genutzt.

**Wie sehen mögliche Ergebnisse aus?**

287    In der ersten Abbildung wird der Konditionsbeitrag nach den Produktsparten aufgeteilt. Die Auswertung ist folgendermaßen aufgebaut:

288    Die grünen Säulen stellen den relativen Anteil am Konditionsbeitrag dar. Die blauen Säulen setzen die erzielten Ergebnisse ins Verhältnis zum erzielten DB Ib der betrachteten Monatsscheibe (also inklusive der Provisionsbeiträge).

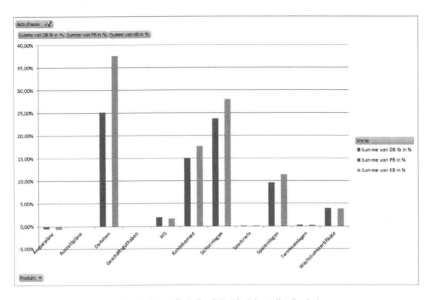

*Abb. 30: Beispielhafte Produktsicht bilanzielles Geschäft*

In der nächsten Abbildung wird das analoge Vorgehen bei den außerbilanziel- 289
len Produkten gewählt. Hierbei stellt der rote Balken den Anteil am Provisionsbeitrag, der blaue Balken den relativen Anteil am DB Ib (also inklusive
Provisionsbeiträge) dar.

101

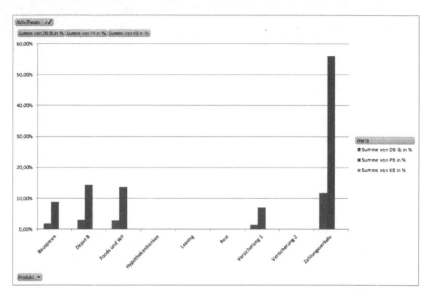

*Abb. 31: Beispielhafte Produktsicht außerbilanzielles Geschäft*

290    In der abschließenden Abbildung werden sowohl bilanzielle als auch außerbilanzielle Produkte in die Betrachtung einbezogen. Dabei stehen die grünen Balken für den Anteil am Konditionsbeitrag, die rote Balken für den Anteil am Provisionsbeitrag und die blauen Balken für den Anteil am gesamten DB Ib.

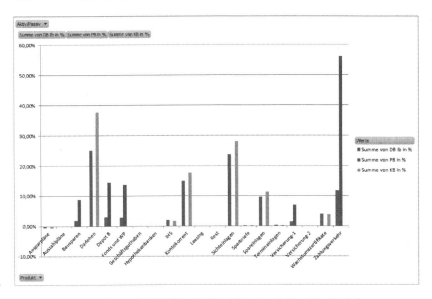

*Abb. 32: Beispielhafte Produktsicht bilanzielles und außerbilanzielles Geschäft*

An den Ergebnissen lässt sich eindeutig erkennen, dass wesentliche Ergebnis-    291
beiträge aus den Quellen Sichteinlagen, Kontokorrent und Zahlungsverkehr
stammen. Der Anteil der gesamten Darlehen ist ebenfalls wesentlich. Die hier
dargestellte Produktsicht kann natürlich noch weiter differenziert werden
(Darlehen Firmenkunden, Darlehen Privatkunden, eventuell sogar noch tiefer
in Richtung der jeweiligen Kapitalverwendung: z. B. Baufinanzierung).

### 4.1.4. Erträge der Vertriebsbank (Geschäftsfeldsicht)

Im Unterschied zur Ergebniszusammensetzung auf Gesamtbankebene wer-    292
den jetzt ebenfalls ausschließlich die Ergebnisquellen der Vertriebsbank beleuchtet. Es stehen die Differenzierungen nach Organisationseinheiten und
Kundenarten bzw. Kundensegmenten im Vordergrund. Die Zielsetzung ist
jetzt die Analyse der Geschäftsfelder der Vertriebsbank.

Aus den Ergebnissen lassen sich folgende Fragen beantworten:    293

- Welche Ergebnisse und Ergebnisanteile werden aus den verschiedenen
  Teilbanken generiert? Wie verteilen sich diese Ergebnisse auf die unterschiedlichen Produkte und Provisionsarten?

- Welche Ergebnisse und Ergebnisanteile werden aus den unterschiedlichen Kundenarten generiert? Wie verteilen sich diese Ergebnisse auf die
  unterschiedlichen Produkte und Provisionsarten?

294     Im ersten Schritt können die Auswertungen nach den vertrieblichen Teilbanken aufgebaut werden. Hierzu wird in vielen Banken eine Dreiteilung vorgenommen:

- Firmenkundenbank
- Privatkundenbank
- Retail- oder Mengenkundenbank

295     Im darauf folgenden Schritt kann das analoge Vorgehen auf unterschiedliche Kundenarten bzw. Kundensegmente angewendet werden. Der Hintergrund für diese Sichtweise ist, dass durch die ausschließliche Differenzierung nach der Organisationsform nicht alle Konzentrationen bezüglich der Kundenarten bestimmt werden können. Denn es ist häufig anzutreffen, dass beispielsweise die privaten Belange eines Firmenkunden auch in der Firmenkundenbank betreut werden, die Ergebnisse aber technisch an einem privaten Kundenstamm entstehen.

### 4.1.5. Erträge der Vertriebsbank (Kundensicht – Die wesentlichen X)

296     Die bislang durchgeführten und vorgeschlagenen Analysen haben Ertragskonzentrationen auf aggregierter Ebene (Segmente, Produkte, Organisationseinheiten) aufgezeigt. Hinter diesen Aggregaten verbergen sich jedoch einzelne Kunden bzw. Kundenverbünde oder noch genauer einzelne Entscheidungsträger. Liegen diesbezüglich hohe Konzentrationen vor, so können schon Entscheidungen weniger Kunden nennenswerte Auswirkungen auf die Ertragslage der Bank haben. Dies gilt bei sehr kleinen Instituten umso mehr, denn je größer eine Bank ist, desto geringer ist die Bedeutung eines einzelnen Kunden bzw. Kundenverbundes. Bei der Betrachtung der Kreditrisiken werden Auswertungen zur Risikokonzentration auf Engagement-Ebene schon seit langer Zeit vorgenommen (vgl. die Ausführungen oben). Hinsichtlich der Betrachtung möglicher Ertragskonzentrationen ist dies noch nicht üblich. Zielsetzung der folgenden Abfrage ist somit die Beleuchtung der Ertragskonzentration auf Kunden- bzw. Engagement-Ebene.

297     Zu Beginn werden alle Kunden der Gesamtbank berücksichtigt. Weitere Analysen können auch auf die Privat- und Firmenkunden eingegrenzt werden (vgl. hierzu auch die Ausführungen zu den weiteren Auswertungsmöglichkeiten).

## Wie sehen mögliche Ergebnisse aus?

Die Ergebnisse können in unterschiedlichen Vorgehensweisen dargestellt   298
werden. Wir stellen hier zwei Varianten vor.

Als einfachste mögliche Auswertung kann eine tabellarische Darstellung der   299
wesentlichen Kunden erzeugt werden.

Zusätzlich kann eine Konzentrationskurve aufgebaut werden (nachfolgende   300
Abbildung).

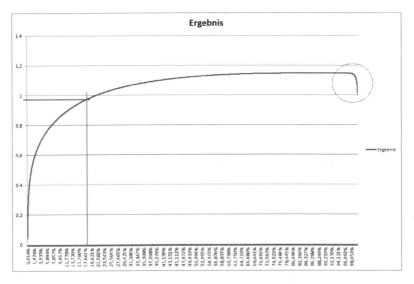

*Abb. 33: Beispielhafte Ertragskonzentration auf Kundenebene*

Bei der Erzeugung dieser Grafik werden so genannte kumulierte Merkmals-   301
summen gegeneinander aufgetragen. Auf der X-Achse wird die Kundenmenge
in Prozent abgetragen. Die Kunden sind dabei nach ihrem Ertragsanteil sortiert. Auf der Y-Achse werden die jeweiligen kumulierten Ergebnisbeiträge der
Kunden dargestellt. Das heißt wenn Sie beispielsweise auf der X-Achse bei ca.
20 % auf die Kurve schauen, können Sie an der Y-Achse den summierten
Ergebnisanteil der 20 % wesentlichen Kunden ablesen (vgl. die roten Linien
in der Grafik).

### Was ist an den Ergebnissen spannend?

Wesentliche Erkenntnis der beispielhaften Darstellung ist, dass lediglich ge-   302
ringe Kundenanteile bereits deutliche Ertragsanteile aufweisen. Wesentliche

Erträge werden also bereits mit überschaubar vielen Kunden erzielt. Weiterhin stellt sich die Frage, mit welchen Kunden Ergebnisbeiträge zerstört werden. So ist in der Grafik zu erkennen, dass der kumulierte Ertragsanteil erst auf knapp 120 % steigt, um dann durch wenige Kunden wieder auf 100 % zurückzugehen (roter Kreis in der Abbildung). In diesem betrachteten Beispielfall liegt dies an der gewählten Ertragsberichtsgröße. Es wird der DB Ib (periodisch) gewählt, das bedeutet mögliche Leistungsstörungen werden berücksichtigt. Diese sind insbesondere bei Darlehen zurzeit recht umfangreich (Leistungsstörungen aus Sondertilgungen).

303 Weiterhin stellt sich die Frage, aus welchen Gründen mit vielen Kunden so wenig bzw. kaum Ertrag erzielt wird. Diese recht große Kundenanzahl mit wenigen Erträgen lässt sich anhand der Abbildung erkennen (niedriger bis kein Anstieg der kumulierten Ertragskurve). Über die Auswertung der tabellarischen Ergebnisse lassen sich die jeweiligen Kunden bestimmen. Bei den gegenwärtig aus Ertragssicht unbedeutenden Kunden lässt sich Potenzial vermuten. Eventuell sind auch die vorliegenden Beratungsressourcen nicht ausreichend, um alle Kunden wunschgemäß »betreuen« zu können. Man könnte an dieser Stelle eine Vielzahl weiterer Vermutungen und möglicher Interpretationen anstellen. Die Auswertung und Interpretation der erzielten Ergebnisse lässt sich aber nur mit umfassendem Hintergrundwissen der vorliegenden, bankindividuellen Begebenheiten durchführen.

### 4.1.6. Erträge der Vertriebsbank (Privatkunden – Alterssegmente)

304 Die nachfolgend beschriebene Auswertung beantwortet die Frage, aus welchen Alterssegmenten zentrale Ergebnisbeiträge im Privatkundengeschäft erwirtschaftet werden. Hintergrund ist die Tatsache, dass insbesondere regionale Filialbanken wesentliche Marktanteile in hohen Altersklassen aufweisen. In den jüngeren Altersklassen sind die Marktanteile kleiner. Dies ist aus dem jetzigen Blickwinkel noch keine gravierende Problemstellung, jedoch wird sich die Kundenstruktur durch den demographischen Wandel nachhaltig verändern.

305 Neben dem demographischen Wandel spielt auch der gesellschaftliche Wandel eine zunehmend wichtigere Rolle. So sind in vielen Regionen die Menschen immer häufiger gezwungen, beruflich äußerst mobil zu sein. Häufigere Wohnortwechsel werden in Zukunft tendenziell eher die Regel sein. Auf diese Veränderungen im Kundengeschäft müssen sich insbesondere Regionalbanken einstellen.

Unsere heutigen »älteren Kunden« stellen eine Gruppe dar, die sich durch eine    306
höhere Loyalität auszeichnet und weniger wechselbereit ist. Auch ist für viele
dieser Kunden der persönliche Kontakt zu ihrer Bank von großer Bedeutung.
Diese Eigenschaften stärken unsere Ertragslage aus dem Kundengeschäft.

Die zentralen Fragen für die Zukunft sind:    307

- Wie entwickeln sich diese Kunden?

- Wie werden die »älteren Kunden« von morgen agieren?

- Welche Vertriebskanäle müssen aufgebaut bzw. optimiert werden?

- ...

Zielsetzung der Abfragen ist, die individuelle Situation der Bank hinsichtlich    308
der Ertragskonzentration bezüglich der Altersklassen im Privatkundengeschäft
genauer zu beleuchten. Zentral geht es um die Frage, ob bereits heute Handlungsbedarf besteht.

Neben der Darstellung des Gesamtergebnisses über die Altersklassen werden    309
noch die genutzten Produkte aufgezeigt. Hierzu wird nach bilanziellem und
außerbilanziellem Geschäft differenziert.

Wie sehen mögliche Ergebnisse aus?    310

In der ersten Abbildung ist das Gesamtergebnis der Privatkunden einer Mo-    311
natsscheibe über die Altersklassen dargestellt.

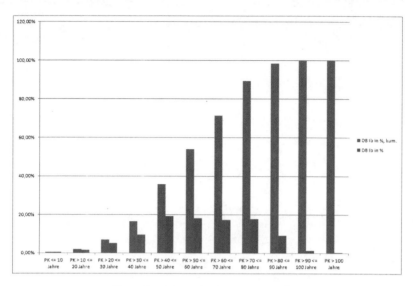

*Abb. 34: Beispielhafte Verteilung über Alterssegmente*

312    Man kann erkennen, welche Gesamterträge prozentual aus welchen Altersklassen der Privatkunden stammen. So werden ca. 50 % aus Altersklassen unter 50 Jahren und ca. 50 % aus höheren Altersklassen erzielt. Spannend aus Sicht der Nachhaltigkeit der Ergebnisbeiträge sind aus unserer Sicht die Altersklassen größer 70 Jahren. In diesen werden ca. 21 % der Erträge erzielt.

313    In der nachfolgenden Abbildung wird nun der periodische Konditionsbeitrag in die wesentlichen Produktsparten differenziert.

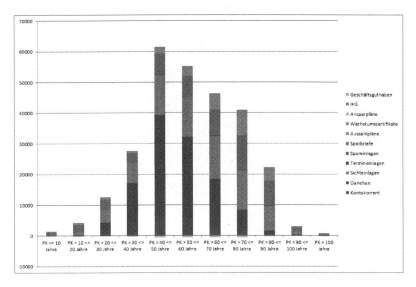

*Abb. 35: Beispielhafte Produkte bilanziell über Alterssegmente*

Es lässt sich erkennen, dass im bilanziellen Bereich die wesentlichen Erträge    314
in den Altersklassen größer 70 Jahren aus den Sichteinlagen und den Spareinlagen resultieren. Die Erträge aus Darlehen nehmen entsprechend gegenüber jüngeren Personengruppen deutlich ab. Dies lässt sich gut über die unterschiedlichen Lebensphasen erklären. Die Erträge aus Kontokorrentkrediten sind ebenfalls nur noch von geringer Bedeutung.

In der nachfolgenden Abbildung wird nun der Provisionsbeitrag in die we-    315
sentlichen Provisionsarten untergliedert.

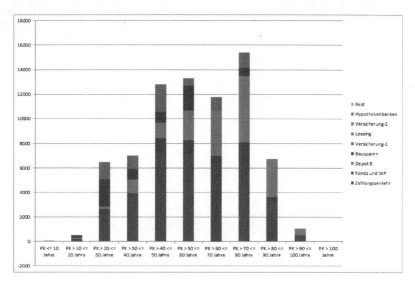

*Abb. 36: Beispielhafte Produkte außerbilanziell über Alterssegmente*

316 Die drei wesentlichen Ergebnistreiber bei Personen über 70 Jahren sind die Erträge aus Zahlungsverkehrsprovisionen, aus Depot B und Fonds (hier Union Investment). Insbesondere der Anteil der Erträge aus der Vermittlung von Geldanlageprodukten (Depot B und Union Investment) ist recht hoch. Bei Banken mit einem sehr starken Wertpapiergeschäft in der Vertriebsbank und einem hohen Anteil älterer Kunden in der Privatkundenschaft besteht durchaus die Gefahr, in den nächsten Jahren mit diesen Produkten geringere Erträge zu erzielen. Denn diese Kunden werden in einem überschaubaren Zeitraum relativ stark zurückgehen.

### 4.1.7. Weitere Auswertungsmöglichkeiten (Ideen)

317 Die durchgeführten Auswertungen erheben natürlich keinen Anspruch auf Vollständigkeit. Es kann durchaus sein, dass aus einer anderen Sicht weitere Analysen interessant sind. Nachfolgend sind einige Ideen aufgeführt, welche Auswertungen eventuell zusätzliche spannende Ergebnisse liefern könnten:

- Ergebnis der Privatkunden | Neben der vorgestellten Auswertung nach Alterssegmenten kann noch ausschließlich nach Produkten analysiert werden. Zusätzlich können die wesentlichen Privatkunden (wesentliche X Kunden) ausgewertet werden.

- Ergebnis der Firmenkunden | Analog zu den Privatkunden könnten Analysen hinsichtlich der Produkte sowie der wesentlichen X Kunden vorgenommen werden.

- Ergebnis der Firmenkunden nach Branchen | Mit dieser Auswertung können die Ertragsanteile der Firmenkunden nach Branchen bzw. dem Wirtschaftszweig beleuchtet werden. Dies kann insbesondere bei relevanten »Beobachtungsbranchen« interessante Ergebnisse liefern. Als Beispiele lassen sich »Baugewerbe«, »Handel KFZ«, »Hotel und Gaststättengewerbe« und je nach Struktur Ihres Firmenkundengeschäftes sicherlich noch weitere Branchen nennen.

- Ergebnis nach Ratingeinstufung | Hier könnte spannend sein, welche Ertragsanteile aus eventuell schlechteren Einstufungen stammen. Bei reinen Passiv-Kunden wird im Regelfall die Einstufung »0« bzw. »kein Rating vorhanden« gezogen werden. Diese Auswertung kann auch ausschließlich auf die Firmenkunden angewendet werden.

- Ergebnis nach Postleitzahlen | Hiermit können regionale Ertragskonzentrationen ermittelt werden. Diese Auswertung erscheint jedoch nur bei Banken mit größerem Geschäftsgebiet ansatzweise sinnvoll.

- Ergebnis der Privatkunden nach Arbeitgebern | Hierdurch können Konzentrationen auf einzelnen Arbeitgebern ermittelt werden. Die Ergebnisse sind für Banken mit wenigen, großen Arbeitgebern in der Region durchaus interessant. Zusätzlich könnte diese Auswertung mit den Resultaten der wesentlichen X Kunden im Firmenkundensegment kombiniert werden. Eventuell liegen Konzentrationen nicht nur bei den wesentlichen Firmenkunden, sondern auch zusätzlich bei deren Arbeitnehmern vor.

## 4.2.   Ableitungen aus der Analyse der Ertragskonzentrationen

Nachdem die Ertragslage der Bank ausreichend analysiert wurde und die Ertragskonzentrationen offenliegen, stellt sich nun die Frage, wie man mit den daraus gewonnenen Erkenntnissen umgeht. Dabei reicht es nicht aus bei der reinen Analyse stehen zu bleiben, sondern es muss im nächsten Schritt abgewogen werden, ob aus den Ergebnissen Handlungsbedarf für die Bank entsteht die Strategie im Kundengeschäft zu verändern. Festzuhalten ist auch, dass nicht jede Ertragskonzentration bedrohlich ist und sofortige Veränderungen nach sich ziehen muss. Manchmal ist diese auch durch das Geschäftsmodell der Einzelbank (vor allem bei Regionalbanken) impliziert. Jedoch sollte in jedem Fall durchdacht werden, ob die Ertragskonzentrationen eine mögliche Gefahr für den kurz-, mittel- und langfristigen Bestand der Bank und ihres Geschäftsmodells darstellen. Falls eine Gefahr besteht, muss

318

111

die Wahrscheinlichkeit des Wegfalls der relevanten Ertragskonzentrationen analysiert und es muss überlegt und festgehalten werden, ob durch eine Ausweitung des Geschäftsmodells der Bank auf andere Zielgruppen, Branchen, Segmente oder Regionen, einem potenziellen Ausfall der Erträge entgegengewirkt werden kann. Diese Betrachtung muss individuell für jede einzelne Bank erfolgen und kann z. B. bei den Genossenschaftsbanken nicht zentral vorgegeben werden. Dabei sollte die besondere Situation der Bank in ihrem Geschäftsgebiet berücksichtigt wird. Um dies erschöpfend zu tun, sind vor allem folgende Fragen zu beantworten:

- **Fragen nach dem Geschäftsgebiet:** Hier muss das Geschäftsgebiet der Bank berücksichtigt werden. Es gibt grundlegende Unterschiede für eine Bank in strukturschwachen oder strukturstarken Gebieten sowie Besonderheiten zwischen Stadt- und Landbanken. Aber auch regionale Häufungen von Firmen einer bestimmten Branche können zu Ertragskonzentrationen führen. Wobei in diesem Fall auch wichtig wäre zu ermitteln, ob diese Branchen so genannte »Zykliker« sind und stark auf Wirtschaftskrisen reagieren (z. B. Baubranche) oder eher »Nicht-Zykliker«, deren Schwankung bei Wirtschaftskrisen lange nicht so ausgeprägt sind (z. B. Ärzte). Diese regionalen Gegebenheiten, denen sich vor allem kleinere Banken kaum entziehen können, haben erhebliche Auswirkungen auf die Ertragsmöglichkeiten einer Bank.

- **Fragen nach der Art der Bank:** Handelt es sich bei der Bank um ein Spezialinstitut oder um einen Allfinanzanbieter? Selbstverständlich wird ein Spezialinstitut bedeutend höhere Ertragskonzentrationen haben als ein Allfinanzanbieter. Bei einem funktionierenden Geschäftsmodell ist dies jedoch keine Gefahr und bedeutet nicht automatisch einen Zwang zur Veränderung. Im Gegenteil: gerade kleinere Institut können sich auf Nischen konzentrieren, die einen hohen Grad an Spezialwissen benötigen und die die großen Anbieter nicht rentabel genug bedienen können, und sich so ein funktionierendes Geschäftsmodell erarbeiten. Hier muss jedoch regelmäßig überprüft werden, ob noch genügend Klientel für die Nische vorhanden ist, oder ob diese durch veränderte gesellschaftliche oder politische Trends gefährdet ist.

- **Fragen nach dem Geschäftsmodell und der Zielsetzung der Bank:** Die Frage, die sich hier stellt, ist die nach der strategischen Zielsetzung der Bank. Was möchte sie mit ihrem Geschäftsmodell erreichen. Zielt sie die Kostenführerschaft an? Oder möchte sich die Bank als Qualitätsführer behaupten? Je nachdem für welche Strategie sich die Bank entschieden hat, müssen komplett unterschiedliche Vorgehensweisen für Kundengeschäft und Vertrieb entwickelt und vorgegeben werden. Dabei sollte die Entscheidung stets einer Überprüfung durch die Realität standhalten. Eine Bank mit ausgeprägter Filialstruktur wird mit der bestehenden Infrastruktur kaum eine Chance haben Kostenführer zu werden. Ebenso wichtig wird eine Bank, die auf kostengünstige Vertriebskanäle und wenige persönliche Kontakt zu den Kunden setzt, mit dieser Ausgangslage die Qualitätsführerschaft erreichen können.

▪ **Fragen nach Stärken und Schwächen einer Bank (v. a. im Vertrieb):** Hierbei sollten alle Besonderheiten einer Bank erfasst werden. Sowohl die positiven als auch die negativen Aspekte. Dabei ist es nicht nur wichtig festzuhalten, was Optimierungsbedarf darstellt und verändert werden soll, sondern auch welche Stärken schützenwert sind und beibehalten werden sollen. Dies können besondere Kompetenzen in einer Zielgruppe oder einem Kundensegment sein, aber auch besondere Produkte, Leistungen oder Beratungsphilosophien, die die Identität der Bank wesentlich mit bestimmen.

Im nächsten Schritt entscheidet sich die Bank vor dem Hintergrund der genannten Informationen für oder gegen eine Veränderung der Ertragsströme. Eine Veränderung wird meistens erhebliche Auswirkungen auf den Vertrieb und das Kundengeschäft haben. Deshalb ist von der Bank vorab genau festzuhalten und zu definieren welche Ertragskonzentrationen zukünftig entschärft werden sollen und welche toleriert werden können bzw. auch bewusst geschützt werden sollen. Dabei sollte das Vorgehen unbedingt an die Gesamtbankstrategie angepasst und in diese eingebettet werden. Nur so ist sichergestellt, dass die neue Ausrichtung auch erreicht wird und alle Mitarbeiter der Bank – nicht nur im Kundengeschäft – an einem Strang ziehen und sich nicht gegenseitig blockieren. 319

Momentan gestaltet sich die Ertragslage der Banken weitgehend entspannt, vor allem durch die oben dargestellten Folgen der Finanzkrise und die unkomplizierte Möglichkeit Strukturbeiträge zu erwirtschaften. Es muss jedoch klar sein, dass diese Situation nicht ewig anhalten wird. Es ist nur eine Frage der Zeit, bis sich die Zinsstrukturkurven einander wieder stärker annähern. Spätestens dann wird sich zwangsläufig das Augenmerk aller Banken wieder stärker auf die Erträge des Kundengeschäfts und des Vertriebs richten müssen. Deshalb ist nun, in einer Situation der Stärke, der ideale Zeitpunkt, um Erträge und Ausrichtung des Kundengeschäfts und des Vertriebs kritisch zu hinterfragen und gegebenenfalls neu auszugestalten. 320

4.3.   Ableitungen für die Vertriebsbankstrategie (= Geschäftsbereichs-
strategie)

321   Nachdem sich die Bank nun entschieden hat das Kundengeschäft teilweise
neu auszurichten, beispielsweise durch die Erschließung neuer Branchen und
Zielgruppen im Firmenkundengeschäft, geht der nächste Schritt nun dahin
festzulegen, welche Ableitungen sie daraus resultierend für die Vertriebsbank
im Planungszeitraum trifft. Bei diesem Schritt ist es unumgänglich Vorstand,
Controlling, Vertriebssteuerung und Vertriebsleitung gemeinsam in die Planung einzubeziehen. Nur so kann sichergestellt werden, dass die strategischen
Vorgaben der Gesamtbank sich in der Vertriebsstrategie widerspiegeln und
auch in der operativen Umsetzung im Alltagsgeschäft verankert sind. Dieses
Vorgehen wird durch die neuen MaRisk eindeutig begünstigt, da dort gefordert wird die Strategien nicht nur formal zu verankern, sondern diese auch im
operativen Tagesgeschäft mit Leben zu füllen. Nachdem die Bank für sich
nun also operative Handlungsableitungen aus den Ertragskonzentrationen
gewählt hat, muss überlegt werden, mit welcher Ausrichtung der Vertriebsbank diese umzusetzen sind. Dabei gibt es im Wesentlichen drei Strategien,
die sich zur Umsetzung der unterschiedlichen Handlungsziele anbieten:

**Die Konzentration auf Volumenwachstum:**

322   Bei diesem strategischen Schwerpunkt ist das Ziel die Gewinnung von neuem
Kundenvolumen – sowohl aktiv als auch passiv, bilanziell oder außerbilanziell.
Als Zusatzeffekt ist die Diversifikation von Kundengruppen, Segmenten und
Zielgruppen möglich. Grundvoraussetzung ist, dass auch bei diesem Schwerpunkt noch positive Deckungsbeiträge mit jedem Kunden bzw. jedem Produkt erwirtschaftet werden (= »Breitenstrategie«, funktioniert v. a. im Men-
gengeschäft). Ein Schwerpunkt auf Volumenwachstum setzt auf bewusstes
Wachstum durch gesteigerte vertriebliche und auch kommunikative bzw.
werbliche Aktivitäten. Diese Strategie nähert sich der Position des »Kosten-
führers« an.

**Die Konzentration auf Ertragsintensivierung:**

323   Bei diesem strategischen Schwerpunkt ist das Ziel die Steigerung der Erträge
durch intensiveres Geschäft mit den einzelnen und vor allem mit den bestehenden Kunden. Dabei ist die Hebung von unentdeckten Potenzialen sowie
eine höhere Rentabilität der bestehenden Kundenbeziehung das Ziel. Ein
weiterer wichtiger Ansatzpunkt ist, so genannte »Wertvernichter« in die Ertragszone zu drehen (= »Tiefenstrategie«, funktioniert v. a. bei Potenzialkun-
den). Der Schwerpunkt Intensivierung setzt auf bewusstes Wachstum durch

gesteigerte vertriebliche Aktivitäten und dadurch auf die Hebung von Potenzialen im Kundenbestand. Dabei stehen vor allem die Optimierung der Margen der Produkte und die Deckungsbeiträge im Mittelpunkt. Diese Strategie versucht durch geringe Kosten und hohe Qualität zu überzeugen und ist damit eher im Bereich der Qualitätsführerschaft zu sehen.

### Die Konzentration auf Kundenbindung:

Bei diesem strategischen Schwerpunkt ist das Ziel, die Bank durch erstklassi-  324
gen Service, Betreuung und Beratung als Qualitätsanbieter darzustellen, um so Konkurrenzabwehr gegenüber so genannten »Kampfkonditionen« zu betreiben. Die Kunden sollen durch intensive und qualitativ hochwertige Beratung an die Bank gebunden und bestehende gute Kundenbeziehungen sollen weiter intensiviert und ausgebaut werden. Eventuelle »Wertvernichter« sollen gedreht werden (= setzt bei Breite und Tiefe der Geschäftsbeziehung an, das Gesamtgeschäft des Kunden soll in die Bank geholt werden. Der Berater versteht sich hier als Kundenmanager, dieser Ansatz funktioniert vor allem im gehobenen Kundensegment). Dieser Schwerpunkt setzt auch zukünftig auf einen hohen Ertrag durch eine verbesserte Kundenbeziehung und ist damit der Inbegriff der Qualitätsführerschaft. Dieses Vorgehen versucht durch Beratungsqualität zu überzeugen und durch die Intensivierung der Kundenbeziehung die Konkurrenz abzuwehren. Thema hier ist auch das »Generationenbanking«, bei dem der Kunde nicht isoliert, sondern in seine Familie eingebunden betrachtet wird. Dabei sind natürlich auch die Deckungsbeiträge zu beachten. Im Mittelpunkt stehen jedoch eine kompetente Beratung und die Vermittlung von Kundennutzen, die über die reine Kondition hinausgeht.

Bei der Wahl der passenden Vertriebsbankstrategie muss darauf geachtet  325
werden, dass diese nicht mit den zu verändernden Ertragskonzentrationen kollidiert. Sollte eine Bank z. B. eine nicht zufriedenstellende CIR im Kundengeschäft haben, wäre es fatal auf eine Volumenstrategie für die Vertriebsbank zu setzen. Hier entsprechen die Erträge des Kundengeschäfts momentan nicht den gesetzten Zielen, deshalb müssen in diesem Fall zuerst die Margen kritisch geprüft und die Kostentreiber gefunden werden, um wieder in die angestrebte Ertragszone zu kommen. Zwar wäre auch hier ein Wachstum des Volumens interessant, da dies aber vor allem durch konkurrenzfähige und damit für die Bank oft schlechtere Konditionen eingekauft wird, wäre hier einem anderen Vorgehen der Vorzug zu geben. Ebenso verhält es sich mit der Kundenbindungsstrategie. Da diese Strategie durch hohen Personaleinsatz in der Beratung relativ kostenintensiv ist, muss auch hier das Kundengeschäft

erst wieder die gewünschten Erträge abwerfen, um das langfristige Bestehen der Bank zu sichern. Zwar ist auch hier das Thema Qualität interessant, um die Kunden langfristig an das Haus zu binden, da das Vorgehen jedoch kostenintensiv ist, kann dies frühestens in einem zweiten Schritt passieren.

326 Eine Ertragsintensivierungsstrategie hingegen verträgt sich beispielsweise nicht mit einem zu starken Ertragsfokus auf eine oder zu wenige Zielgruppen oder Branchen. Hier besteht es eine zu starke Konzentration auf bestimmte Kunden oder Kundengruppen, das heißt es muss in andere Zielgruppen diversifiziert werden, um so eine breitere Kundenbasis zu schaffen und Ertragsrisiken besser zu verteilen. Zwar wäre die hier angestrebte Steigerung der Margen ebenfalls interessant, jedoch wird dies durch eine weitere Konzentration auf bestehende Kundengruppen und deren Intensivierung erreicht, was das ursprüngliche Problem der Bank noch verschärfen würde.

## 4.4. Umsetzung in die operative Vertriebssteuerung

327 Im Anschluss an diesen Prozess stellt sich die Frage, was die von der Bank gewählte Vertriebsbankstrategie in der operativen Ausrichtung und im Alltagsgeschäft bedeutet. Hier ist wichtig sicherzustellen, dass sich die Mitarbeiter – und somit die Bank – konsistent zur gewählten strategischen Zielsetzung verhalten. Dabei sind vor allem Vertriebssteuerung und Vertriebsleitung gefragt, dies sicherzustellen. Dabei müssen sie sich die Frage stellen, was die gewählte Vertriebsbankstrategie als konkrete Anforderungen bei der Umsetzung bedeutet. Dabei bedarf es einer konsequenten und klaren Vertriebssteuerung, die sich an der gewählten Umsetzungsstrategie und der strategischen Zielsetzung für die Vertriebsbank orientiert und hier klare Kennzahlen als Zielgrößen definiert. Dabei wirkt sich die einmal festgelegte Strategie auf sämtliche Bereich aus, die zur Vertriebssteuerung gehören und kann hier – je nach Ausrichtung – komplett unterschiedliche Vorgehensweisen erfordern. Die individuelle Planung muss deshalb bei folgenden Punkten intensiv berücksichtigt werden:

- **Kundensegmentierung** – welche und wie viele unterschiedliche Segmente sollen in der Bank definiert werden? Wie werden die Segmentgrenzen festgelegt und müssen diese eventuell zu einem bestimmten Zeitpunkt überprüft werden?

- **Beraterzuordnung** – wie viele Kunden betreut ein Berater in den einzelnen Segmenten? Muss hier (und falls ja in welchem Ausmaß) bei einigen Beratergruppen die Zuordnung von Neukunden berücksichtigt werden?

- **Kundenbetreuungskonzept** – wie viele und welche Art Kontakt bzw. Beratungsgespräche (Anzahl, Zeit, Ausgestaltung (ganzheitliches Beratungsgespräch oder Produktverkauf)) sollen pro Jahr pro Kunden stattfinden (hier müssen die unterschiedlichen Segmente und Zielgruppen berücksichtigt werden)?

- **Kapazitätenplanung** – haben die Berater ausreichend Nettomarktzeit zur Verfügung? Sind die Kapazitäten optimal ausgelastet?

- **Jahresplanung** – wie sieht die Jahresplanung der Bank aus, welches betriebswirtschaftliche Ergebnis möchte sie erreichen und wie sieht die Umlegung dieser Ziele auf die einzelnen Geschäftsfelder aus?

- **Zieldefinition und Festlegung** – wie sehen die Ziele für die einzelnen Bereiche, Geschäftsstellen, Teams und Mitarbeiter aus?

- **Aktivitätenplanung** – welche Aktionen, Aktivitäten und Kampagnen plant die Bank, um die Abschlussziele zu erreichen?

- **Controlling** – wer steuert wann, in welcher Form und wie oft welche Zahlen und gibt sie an wen weiter? Wann wird wie auf ungenügende Zahlen reagiert und wer bestimmt die Konsequenzen?

Wie sehr sich die gewählte Vertriebsbankstrategie auf die operative Vertriebssteuerung auswirkt, lässt sich gut an einem kurzen Beispiel zeigen, hier am Punkt »Zieldefinition und Festlegung«. Eine Bank hat sich beispielsweise auf eine Ertragsintensivierungsstrategie für die Vertriebsbank verständigt, da man die Potenziale im bestehenden Kundenbestand intensiv bearbeiten und so die Ertragslage verbessern möchte. Dies hat natürlich Auswirkungen auf die Zielfestlegung. Da man die Erträge bei den einzelnen Kunden intensivieren möchte, macht es natürlich Sinn, den Mitarbeitern im Vertrieb als quantitative Ziele keine Volumenziele, sondern Ertragsziele vorzugeben. Beziehungsweise in den Kundensegmenten, in denen es keinen Sinn macht Ertragsziele auf Einzelmitarbeiterebene vorzugeben, stattdessen mit Aktivitätenzielen oder Teamzielen zu arbeiten. Vor diesem Hintergrund ist es jedoch ebenso wichtig die Hausmeinung genau zu überprüfen, die Margen der Produkte exakt zu kalkulieren und die Zinskompetenzen genauestens zu definieren. Nur so kann das übergeordnete strategische Ziel, nämlich die Ertragsintensivierung, erreicht werden.

## 5. Förderung von Strategieprozessen durch eine ausgereifte Unternehmenskultur

Nachdem die strategischen Entscheidungen getroffen und die Leitlinien für die Umsetzung, sowohl strategisch als auch operativ festgelegt wurden, geht es anschließend darum diese mit Leben zu füllen. Wie schon in der Einleitung beschrieben, ist eine zentrale Herausforderung formale Strategien in (informelle) Kultur zu übertragen und so deren Umsetzung zu begünstigen. An diesem Punkt scheitern viele gut gemeinte Veränderungsprojekte oder Strategien. Deshalb ist es im Rahmen einer Strategiefindung auch notwendig die »kulturelle Reife« einer Organisation zu berücksichtigen. Doch was bedeutet eigentlich Unternehmenskultur und was kann sie leisten?

330    Zunächst einmal ist festzustellen: Jedes Unternehmen hat eine Unternehmenskultur. Auch wenn es sich bisher nicht mit diesem Thema auseinandergesetzt hat, hat es eine Kultur, die bestimmt wie der Umgang mit Vorgaben und Regeln, miteinander aber auch mit Kunden und externen Partnern funktioniert. Die Unternehmenskultur wirkt maßgeblich darauf ein wie Prozesse ablaufen und bestimmt wesentliche Teile des operativen Zusammenarbeitens. Sie repräsentiert die Werte, Normen, Traditionen eines Unternehmens. Neue Mitarbeiter nehmen die Kultur eines Unternehmens schnell wahr und passen sich an sie an. Dabei wird sie meist nicht direkt kommuniziert oder vermittelt sondern indirekt wahrgenommen durch Geschichten, die kursieren, durch Sprache und durch das Verhalten der Mitarbeiter. Sie übernimmt in Unternehmen jedoch eine ganz wesentliche Funktion. Da in diesen – vor allem ab einer gewissen Mitarbeitergröße – der Kontakt zwischen Führung und Mitarbeitern eingeschränkt ist, hat Kultur eine Mittlerfunktion inne. Sie transportiert die Werte von den Führungskräften zu den Mitarbeitern. Somit bestimmt die Unternehmenskultur auch wie mit Regeln und Vorgaben umgegangen wird, ob und in welchem Grad diese eingehalten werden und wie frei Anweisungen und Vorgaben eventuell gehandhabt werden.

331    Wenn man diese Punkte berücksichtigt, wird sofort klar, welche Bedeutung die Unternehmenskultur im Bereich Risiko- und Ertragskonzentrationen hat. Denn sie gibt maßgeblich vor, wie intensiv, schnell und genau die strategischen Vorgaben operativ mit Leben gefüllt werden. Dabei ist Unternehmenskultur etwas, das von der Führung ausgehen muss. Kultur kann nur von oben vorgegeben und (vor-)gelebt werden und es kann nicht von Mitarbeitern verlangt werden die Unternehmenskultur allein von unten nach oben zu verändern. Das heißt, dass Kulturthemen – egal welcher Art – damit immer auch Führungsthemen sind und von den Führungskräften eines Unternehmens initiiert und nachgehalten werden müssen. Das bedeutet auch, dass im Fall der Risiko- und Ertragskonzentrationen die Strategie bewusst von den Führungskräften des Unternehmens mitgetragen, kommuniziert und in der Umsetzung nachgehalten werden muss.

## II. Berücksichtigung von Risikokonzentrationen im Risikotragfähigkeitskonzept

Die Risikotragfähigkeit ist ein zentrales Steuerungsinstrument im Risikoma-   332
nagementprozess, in der das Vermögen und die Ertragskraft der Risikopositi-
on gegenübergestellt werden. Die Risikotoleranz und die strategische Ausrichtung werden mit diesem Instrument und den integrierten Prozessen gesteuert.
Dabei werden die Risikolimite abgeleitet und allokiert. Dieser Prozess ist notwendigerweise in den Strategieprozess eingebettet. In diesem Abschnitt wird
die Wirkungsweise dieser verschiedenen Risikomanagementprozesse im Kontext der Steuerung der Risikokonzentrationen aufgezeigt.

Die Anforderungen für die Einrichtung der Risikotragfähigkeit sind aufsichts-   333
rechtlich verankert: Nach § 25 a KWG muss ein Institut über eine ordnungsgemäße Geschäftsorganisation verfügen, die die Einhaltung der gesetzlichen
Bestimmungen und die betriebswirtschaftlichen Notwendigkeiten gewährleistet. Hierauf referenzieren die normgebenden Anforderungen der MaRisk,
welche die Anforderungen des Risikomanagementsystems hinsichtlich Risikostrategien, Risikotragfähigkeit und der Ausgestaltung der Risikoprozesse
und -systeme fordert. Im Folgenden wird ausgehend von der betrieblichen
Notwendigkeit der Aufbau der Risikostrategien in Bezug auf die periodischen
und ökonomischen Steuerungskreise der Risikotragfähigkeit ausgeführt[134]. In
beiden Steuerungskreisen werden Risikokonzentrationen sowohl bei der Konzeption des Limitsystems als auch in den zugehörigen (Risiko-)Frühwarnpro-
zessen berücksichtigt. Nun wird mit der dritten MaRisk-Novelle 2010, veröffentlicht im Dezember 2010, der Themenkomplex Risikokonzentrationen,
Risikotragfähigkeit, Strategien und Stresstesting konkretisiert. Die aus der
dritten Novelle absehbaren Änderungen in der Praxis werden explizit aufgenommen. Die geplanten Umsetzungen sind in den Ausführungen bereits
berücksichtigt worden.

---

134  DSGV (2007) Interpretationsleitfaden MaRisk.

## 1. Berücksichtigung der Risikokonzentrationen in der Geschäfts- und Risikostrategie[135]

### 1.1. Aufsichtsrechtliche Anforderungen der MaRisk[136] – Änderungen aus der Novelle 2010[137]

334    Alle Geschäftsleiter sind für die ordnungsgemäße Geschäftsorganisation des Instituts verantwortlich, siehe AT 3 Gesamtverantwortung der Geschäftsleitung. Ein angemessenes und wirksames Risikomanagement umfasst unter Berücksichtigung der Risikotragfähigkeit insbesondere die Festlegung von Strategien sowie die Einrichtung interner Kontrollverfahren:

---

**AT 4.2 Strategien- Auszug:**

Jedes Institut muss eine nachhaltige Geschäftsstrategie und eine dazu konsistente Risikostrategie besitzen. Die Nachhaltigkeit des Geschäftsmodelles ist an der Risikotragfähigkeit und der Ertragserwartung anhand angemessener Kennzahlen zu bemessen.

1. Die Geschäftsleitung muss einen Strategieprozess einrichten, der die Prozessschritte Planung, Umsetzung, Beurteilung und Anpassung der Strategien umfasst, einrichten.

2. Die Annahmen auf denen die Geschäftsstrategie und die hierzu konsistente Risikostrategien mit den Risikoprozessen fußen, sind regelmäßig zu prüfen.

3. Insbesondere sind für alle wesentlichen Risiken unter Berücksichtigung von Risikokonzentrationen Risikotoleranzen festzulegen.

4. Risikokonzentrationen sind dabei auch mit Blick auf die Ertragssituation des Instituts (Ertragskonzentrationen) zu berücksichtigen. Dies setzt voraus, dass das Institut seine Erfolgsquellen voneinander abgrenzen und diese quantifizieren kann (z. B. im Hinblick auf den Konditionen- und den Strukturbeitrag im Zinsbuch).

---

135    Finanz Colloquium Heidelberg (2010) »Geschäfts- und Risikostrategien« von *Stefan Kühn*.
136    Finanz Colloquium Heidelberg (2009) Neue MaRisk.
137    BaFin (15.12.2010) dritte Novelle der MaRisk.

Die Änderungen und Konkretisierungen am Strategiebegriff der MaRisk in 335
der Novelle 2010 werden im tabellarischen Überblick für die Umsetzung aufgezeigt:

| Themen | Änderungen |
|---|---|
| **Inhalte der nachhaltigen Geschäftsstrategie** | 1. Einbindung von Aussagen zu wesentlichen Geschäftsaktivitäten (aus Gesamtbanksicht nachvollziehbare qualitative oder quantitative Ziele)<br>2. Darstellung von Maßnahmen zur Zielerreichung<br>3. Bei Festlegung und Anpassung: Berücksichtigung externer und interner Einflussfaktoren<br>4. Implementierung einer laufenden Überprüfung der Annahmen |
| **Konsistenz von Geschäfts- und Risikostrategie** | 1. Ableitung der Risikostrategie aus der Geschäftsstrategie<br><br>2. Festlegung konkreter nachvollziehbarer Maßnahmen zur Zielerreichung (Messbarkeit nachweisen und aufzeigen) und von Zielerreichungskriterien<br>3. Berücksichtigung von Risikokonzentrationen bei der Festlegung von Risikotoleranzen, Einbezug von **Ertragskonzentrationen**<br>4. Risiken- und Risikokonzentrationen sind unter Beachtung von **Intra- und Inter-Risikokonzentrationen** zu steuern (keine **Silos**)<br>5. **Risikotoleranzschwellen** können häufig konsistent, z. B. aus der Risikotragfähigkeit abgeleitet und strategisch eingebunden werden, wie Benchmark-Volumen. Die Risikotoleranzen können aber auch ergän- |

| | |
|---|---|
| | zend in Risikofrühwarnprozessen aufgenommen werden, z. B. Rating Cut-Off Grenzen. Kriterien für die Auswahl ist auch die Dauerhaftigkeit der Installation solcher Toleranzen. |
| **Anpassungen** | Festlegung der Verantwortlichkeit für die Festlegung und Anpassung der Strategien bei der Geschäftsleitung |
| **Strategieprozess** | 1. Einrichtung eines Strategieprozesses durch die Geschäftsleitung zur Sicherstellung der Schritte Planung, Anpassung, Umsetzung, Beurteilung<br>2. Durchführung und Dokumentation von Soll-Ist-Analysen für die definierten Ziele, u. a. Annahmen, z. B. zum Marktumfeld, dokumentieren für die Erörterung<br>3. Analyse und Dokumentation der Ursachen für Abweichungen ,<br>4. Prüfung des Gesamtprozesses durch die Interne Revision |
| **Ursachenanalyse** | Durchführung einer Ursachenanalyse der Strategien und Erörterung von Zielabweichungen mit dem Aufsichtsorgan |
| **Interne Kommunikation** | Geeignete Kommunikation der Strategien (Pflicht tritt anstelle des bisherigen Wahlrechts) |

336   Die MaRisk, insbesondere die hier aufgeführten relevanten Auszüge, sind bezüglich der konkreten Umsetzung der Strategieanforderungen offen formuliert.[138] Die Institute haben somit die Möglichkeit, aus einer Vielzahl von Umsetzungsmöglichkeiten diejenige zu wählen, welche ihrem spezifischen Profil (Art, Umfang und Risikogehalt) der Geschäftsaktivitäten entspricht. Neben den durch die MaRisk geforderten Geschäfts- und Risikostrategien werden letztere Strategie in Abhängigkeit der Bedeutung, Komplexität und des Risikogehaltes der betreffenden Geschäftsaktivitäten zum Beispiel in die Teilstrategien für Adressen-, Beteiligungs-, Liquiditäts-, Marktpreis- und operationel-

---

138   BaFin (2011) Journal 2011/01 – Abschnitt MaRisk von *Andreas Hofer*.

len Risiken unterteilt. Der Strategiebegriff wird zudem angewandt auf die Sicherheitsstrategie gemäß der SolvV-IRBA. In Ihr werden neben Besicherungsgrad, Sicherungsobjekte und Sicherungsinstrumenten auch die regelmäßigen Auswertungen bzgl. Verwertbarkeit und Wertüberwachung dargestellt. Weitere Strategien, wie z. B. Produkt- und Vertriebsstrategien, sind konsistent an die von der MaRisk geforderten Strategien auszurichten oder direkt hieraus abzuleiten. Der Begriff der Risikokonzentration wird im Kontext zu den wesentlichen Risiken aufgegriffen und später zudem unter »Intra-«, i. S. innerhalb der jeweiligen Risikoart, und »Interrisikokonzentration«, i. S. über verschiedenen Risikoarten hinweg verwendet. Wie an Beispielen aufgezeigt werden wird, beinhaltet eine durchgehend konsistente Steuerung über Strategie, Risikotragfähigkeit und operative Risikosteuerung zwangsweise auch die Einbindung von Prozessen zur Steuerung der Konzentrationen in den einzelnen Risikoarten:

| Risikoarten | Instrument | Ausprägung |
|---|---|---|
| **Adressen-Risiken** | Portfolio-Konzentrationen Value at Risk/Erwartete Verluste | 1. Portfolio-Kennzahl, Ausfalls-, Branchenshift-, Migrationswahrscheinlich. 2. Performance-Rechnung, Verlustdatenbank mit Validierung |
| | 1. Länderlimite 2. Branchen- Produktlimite, 3. Kundengruppen, Größenklasse 4. Rating/Scoring Cutoff-Klassen 5. Emittenten/ Kontrahenten 6. Sicherheitenstruktur | 1. Transferrisiken, Vertragskonstellationen, Schwerpunkt FK 2. Branchen-/Produktartspezifische Obergrenzen, Blanko-Kreditobergrenzen 3. Frühwarnsystem, Merkmalskonzentrationen (Arbeitslosigkeit) 4. Cut-Off für Rating/Scoring, Intensivkundenüberleitung 5. Herkunftsland der Emission 6. Verwertungs-Einbringungsquoten überwachen |

| Beteili-gungs-Risiken | Strategische und operatio-nelle Beteiligungen, Fonds | 1. Qualifiziertes Anlage- Ent-scheidungsverfahren im Konzern<br>2. Portfolio-Sicht, Verlust-/ Risikolimite, Risiko-/ Controlling-Überwachung |
|---|---|---|
| Ertrags-risiken | Ertragskonzentrationen: Marge | Produkte mit unbestimmter Laufzeitbindung, Implizite Optionen |
| Marktpreis-Risiken | Semi-aktive Zinsbuchsteu-er mit Benchmark | Branchen-/ Produktartspezifisch, Unterlimit |
| | Spreadrisiken limitieren | Produkt/Underlying, Beobach-tungslimit |
| | Volatilitätsrisiken je Underlying | Produkt/Underlying, Beobach-tungslimit |
| | Aktien- Währungsrisiken | 1. Beobachtungslimite überwa-chen<br>2. Prozessüberwachung: Pro-dukte inkl. Absicherungen berichten |
| Operatio-nelle Risiken | Value at Risk-Limite<br>Verlustdatenbank<br>Risikoszenarien<br>Risikoinventur | 1. AMA-Quantifizierungstool<br>2. Auswertung über Schadens-fallkategorien (expost)<br>3. Expertenmeinung zu Scha-densfallschätzungen(ex ante)<br>4. Unerwartete Risikokonzent-rationen |

337 Auf die Risikostrategien sind auch die Stresstest auszurichten, siehe hierzu den Abschnitt zu den Stresstest unten.

338 Die Abdeckung der wesentlichen Risiken mit den Risikokonzentrationen sollen regelmäßig über Risikoinventuren nachgeprüft und in Form von Risi-kohandbüchern mit Risikoübersichten dokumentiert werden. Gegenstand der Risikoinventur ist die Erstellung eines Gesamtrisikoprofils des Instituts.

1.2. Verankerung der Risikosteuerung in der Strategie und im Geschäfts-modell[139]

Die Verankerung der wesentlichen Anforderungen (Eigenkapitalausstattung, 339
Steuerungskonzepte, Instrumente, Maßnahmen, usw.) aus der Risikosteuerung müssen sich in den Strategien wiederspiegeln. Die Dokumentation kann durchgehend, konsistent und mit wenigen Redundanzen eingerichtet werden. Unter Beachtung dieser Anforderungen können die (verschiedenen) Strategien von der Form her zudem widerspruchsfrei aufgebaut werden. Jedoch sind auch im Inhalt, der Ausrichtung und der Angemessenheit die Aussagen auf Konsistenz zu prüfen. Mögliche Inplausibilitäten zwischen Geschäftsmodell, Geschäftsstrategie und den für einzelne Risikoarten formulierten Teilstrategien können vermieden werden indem z. B. folgende Fragen vor Augen gehalten werden:

- Stehen Geschäftsmodell, Geschäftsstrategie und Risikostrategie in einem logischen Zusammenhang?

- Spiegelt die Ziel-Risikostruktur die angestrebte Struktur der Geschäftsfelder wider?

- Wird die Risikostruktur auf Basis der Geschäftsstrategie weiterentwickelt?

1.3. Konsistenzprüfung Strategie, Steuerung und Geschäftsmodell

In der Regel handelt es sich bei Nichtbeachtung lediglich um Widersprüche in 340
der Dokumentation, so dass beispielsweise nicht alle strategischen Facetten der Geschäftstätigkeit aufgenommen wurden. Problematisch wäre aber ein risikoreiches Geschäftsfeld, dem nicht genügend Risikodeckungsmassen zugewiesen werden können, oder Geschäftstätigkeiten für die notwendige Steuerungsinstrumente, wie angemessene Risikomeßmethoden oder Frühwarnprozesse, nicht aufgebaut wurden. Aus dem Erfolg der Geschäftsentwicklung in der Vergangenheit kann abgelesen werden, ob das Institut die Risikosteuerung beherrscht oder adäquate Schlussfolgerungen gezogen hat. Prüfungsfeststellungen von Revisions- und externen Prüfern werden als weitere Kriterien betrachtet.

---

139 CEBS (2010) High Level principles for risk management.

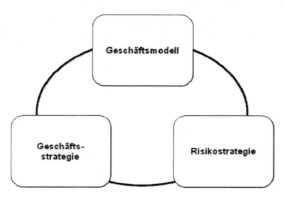

*Abb. 37: Regelkreis Geschäftsmodell*

341     Bei dem Abbild handelt es sich nicht nur um eine funktionale Beziehung. Sondern es ist auch auf die prozessuale Abbildung in den Steuerungsprozessen zu achten. Beispielswiese können im jährlichen Planungsprozess, meist vom zentralen Controlling-Bereich durchgeführt, die Strategieprozesse integriert werden. Zudem werden die Risikolimite der Risikotragfähigkeit und die Schwellenwerte für die Frühwarnprozesse auf Basis der Planzahlen für die kommende Geschäftsperiode allokiert oder festgelegt. Die Gesamtrisikostrategie sichert hierbei ab, dass alle wesentlichen Risiken berücksichtigt wurden und die Konsistenz über den Gesamtbankprozess gewahrt ist.

**Checkliste für die Risikostrategien:**

| Themen | Schritte | Konsistenz erfüllt |
|---|---|---|
| Konsistente Dokumentation | 1. Risikohandbuch mit Risikoübersichten,<br>2. Regelberichte: Risikocontrolling, Controlling, MeWe<br>3. Organisationsdokumentation | Urteil über Vergleiche absichern |
| Prozesse | 1. Planung<br>2. Risikoinventur<br>4. Konsistenz Geschäfts- und Risikostrategien,<br>5. Überwachung<br>6. Risikomanagement | Urteil anhand von Beispielen aufzeigen |
| Umsetzungen | 1. Aufsichtsrechtliche Meldungen installiert<br>2. Gremienberichte eingebracht<br>3. Beschlüsse gefasst | Urteil mit Nachweis |
| Struktur der Strategien | 1. Inhalt<br>2. Aufbau<br>3. Stil<br>4. Management-Cockpits | Urteil über Gegenüberstellung belegen |
| Kommunikation | 1. Veröffentlichung<br>2. Führung mit Zielen<br>3. Leitbilder | Urteil, Nachweis und Reaktion |

Bei der Überarbeitung dieser Prozesse und Dokumentationen handelt es sich 342 aufgrund des hohen und mehrteiligen Aufwandes um einen ganzjährigen (!) Prozess, in dem schrittweise die Geschäftsplanung, die Inventuren, die Strategien, die Steuerungsmodelle der Risikotragfähigkeit, der Risikohandbuch und die Organisationsdokumentationen aktualisiert und weiterentwickelt werden. Problematisch ist der in der Praxis auseinandergezogen Beschlussfassungsrhythmus und der große Dokumentationsaufwand. Dadurch bedingt entstehen Zeiträume, in denen die einzelnen Dokumentationen noch keinen zueinander konsistenten Stand erreicht haben. Über Versionsführungen und dokumentiertem Ablauf kann die Absicht der Dokumentation zielführend aufgezeigt und etwaigen Prüfern belegt werden.

## 2. Risikoorientierte Steuerung eingebettet in die Risikotragfähigkeitsprozesse[140]

343    Ausgehend von der oben dargestellten Strategie und dem Geschäftsmodell des Instituts sind die relevanten Steuerungskreise und Instrumente festzulegen. In dem im November 2011 von der BaFin versandten Papier »Range of Practice« ist hierfür gleichwohl eine Leistungsschau der derzeit in Anwendung befindlichen Steuerungsansätze, der Instrumente in den Steuerungskreisen und der speziellen Risikotragfähigkeitssysteme zu finden. Diese werden sich in den Instituten neben den Steuerungsprämissen auch an den zur Verfügung stehenden IT-Systemen und den Produkten ausrichten. Insbesondere auf das Handels- und Investmentgeschäft orientierte Institute verfügen i. d. R. über ein breiteres Instrumentarium von betriebswirtschaftliche Kennzahlen, wie Risiko, Performance, Benchmarks und weiteren risikoorientierten Zielvorgaben je Bereich. Die Institute mit dem Fokus auf dem Kredit- und Einlagengeschäft bauen ihre Instrumentarien sukzessive aus und stoßen auf Schwierigkeiten. Denn in den jeweiligen Geschäftsfeldern stoßen die Institute auf größer Probleme bei der Bewertbarkeit der Produkte, die im Wesentlichen über interne Modelle zu leisten sind und daher aufwendiger zu entwickeln und umzusetzen sind.

## 2.1.   Grundlegende Steuerungskonzeption in der Sparkasse[141]

344    Der periodische GuV-, der ökonomische und der aufsichtsrechtliche (Solvabilität) Steuerungskreis sind über die Risikostrategie und die Risikotragfähigkeit in die Banksteuerung integriert angelegt. Diese drei einzelnen Steuerungskreise werden im Folgenden dargestellt. Dabei wird die Steuerung der Risikokonzentrationen hervorgehoben.

345    Für das Risikomanagement besteht der Bedarf an zentralen Instrumenten für die GuV-Steuerung und die Notwendigkeit, Risiken und Chancen frühzeitig erkennen zu können. Es ist günstig die Auswirkung der aufsichtsrechtlichen Anforderungen direkt mit zu verfolgen und steuern zu können. Im GuV-Steuerungskreis ist ein Jahresfehlbetrag nicht gleich mit dem Vermögensver-

---

140   Finanz Colloquium Heidelberg (2010) »Steuerung der Risikotragfähigkeit« von *Stefan Kühn*.
141   DSGV (2007) Risikotragfähigkeitskonzept.

lust im wertorientierten Steuerungskreis gleichzusetzen. Das Institut kann bei entsprechendem Vermögen und erfolgsversprechenden Geschäftsmodell weitergeführt werden. Daher ist die Risikotoleranz im GuV-Steuerungskreis größer, sofern die folgenden drei Kriterien erfüllt sind:

1. Es besteht nicht die Gefahr gegen aufsichtsrechtliche Vorgaben zu verstoßen:
   Diese strenge Nebenbedingung wird stets in den Steuerungskreisen mit verfolgt.

2. Strategisch ist das Geschäftsmodell erfolgreich: D. h. weitere Kennzahlen, z. B. Risiko-Ertrag-Kennzahlen, müssen integriert werden und Steuerungssignale setzten. Günstig ist die Vereinheitlichung der Systeme der Risikosteuerung und der Controlling-Systeme (u. a. Deckungsbeitragssystem), um gegensätzliche Steuerungsansätze zu vermeiden.

3. Es bestehen genug Rücklagen und Reserven, um die zukünftigen Risiken und vermeintlich entstehenden Verluste tragen zu können. Konzeptionell ist der GuV-Steuerungsansatz periodenorientiert und stellt eine »Going Concern«-Anforderung, die über die aktuelle MaRisk-Anforderungen nicht nur über das Modell sondern explizit über die Auswertung der folgenden Geschäftsperiode gefordert ist.

346    Die Steuerungskonzeption im periodischen (GuV)-Steuerungskreis mit der Going-Concern-Perspektive im Überblick:

| Going Concern-Perspektive | Periodische Risikotragfähigkeit | Aufsichtsrechtliche Risikotragfähigkeit |
|---|---|---|
| 1. Teilsichten auf die Risikotragfähigkeit (HGB) 2. Ist harte Nebenbedingungen für die Gesamtrisikotragfähigkeit 3. aufsichtsrechtliche Anforderungen (BilMoG) 4. Integration der Teilperspektiven in der Going-Concern-Sicht über das Mindestkapital 5. Gesamt- und Teilrisikolimitierung | Normale Marktbedingungen: Absicherung maximaler GuV-Verluste über VaR-Konzept (95 % Konfidenz-Niveau mit 1 Jahrhaltedauer) Extreme Marktbedingungen: 1. Absicherung maximaler GuV-Verluste über makroökonomische Stresstests/Analysen 2. Einschränkung der GuV-Spielräume | Mindestkapital bezogen jeweils auf: 1. Kernkapitalquote 2. Solvabilität 3. Großkreditobergrenze |

347    Die ökonomische Steuerungskonzeption zielt dem hingegen auf die gesamte Lebensdauer des Instituts, zumindest soweit die Laufzeiten und Planungshorizonte heute schon absehbar oder bestimmt sind. Hierbei gibt es mehrere Ansätze, diese Zeitspanne einzubeziehen. Die wertorientierten Steuerungsansätze beziehen beispielsweise auch zukünftige (Margen-) Barwerte von Plangeschäften unter Berücksichtigung von Kosten und entsprechenden Volumens und Margen-Entwicklungen mit ein. Dies setzt auch eine barwertige Vertriebssteuerung, zumindest in Teilen wie z. B. für die Risikoadjustierung, voraus. Diese Steuerungskonzeption steht und fällt mit der Güte einiger Parameter und setzt große Disziplin sowie stringent eingehaltene Steuerungsrahmen voraus.

348    Durchgehende umgesetzte Modelle dürften in der Praxis aufgrund der Komplexität selten anzutreffen sein. Jedoch gibt es eine Reihe von Instituten die sich auf dem Weg dahin aufgemacht haben. Ein weniger komplexerer und

daher direkt umsetzbarer Weg ist die Verknüpfung von klassischen, i. d. R. auf periodenorientierte Kennzahlen, z. B. klassische Konditions- und Strukturbeitragszahlen, ausgerichtet barwertige Steuerung. Hierbei werden die barwertigen Geschäfte der Bestandsgeschäfte, die zukünftig noch zu erzielenden Erträge und die damit verbundenen Kosten berücksichtigt. Diese Vorgehensweise ist mit der Annahme vereinbar, dass das Institut geschlossen wird und das Bestandsgeschäft bis zur eingegangenen Fälligkeit als Abwicklungsbank weitergeführt wird. Damit werden im Wesentlichen zukünftige Erträge sehr vorsichtig und strategische Ertragschancen nicht bewertet. Also insgesamt eine für die Risikotragfähigkeit sehr konservative Grundannahme, die für die strategische Geschäftsentwicklung nur eingeschränkt verwendet werden kann. Gegenüber der eingeschränkten Potentialsicht auf die zukünftige Entwicklung können die bereits bestehenden Risiken in Abhängigkeit von den Risikomodellen vollständig berücksichtigt werden.

Entgegen der GuV-Steuerung, die auf wenige zukünftige Perioden fokussiert, 349 sichert die wertorientierte Steuerung die Nachhaltigkeit des Geschäftsmodells (zumindest unter Risikoaspekten) ab. In der praktischen Umsetzung zieht die Sparkasse hierbei die barwertorientierte Bewertungs- und Risikomodelle unter dem oben skizzierten Liquidationsansatz (sogenannter »Gone Concern-Ansatz«) heran. Die Sicherung und Vermehrung des Vermögens aus Sicht eines Gläubigers steht hier im Fokus. Insofern werden bei der Bewertung nur Reserven und Rücklagen einbezogen, die auch im Liquidationsfall noch zur Verfügung stehen. Dieser Ansatz ist also konservativer als ein Vermögenswertansatz, der entsprechend einem Verkaufswert auch zukünftige Ertragschancen mit einbezieht. Wie bei der GuV-Steuerung sind wesentliche Prämissen zu beachten, die in der Steuerung beachtet werden:

1. Die strengen Nebenbedingungen aus der aufsichtsrechtlichen und GuV-Steuerung werden berücksichtigt.

2. Die Grundannahmen auf deren Basis Reserven berechnet werden können über Transaktionen realisiert oder mittelfristig erzielt werden.

3. Bilanzielle Vermögenspositionen stehen in letzter Konsequenz rechtlich zur Verwendung zur Verfügung, beispielsweise Genüsse, oder Nachränge.

4. Die Risikomodelle spiegeln diese Grundannahmen wieder und reflektieren Risikokonzentrationen über Korrelationen und Diversifikationsannahmen, Steuerungsprämissen über Halteperioden und den Risikoappetit des Instituts über statistische Konfidenzniveau-Annahmen wider.

350 Die Steuerungskonzeption im ökonomischen Steuerungskreis mit der Liquidationsperspektive im Überblick:

| Liquidationsperspektive-Perspektive | ökonomische Risikotragfähigkeit | Aufsichtsrechtliche Risikotragfähigkeit |
|---|---|---|
| 1. Gesamtsicht auf Risikotragfähigkeit<br><br>2. Absicherung von Risiken auf der Totalperiode unter hohem Konfidenzniveau<br><br>3. Wesentliche Steuerungsdimension der internen Steuerung | Normale Marktbedingungen:<br><br>1. Absicherung maximaler Vermögensverluste über VaR-Konzept (99,9 %) mit einem Jahr Haltedauer<br><br>2. Vollständige Transparenz über stille Lasten und potenzielle Vermögenswertänderung in der Ex-ante-Sicht | Mindestkapital bezogen jeweils auf:<br><br>1. Kernkapitalquote<br>2. Solvabilität<br>3. Großkreditobergrenze |
| | Extreme Marktbedingungen:<br><br>Absicherung maximaler Vermögensverluste über makroökonomische Stresstests und Szenarioanalysen | |

351 Die Risikoparameter für das angewandte Value at Risk Modell werden aus dem Risikoappetit des jeweiligen Hauses abgeleitet. So werden Beispielsweise extern mit A bis AAA geratete Institute mit Konfidenzniveaus von 99,9 % bis 99,998 % simuliert. Dabei handelt es sich allerdings nur um grobe Angaben, da die Ratingagenturen weder Ihre Methoden noch die Gesamtbankbetrachtung, u. a. Vermögensbewertung oder Risikoarten, offengelegt haben. Die Ratingagenturen haben aufgrund der intransparenten Modelle und aufgrund

der draus abgeleiteten fragwürdigen Unternehmensprognosen in der Finanz-marktkrise 2008 viel Ihrer einstigen hervorragenden Reputation verloren. Aktuell nutzen viele Institute die Konfidenzniveaus der SolvV Risikoansätze, welche mit 99,9 % berechnet worden. Als Quelle können hierzu die Ge-schäftsberichte verschiedener Banken oder auch Internetpublikationen wie bei der DekaBank mit 99,9 % und 1 Jahr Haltedauer angeführt werden. Die Hal-tedauer ist jeweils in Bezug auf das Steuerungssystem und die möglichen signi-fikanten Steuerungszeiten (»Bremsweg«) zu bestimmen. So würde das Verlust-risiko eines Handelsbestandes, der innerhalb eines Tages komplett geschlos-sen werden kann mit einer Haltedauer von 1 Tag berechnet werden. Ein Indiz für die richtige Wahl der Haltedauer sind die Entscheidungs- und Beschluss-gremien sowie die Kompetenzstrukturen. Im speziellen ist das Portfolio oder der Bestand zu betrachten, d. h. wie schnell können taktische Beschlüsse zur Portfolio-Steuerung gefasst werden, Verluste realisiert werden oder Risikopos-tionen auch mit negativer Auswirkung auf die Ertragslage geschlossen werden. Häufig können Marktpreisrisiken schnell und auch in Krisen zuverlässig mit Derivaten geschlossen werden. Dementgegen können die Kontrahenten häu-fig nur über Gegengeschäfte geschlossen werden, so dass weiterhin nicht vernachlässigbare Basisrisiken bestehen bleiben. In diesen Fällen wäre eine längere Haltedauer zu wählen, die mindestens die betrachtete Periode lang dauert. Anhand von Präzedenzfällen gibt es in jedem Institut konkrete An-haltspunkte, um diese Reaktionszeiten abzuleiten. Das folgende Prinzip-Bild stellt die Institutsparameter mit der Ableitung in den Steuerkreisen der Risiko-tragfähigkeit zusammen:

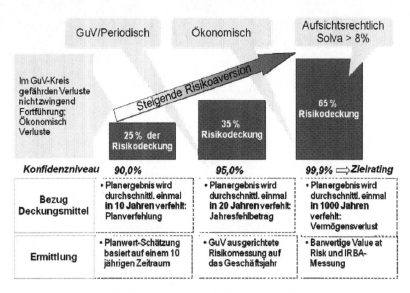

*Abb. 38: Deckungsmittel nach Risikoneigung allokieren*

352    Die Risikokonzentrationen werden in der Regel über die Value at Risk Modelle und die zugehörigen zusätzliche Parameter, wie Korrelationen, Shift-Werte
für Marktereignisse oder auch Häufigkeits- und Größenverteilungen aufgenommen. Auch können die Datenreihen hinsichtlich der Qualität, u. a. mit
Filter, Interpolations- und Glättungsverfahren, oder hinsichtlich der Daten-
reihenlänge, u. a. über Festlegung des Stützzeitraums oder historischer Zeiträume, mit wesentlichen Auswirkungen auf den Risikoausweis variiert werden.
Hierdurch können Krisenzeiten bewusst ausgesteuert oder stärker gewichtet
werden. Es handelt sich hierbei um intra-modellbezogene Abbildungen. Die
effektive Steuerung der Risikokonzentrationen gestaltet sich aber aufgrund der
stark verdichteten VaR-Information schwierig und erfordert separate Kennzahlen. Zum Beispiel können Sensitivitäts- oder verschiedene einfache Grö-
ßenangaben für die Steuerung der Risikokonzentrationen einbezogen werden.
Wie später aufgezeigt wird, hat sich die Steuerung im Rahmen eines Früh-
warnprozesses dabei bewährt. Sofern in der Risikotragfähigkeitsbetrachtung
beispielsweise Korrelationen zwischen einzelnen Risikoarten zum Einsatz
kommen, werden auch Inter-Risikokonzentrationen betrachtet. Einige Institute haben Instrumente im Einsatz, die unter Berücksichtigung der Grundsätze
aus der sogenannten »Portfolio Selection« zur taktischen Asset Allokations-
modelle nach Harry M. Markowitz, die Interrisikokonzentrationen über geeig-

nete Asset Allokation die Portfolio-Steuerung unterstützt. Aus ökonomischer Sicht ist der Steuerungsimpuls sicher geeigneter um die Risikopositionen aufzubauen, da wesentlich mehr Informationen i.d.R aus diesen. quantitativen Marktmodellen zur Verfügung stehen. Problematisch ist hingegen, dass sich die Marktparameter in der jüngsten Kapitalmarktkrise deutlich und schnell geändert haben. Die Stabilität dieser Kennzahlen lässt keine langfristige strategische Ausrichtung zu, ohne dass die Parameter regelmäßig validiert und Auswirkungen direkt in der Steuerung berücksichtigt werden. Auch hier reicht die Erinnerung an die Krise von »Longterm Capital Management« in den 90er zurück. Damals war das Portfolio-Management wesentlich auf quantitativen Modellen aufgebaut worden. Die Ökonomen wurden von der Russlandkrise in 1998 und deren drastischen Auswirkungen mit den »brechenden Korrelationen« überrascht worden. Aus diesem Grunde werden diese rein quantitativ erhobenen Parameter häufig durch Expertenschätzungen für Risikokorrelationen aus dem Topmanagement oder der Geschäftsleitung ergänzt. Durch Hinzunahmen von diesen Informationen aus erfahrenen Quellen können zudem die Gefahren der ungenauen statistischen Berechnung u. a. mangels ausreichender Datenqualitäten verringert werden. Insgesamt gestalten sich die Prozesse bei Hinzunahmen von Interrisikokonzentrationen wesentlich komplexer und umfangreicher. Allein die effektivere ökonomische Steuerung kann diesen Aufwand rechtfertigen. Bei der Detaillierung der Dokumentation dieser Prozesse und Ergebnisse ist zu beachten, dass die Revisionen und die Aufsicht in Ihren Prüfungen sehr große Aufmerksamkeit auf die zugehörigen Validierungsprozesse solcher Kennzahlen und Instrumente legen.

## 2.2.  GuV-Steuerungskreis – Going Concern

Da ist zunächst die Außenwirkung über den Geschäftsabschluss und die traditionelle bilanziell orientierten Kennzahlen mit denen Unternehmen, Institute und insbesondere Sparkassen sich vergleichen. Hierauf ausgerichtet ist der GuV-Steuerungskreis, in dem neben den zur Verfügung stehenden Vermögensteilen auch Ergebniserwartungen den Risiken gegenübergestellt werden. In diesem Steuerungskreis werden operative Ertrags- und Kostenentwicklungen in den betrachteten Perioden transparent. Große unplanmäßigen Abweichungen der Ertrags- oder Kostenentwicklungen aufgrund schlagend gewordener Risiken, denen mit dem Einsatz z. B. von Reserven im Rahmen der Ergebnissteuerung begegnet wird, zeigen häufig die Ausprägung der Risikokonzentrationen auf. Im Rahmen der GuV-Risikotragfähigkeit sind darüber hinaus die Aspekte Risikomessung, Risikodeckungspotenzial und Limitierung

353

von Relevanz. Die gesamte GuV-Risikotragfähigkeit wird über Schwellen im NormalCase und StressCase gesteuert. Der Steuerungskreis ist auf den laufenden und darauffolgenden Jahresabschluss ausgerichtet:

*Abb. 39: GuV-Steuerungskreis in der Risikotragfähigkeit*

354 Die Verknüpfung mit den Ergebnissen aus dem Stresstesting zeigt die Integration der Steuerung auf und liefert direkt den Vergleich zwischen der Wirkungsstärke der Risikomodelle im NormalCase und StressCase auf. Im Einzelnen nicht dargestellt sind die Risikolimite je GuV-Risikoart, die eine detailliertere Steuerung ermöglichen. Die Risikoberechnungen werden zum einen von der handelsrechtlichen Bilanzierungsvorschriften, u. a. mit den Zuschreibungs- bzw. Niederstwert-Abschreibungspflichten, und zum anderen von den barwertigen Risikomodellen auf diese periodenorientierte Sichtweise abgeleitet:

| Ergebniskomponente | Risikoberechnung in der periodischen Perspektive |
|---|---|
| **Nettofinanzergebnis Provisionsergebnis, Verwaltungsaufwand, Sonstige Risiken Beteiligungen OpRisk** | Negative Abweichung des GuV-Ergebnisausweises bei Eintritt des niedrigeren zu betrachtenden Falls gegenüber dem Normalfall. Regelmäßige Überprüfung im Controllingprozess gemäß SolvV-IRBA (PD/LGD)-Ansatz skaliert auf 95 % Konfidenzniveau gemäß SolvV-AMA skaliert auf 95 % Konfidenzniveau und dem Restjahr |
| **Bewertungsergebnis Kredit** | Negative Abweichung des GuV-Ergebnisausweises bei Eintritt des niedrigeren zu betrachtenden Falls gegenüber dem Normalfall. Planungswerte auf Basis des Kreditportfoliosystems (CreditPortfolioView). Für das »lebende Portfolio« mit Risikokonzentrationsausweis, Expertenschätzung für die Sanierung und Abwicklung |
| **Bewertungsergebnis WP** | ▪ Adressrisiko Wertpapiere<br>  – Anlagebestand/Liquiditätsbestand: Verwendung SolvV-Methodik<br>▪ Credit-Spread- und Marktpreisrisiko<br>  – Integrierte Aufnahme Credit-Spread Risiken (inkl. Korrelationen);<br>  – Berücksichtigung stille Reserven/Lasten; Entfall Erfassung SSD |
| **Zinsergebnis** | 1. Basis Benchmark: Dynamische Zinsertragssimulationen<br>2. Aktive Steuerung: Negative Abweichung zwischen den Zinsszenarien und/oder dem Normalfall.<br>3. Berücksichtigung von Vertriebs- u. Absatzrisiken<br>4. Berücksichtigung von impliziten Optionen |

355 Die GuV-Risikoarten werden im Beispiel üblicherweise mit einem gegenüber dem wertorientierten Steuerungskreis niedrigeren Konfidenzniveau von 95 % auf den Risikohorizont Jahresende bzw. die darauf folgende Periode berechnet. Die Risiken stellen auf die Ergebniskomponenten in der GuV (gemäß HGB bzw. IFRS) ab. Die aufsichtsrechtlichen Risikowerte werden, soweit dies angebracht ist, mit validierten ökomischen Parametrisierungen erhoben.

356 Mit der dritten MaRisk-Novelle AT 4.1 (3) ist explizit die periodenübergreifende Darstellung der Risikotragfähigkeit, d. h. über den jeweiligen Bilanzstichtag hinaus, aufgenommen worden. Die periodische Risikotragfähigkeitsrechnung verliert gegen Ende der Periode deutlich an Aussagekraft. Daher erläutert die Aufsicht ihre Erwartungen, dass die Folgeperiode sinnvollerweise deutlich früher mit betrachtet werden sollten. Beispielsweise wird die Folgeperiode schon zu Mitte der aktuellen Periode (per 30.06.201x) berichtet. Alternativ wird auch das Konzept der rollenden 12 Monatsbetrachtung angeführt. Dies ist für die Risikoberechnung unter Beachtung der geänderten Grundkonzeption umsetzbar. Für das Risikodeckungspotential steht der Jahresabschluss mit den hierauf fokussierenden Prognosen und Planwerten eben nicht mehr zur Verfügung und führt dadurch zu einer großen Abweichung von der GuV-Steuerung, z. B. bzgl. BilMoG. Damit wird aber die führende Zielsetzung dieses Steuerungskreises aus den Augen verloren.

2.3. Barwertorientierte Steuerungskreis – Gone Concern Perspektive

357 Der barwertige Steuerungskreis stellt unter Berücksichtigung der aufsichtsrechtlichen Anforderungen auf die langfristig nachhaltige Sicherung des strategischen Geschäftsmodelles ab.

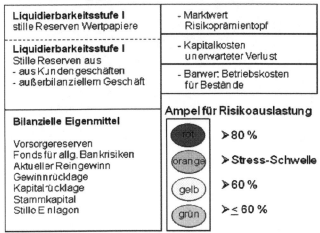

*Abb. 40: Ökonomischer Steuerungskreis in der Risikotragfähigkeit*

Dabei werden bei den Reserven durchgehend Annahmen getroffen, die auch     358
im Liquidationsfall, ausgedrückt über Liquidationsstufen bzw. im Stressfall,
durchgehalten werden können. Die unterschiedliche Liquidierbarkeit der Reserven kann entweder über Kapitalmarkt, Kontrahenten oder über Vertriebsmaßnahmen erzielt werden. Da die Reserven durch die Beibehaltung von
Risikopositionen erhalten bleiben, werden als Abzugsposten die Betriebskos-
ten, der Risikoprämientopf (für die die erwarteten Verluste u. a. aus dem Kreditgeschäft) und die Kapitalkosten für unerwartete Verluste über die für die
Liquidationsdauer durchzuhaltenden Risikopositionen abgezogen.

Mit der Frühwarnampel wurden Risikotoleranzschwellen definiert bei deren     359
Überschreiten »aktiv« durch Ausweitung allokierter Limite oder »passiv« über
Vermögensverzehr das Risikomanagement informiert wird und Maßnahmen
abstimmen kann. Verknüpft hiermit ist auch der durchgeführte Stresstestanalyse, deren testweise Risikotragfähigkeitsauslastung bei den Maßnahmen berücksichtigt wird.

Bei der Risikoabbildung wird angestrebt durchgehend miteinander konsistente     360
Value at Risk-Verfahren anzuwenden. Mit Ausnahme der Liquiditätsrisiken
und spezieller Vertriebsrisiken wurde dies, wie im Folgenden aufgezeigt, erreicht über:

| Risikoarten | Ökonomische Risikomessmethoden |
|---|---|
| Adressen-Ausfallrisiken | • Gleichzeitige Messung von Kredit- und Länderrisiken (ohne Transferrisiken) , SolvV-IRBA-Ansatz[142] <br><br> • Ökonomisches Kreditportfoliomodell: **Risikokonzentration** |
| Beteiligungs-Risiken | • Messung der Beteiligungsrisiken SolvV-PD/LGD-Ansatz |
| Marktpreis- und Spreadrisiken | • VaR-Methodik, 10 Tage, 99 % Konfidenz, 1 Jahr Stützraum <br><br> • RDP-Anrechnung Verlustlimite, selbstverzehrender RL <br><br> • **Spreadrisiken:** historische Kurssimulation mit Creditduration |
| Operationelle Risiken | • Basel II- Standardansatzansatz[143] <br><br> • **VaR-Quantifizierung** (AMA-Modell) |
| Sonstige Risiken | • **Vertriebs- und Absatzrisiken** <br><br> • **Implizite Optionen** |
| Liquiditäts-Risiken | • **strukturellen Liquiditätsrisiken,** zugesagte Linien <br><br> • **Unterjähriges Liquiditätsrisiko** |
| Gesamtbankrisiko | • Addition der Teilrisiken zum Gesamtbankrisiko <br><br> • **keine Korrelation oder Diversifikationsmodelle** |

361   Die Berücksichtigung der Risikokonzentrationen erfolgt an dieser Stelle intra-Modell. Dies wird über regelmäßige durchgeführte Backtestings sichergestellt. Für die Steuerung der Risikokonzentrationen sind für die Adressen-, Liquiditäts-, Marktpreis- bzw. Zinsänderungsrisiken und Vertriebsrisiken separate Frühwarnprozesse installiert worden. Zudem werden für die messbaren Risikokonzentrationen im Kreditgeschäft mit dem Portfoliomodell CreditPortfolioView der Mangel der internen ratingbasierten Risikomessverfahren der SolvV die Risikokonzentrationen in die Risikotragfähigkeitsbetrachtung einbezogen und überwacht.

---

142   BaFin (2006) SolvV.
143   Basel (2005) Basel II IRB Risk Weight Functions.

Die an die Risikotragfähigkeit orientierten Risikolimite werden gemeinsam mit 362 den risikosteuernden Geschäftsbereichen durchgeführt. Dabei schlagen die Geschäftsbereiche auf Basis ihrer Geschäftsplanung die Höhe der Limite vor. Anschließend werden gegebenenfalls iterativ die einzelnen Limite und der Gesamtbanklimitrahmen von der Geschäftsleitung festgelegt. Die Eigenkapitalkosten für die Limitallokation werden auf Basis eines von dem strategischen Eigenkapitalrenditeziel, der Gesamthöhe der vom Eigenkapital über ökonomische Limite allokierten Anteile (Leverage-Faktor) und dem aktuellen Kapitalmarktsatz (der sicheren Rendite) der Sparkasse ermittelten Risikofaktor den Geschäftsbereichen in der Deckungsbeitragsrechnung belastet. Der Risikofaktor wird jährlich neu festgelegt:

**Gesamtbankziele für RoE und CIR**

**Operationalisierung der Gesamtbankziele für die Steuerungsbereiche**

| Ertragssteuerung |
|---|
| + Kundenbeitrag/Markbeitrag |
| - Standardrisikokosten |
| = Deckungsbeitrag I |
| - Direkte Kosten |
| = Deckungsbeitrag II |
| - Leistungsverrechnung |
| = Deckungsbeitrag III |
| - Eigenkapitalkosten |
| = Deckungsbeitrag IV |
| - Indirekte Kosten |
| = Zielerreichung (DB V) |

**Risikolimitrahmen**

| Limite | Retail | Firmen Corporate | Treasury | CC | Gesamt |
|---|---|---|---|---|---|
| Marktpreis | 0 | 0 | 10 | 40 | 0 | 50 |
| Adressen | 35 | 40 | - | 25 | 0 | 100 |
| Beteiligung | 10 | 15 | - | 0 | 5 | 30 |
| OpRisk | - | - | - | - | 20 | 20 |
| Gesamt | 45 | 55 | 10 | 65 | 25 | 200 |
| Risiko-Auslastung | 90% | 85% | 50% | 60% | 92% | 80% |

*Abb. 41: Ökonomische Kapitalallokation*

Mit dem Abbild wird zudem ein Beispiel gegeben, wie der Strategieprozess 363 mit den aufsichtsrechtlichen Anforderungen vereinbar umgesetzt werden kann. Denn wie im Abschnitt zur Strategie erläutert wurde, sind die Risikotoleranzen und –limite durchgehend konsistent mit der Risikostrategie anzulegen. Darüber hinaus sind die Zielvorgaben in der Geschäftsstrategie darzustellen und zu verfolgen. Dies ist über die Integration der Risikolimite mit den Eigenkapitalkosten (hier auch im Sinne von ökonomischen Kapitalkosten) sehr steuerungswirksam geschehen. Die Risiko/Ertragsrelationen und der Risikoappetit des Instituts kann hier effektiv eingestellt werden.

## 3. Risikomanagement unter Einbezug der Risikokonzentrationen[144]

364   Die Betrachtung der Risikokonzentrationen wird in einigen Risikosystemen durch die Berechnung von verschiedenen Risikokennzahlen unterstützt, die dann über Grenzen oder Schwellen in der Überwachung und Steuerung einfließen können. Sinnvoll ist es zudem diese Kennzahlen in sogenannten Frühwarnprozessen zu überwachen, in denen die Experten die Auswirkungen und Veränderungen beobachten und mögliche Maßnahmenvorschläge erarbeiten können. Die selben Empfehlungen gelten für Handlungsweisen wie bei den zu Grunde liegenden Risikoarten sonst auch: Frühe Prävention durch Vermeidung von Risikokonzentrationen, z. B. über granulare Geschäfte, oder Verminderung in Art und Umfang bzw. Diversifikationen, oder Überwälzung durch Absicherungen. Zuletzt können unter Risiko-Chance-Abwägungen das bewusste Eingehen von Risiken und deren Begrenzung durch möglichst steuerungswirksame Grenzen, wie diese bei einem Eigenkapital basierten Limit der Fall ist, der Risikoappetit der Geschäftsleitung im Risikoprofil eingestellt werden. Hierbei können Anreize bis hin zu Vergütungsregelungen gesetzt werden. Der Risikoappetit kann nur entsprechend eingestellt werden, sofern das Risikomodell transparent, robust und vollständig aufgebaut ist. Bei der Quantifizierung der Risikokonzentrationen werden daher häufig bisherige schon vorhandene Risikokennzahlen herangezogen. Dabei entsteht das Problem, dass mehrere Kennzahlen zu Begrenzung einer Risikoart im Widerspruch stehende Steueranreize schaffen können. Diese Friktionen können über entsprechende Erfahrungen und zueinander Kennzahlen verbunden mit einer umsichtigen Steuerung, z. B. Zinssensitivitäten, konsistent zu parametrischem Zins-Value at Risk, gesteuert über eine Frühwarnampel mit Warnstufen, die der Eskalationsstufe vorgeschaltet sind, vermieden werden. Meist wird das installierte Frühwarnteam zudem die Risikoinventur vorantreiben und die Weiterentwicklung der Methoden fordern. Ausgehend von den ausgeführten Risikotragfähigkeitsbetrachtungen können die Frühwarnteams dem Risikomanagement unterschiedliche Vorschläge unterbreiten:

1. Risikoreduzierungen, Absicherungen, andere Struktur (Geschäfte, Positionen)

2. Einbezug von Risiken in die Kapitalunterlegung der Risikotragfähigkeit

3. Abwägen von Chancen/Risikostruktur der Risikokonzentrationen

4. Benchmarks und Steuerungsprämissen ableiten

---

144   CEBS (2010) Guidelines on the Management of Concentration Risk.

5. Ereignisbasierte Vorschläge für Maßnahmenpläne entwickeln

6. Stresstests für den Risikoprozess entwickeln

7. Die Verschärfte Überwachung der Risiken durch neue Kennzahlen

8. Die Aufnahme strategischer Handlungen in die geschäftspolitischen Ausrichtungen und Strategien

9. Geänderte Berichterstattung in Form, Inhalt oder Turnus

10. Weiterentwicklung bestehender Risikomanagementverfahren

Durch die Einbeziehung der Frühwarnprozesse in die Risikosteuerung kön-   365
nen auch für andere Bereiche der Banksteuerung wertvolle Steuerungsinformationen geliefert werden.

## 4. Risikokonzentration im Stresstesting[145, 146]

Mit der Finanzmarktkrise in 2008 sind auch die Stressszenarien stärker in den   366
Fokus des Risikomanagement gekommen. Die Institute mussten einerseits erfahren, dass verschiedene Kapitalmärkt für Anleihen, Schuldscheine und Geld nicht mehr liquide genug waren um die ihnen zugedachten Funktionen, u. a. Marktausgleich von Angebot und Nachfrage über die Preisbildung, Lenkungsfunktion in Bezug auf die Kapitalströme und Informationsaustausch, zu erfüllen. Hierdurch sind die Reaktionen und Maßnahmen der Institute wesentlich eingeschränkt worden, so dass die Steuerungsmöglichkeiten über Derivate und das eigene Kundengeschäft genutzt werden mussten. Diese beiden Marktzugänge erfüllten auch in der Krise noch ihre Ausgleichs- und Versorgungsfunktion. Zum einen die originären Kundengeschäfte (primär Markt), die aufgrund der Sparkassensicherungssysteme (Einlagen- und Institutssicherung!) zu Recht weiterhin das Vertrauen der Kunden fand. Zum anderen der Handel mit Derivaten, sowohl OTC oder Börsen kontrolliert, da hier keine Kapitalflüsse, sondern nur Zins-, Ausgleichs- und Prämienzahlungen erfolgen. Umgekehrt konnten Institute, die über diese Zugang zum Primärmarkt verfügten insbesondere im Geldmarkt und Kundeneinlagengeschäft die Konditionen aktiv gestalten und achtbare zusätzliche Zinsergebnisse erzielen. Hierbei konnten verschiedene Ertragsbestandteile, d. h. Provisionen, Konditions- und Strukturanteile, in den unterschiedlichen Krisenzeiten gestärkt werden. Die hierdurch erzielten Kompensationen für erlittene Kursverluste und das in einigen Regionen verhaltene Kreditgeschäft zeigten auf, dass in jeder Krise auch Ausgleich für Verluste erzielt werden kann, sofern das

---

145   CEBS (2010) Revised Guideline on Stresstesting.
146   DSGV (2010) Leitfaden Stresstests mit CPV.

Institut flexibel aufgestellt und die Geschäftstätigkeiten nicht zu stark konzentriert sind. Insofern ergibt sich für die Aufstellung von Stressszenarien eine Reihe von Faktoren, die bei den Auswirkungen als auch bei den potentiellen Maßnahmen berücksichtigt werden können.

367 Mit der dritten MaRisk-Novelle am 15.12.2010 wurden die Stresstesting nochmals überarbeitet. Nunmehr sind Risikokonzentrationen, Diversifikationen und ein Pflichtszenario »schwerer konjunktureller Abschwung« als auch »Inverses Szenario« aufgenommen werden. Trotzdem ist die generelle Methodenfreiheit und die die Bewertung der Angemessenheit mit dem Prinzip der doppelten Proportionalität beibehalten worden. Insofern sind die Anforderungen, gemäß AT 4.3.3, regelmäßig angemessene Stresstests für die wesentlichen Risiken durchzuführen, die Art, Umfang, Komplexität und den Risikogehalt der Geschäftsaktivitäten widerspiegeln, auch beim Aufbau der Szenarien auszurichten. Positiv gesehen haben Institute, die, wie Sparkassen, ein verhältnismäßig umfangreiches Geschäftsmodell mit überschaubaren Komplexitäten verfügen Ihre Stärken in der Finanzkrise über den direkten Kontakt zum Kunden und die zu Institutsgruppen ähnliche Sicherungsstruktur der Sparkassenorganisation nutzen können. Insbesondere mit der qualitativen Auseinandersetzung der Krisenereignisse und deren Ablauf werden über die quantitativ ermittelten Risikokonzentrationen und Diversifikationseffekte hinaus weitere Wirkungszusammenhänge berücksichtigt. Umso mehr aus Vorsichtsgründen oder aufgrund des komplexen mathematischen Aufbaus in der regelmäßig installierten Risikobewertungen diversifizierende Auswirkungen innerhalb und zwischen den Risikoarten nicht berücksichtigt werden.

368 Zudem sind die Risikostrategien auf die Stresstests, gemäß AT 4.3.3, des Instituts auszurichten. Denn es sollen die wesentlichen Risikoarten mit den Risikokonzentrationen als den Risikotreibern gestresst werden. Der Zusammenhang kann, wie folgt, dargestellt werden:

| Stresstests | |
|---|---|
| Umfang | 1. Diversifikationseffekte innerhalb und zwischen den Risikoarten sind kritisch zu hinterfragen<br><br>2. Verbriefungstransaktionen sind zu berücksichtigen<br><br>3. Stresstests sind auf Gesamtinstitutsebene durchzuführen |
| Schweregrad | 1. Ableitung der Risikostrategie aus der Geschäftsstrategie<br><br>2. Festlegung konkreter Maßnahmen zur Zielerreichung<br><br>3. Berücksichtigung von Risikokonzentrationen bei der Berücksichtigung von Risikotoleranzen und ggf. auch Ertragskonzentrationen<br><br>4. |
| Inverse Stresstests | Institute haben zusätzlich sogenannte »inverse Stresstests« durchzuführen |

Ein wichtiger Aspekt in den Stresstest ist die **Wirkungsstärke** resultierend aus den Risikokonzentrationen. Diese gilt es zu analysieren und in den Szenarien als wesentliches Verlustpotential zu analysieren:

| Risikokonzentrationen | |
|---|---|
| Identifikation | Identifizierung von Risikokonzentrationen mit Hilfe von Stresstests und Gesamtbank Risikoinventuren. |
| Begrenzung und Maßnahmen | 1. Unter Berücksichtigung von Risikokonzentrationen sind für alle wesentlichen Risiken Risikotoleranzen festzulegen<br><br>2. Prüfung, ob Maßnahmen zur Begrenzung erforderlich sind<br><br>3. Frühwarnprozesse zur Steuerungen Überwachung einrichten oder ausbauen |
| Berichtswesen | In Risikoberichten ist gesondert auf Konzentrationen und deren Auswirkungen einzugehen |

369

370 Die Stresstestanalyse ist daher ein probates Instrument um Risikokonzentrationen zu testen und die Auswirkung von Diversifikationsannahmen in den Risikomodellen herauszustellen. Die festgelegten **Risikotoleranzen**, die in den Frühwarnsystemen überwacht werden, wie z. B. Zinssensitivitäten (Basel II-Zinskennzahl), Liquiditätspuffer, oder Blankokredit-Grenzen, können hinsichtlich ihres Einflusses auf die Wirkungsstärke de Szenarien bewertet werden. In den aufsichtsrechtlichen Anforderungen ist bereits angelegt, dass außergewöhnliche aber mögliche und plausible Ereignisse aus der Vergangenheit heranzuziehen und auf dieser Basis auch hypothetische Annahmen für die Zukunft zu intergieren sind. Über die **Wirkungsstärke** kann das Ausmaß der Risikokonzentrationen abgelesen und Maßnahmen zur Reduzierung abgeschätzt werden:

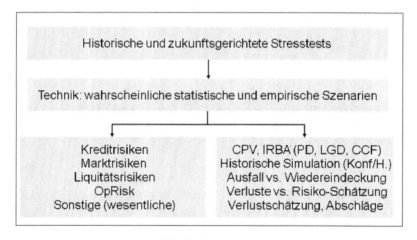

*Abb. 42: Stresstest Aufbau*

371 Entsprechend der MaRisk AT 4.3.3 sind außergewöhnliche, aber plausibel mögliche Ereignisse analysiert worden. Dabei sind die Erfahrung aus der Vergangenheit aber auch mögliche zukünftige Ereignisse in hypothetischen Szenarien eingeflossen. Die Herleitung der Szenarien wurde über die Annahme der zukünftigen Entwicklung von makroökonomischen Kennzahlen, wie Bruttoinlandsquote, Arbeitslosigkeit, und deren Auswirkung auf die exogenen Risikofaktoren, wie Marktpreise, Liqui- und Credit-Spreads, durchgeführt. Hieraus wurden die Auswirkungen anhand von Regressionsanalysen oder Expertenschätzungen auf endogene Risikofaktoren bestimmt. Dies sind Kreditvolumina, Ausfallwahrscheinlichkeiten, Recovery-Rates, Margen und Struk-

turbeiträge. Insoweit können für alle Risikoarten Faktoren bestimmt werden, von denen die Entwicklung abhängt. Z. B. bei den Adressenrisiken sind die Entwicklung der erwarteten Ausfälle, aber auch Rating und Scoring Migrationen (Bonitätsveränderungen), Veränderung der Sicherheitenwerte bis hin zu reduzierten Abwicklungserlösen zu nennen. Bei den Markpreisrisiken können Zins- und Kursentwicklungen, bei den operationellen Risiken werden Ereignisse in den Risikokategorien, u. a. Systeme, Prozesse, Mensch und externen Ereignissen, angeführt. Bei Liquiditätsrisiken die auf die Zahlungsunfähigkeit zielen, sind für Sparkassen meist Reaktionen von großen Kundengruppen simuliert worden. Beispielsweise ein »Bank Run« bei dem vielen Kunden, u. a. aufgrund von Reputationsverlusten der Banken oder bei großen Inflationsängsten, in einem kurzen Zeitraum Ihre Einlagen abheben möchten. Ein solches Ereignis muss nicht zwangsläufig die Zahlungsunfähigkeit zur Folge haben, sofern diese Bewegung gestoppt werden kann. Die Folge könnten auch große Margenverluste oder – Zugeständnisse der Banken als kurzfristige Reaktion erzwingen und somit auch Risikokonzentrationen bei den Vertriebs- und Ertragsrisiken aufzeigen. Auch seltene Szenarien mit sehr hoher Wirkungsstärke können dabei über die Stressszenarien berücksichtigt werden – hervorzuheben besonders bei den operationellen Schadensereignissen.[147]

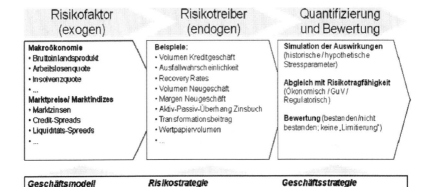

*Abb. 43 Stresstest Konzeption[148]*

147    Nassim Nicholas Taleb (2007) The Black Swan.
148    BuBa (2007) Stresstest Finanzstabilitätsbericht.

372 Insbesondere im Szenario »Globaler Rezession« sind auch die Auswirkungen eines schweren konjunkturellen Abschwungs aufgenommen worden. Wobei bei der Diskussion die Auswirkungen des wirtschaftlichen Umfelds der Sparkasse berücksichtigt wurden, AT 4.3.3(2). Im Szenario »Regionale Kreditkrise« werden die Risikokonzentrationen der Kreditausfälle in der Region simuliert:

| Szenario | Kurzbeschreibung | Auswirkung auf Risikoarten |
|---|---|---|
| Szenario »Schwerer konjunktureller Abschwung« (Globale Rezession) | Kontinuierliche und anhaltende Verschlechterung des wirtschaftlichen Umfelds, d. h. über die gesamtwirtschaftlichen Auswirkungen sind alle Marktteilnehmer betroffen (Systematisches Risiko): Kennzahlen Zinsanstieg, PD/LGD-Shifts, Spreads, und Wertpapierkurse. Auswirkungen auf Sicherheitenwerte insbesondere Immobilienpreise, Beschäftigung, usw. | • Alle |
| Regionale Kreditkrise | Regional konzentrierte Kreditausfälle und Wertverluste im Beteiligungsportfolio, Kapitalmarkt: Zinsen und Wertpapierkurse bleiben stabil | • Originäres Kreditrisiko |
| Finanzmarkt-Schock | In der Folge der historischen Ereignisse des 11. September 2001oder 2008 führte ein globaler Kurseinbruch an den Finanzmärkten zu Kursverlusten bei Wertpapieren. Langfristige Liquiditätsbeschaffung war nicht mehr möglich bzw. | • Adressenrisiko<br>• Ertragsrisiko<br>• Marktpreis-, Spreadrisiko<br>• Liquiditätsrisiko<br>• Operationelles Risiko |

| | die Liquiditätsspreads gingen weit auseinander. Die Zinsstrukturkurve war teilweise invers. In der Folge gingen zudem die Provisionserträge aus Wertpapierverkäufen zurück. | |
|---|---|---|
| **Zinsschock** | Simuliert wird ein starker plötzlicher Zinsanstieg, vergleichbar dem Basel II Zinsshift. Kompensatorisch können die Einengung der Wertpapier-Spreads unterstellt werden. | ▪ Marktpreisrisiko<br>▪ Rückgang der Markt-Spreads |
| **Liquiditätskrise** | Durch Reputationsverlust hervorgerufener Liquiditäts-Schock der Sparkasse führt zudem zur Veränderung des Kundenverhaltens bei den Einlagen und im Provisionsgeschäft. | ▪ Marktpreis-, Spreadrisiko<br>▪ Liquiditätsrisiko<br>▪ Vertriebs- und Ertragsrisiko<br>▪ Sonstige Risiken (u. a. Reputation) |
| **OpRisk-Schadens-Ereignis** | Eintritt eines Operationelle Risiko-Schadensereignisses mit extremer Schadenshöhe (unsystematisches Risiko) | ▪ Operationelles Risiko |

Die Durchführung des Stresstesting wird regelmäßig gefordert. Die Verknüpfung mit den Berichtszyklen der Risikotragfähigkeit ist auch aufgrund der ergänzenden Information zur Risikoauslastung im Normalfall pragmatisch. Zudem ist eine Verknüpfung mit Risikoinventuren, Strategieprozess und dem Risikomanagementprozess im Allgemeinen zwangsläufig notwendig. Hierdurch gibt es je Institut ein Zeitfenster um alle Prozessschritte abstimmen zu können:

373

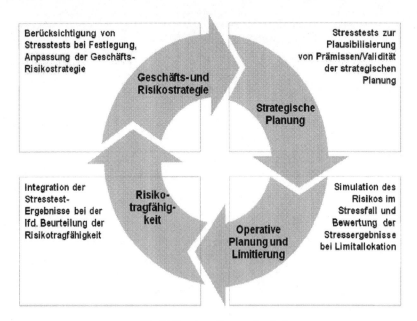

Berücksichtigung von
Stresstests bei Festlegung,
Anpassung der Geschäfts-
Risikostrategie

Geschäfts-und
Risikostrategie

Strategische
Planung

Stresstests zur
Plausibilisierung
von Prämissen/Validität
der strategischen
Planung

Integration der
Stresstest-
Ergebnisse bei der
lfd. Beurteilung der
Risikotragfähigkeit

Risiko-
tragfähig-
keit

Operative
Planung und
Limitierung

Simulation des
Risikos im
Stressfall und
Bewertung der
Stressergebnisse
bei Limitallokation

*Abb. 44: Integrierter Stresstest Regelkreis*

374    Für die operative Durchführung einer Stresstestanalyse empfehlen sich, verschiede Hierarchiestufen schrittweise mitzunehmen. Vorbereitend können Analysten und Experten die volkswirtschaftlichen Szenarien, die Risikofaktoren und die Regressionen und Expertenauswertungen dokumentieren. Anschließend kann das Risikomanagement auf Basis dieser Ergebnisse die Stresstests durchgehen und ergänzen. Die Durchführung und Dokumentation erfordert eine Struktur, beispielsweise wie folgt:

1. Festlegung der makroökonomischen Einflussfaktoren

2. Identifikation der Risikofaktoren (endogen/Exogen)

3. Abhängigkeiten auf Basis historischer Ereignisse bzw. Datenreihen ablesen

4. Prüfen der Angemessenheit der Ereignisse Stresstest: Intra- und Interrisikokonzentrationen bzw. Korrelationen mit der Wirkungsstärke vergleichen

5. Vorbereitung auf Workshop: Qualitative Expertenmeinung oder quantitative Extrapolation von Entwicklungen ableiten

6. Experten Workshop: Aufbau von Ereignis und Verbindung zum Ereignis verbunden mit der Bewertung der Auswirkung für das Institut. Das können Veränderungen von Erträge-Aufwendungen bis hin zu Gewinn und Verluste in der GuV sein, Veränderungen von Vermögenswerten bis hin zu Reserven z. B. in der ökonomischen Risikotragfähigkeit, Margen-Rückgang oder direkt der Anstieg von Risiken (potentiellen Verlusten) sowie Reaktionsnotwendigkeit bei externen operationellen Schadensereignissen oder Liquiditätsengpässe mit Handlungsnotwendigkeiten (Refinanzierung, Verkauf, usw.)

7. Risikomanagement Workshop: Plausibilität, Wahrscheinlichkeit und Auswirkung auf das Geschäftsmodell und die Risikotragfähigkeit bewerten. Gegebenenfalls Beobachtungsmarken, Maßnahmen oder -Pläne beschließen. Insbesondere ist die kritische Reflexion der Ergebnisse mit den strategischen Auswirkungen und taktischen Handlungsmöglichkeiten bei Eintritt des Ereignisses durchzuführen.

8. Ad Hoc Workshop bei außergewöhnlichen Ereignissen: Sofern währen der Periode (meist 1 Jahr) außergewöhnliche Ereignisse auftreten werden die Stresstests angepasst um frühzeitig Handlungsnotwendigkeiten aufzeigen zu können.

Die Kategorisierung von Stresstest kann auch hilfreich sein um weitere Szenarien zu bestimmen. Rein quantitative Szenarien können, wie Parameterveränderungen einer Risikoart (Sensitivitäten), oder eben qualitative Stresstest durchgeführt werden bei denen neben verschiedene Parameteränderungen und Kompensationen (Korrelationen, Diversifikationen, Wechselwirkungen oder Gegenbewegungen) berücksichtigt werden.     375

In jedem Falle sind die Ergebnisse strukturiert und nachvollziehbar dokumentiert den beteiligten Fachbereichen zur Verfügung zustellen um bei außergewöhnlichen Ereignissen die jeweilige Reaktion einbringen zu können.     376

## 4.1.  Inverse Stresstests

Die Anforderungen zu inversen Stresstest sind mit der 3.MaRisk Novelle AT     377
4.3.3 (3) neu hinzugekommen und in 2011 zu installieren:

**AT 4.3.3 (3) Stresstests**

Das Institut hat grundsätzlich auch sogenannte »inverse Stresstests« durchzuführen. Die Ausgestaltung und Durchführung ist abhängig von Art, Umfang, Komplexität und Risikogehalt der Geschäftsaktivitäten und kann qualitativ oder quantitativ erfolgen.

378 Bisher liegt zu inversen Stresstest in Deutschland noch keine Praxiserfahrung vor. Vorbehaltlich der weiteren Konkretisierungen der Aufsicht und der praktischen Umsetzungserfahrungen in den Instituten wird im Folgenden eine aus heutiger Sicht sinnvolle Umsetzung der Anforderungen skizziert und der aktuelle Diskussionstand aufgezeigt. Wiederum kann bei der Ausgestaltung und Durchführung Art, Umfang, Komplexität und Risikogehalt der Geschäftsaktivitäten Gestalt bestimmend qualitativ oder quantitativ berücksichtigt werden.

379 Bei inversen Stresstests wird untersucht, welche Ereignisse das Institut in seiner Überlebensfähigkeit gefährden könnten. Die Überlebensfähigkeit ist dann als gefährdet anzunehmen, wenn sich das ursprüngliche Geschäftsmodell als nicht mehr durchführbar beziehungsweise tragbar erweist. Hierbei könnte es sich z. B. um ein strategisch motiviertes Planszenario handeln, welches zukünftig Entwicklungen um das Institut untersucht. Das Ereignis wird hierbei umrissen und über die Auswirkungen möglichst konkret definiert. Denn die inversen Stresstests sind nicht unmittelbar stringent aus Erfahrungen ableitbar. D. h. es werden entweder Situationen wie Krisen in der Volkswirtschaft oder quantitative Ereignisse angenommen, hierbei werden eben nur die Auswirkungen wie Zinsschock oder Ratingshift durchgeführt, ohne die konkreten Rahmenbedingungen des Ereignisses zu beschreiben oder gar abzuleiten.

380 Im Rahmen der Risikotragfähigkeit werden auch die Stresstests integriert. Dies wird explizit nicht bei den »Inversen« gefordert. Zudem können die Inversen Stresstest auch mit Verweis auf die doppelte Proportionalität entsprechend dem Detailierungsgrad der Risikotragfähigkeit und der bisherigen Stresstest aufgebaut sein. Zur Klärung der Angemessenheit empfiehlt sich im Zweifelsfall ein klärendes Gespräch mit den Wirtschaftsprüfern oder dem Zuständigen bei der Aufsicht zu führen.

381 Drei sinnvoll erscheinende Umsetzungsmöglichkeiten werden näher erläutert:

1. Bei den bereits installierten Stresstest werden die Parameter systematisch erhöht bis eine zuvor für das Geschäftsmodell als gefährlich definierte Wirkungsstärke erreicht wird.

2. Bei sensitivitätsbasierten quantitativen inversen Stresstests werden Kennzahlen wie PD, LGD, Zinskurven oder andere Markt- oder Kundenparameter solange gestresst, bis wesentlichen Kennzahlen des Instituts, wie z. B. die Solvabilität, vorgegebenen Mindestanforderungen nicht mehr erfüllen. Diese Stressszenarien können einzeln oder parallel durchgeführt werden. Hierbei könnten auch Korrelationen zwischen den Risikoarten einwirken um eine realistischer Wirkungsstärke zu erreichen. Die sonst geforderte Plausibilität von Stressszenarien ist dann sicher nichtmehr durchgehend zu erfüllen.

3. Bei einem qualitativen Krisenszenarium könnte z. B. ein inverses Szenario in der Gestalt Terroranschlag, Pandemie oder Chemieunfall untersucht werden.

Inverse Stresstests stellen eine Ergänzung der sonstigen Stresstests dar. Aufgrund ihrer Konstruktionsweise steht bei inversen Stresstests die kritische Reflexion der Ergebnisse im Vordergrund. Die Ergebnisse müssen in der Regel bei der Beurteilung der Risikotragfähigkeit nicht berücksichtigt werden. 382

Aus der Dokumentation sollte eine deutliche Unterscheidung zwischen den RTF-relevanten und den nicht für die RTF relevanten inversen Stressszenarien hervorgehen, da letztere eben weder plausibel und angemessen und daher auch keiner Maßnahmenerörterung bedürfen. Es ist zu dokumentieren, dass die Geschäftsleitung sich mit den Inversen Stresstests befasst hat und diese intensiv erörtert hat. Beispielsweise in der Form, dass trotz geringer Eintrittswahrscheinlichkeit und ohne Plausibilität der Art des Auftretens die Auswirkungen für das Geschäftsmodell ausgearbeitet werden. Hierdurch können mögliche Frühwarnmerkmale oder Parameterbewegungen für PD oder LGD zukünftig besser eingeschätzt werden. Die Geschäftsleitung soll Erfahrungen sammeln um frühzeitige Anzeichen für ein solches Szenario erkennen zu können. Da die Aufsicht selbst und die wenigsten Markteilnehmer Erfahrungen mit solchen Szenarien haben, kann über die Absicht der Aufsicht nur gemutmaßt werden, was mit der Auseinandersetzung mit solcherart Szenarien erreicht werden soll. Vielleicht sollen die Institute auch Respekt vor der Macht des faktischen Ablaufs in diesen Notfällen gewinnen und besondere Vorsicht walten zu lassen, damit die Kontrolle über die Situation nie verloren geht – die Jahre 2008 bis 2009 sind noch in Erinnerung. Jedenfalls kann es nicht schaden sich über Inverse Szenarien Gedanken zu machen. 383

## 4.2.    Aufsichtsrechtliche Stresstest, gemäß SolvV-IRBA §123[149]

384    In der SolvV, §123, wurden für Institute, die nach dem internen Ratingansatz (IRBA) melden zudem die Durchführung von Stresstests gefordert. Die Anforderung steht im Unterabschnitt zu den Ratingverfahren und fokussiert auf die Adressenrisiken. Gemeinsam mit den MaRisk-Stresstest ist aber die Anforderung in die Regelprozesse fest zu verankern, die ökonomischen Auswirkungen zu betrachten und die Einschätzung zu treffen, inwieweit das Institut standhalten kann. Insbesondere ist hierbei die Veränderung der Höhe der Eigenkapitalanforderungen zu prüfen. Gefordert ist im Szenario mindestens die Wirkungsstärke einer milden Rezession zu simulieren. Die aufgezeigten Szenarien »Globale Rezession« und ggfs. »Regionale Kreditkrise« sind geeignet, die Auswirkung auf die Höhe der Eigenkapitalanforderungen aus Adressenrisiken zu betrachten. Die Einbeziehung dieses aufsichtsrechtlichen Stresstest in die MaRisk-Stresstest verbunden mit der Risikotragfähigkeit kann daher direkt umgesetzt werden. Hiermit können auch die Dokumentation der strukturellen Erhebung und möglichen Eskalationsprozesse mit Maßnahmenplänen integriert werden. Da die Stresstest-Anforderungen, gemäß SolvV, bereits schon einige Jahre alt sind, ist zu erwarten, dass hier die Aufsicht Änderungen anstrengen oder zumindest die Auslegung und Interpretation konkretisieren wird.

---

149    Finanz Colloquium Heidelberg (2009) Stresstesting, S. 368 ff.

## III. Identifizierung und Kategorisierung von Risikokonzentrationen[150]

Mit der dritten MaRisk Novelle aus 2010 wurden Risikokonzentrationen stärker hervorgehoben, handelt es sich doch hierbei um wesentliche Treiber der Risiken. Damit sind sowohl aktiv eingegangene Positionen mit Schwerpunkten bzw. Häufung, z. B. einzelner Aktienwerte bzw. großer Kreditnehmereinheiten, auch Konzentrationen bei Derivaten, strukturierten Produkten mit unklarer Rechtslage, Kundenprodukten mit Beraterhaftung oder allgemeinen Prozessrisiken. Wichtig ist hierbei zu beachten, dass diese eigentlichen Risikokonzentrationen durch entsprechend Konventionen bei der Systemabbildung der Risikomodelle versteckt sein können. Daher wird für die Identifikation der Risikokonzentrationen jede Risikoart einzeln betrachtet. Unter der allgemeinen Kategorisierung der Risiken werden die Risikokonzentrationen erläutert und identifiziert. — 385

In der neuen »High-level-principles of Riskmanagement« (CEBS) fasst die Aufsicht einige grundlegende Prinzipien und Lücken in der Umsetzung der Institute zusammen: So fehlen der Aufsicht noch die Umsetzung von Grundsätzen zum Risikomanagement bezüglich der Risikotoleranz und des Risikoappetits. Auch organisatorische Lücken in den Prozessen zur Einführung von Neuprodukten, von Risikomodellen und der klaren Zuständigkeit der Risikoverantwortlichen. Es wird hervorgehoben, dass dies im Wesentlichen große und komplex aufgestellte Institute betrifft. Jedoch wäre dies unter Berücksichtigung des doppelten Proportionalitätsprinzips auch für kleinere Institute als Weg weisend und daher angemessen umzusetzen. Insgesamt sollten die Institute Ihren Risikoappetit, Prozesse und Einschätzungen in soliden Grundsäten dokumentieren und der Betriebsöffentlichkeit zugänglich machen. Die Art der Dokumentation ist den Instituten freigestellt. — 386

CEBS stellt die Notwendigkeit der Konsistenz der Methoden, Dokumentationen und Übersichtlichkeit heraus. Da hierfür die Geschäftsleitung verantwortlich gemacht wird, rät CEBS eine zentrale und konzernübergreifende Funktion in der Zuständigkeit einer Person zu bündeln (»Chief of Risk Officer«). Entsprechend andere Umsetzungen in der Praxis der Betriebsführungen müssen eine Lösung für die reibungslose und funktionsabdeckende Organisation nachweisen. Die Sorge der Aufsicht geht dahin, dass bei sehr verteilten Zuständigkeiten für das Risikomanagement die Gefahr besteht, dass Risikoarten — 387

---

150    Finanz Colloquium Heidelberg (2009) Stresstesting, S. 39 ff. und S. 392 ff.

in einem »Silodenken« nur für sich alleinstehend gesteuert werden. Damit würden Risikoarten übergreifenden Risikokonzentrationen (Inter-Risiken) nicht berücksichtigt werden können. Bei der Finanzmarktkrise in 2008 war dies bei einigen größeren Instituten der Fall. Dort wurden Markt- und Spread-Risiken in Kapitalmarktprodukten nicht durchgehend mit den verbundenen Adressenrisiken und den wechselseitig sich auswirkenden Liquiditätsrisiken beachtet. Hieraus entstand die Forderung alle wesentlichen Risiken in einer Gesamthausbetrachtung zu bewerten.

388 Hierzu werden im Folgenden Beispiele und ein praktikables Vorgehen aufgezeigt:

### 1. Risikokonzentrationen und Risikoinventur[151]

389 Die MaRisk fordern, dass alle Risiken beurteilt und mit angemessen Systemen gesteuert und überwacht werden. Hierfür sind Verfahren zur Kommunikation (AT 4.3.2) zu installieren. Abgestellt wird hierbei auf die sogenannten wesentlichen Risiken, die von dem Institut in explizit durchgeführten Risikoinventuren zu identifizieren sind (AT 2.2.). Dabei sind die mit den wesentlichen Risiken verbunden Risikokonzentrationen zu berücksichtigen. Die Auffassung der Aufsicht ist, dass die Adressenrisiken einschließlich der Länderrisiken, sämtliche Marktpreisrisiken, Liquiditätsrisiken, operationelle Risiken und gegebenenfalls sonstige Risiken als wesentliche Risiken einzustufen sind. In begründeten Fällen können die Institute hiervon abweichen. Diese Beurteilung ist aber detailliert zu dokumentieren. Insbesondere ist für die sonstigen Risiken entscheidend welche Risiken hier identifiziert und wie diese beurteilt werden. Als Beispiel führt die Aufsicht hierunter Reputationsrisiken auf. Darüber hinaus können aber auch Vertriebsrisiken oder Immobilienrisiken unter sonstigen Risiken aufgeführt werden. Die Aufsicht fordert eine angemessene Berücksichtigung der Risiken und nicht zwangsweise die Quantifizierung der wesentlichen Risiken. So können Liquiditätsrisiken mit Frühwarnprozessen und ablauforientierten Volumengrenzen angemessen gesteuert werden, ohne dass die bestehenden Risiken mit Value at Risk System quantifiziert werden müssten. Dabei orientiert sich die Bewertung und Einstufung der Risiken an dem Geschäftsmodell, der geschätzten Bedeutung und Wirkung.

390 Mit Verweis auf den Abschnitt zur Risikotragfähigkeit und zum Stresstesting sei an dieser Stelle darauf hingewiesen, dass sowohl die Bedeutung als auch der Einfluss von Risikokonzentrationen im Rahmen der durchgeführten

---

151   DSGV (2010) Interpretationsleitfaden MaRisk.

Stresstest einfließt und dokumentiert wird. Insbesondere kann im Kontext der hypriden Stressszenarien ein **zukunftsorientieren Ansatz** zum Management der Risikokonzentrationen implementiert werden. Die Aufnahme der wesentlichen Risiken in der Risikotragfähigkeit kann nur in begründeten und dokumentierten Ausnahmen ausgelassen werden, z. B. im Falle der nicht quantifizierbaren Liquiditätsrisiken, i. S. der Zahlungsunfähigkeit. In diesem Buch sind mehrere Beispiele für Risikokategorien aufgenommen worden, siehe Abschnitt A. 3.

---

**AT 2.2 – Erläuterung der Aufsicht zu den Risikokonzentrationen**

Neben solchen Risikopositionen gegenüber Einzeladressen, die allein aufgrund ihrer Größe eine Risikokonzentration darstellen, können Risikokonzentrationen sowohl durch den Gleichlauf von Risikopositionen innerhalb einer Risikoart (»Intra-Risikokonzentrationen«) als auch durch den Gleichlauf von Risikopositionen über verschiedene Risikoarten hinweg (durch gemeinsame Risikofaktoren oder durch Interaktionen verschiedener Risikofaktoren unterschiedlicher Risikoarten – »Inter-Risikokonzentrationen«) entstehen.

**AT 4.1 Risikotragfähigkeit (6) – Diversifikationen**

Soweit ein Institut innerhalb oder zwischen Risikoarten risikomindernde Diversifikationseffekte im Risikotragfähigkeitskonzept berücksichtigt, müssen die zugrunde liegenden Annahmen anhand einer Analyse der institutsindividuellen Verhältnisse getroffen werden und auf Daten basieren, die auf die individuelle Risikosituation des Instituts als übertragbar angesehen werden können. Die zugrunde liegenden Datenhistorien müssen ausreichend lang sein, um Veränderungen von Diversifikationseffekten in konjunkturellen Auf- und Abschwungphasen widerzuspiegeln. Diversifikationseffekte müssen so konservativ geschätzt werden, dass sie auch in konjunkturellen Abschwungphasen sowie bei im Hinblick auf die Geschäfts- und Risikostruktur des Instituts ungünstigen Marktverhältnissen als ausreichend stabil angenommen werden können.

---

Die Aufsicht hat durch diese Formulierungen aktuelle Fragen zur Risikosteuerung aufgeworfen, die in der Praxis beantwortet werden müssen. So führt die Aufsicht unter AT 4.1 (Erläuterungen zu 6) den großen Einfluss der Datenreihen auf die Diversifikation unter dem Gesichtspunkt des Zusammenwirkens verschiedener Risikoarten, die häufig in unterschiedlichen Modellen bewertet werden. Die Risikokonzentrationen können auch durch den Gleich-

391

lauf verschiedener Risikoarten bei Ereignissen auftreten. Das sogenannte »Silodenken«, d. h. einzelne Risikoarten werden für sich alleine bewertet, wird kritisch hinterfragt. Der mögliche Gleichlauf von Risikopositionen kann über **Inter-Risikobewertungen**, z. B. mit Korrelationsannahmen, in der Risikobewertung und der Risikotragfähigkeit berücksichtigt werden. Natürlich erfordert diese Vorgehensweise eine regelmäßige Validierung der Korrelationen. Zudem werden hohe Anforderungen an die Qualität der Datenreihen gestellt. So müssen Daten aus verschiedenen Systemen (z. B. Kreditdaten und Handelsdaten) hinsichtlich der zeitlichen Auftretens und der Verlusthöhe (nach dem Fallabschluss – das kann bei Krediten Jahre dauern!)) verglichen werden. Die Mehrinformation der Interrisikokonzentrationen ist interessant zur Vermeidung von Fehlsteuerungen und Analyse von Szenario-Betrachtungen. Trotzdem sei darauf hingewiesen, dass die einfache Addition der einzelnen Risiken aus den »Risikosilos« vorsichtiger, da aus jeder Risikoart ein maximaler unkorrelierter Wert herangezogen wird. In Abhängigkeit von den verwendeten Risikomodellen werden die Intra-Risikokonzentrationen, d. h. Gleichlauf verschiedener Risikofaktoren, wie Zinssätze oder Aktienwerte, innerhalb einer Risikoart über Korrelationen verknüpft. Die Anzahl der verschiedenen Datenquellen ist überschaubar und in der Qualität vergleichbar. Es ist Standard solche Value at Risk-Verfahren mit Korrelationsannahmen, also auch der Berücksichtigung von **Intra-Risikokonzentrationen**, in der Risikosteuerung und in der Risikotragfähigkeit zu verwenden.

1.1.     Praxis Beispiele zur Erläuterungen des Zusammenhangs zwischen den Begriffen Diversifikation, Korrelation, Intra-/Inter-Risikokonzentrationen

392     Zunächst sind Diversifikation und Konzentration gegensätzliche Begriffe. Bei den auf statistischen Simulation (Monte-Carlo-Simulation) aufbauenden Value at Risk-Systemen, wie einige Kreditportfolio-Modelle oder auch operationellen Risikomesssystemen, in denen Verluste über Kreditausfälle der Kreditnehmereinheiten oder ereignisbasierte Verlustfälle berechnet werden, wird dieser Zusammenhang hervortreten. Eine große statistische Grundgesamtheit von in Bezug auf Größe bzw. Wirkung vergleichbaren Merkmalsausprägungen führt zu gut prognostizierbaren (sogenannten erwarteten) Verlusten und geringen unerwarteten Verlusten (gleich Definition Risiko). Ein granulares Kreditportfolio ist in Bezug auf die Kreditnehmerausfälle und idealerweise auch bezüglich den Sicherheiten, z. B. Immobilienwerte, diversifiziert. Bei Portfolio-Modellen, z. B. Credit Portfolio View der Sparkassen, ist der Risikowert

auch direkt als Maß für die Risikokonzentration geeignet. Durch die Verwendung von Korrelationsannahmen können in der Realität beobachtbare Abhängigkeiten in das Modell übernommen werden und Risiko erhöhend über positive Korrelation oder reduzierend über negative Korrelationen wirken. Modellierte positive Kreditausfallkorrelationen zwischen Kreditnehmer wirken Risiko erhöhend. Über diese Korrelation wird eine Konzentration erzeugt, z. B. Gruppe der Kreditnehmer mit demselben großen Arbeitgeber. Als Korrelationsmatrizen gehen diese in das Modell als intra-Parameter ein und werden bei den Modellvalidierung bzw. Backtesting-Verfahren regelmäßig geprüft. Im Gegensatz hierzu stehen die Inter-Korrelationen, die i. d. R. Risikobewertungen aus verschiedenen Modellen zu einer Risikokennzahl aggregieren helfen. Bei Verwendung solcher Inter-Risikokorrelationen muss die Validierung ebenso regelmäßig z. B. über statistische Regressionsmodelle über historische Datenreihen der Risikowerte oder beobachtete Verlustereignisse durchgeführt werden. Aus der Praxis ist die Anwendung kritisch zu beurteilen, da häufig die Modelle nicht konsistent sind: So müssen die unterschiedlichen Zeitreihen zueinander in Verbindung stehen, Doppelabbildungen von Verlustanteilen in den verschiedenen Modellen vermieden werden, Datenqualität der Erhebung vergleichbar sein und Autokorrelationen, sofern diese statistisch relevant werden, eingeschätzt werden. Der Verzicht auf Interkorrelationen ist zunächst ein probates Mittel um aus dem aufsichtsrechtlichen Fokus zu kommen, da die Risiken konservativ ausgewiesen werden und sich häufig als robust erweisen. Jedoch entsteht hierdurch auch eine potentielle Fehlsteuerung sofern die Risiken deutlich überzeichnet werden und damit Risikodeckungsmittel blockiert werden.

Wie oben dargestellt werden im Rahmen der Stresstestanalysen bereits die Risikokonzentrationen der wesentliche Hebel sein um die Wirkungsstärke der Szenarien einzustellen. Als Anhaltspunkt ist in den verschieden Risikoarten unterschiedliche Ausprägungen für die Bewertung der Risikokonzentrationen heranzuziehen.   393

## 1.1.1.   Risikokonzentration im Adressenausfallrisiko[152]

Die Adressenrisiken stellen für Sparkassen aufgrund der Kreditvergabe an die unterschiedlichen Kundegruppen die zentrale Risikoart dar. Ebenso vielschichtig sind die Arten von Risikokonzentrationen bei den zumeist komplexen Kreditprodukten. Daher geht die MaRisk in den Abschnitten BTR 1 häu-   394

---

152   Finanz Colloquium Heidelberg (2010) »Management von Risikokonzentrationen« von *Philip Stegner.*

fig auf die mit dem Kreditgeschäft verbunden Risikokonzentrationen ein und nennt Beispiele. Die Kategorisierung unter Adressenrisikokonzentrationen in Kreditnehmereinheiten und Größenklassen, Sektor-Konzentrationen in Branchen, Ländern, Regionen und Konzentrationen in Sicherheitenarten und Produktspezifika bzw. -arten (Bürgschaften, Immobilienfinanzierungen, usw.). Darüber hinaus sind mit dem Kreditgeschäft originär einige operationelle Risikokonzentrationen potentiell verbunden, u. a. kriminelle Handlungen oder Prozessfehler (System oder Mensch) aber auch Rechtsrisiken.

395 Die Adressen-Risikokonzentrationen können mit Kreditderivaten über das Sparkassen Kreditpooling oder mit anderen Kontrahenten diversifiziert werden. Jedoch ist darauf zu achten, dass aufgrund der Komplexität dieser Geschäfte wie dargestellt nicht andere Risikokonzentrationen im Prozess oder Rechtsrisiken entstehen.

396 Für die Adressenrisiken gemessen mit Portfolio-Modellen gilt, dass hier verschiedene Risikokonzentrationen über Parameter berücksichtigt werden können. Die Volumenkonzentrationen der Risikoverbünde (Kreditnehmereinheiten) mit deren Bonität, die Risikokonzentrationen in den Sicherheiten über Einbringungs- und Verwertungsparameter (bzw. LGD für IRBA-Modelle), Länder, Regionen, Branchenschwerpunkten oder auch die Diversifikation mit derivativen Kreditprodukten. Intra-Risikokonzentrationen können zudem über Korrelationen abgebildet werden. Separat können die Risikokonzentrationen in den Sicherheiten, wie z. B. bei Immobilien konzentriert in einer Region mit negativen externen Einflussfaktoren (ein großer Arbeitgeber, Hochwassergefahr, wirtschaftlicher oder demografischer Wandel, usw.) betrachtet werden. Darüber hinaus können über makroökonomischen Parameter Branchenentwicklungen über Shift-Parameter modeliiert werden. Die weitere Funktion Index-Kreditportfolien für granulares Kreditgeschäft zu bilden, erleichtert die eigentlichen Risikokonzentrationen in großen Kreditnehmereinheiten zu messen. Über Stresstestanalysen können zusätzliche mögliche Intra-Risikokonzentrationen wie »regionale Kreditkrise« mit Ausfall eines großen Arbeitgebers verbunden mit Arbeitslosigkeit bei den Immobiliendarlehensnehmer und Kreditfrühwarnsignalen bei den gewerblichen Zulieferunternehmen mit großer Wirkung berücksichtigt werden.

## 1.1.2. Risikokonzentrationen im Marktpreis- und Spreadrisiken

Bei der Abbildung von Zinsrisiken werden in den Standard-Risikomodellen    397
Risikofaktoren, i. d. R. die einzelnen Zinssätze von Übernacht bis 15 Jahre,
verschiedener ausgewählter Zinskurven, wie Geld, Swaps, Anleihen, Pfandbriefe, der Bewertung zugrundegelegt. Hierdurch können die Spreads zwischen den Zinskurven oder Basisrisiken der auf diese Zinsinstrumente refe-
renzierenden Derivate nicht mehr bewertet werden. Die verdeckten Risikokonzentrationen bleiben zunächst verborgen und werden erst beim Backtesting aufgedeckt. Entsprechend könnten Währungsrisikokonzentrationen
durch die Abbildung über eingeschränkte Anzahl von Währungskursen bzw.
Währungszinskurven unbemerkt entstehen. Folgende weitere Beispiele werden angeführt:

1.  Bei Abbildung von Aktienwerten über Beta-Konzept ist zum einen
    das Indexrisiko ungleich einem systemischen diversifizierten Risiko zu
    bewerten und zum anderen sind große einzelne Aktienpositionen zu
    beispielsweise separat zu begrenzen oder methodisch durch Einbezug
    eines Diversifikationsgrads zu berücksichtigen.

2.  Bei der Risikosteuerung über eine Benchmark sind die originären Po-
    sitionen einer Vollbewertung zu unterziehen. Denn die ausschließliche
    Steuerung über Volumenabweichungsgrenzen könnte Risikokonzent-
    rationen in einzelnen Aktienwerten, Zinsbändern oder Branchenkon-
    zentrationen außer Acht lassen. Insofern kann eine Vollbewertung mit
    einem parametrischen Value at Risk Modell, in dem einzelnen Zins-
    sensitivitäten oder Aktienwerte eingehen, Risikokonzentrationen
    quantifizieren.

## 1.1.3. Risikokonzentrationen in operationellen Risiken

Entsprechend den Risikokategorien oder dem verwendeten Verlustursachen-    398
modells können Risikokonzentrationen in Prozessen, Systemen, externen
Einflüssen nach Häufigkeit des Auftretens oder der Höhe des Schadens identifiziert werden. Hierbei sind bei Institute mit wenig eigenen Verlustfällen
externe Datenpools besonders hilfreich. Die Prozesse mit Häufung von signi-
fikanten Verlusten, z. B. Rechtsrisiken in Produkten, könne vom zuständigen
Manager aufgrund der statistischen Auswertungen gesteuert werden.

## 1.1.4. Risikokonzentrationen in Beteiligungsrisiken

399 Bei Beteiligungen stehen neben den kreditähnlichen und aktienähnlichen Risikokonzentrationen zudem operative und strategische Beteiligungen ausgerichtet am Zweck der Beteiligung im Vordergrund. In den häufig strategisch ausgerichteten Beteiligungsportfolien der Sparkassen ist zwischen dem strategisch auf den Geschäftsbetrieb ausgerichteten Nutzen, wie Kooperation mit Geschäftsanbahnung, Abwicklung oder IT-Dienstleistung, und dem betriebswirtschaftlichen Nutzen, wie Beteiligungswert oder Preis-Leistungsverhältnis der Dienstleistungen zu unterscheiden. Hier können Risikokonzentrationen durch Auslagerungen von Dienstleitungen in Form von Abhängigkeiten entstehen. Jedoch ist für Sparkassen anzuführen, dass verbandseigene Unternehmen über verbandsdominierte Gremien gesteuert werden und dadurch die Einflussnahme und Kontrolle der Mitgliedsinstitute gewahrt ist, um die unterschiedlich aufgezeigten Risiken steuern zu können.

## 1.1.5. Risikokonzentrationen in Liquiditätsrisiken

400 Die Liquiditätsquellen der Sparkassen konzentrieren sich auf das Kundeneinlagengeschäft und auf die Geschäfte mit den Instituten im Verband, Sparkassen und Landesbank. Bei letzterem ist säulenspezifisch keine Diversifikation für die Sparkassen flächendeckend möglich noch sinnvoll. D. h. es handelt sich hierbei um bewusst herbeigeführte und gesteuerte Konzentrationen, die zudem über gegenseitige Risikosicherungsvereinbarungen der Mitgliedsinstitute in der Sparkassenorganisation gesteuert werden. Das Liquiditätsrisikoereignis der **Zahlungsunfähigkeit** kann aufgrund dieser gegenseitigen Unterstützungsverpflichtung bei einem einzelnen Mitgliedsinstitut nicht auftreten. Die Betrachtung der Kundeneinlagen ergibt zumeist ein auf viele Kleinsparer ausgelegtes Profil, so dass nur über eine regionale Krise oder ein großes Reputationsrisikoereignis ein Bankenrun simulativ vorstellbar wäre. Die Auswirkungsanalyse kann im Rahmen eines Stressszenarios quantifiziert berücksichtigt werden. Die **Refinanzierungsstruktur** der Sparkasse stützt sich insgesamt wesentlich auf die Kundeneinlagen und wird über Treasury-Aktivitäten gesteuert und abgesichert. Die Refinanzierungs- und das Zahlungsunfähigkeitsrisiken werden im Frühwarnprozess »Liquidität« überwacht.

401 Das Marktliquiditätsrisiko trifft meist Wertpapiere und Schuldscheinen in engen, gestörten oder illiquiden Märkten. Die Steuerung und Überwachung dieses Risikos kann über Scoring-Systeme erfolgen. Dieser Score zeigt den Liquiditätsgrad des Papiers an und gab in der Kapitalmarktkrise zudem die

Güte der Bewertungskurse an, u. a. mit den Levels Marktpreis, marktnaher oder Modellpreis. Sofern ein Institut diese Risiko als wesentlich einschätzt, kann mit diesem Score ein Frühwarnprozess eingeführt werden, Anbieter z. B. Bloomberg.

### 1.1.6. Risikokonzentrationen der Ertragsquellen

Die Berücksichtigung von Ertragskonzentrationen wird von de Aufsicht im Rahmen der Risikostrategie (AT 4.4 (2)) gefordert. Hierunter werden die Risiken für den Einbruch wesentlicher Ertragssäule, z. B. Zins-Fristentransformation, Konditionsbeitrag oder Provisionserträgen verstanden. Zunächst sind hierfür wieder die trennscharfe Identifikation der Erfolgsquellen des Instituts und eine für die Risikoberechnung historische Entwicklung erforderlich. Unter Diversifikationssicht ist die Ausgewogenheit von mehreren Ertragsquellen anzustreben. Die Konzentrationen auf wenige Ertragsquellen sollen regelmäßig überwacht werden (siehe die Abschnitte mit den Frühwarnprozessen) und in das Risikobewusstsein aufgenommen werden. {402}

Bei den Sparkassen als universal ausgerichtete Bankinstitute können je nach regionaler Kundenstruktur unterschiedliche Schwerpunkte im Geschäftsbetrieb hervortreten. Sparkassen mit einem Passivüberhang stützen sich auf große Kundeneinlagenvolumina. Bei der Bewirtschaftung dieser Einlagen ist immer die latente Gefahr der Kundenabwanderung zu berücksichtigen. Mit entsprechend auf die Struktur des Kundenverhalten ausgerichteten Risikocontrolling- und Dispositionssystemen kann diese aufgrund auskömmlicher Margen und der Höhe des Einlagenvolumens für einzelne Sparkassen bestehende Ertragsrisikokonzentration durch effektive Vertriebsmaßnahmen unter Risiko- und Ertragsaspekten gesteuert werden. In ähnlicher Weise können bei Aktivprodukten, wie Dispositionskrediten, die Ertragskonzentrationen auftreten und gesteuert werden. {403}

### 1.1.7. Risikokonzentrationen in Modellrisiken

Die Abbildung von Ertrags- und Kostenrisiken werden von den häufig verwendeten Modellen meist nicht ausreichend berücksichtigt. Folgende Modelle werden beispielhaft angeführt: Cashflow Modellen mit juristischen oder nach Kundenverhalten abgebildeten Zins- oder Liquiditätsbindungen, Zinsstrategiesystemen mit korrelierten Bestandsentwicklungen, gleitenden Durchschnitten mit konstanten Margen Annahmen oder Wettbewerbermodelle mit modelliertem Kundenverhalten. Das Backtesting kann nicht aufzeigen, dass die Risikokennzahlen die Ertragsrückgänge statistisch zuverlässig prognostizieren {404} können. Jedes Modell kann zeitweise an seine Grenzen kommen und den Test nicht bestehen. Die Handlungsalternativen sind Risikoaufschlag, solange bis das Modell retroperspektivisch den Test bestehen würde. Oder bei längeren oder häufigeren Nichtbestehen des Tests ist eine methodische Weiterentwicklung des Modells notwendig. Dies ist fast immer möglich, da durch hinzufügen von zusätzliche Korrelations-, Diversifikations- oder auch freien Parameteren mit neuer Information (z. B. Kostenannahmen) eine verbesserte Risikoabbildung erreicht werden kann.

405　Im Handelsbereich bzw. bei Marktpreisrisiken verbleiben bei einfachen Modellannahme Basisrisiken, indem zum Beispiel die unterschiedliche Entwicklung von Instrumenten nicht separat abgebildet werden, wie z. B. zwischen Wertpapierkursen und den zugehörigen Future-Instrumenten. Auch hier wäre der direkte Basiseffekt durch die separate Bewertung beider Instrumente und die Hinzunahmen von Korrelationsparametern vermeidbar. Jedoch tauchen über die Berechnung von Korrelationen andere Probleme auf. Die Korrelationen müssen regelmäßig angepasst werden und ein regelmäßiges Backtesting ist zudem auch hier durchzuführen. Schlussendlich bleibt das Rennen um die angemessen Abbildung des Marktgeschehens mit einem Modell immer offen. Solange bis das Modell nach stetigen Anstrengungen um die Aktualisierung durch ein vermeidlich (unter Kosten/Nutzen-Aspekten beurteiltes) besser geeignetes Modell abgelöst wird.

406　Die Weiterentwicklung von Modellen ist dabei wesentlich von der Datenhaltung abhängig. Historische Daten einerseits und die hiervon über Annahmen abgeleiteten Entwicklungsprognosen und hypothetische Entwicklungen anderseits sind die Basis für die Herleitung von zusätzlichen Kennzahlen. Dabei werden die Daten häufig mit statistischer Regression oder über Verteilungsannahmen verbunden mit Monte Carlo-Simulationen in die Zukunft entwickelt.

1.1.8.　Risikokonzentrationen in sonstige Risiken

407　Unter den sonstigen Risiken können Risikokonzentrationen z. B. bei eigenen Immobilien in demographisch strukturschwachen Regionen sukzessive an Wert verlieren. Aus dem demographischen Wandel können für regionale Institute strategische Risiken für das Geschäftsmodell erwachsen.

1.2.     Risikoinventur zur Identifizierung der wesentlichen Risiken und
         Konzentrationen

---

**AT 2.2 (2) – Risikoinventur**

Das Institut hat im Rahmen der Risikoinventur zu prüfen, welche Risiken die Vermögenslage (inklusive Kapitalausstattung), die Ertragslage oder die Liquiditätslage wesentlich beeinträchtigen können. Die Risikoinventur darf sich dabei nicht ausschließlich an den Auswirkungen in der Rechnungslegung sowie an formalrechtlichen Ausgestaltungen orientieren.

**Erläuterung der Aufsicht – Ganzheitliche Risikoinventur**

Bei der Risikoinventur sind auch Risiken aus außerbilanziellen Gesellschaftskonstruktionen zu betrachten (z. B. Risiken aus nicht konsolidierungspflichtigen Zweckgesellschaften). Abhängig vom konkreten Gesamtrisikoprofil des Instituts sind gegebenenfalls auch sonstige Risiken, wie etwa Reputationsrisiken, als wesentlich einzustufen.

---

In der ganzheitlichen Risikoinventur werden umfassend alle wesentlichen     408
Risiken des Instituts systematisch aufgenommen, analysiert und qualitativ oder quantitativ bewertet. Hierbei liegt der Schwerpunkt auf den bereits gesteuerten Risiken um die Angemessenheit der Modelle und Prozesse zu prüfen, ferner auf den qualitativ bewerten Risiken und demgegenüber auf möglicherweis neu entstandenen Risiken. Die MaRisk erwähnen explizit die Reputationsrisiken, aber auch strategische oder Modellrisiken können nur schwer erfasst und bewertet werden. Die Bewertung wird aufgrund der Relevanz und Bedeutung für das Institut gemessen anhand der Risikotragfähigkeit beurteilt. Im Vergleich hierzu sind die Wirksamkeit und der Umfang der eingesetzten Instrument und Prozesse zu sehen. Die Einordung unter wesentliche und unwesentliche Risiken bestimmt dann die weitere Dokumentation und Einbindung in das Risikomanagement mit Meldung an die Gremien.

---

**Praxistipp zur Durchführung der Risikoinventur(RI)**

1. Vorbereitung der Risikoinventur
   a. Fragebogen an die beteiligten Fachbereiche mit Rücklauf der Antworten
   b. Auswertung zu Risiko-, Verlusten und Volumina je Produkt
   c. Auswertung zu Risiko-, Verlusten und Volumina je Vertriebsbereich
   d. Stresstests auswerten auf Risikokonzentrationen
   e. Ergebnis der letzten Risikoinventur
   f. Präsentationsfolie mit Rückblick auf die Ereignisse der Periode
   g. Anforderungen/Änderungen der MaRisk und des Aufsichtsrechts
   h. Ausblick auf Neuproduktprozesse, Gremien und Strategien
   i. Darstellung der Einbindung in die RTF
   j. Steuerungswirkung durch Einbindung in die Deckungsbeitragsrechnung
   k. notwendige Risiko/Verlust-Limite bestimmen
   d. Berücksichtigung von Intra- und Inter-Risikokonzentrationen

2. Aufbau der Risikoinventur:
   a. Folienvortrag
   b. Aufgaben und Analysen gemeinsam erörtern
   c. Strukturierte Fragenaufbau zu Beobachtungen der Experten
   d. Erfahrungen aus den Frühwarnprozessen
   (BTO 1.3 Verfahren zur Früherkennung von (Kredit-) Risiken)

3. Ablauf der Risikoinventur – Agenda
   a. Modelle validieren: Alternativen, Grenzen und Parameter
   b. Expertenworkshop zur Risikoentwicklung: Modellentwicklungen
   c. Vereinbarung von ad hoc Nachprüfungen:
   Festlegen der Gründe zur Wesentlichkeitseinstufung gemäß AT 2.2 (1)
   d. Vorkehrung für das Erkennen von wesentlichen Risiken:
   Beobachtung von Risikoentwicklungen in den Frühwarnprozessen

4. Nachbearbeitung und Aufgaben aus der Risikoinventur
   a. Im Protokoll werden die Teilnehmer, Themen und die wesentlichen
   Beiträge und Ergebnisse, wie Aufgaben, Beschlüsse aufgeführt.

b. Die Dokumentation erfolgt primär im Risikohandbuch und den Risikoübersichten. In den Risikostrategien erfolgt eine kurze Darstellung der Berücksichtigung aller Risiken. Sofern Änderungen von Prozessen beschlossen wurden, können auch Dokumentationen in anderen arbeitsrechtlichen Unterlagen erforderlich werden.

c. Die Umsetzungen, wie Modellweiterentwicklungen, werden den Teilnehmern spätestens in der nächsten Risikoinventur oder über das zugehörige Frühwarnteam zurück gemeldet.

### 1.2.1. Risikoeinstufung

In der Risikoinventur werden alle Risiken betrachtet und deren Abbildung 409 bewertet. Hierbei ist mit den steuernden und überwachenden Bereichen eine quantitativ ausgerichtet Einstufung hilfreich, da die Einstufung nachvollziehbar dokumentiert und Änderungen leicht integriert werden können. Die Systematik ist leichter durchführbar als eine rein qualitative Beurteilung. Jedoch sind auch hier die Beurteilungen für sich betrachtet nicht eindeutig bestimmbar. Aber im Vergleich der einzelnen Risiken ergibt sich eine Verhältnismäßigkeit der Werte an deren sich ablesen lässt, ob die vorhanden Prozesse angemessen oder unverhältnismäßig überdimensioniert sind. Hierbei wird auch die Geschäftsplanung berücksichtigt um Prozesse über Neuproduktprozesse rechtzeitig den Anforderungen gemäß aufzubauen oder um Prozesse einzustellen. Dabei wird ersichtlich, dass über die Risikoinventur auch die zukünftige notwendige Ausrichtung der Systeme und die Ressourcen in Bezug auf Systeme und personelle Ausstattungen und Projekt abgeleitet werden kann.

### 1.2.2. Risiken identifizieren – Jährliche Risikoinventur

In einer strukturierten Auseinandersetzung mit den wesentlichen Risiken wird 410 das Gesamtrisikoprofil im Rahmen der Risikoinventur turnusmäßig, i. d. R. mindestens jährlich, erstellt. Für den Fall, dass die Risikoausrichtung des Instituts sich aufgrund von internen Ausrichtungen oder von externen Einwirkungen sich wesentlich ändert, ist eine ad hoc Risikoinventur vorgesehen.

## 1.2.3. Risiken analysieren und dokumentieren

| | |
|---|---|
| Risikobeschreibung | Das Zinsüberschussrisiko gibt die negative Abweichung des Zinsüberschusses (der Zinsspanne) von seinem Erwartungswert z. B. bei Änderungen der Zinsstruktur bzw. veränderter Wettbewerbssituation an. |
| Risikomanagement | Treasury: Fristentransformation, Zinsänderungs- und Liquiditätsrisiken<br><br>Firmen- und Privatkunden: Vertriebs-/Margen, Modellrisiken |
| Instrumente/ Maßnahmen | Benchmark-Steuerung mit Abweichungsgrenzen<br><br>Frühwarnampel für das Zinsüberschussrisiko<br><br>Vertriebsmanagement im Kundengeschäft |
| Risikotragende Bilanzpositionen | Alle zinstragenden Positionen, aktiv wie passiv, inklusive außerbilanzielle Positionen |

## 1.2.4. Bewertung der Risiken

| | |
|---|---|
| Eintrittswahrscheinlichkeit ergibt sich aus der Berechnung des Risikomodells bzw. aus der Expertenschätzung. | 1 – unwahrscheinlich (z. B. 1 x in 10 Jahren)<br>2 – relativ unwahrscheinlich (z. B. 1 x in 5 Jahren)<br>3 – selten (max. 1 x im Jahr)<br>4 – wahrscheinlich (5-6 x im Jahr)<br>5 – sehr wahrscheinlich (1-2 x im Monat)<br>6 – sicher (z. B. mehrmals wöchentlich) |
| Risikobedeutung der Risikoarten ist in Anlehnung an MaRisk in der Risikostrategie festgelegt/eingeordnet worden. | 1 – unwesentlich (vernachlässigbar)<br>2 – gering (wenig bedeutsam)<br>3 – mittel (bedeutsam)<br>4 – mittelhoch (sehr bedeutsam)<br>5 – hoch (schwerwiegend)<br>6 – sehr hoch (existenzbedrohend) |

| Beherrschbarkeit hängt davon ab, wie und in welchem Maße das Risikomanagement aufgebaut und Risikomodelle eingeführt wurden. | 1 – problemlos |
|---|---|
| | 2 – leicht |
| | 3 – gut beherrschbar |
| | 4 – beherrschbar |
| | 5 – schwierig |
| | 6 – kaum beherrschbar |

### 1.2.5.  Risiken steuern und überwachen

| Risikokennzahl | Maßnahmen |
|---|---|
| 1 – 24 | 1. Keine außergewöhnlichen Maßnahmen erforderlich<br>2. Das Risiko wird mindestens im Rahmen der jährlichen Risikoinventur untersucht |
| 25 – 59 | 3. Quartalsweise Beobachtung der Entwicklung<br>4. Steuerungsmaßnahmen werden nach Bedarf ergriffen |
| 60 – 120 | 5. Monatliche Beobachtung der Entwicklung<br>6. Steuerungsmaßnahmen werden nach Bedarf ergriffen |
| 121 und darüber | 7. Risiko bedarf permanenter Aufmerksamkeit und Steuerung |

Es ist wichtig, dass die Risikoinventur auch genutzt wird, um sich mit den Experten über unbedeutende eingestufte Risiken auszutauschen. Denn in der Zukunft kann die Wahrscheinlichkeit für deren Eintreten steigen und zudem können diese Risiken in Krisensituation oder bei Eintritt bedeutender Risiken wahrscheinlicher werden. Häufig ist die Erkennbarkeit oder Unterscheidbarkeit der Ursache des Eintritts nicht eindeutig. Daher ist die Sensibilität für solche Risiken eine gute Prävention. Die zurückliegende Krise hat einmal mehr gezeigt, dass unwahrscheinliche Ereignisse eine große Wirkungsstärke bei Eintritt entfalten können. Das Ausstrahlen auf andere Risikoarten, z. B. 411

erhöhte Spreads der eigenen Refinanzierung in Folge von Rating-Downgrades, können sich auch als Ertragsrisiken bei nichtbetroffenen Banken auswirken, da deren Kundenrefinanzierung sich verteuert.

### 1.2.6. Berücksichtigung der impliziten Optionen in der Risikoinventur

412    In der jährlichen Risikoinventur werden Risiken aus impliziten Kundenrechten, wie Kündigungen oder Preisanpassungen explizit erhoben und soweit dies möglich ist quantifiziert. Bei den impliziten Optionen sind hierfür umfangreiche Datenerhebungen über die historische Entwicklung und die Abhängigkeiten zu Marktpreisen und dem zyklusabhängigen (Jahreszeit, Konjunktur, usw.) Verhalten der Kunden zu berechnen. Das Kundenverhalten kann hierbei in verschieden Verhaltensmuster eingeordnet werden. Statistisches Verhalten, d. h. die Kundengruppe ist nicht primär an der Rendite und den eigenen Marktvorteil ausgerichtet, zumindest ist dies für die Sparkasse aus dem Verhalten nicht ableitbar. Der Kunde wird aus anderem Antrieb heraus handeln, z. B. aus Gründen der persönlichen Liquiditätsversorgung. Die andere Kundengruppe zeigt ein rationales Verhalten, d. h. diese Gruppe nutzt ihr optionales Kündigungsrecht aus sobald unter Berücksichtigung der Kosten ein monetärer Vorteil durch die Kündigung genutzt werden kann. Die Optionsrechte beider Gruppen können nach Ableitung dieser Ausübungsfunktion und unter Anwendung einer geeigneten Optionspreisstrategie quantifiziert und unter gewissen Prämissen sogar in der Treasury gesteuert werden. Dies würde allerdings einen ganzen Steuerungsprozess voraussetzen, der auf Basis eines Vertrages zwischen der Kundenvertriebssteuerung, Treasury und Risikocontrolling aufgebaut werden könnte.

413    Zunächst werden die identifizierten Optionsrechte aufgrund der berechneten oder geschätzten Verlustpotentiale und Eintrittswahrscheinlichkeit in hohe, mittlere und niedrige Risikokonzentrationen kategorisiert. Beispielhaft für Sparkassenprodukte wird folgendes angeführt:

Beispiel »Hoch« kategorisierte Risiken:

1.  Sparen mit Festlaufzeit und Kündigungsrecht

2.  Sondertilgungsvereinbarungen bei Immobilienfinanzierungen

Beispiel »Mittel« kategorisierte Risiken:

1.  Immobilienfinanzierungen an Privatpersonen mit Zinsbindung über 10 Jahren (Bermudastyle Optionen)

2.  Kündigungsverhalten bei Konsumentendarlehen

Beispiel »Niedrig« kategorisierte Risiken:

Avale, Mietkautionskonten, usw.

Der Identifizierung, Kategorisierung und Quantifizierung folgen die Doku-   414
mentation und die Steuerung. Hierfür werden die möglichen Maßnahmen
aufgenommen und turnusmäßig bzw. anlassbezogen ad hoc überwacht:

1. Verkürzung der Produktlaufzeit oder Änderung der Kündigungsrechte
   beim Festzinssparen

2. Bei den verschiedenen Produkten Konditionsanpassung über Einführung einer optionsbasierte Preisstellung

3. Regelmäßige Auswertungen über das Ausübungsverhalten der Kunden

### 1.2.7. Checkliste zur Risikoinventur

Als Vorbereitung auf das Gespräch kann die folgende Frageliste zum aktuel-   415
len und zukünftigen Risikoprofil dienen. Dabei soll der Risikobegriff aus der
allgemeinen Risikodefinition zugrunde gelegt werden.

**Risikoprofil**

1. Wie sieht das Geschäftsmodell aus und welche Risiken resultieren daraus?

2. Wie werden diese Risiken definiert und voneinander abgegrenzt?

3. Wurden zusätzlich zu den Adressen-, Marktpreis-, Liquiditäts- und
   operationellen Risiken weitere Risiken beobachtet und schon definiert?

4. Welche Risiken resultieren aus welchen Produkten und Dienstleistungen in der jeweiligen Konzerneinheit (Risiko-/Produktmatrix)?

5. Welche Risiken resultieren aus welchem Schritt der produktspezifi-
   schen Wertschöpfungskette (Risiko-/Prozessmatrix)? Hierbei kann
   folgende einfache Prozessmodell zugrunde gelegt werden:

*Abb. 45: einfaches Prozessmodell*

6. Risiken aus (In- und) Outsourcing in der Wertschöpfungskette

7. Risiken aus Kunden- und Geschäftspartnerstruktur

8. Sind die Absicherungsgeschäfte zur Risikoreduktion unter allen Umständen effektiv?

9. Oder resultieren in der Folge andere Risiken (Wrong way risk etc.)?

10. Welche Wechselwirkungen gibt es zwischen verschiedenen Risikoarten?

11. Welche Risikokonzentrationen wurden identifiziert?

12. Wurde von Prüferseite auf neue Risiken hingewiesen?

### 1.2.8. Veränderungen des Risikoprofils

1. Wie wirken sich absehbar ändernde Rahmenbedingungen (eigene Positionierung, Markt- und Wettbewerbsumfeld, rechtliches und politisches Umfeld, Kundenverhalten) auf die Mengengerüste der Produkte/Dienstleistungen und damit auf das Risikoprofil und die Profitabilität Ihrer Konzerneinheit aus?

2. Welche neuen Produkte/Dienstleistungen bzw. Variationen bestehender Produkte/Dienstleistungen wurden bei Ihnen im letzten Jahr eingeführt bzw. sind für die Zukunft geplant? Welche zusätzlichen Risiken resultieren aus dieser Entwicklung?

3. Wird es weitere Veränderungen mit potentiellen Auswirkungen auf das Risikoprofil geben (Akquisitionen, Investitionen, Auslagerungen etc.)?

### 1.2.9. Dokumentation der Risiken und Prozesse im Risikohandbuch

416 Das Risikohandbuch nimmt eine zentrale Stellung in der Risikomanagementdokumentation ein und ist für einen großen Verteilerkreis eine wesentliche Arbeitsgrundlage, Informationsquelle und Nachweis. Zunächst sind hier die Mitarbeiter im Institut anzuführen, die sich bei Definitionen und eigenen Dokumentationen auf das Risikohandbuch beziehen können. Für viele Mitarbeiter ist es daher eine Informationsquelle, um die aufsichtsrechtlichen Anforderungen und deren Umsetzungsstand einsehen zu können. Die Revisions- und externen Prüfer ziehen diese Dokumentation regelmäßig heran, um die Prozesse im Institut nachvollziehen und prüfen zu können. Daher ist ein strukturierter Aufbau sinnvoll an diesen aufgezeigten Interessen auszurichten.

Im Vorwort oder den einführenden Kapital des Risikohandbuches werden   417
zunächst die Rahmengrundsätze, Wahlrechte bzgl. der Prozesse, konzeptio-
nelle Ansätze, genutzte Öffnungsklauseln und Methoden ausgeführt und auf
die Geschäfts- und Risikostrategie übergeleitet. Das grundlegende Risikover-
ständnis und das Ziel des Risikomanagements, aufgezeigt an den Zielvorgaben
oder Benchmarks, werden ebenso wie auf die zentralen Überwachungssysteme im Risikocontrolling mit den Risikobegrenzungen und Limitsystemen
tiefer eingegangen. Am Beispiel verschiedener Verlustereignisse können die
Zuordnung in die verschiedenen Risikokategorien mit Ausführung der Definitionen, Methoden und Verfahren der Risikomessung und Beschreibung der
verschiedenen Berichterstattungen vorgeführt werden. Dies umfasst u. a. die
Kreditrisikosteuerung als wichtigste Risikoart bei Sparkassen und die Zinsbuchsteuerung im Rahmen der Marktpreisrisikosteuerung.

Im Kapitel zur Risikomanagementorganisation wird über den allgemeinen   418
Prozess (Identifikation, Bewertung, Steuerung, Überwachung) und die metho-
dischen Inhalte einer Risikoorganisation (Funktionstrennung) ausgeführt.
Insbesondere werden die im Institut installierten aufbauorganisatorischen
Regelungen (Funktionsübersicht) mit den verschiedenen dort angesiedelten
Verantwortungsbereichen für das Risikomanagement erläutert. Die wesentli-
chen an der Risikosteuerung und Kontrolle beteiligten organisatorischen Ein-
heiten, wie Risikoausschuss, Aktiv-/Passiv-Ausschuss, Vertriebsmanagement,
Risikocontrolling, usw. werden beschrieben. Zum Verständnis wichtig sind
auch die Informationen zu speziellen Dienstleistungen, die im Rahmen von
Auslagerungen von anderen Unternehmen z. B. dem verbandseigenen Re-
chenzentrum oder Abwicklungseinheiten geleistet werden.

Schließlich werden die Schwerpunkte im Risikohandbuch durch die Aufnah-   419
me der Prüfkriterien für die Innenrevision abgeschlossen. In der Anlage des
Risikohandbuches werden die oben ausgeführten Risikoübersichten eingestellt. Die wesentlichen Begrifflichkeiten sind zentral im Risikohandbuch er-
klärt worden.

## 2. Frühwarnprozesse zur Steuerung von Risiko- und Ertragskonzent-
rationen[153]

Die Grenze zwischen dem Vorliegen einer Risikokonzentration und diversifi-   420
ziertem Risiko kann in der zugehörigen Risikostrategie oder im Risikohandbuch festgelegt werden. Häufig sind Risikotoleranzen nicht sinnvoll quantifi-

---

153   *Gleißner/Füser* (2010) Moderne Frühwarn- und Prognosesysteme.

zierbar. Trotzdem empfiehlt sich in beiden Fällen regelmäßig die Expertenmeinungen einzuholen und gegebenenfalls Maßnahmen dem Risikomanagement oder der Geschäftsführung zu empfehlen. Die Einrichtung sogenannter
Frühwarnteams und die Beauftragung mit der regelmäßigen Identifizierung,
Bewertung und Überwachung der Risiken und Risikokonzentrationen haben
sich hierbei sehr bewährt.

---

**AT 4.3.2 (1) Risikosteuerung – Auszug zu Risikokonzentrationen**

Dabei sind angemessene Vorkehrungen zur Begrenzung von Risikokonzentrationen zu treffen. Diese Prozesse sind in ein gemeinsames integriertes System
zur Ertrags- und Risikosteuerung (»Gesamtbanksteuerung«) einzubinden.

**Erläuterungen der Aufsicht:**

Begrenzung von Risikokonzentrationen angemessene Vorkehrungen zur Be-
grenzung von Risikokonzentrationen können quantitative Instrumente (z. B.
Limitsysteme, Ampelsysteme) und qualitative Instrumente (z. B. regelmäßige
Risikoanalysen) umfassen.

---

421 Die hier aufgeführten prozessualen Frühwarnsysteme sind eine eigene Art von
Informationssystemen, die darauf abzielen, zukünftige Entwicklungen und
Ereignisse mit Bedeutung für das Unternehmen aus dem speziellen Rege-
lungsbereich heraus vor Eintritt eines Schadens zu erkennen. Hierdurch sollen
frühzeitig geeignete präventive Maßnahmen und adäquate Reaktionen antizi-
piert werden können.

422 Im Frühwarnteam können operativ und strategisch bedeutsame Signale erkannt werden. Insbesondere die Frühaufklärung auf Basis schwacher Signale
zeigt oft folgenden Ablauf:

1. Scanning des Unternehmensumfeldes zur Identifikation von »schwa-
   chen Signalen«, z. B. Volumenänderungen als Reaktion auf Wettbewerber, Zinssignale
   (Intra- und Interrisiko-Treiber)

2. Qualitative Beurteilung der Relevanz und ggf. zusätzlich quantitative
   Bewertung der Tragweite möglicher Veränderungen für die Zielprog-
   nosen und Planung
   (Risikotragfähigkeitslimite, Risikotoleranzschwellen, usw.)

3. Ermittlung der Dringlichkeit für Maßnahmen oder Beschlüsse
   (Eskalationsverfahren, Maßnahmenplan)

4. Gezielte Beschaffung ergänzender Informationen (»Monitoring«): Zusätzliche Auswertungen, Analysen der Fachbereiche oder Erhebung von Indikatoren
(zudem Validierung, Backtesting)

5. Erarbeitung der Konsequenzen für die Risikotragfähigkeit und Unternehmensstrategie
(Integrierter Prozess Strategie, Risikotragfähigkeit, Risikoallokation)

In den auf das Kundenkreditgeschäft ausgerichteten Instituten, darunter viele   423
Sparkassen, wurden die Frühwarnprozesse im Kreditgeschäft in den ersten
Jahren des neuen Jahrtausends wesentlich erweitert. Für den Kreditfrühwarn-
prozess wurden über die letzten Jahre einige neue Instrumente zur Risikosteuerung, wie Frühwarnsystem zur Messung des Zahlungsverhaltens, Scoring-
und Ratingverfahren zur Bonitätssteuerung entwickelt. Zudem wurden die
Zuständigkeiten und Aufgaben der Teams erweitert. Im Folgenden werden
weitere Beispiele für Frühwarnprozesse angeführt, welche die Facetten für
den Einsatz aufzeigen.

## 2.1. Frühwarnprozesse zur Steuerung und Überwachung von Kunden-
einlagen

Eingebettet in die Zinsbuchsteuerung ist zudem die Steuerung der Kunden-   424
einlagen mit uneinheitlicher bzw. variabler Zinsbindung. Die Konzentrationen
bestehen hier unter anderen dadurch, dass Kundengruppen aufgrund Wett-
bewerbermaßnahmen oder anderer Produktalternativen, wie z. B. dem Wertpapiergeschäft, abwandern können. Hierdurch entgehen den Sparkassen die
Margen-Erträge und die Liquidität. Daher ist von einer in Abhängigkeit der
Produktausrichtung, d. h. traditioneller Spareinlage für die private Liquiditäts-
sicherung bis hin zu renditeorientierten Geldprodukt, ein »Geldpuffer« in der
Disponierung zu berücksichtigen. Dies senkt zwar bei normaler Zinskurve die
Marge der Sparkasse, schafft aber andererseits durch die schnellere Anpas-
sungsgeschwindigkeit bei Zinserhöhungen Spielraum für Konditionsanpas-
sungen an das Kapital- und Wettbewerberniveau.

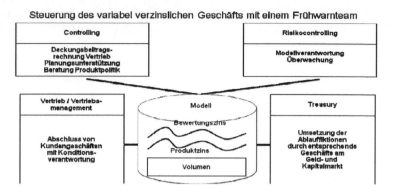

*Abb. 46: Frühwarnprozess variable Kundeneinlagen*

425   Das Frühwarnteam beurteilt die monatlichen Veränderungen der Einlagenvolumina, Zins- und Konditionsentwicklungen der Wettbewerber, sowie Produktstrategien unter dem Fokus der Konditionsgestaltung und der Risikokonzentrationen. Diese werden in Bezug auf die Modellvalidität der Volumenentwicklung und Margen-Entwicklung analysiert. Bei erkennbaren Veränderungen werden Maßnahmen vorbereitet, die in Abhängigkeit der Konditionsentwicklung mittels statistischer Regression die zu ändernden Anlagen in die jeweiligen Renditebänder anzeigt. Zudem wird über modellhafte Simulation des Wettbewerber- und Kundenverhaltens Ertragsrisiko mittels eines Value at Risk Verfahrens berechnet und mit einem Risikotragfähigkeitslimit gesteuert. Wie oben dargestellt, wird der Vertriebsbereich in seiner Deckungsbeitragsrechnung von den Margen-Beiträgen die zugehörige Eigenkapitalkosten für diese Limite in Rechnung gestellt bekommen. Die regelmäßige Beobachtung dieser Modellparameter und das Backtesting des Value at Risk Verfahrens vermeiden Risikokonzentrationen nachhaltig. Die Maßnahmenvorschläge des Frühwarnteams werden über den Dispositionsausschuss dem Risikomanagement zeitnah zur Beschlussfassung vorgelegt. Die folgenden Risikotoleranzen werden gesteuert:

1. Value at Risk-Limite für das Modell zur Quantifizierung der Ertragsminderungen in Folge des Abflusses von Kundengelder oder Margen-Anpassungen.

2. Überwachung der Preisreagibilität durch Volumenslimite, z. B. Gleitende Durchschnittsverfahren.

3. Liquidität durch Extrapolation des historischen Kundenverhaltens unter Berücksichtigung der Konzentration der Höhe von Kundeneinlagen.

## 2.2. Frühwarnprozesse zur Steuerung und Überwachung des Zinsbuchs

Abgeleitet von dem Risikotragfähigkeit für die Marktpreisrisiken und unter   426
Berücksichtigung des Basel II Zinsschock von +130 bzw. -190 Basispunkte
(Stand: Januar 2011) wird eine Zinsbenchmark für eine 10 Jahres gleitende
Durchschnittsstruktur bestimmt. Die hieraus resultierenden Zinssensitivitäten
je Zinsjahresband werden über Abweichungslimite gesteuert und überwacht.
Dabei kann bei voller Auslastung der Abweichungslimite das Risikotragfähig-
keitslimit für die Marktpreisrisiken eingehalten werden. Zusätzlich wird das
Basel II Ausreißer-Kriterium über eine Frühwarnampel überwacht. Hierdurch
ist gewährleistet, dass die möglichen Risikokonzentrationen in einem Zinssen-
sitivitätsband frühzeitig gegengesteuert werden können.

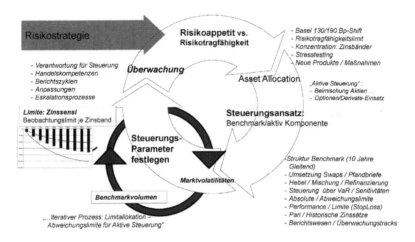

*Abb. 47: Frühwarnprozess Zinsbuch*

Zusätzlich zu den von der Risikotragfähigkeit abgeleiteten Risikotorlanzen wie   427
Value at Risk und GuV-Limiten werden in den Frühwarnprozessen weitere
Risikotoleranzen überwacht, diese Schwellen werden auf die Risikotoleranz
des Hauses eingestellt und vermeiden unmittelbar Risikokonzentrationen in
den verschieden Ausprägungen:

1. Der Zinsbuch-Prozess wird auf monatlicher Berichtszyklus gesteuert
   und überwacht und fließt maßgeblich in den Aktiv/Passiv-Disposi-
   tionsprozess ein. Hierbei wurde als zusätzliche Risikotoleranzschwelle
   eine Überwachungsampel für den aufsichtsrechtlichen Stresstest

installiert. Bei einer Auslastung von 17 % werden Maßnahmen vorbereitet um das Überschreiten des Ausreißer-Kriteriums von 20 % verhindern zu können.

2. Eine Zinsertragsampel, integriert in die Zinsertragsplanung, signalisiert in Eskalationsschritten von etwa 5 % Abweichungen dem Risikomanagement Handlungsbedarf.

3. In der operativen Steuerung werden weitere Komponenten aus denen Risikokonzentrationen resultieren können analysiert und überwacht. Dies sind zum einen die Laufzeiten im Kreditgeschäft. Insbesondere bei Laufzeiten über 10 Jahren ergeben sich Konzentrationen und Sonderkündigungsrechte, die separat ausgewertet werden müssen. Zum anderen sind für das Festzins-Kundeneinlagengeschäft die Konditionen zu überwachen. Aus beiden Produkten resultieren regelmäßig Leistungsstörungen unterschiedlicher Natur, die die Performance im Zinsbuch belasten können und daher im Ergebnisreport verrechnet werden müssen. Dies ist bereits bei der Konditionsgestaltung für die Standardprodukte im Privatkundenbereich und bei den individuellen Konditionsfestlegungen im Firmen- und Unternehmenskundenbereich der Standardfall.

2.3.    Frühwarnprozesse zur Steuerung und Überwachung von Liquiditätsrisiken

428    In dem Frühwarnprozess der Liquiditätsrisikosteuerung wurden in der dritten MaRisk-Novelle weitere Konkretisierungen und Schwerpunkte aufgenommen:

| MaRisk 3. Novelle zur Liquidität | Erläuterungen |
|---|---|
| Einbindung in Risikotragfähigkeit MaRisk 4.1 AT | ▪ Aufnahme des LR im RTF-Konzept, da gemäß das LR bei der RTF des Instituts stets berücksichtigt werden muss.<br>▪ Sicherstellung des Prozesses zur Ermittlung der RTF im Zeitablauf, unter sich verändernden Bedingungen<br>▪ RTF ist als Einflussfaktor auf die Geschäftsstrategie zu berücksichtigen<br>▪ Für die zukünftige Entwicklung des Einflussfaktors sind Annahmen zu treffen |
| Interner Einflussfaktor | ▪ Liquidität ist als interner Einflussfaktor auf die Geschäftsstrategie zu berücksichtigen |

| MaRisk 3.1 BTR | ▪ Für die zukünftige Entwicklung des Einflussfaktors sind Annahmen zu treffen |
|---|---|
| Refinanzierung MaRisk 3.1 BTR | ▪ Erforderlicher Refinanzierungsbedarf aus den Stresstests muss mindestens einen Monat mit den Liquiditätsreserven überbrückbar sein |
| | ▪ Zur Überbrückung von mindestens einer Woche sind Geldmittel und hochliquide Vermögenswerte zu halten |
| Zusatzanforderungen an kapitalmarktorientierte Unternehmen MaRisk 3.2 BTR | ▪ >1 Monat Refinanzierungsbedarf (Überbrückung) |
| | ▪ Kurzfristiger Refinanzierungsbedarf |
| | ▪ Stressszenarien |
| | ▪ Nutzung der Liquiditätsreserve und Verfügbarkeit |

Aus der folgenden Prozessübersicht kann ersehen werden, wie die Umsetzung 429 in den verschiedenen Prozessschritten integriert werden kann:

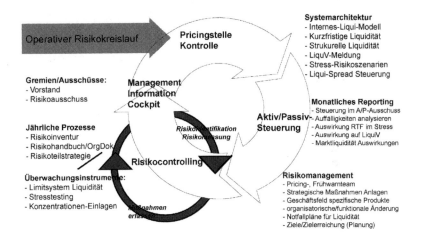

*Abb. 48: Frühwarnprozess Liquiditätsrisiken*

**Erläuterungen:**

1. Als Risikotoleranzschwellen werden sowohl für die kurzfristige als auch für die Strukturelle Liquidität eine Volumenbezogene Ampel überwacht. Hierbei sind in der gelben Phase noch ausreichend hausinterne Mittel zur Steuerung vorhanden, so dass Gegenmaßnahmen frühzeitig eingeleitet werden können.

2. In der Finanzkrise hat sich die Installation einer regelmäßigen und zeitnahen auf täglicher Basis aufgebauten Überwachung bewährt. Die kurzfristige Liquiditätsüberwachung ergänzt die SolvV wesentlich.

3. Bei der Überwachung der kurzfristigen Liquiditätssituation werden die erwarteten Zahlungsströme den freien Liquiditätsreserven (in Form von liquidierbaren Wertpapieren) gegenübergestellt. Eine eventuelle Liquiditätsunterdeckung wird durch Schwellen begrenzt.

4. Bei der Überwachung der strukturellen Liquiditätssituation werden die erwarteten Zahlungsströme in definierten Laufzeitbändern zu einem Nettoliquiditätsfluss aggregiert. Der Nettoliquiditätsfluss je Laufzeitband, sowie der kumulierte Nettoliquiditätsfluss werden limitiert.

5. Banksteuerung: Verrechnung von Liquiditätsspreads

6. Stressrisiken: Die Annahme wesentlicher Anteile der Kundeneinlagen stellt in diesem Zusammenhang ein außergewöhnliches Stressszenario dar.

## 2.4. Frühwarnprozess operationelle Risiken[154]

430 Die operationellen Risiken umfassen Verlustursachen wie Prozess, System, Mensch und externe Einflüsse. Jede dieser Verlustursachen kann zudem eine Risikokonzentration beinhalten. Für die Erkennung kommt erschwerend hinzu, dass Sparkassen im gemeinsamen Datenpool in einigen Verlustursachen zu dünn besetzte Mengengerüste vorweisen können, um Risikokonzentrationen zuverlässig statistisch quantifizieren zu können. Das quantitative Risikomodell hat bereits zwei Risikoparameter, um Risikokonzentrationen abschätzen und steuern zu können, bereits angelegt. Zum einen ist das eine Verteilungsannahme für die Höhe des Verlustes im Schadensfall zum andern auch eine Verteilungsannahme für die Häufigkeit. Die Verteilungen werden quantitativ ermittelt und können zudem Expertenschätzungen einbeziehen. Trotzdem liefert die Value at Risk Kennzahl neben der Verlustpotentialinformation auch einen Steuerungsimpuls an die Geschäftsfelder über die Gesamtbankallokation der Risikolimite:

---

154   DSGV (2009) Steuerung operationeller Risiken auf Basis der Quantifizierungsmethodik.

Fokussiert auf historische Verlustdaten und zukunftsgerichtete Risikoinventuren

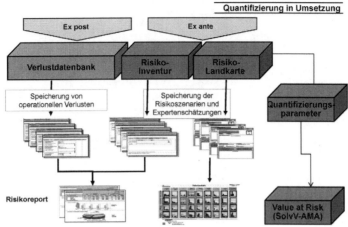

*Abb. 49: System der Operationellen Risiken*

Aktiv gesteuert werden die Risiken über das in der Sparkasse installierte operationelle Risikomanagementsystem. Neben der regelmäßigen Risikoszenario-Schätzung erfassen die ca. 80 Risikobeauftragten in der Sparkasse die eingetretenen Schadensfälle regelmäßig. In Abstimmung mit den Risikomanagern des Bereiches werden Maßnahmen entwickelt und zusammen mit dem Risikocontrolling über den zentralen operationellen Risikoreport der Geschäftsleitung quartalsweise vorgeschlagen.

431

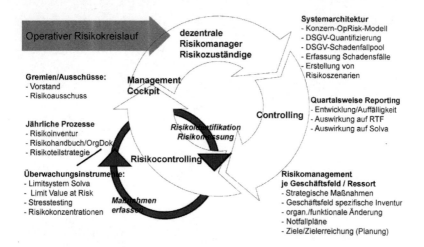

*Abb. 50: Frühwarnprozess operationeller Risiken*

## Erläuterungen:

1. Als Risikotoleranzschwellen können für die Erfassung von Schadens-fällen z. B. 1.000 € oder für Risikoszenarien 10.000 € institutsspezi-fisch verankert werden. Zudem können Schwellen festgelegt werden, ab deren Überschreiten Maßnahmen in die Berichterstattung anzuge-ben sind. In der Praxis haben sich solche Risikotoleranzschwellen je-doch nicht bewährt. Denn bei Instituten mit wenigen Schadensfällen wiegt der Informationsverlust größer. Dem hingegen hat der verant-wortliche Risikomanager bei wesentlichen Schäden nach bisheriger Erfahrung schon immer eine Maßnahme direkt in der Vorbereitung.

2. Mitarbeiterbezogene Schadensfälle werden anonymisiert von den er-fassenden Bereichen Rechts-, Personal- oder Revisionsbereich in der Schadensfalldatenbank erfasst.

3. Die Doppelerfassungen von Schadensfällen, die sich auf Adressen- oder Marktpreisrisiken ausgewirkt haben, werden im Berichtswesen ausgewiesen.

4. Zusammen mit dem externen Sparkassen Datenpool können Häufig-keiten und Trends abgeleitet und bei der internen Risikoüberwachung berücksichtigt werden.

## IV. Qualitative Einschätzung von Risikokonzentrationen mithilfe von Stress-Szenarien

Wenn Banken in der Vergangenheit in Schieflagen gerieten, waren stets Risi-    432
kokonzentrationen mit dafür verantwortlich. Auch die jüngste Finanzkrise
2007–2009 hatte ihren Ursprung in übermäßigen Konzentrationen in US
Subprime-Portfolios. Dies hat in eindrücklicher Weise die Bedeutung eines
umfassenden Managements von konzentrationsbedingter Risiken und dessen
stetiger Weiterentwicklung verdeutlicht.

Auch der Gesetzgeber hat bereits reagiert und die Bedeutung der Risikokon-    433
zentrationen national durch die Neufassung der Mindestanforderungen an das
Risikomanagement (MaRisk) vom 15. Dezember 2010 hervorgehoben. Während Risikokonzentrationen bisher hauptsächlich in Verbindung mit dem
Kreditrisiko gesehen wurden, sollen ihre Effekte nun auch bei anderen Risikoarten, wie Markt-, Liquiditäts-, operationales Risiko und insbesondere Ertragsrisiko und darüber hinaus in Kombination verschiedener Risikoarten
berücksichtigt werden.

Es gilt das Bewusstsein für die Wirkungsweisen und die Wechselwirkungen    434
von Risikokonzentrationen zu schärfen. Jedoch stellen weiterhin die Risikokonzentrationen im Kreditgeschäft die bedeutendste Risikoursache dar. Da
Risikokonzentrationen wie auch das systematische Risiko auf gemeinsamen
oder korrelierten Risikofaktoren beruhen, gilt die Anwendung von Stresstests
zur Identifikation von Risikokonzentrationen als viel versprechend.[155]

Stresstests sind dabei eines der Instrumente, die Banken verwenden, um sich    435
vor Krisenauswirkung vorzubereiten und potenzielle Schwachstellen zu erkennen. Gerade in den letzten Jahren haben Banken ihre Methodik in diesem
Bereich deutlich ausgebaut und verbessert. Gerade von bankaufsichtlicher
Seite werden Institute aufgefordert, regelmäßig Stresstests durchzuführen, um
die Angemessenheit ihrer Kapitalausstattung zu gewährleisten.[156]

Mithilfe von Stresstests können Kreditinstitute analysieren, wie sich seltene,    436
aber plausible Stressereignisse bzw. krisenhafte ökonomische Entwicklungen
auf die Werte ihrer Portfolios oder auf Risikokonzentrationen auswirken. Die
Stresstestergebnisse erlauben es, nicht nur Rückschlüsse darüber zu ziehen, ob
die Auswirkungen der Stresssituation einer Bank vom Eigenkapital getragen

---

155    Die von dem Autor in diesem Beitrag vertretene Meinung stellt nicht notwendigerweise die
offizielle Position der Deutschen Pfandbriefbank AG dar.
156    Vgl. § 123 SolvV; Richtlinie 2006/48/EG (Bankenrechtskoordinierungsrichtlinie), Anhang
III, Teil 6, Nr. 32.

werden können, sondern sie können darüber hinaus versteckte Risikokonzentrationen aufdecken und eine Basis für die Entscheidungsfindung des Managements bilden.

## 1. Risikokonzentrationen

437 In vielfältigster Form können Konzentrationen an den unterschiedlichsten Stellen eines Institutes schlagend werden. Für ein angemessenes Risikokonzentrationsmanagement stellt eine umfassende Identifizierung dieser Konzentrationen und der damit verbundenen Risiken eine wichtige Grundlage dar. Die folgende Abbildung unten zeigt die Vorgehensweise entlang der üblichen Risikomanagement-Prozesskette, die aus den Teilschritten »Identifizierung«, »Beurteilung«, »Steuerung« und »Überwachung« besteht.[157] Die einzelnen Schritte werden in diesem Buch behandelt. In dem folgenden Abschnitt wird die qualitative Beurteilung anhand von Stresstests vertieft.

438 In der Konzentrationsinventur wird der Frage nachgegangen, welche Risiken und Chancen eine Konzentration in sich birgt. Dies ist entscheidend hinsichtlich der weiteren Berücksichtigung im Risikomanagement. Mit einer detaillierten Analyse des Gesamtbankportfolios und der relevanten Sub-Portfolios werden sämtliche Risikokonzentrationen identifiziert.

439 Im zweiten Schritt in der Risikomanagement-Prozesskette erfolgt die Beurteilung der identifizierten Risikokonzentrationen. Die Beurteilung stellt den anspruchsvollsten Teil im praktischen Umgang mit Risikokonzentrationen dar und kann in qualitative und quantitative Beurteilung aufgegliedert werden, wie dies die MaRisk, BTR 1 Tz. 6, vorschlagen.

### Risikomanagement - Prozesskette

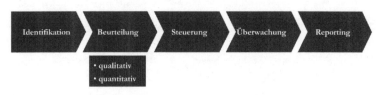

*Abb. 51: Prozesskette des Risikomanagements*

---

157 Vgl. MaRisk vom 15.12.2010, AT 4.3.2 (1).

Die große Bedeutung der qualitativen Beurteilung von Risikokonzentrationen 440
ist zum einen dem Umstand geschuldet, dass das Institut eigenverantwortlich
wesentliche Risikokonzentrationen von unwesentlichen trennen muss. Es gilt
zu untersuchen, inwiefern andere Risikoarten durch den Einfluss von Konzentrationen wesentlich werden können. Zum anderen rührt die wichtige
Stellung der qualitativen Beurteilung daher, dass in vielen Fällen eine quantitative Beurteilung von Risikokonzentrationen aufgrund ihrer Vielschichtigkeit
nicht möglich ist, also die qualitative Beurteilung die einzige Möglichkeit darstellt, sie zu erfassen.

Im Rahmen der MaRisk werden die Risikokonzentrationen nicht als eigen- 441
ständige wesentliche Risikoart definiert. Dies ist durchaus sinnvoll, da es in
den vielseitigsten Formen erscheinen kann und bestenfalls als Sammelbegriff
für die Auswirkungen von Konzentrationen auf andere Risikoarten dient.
Diese Effekte können indes dazu führen, dass vorher unwesentliche Risiken
eine solche Gestalt erfahren, dass sie schließlich als wesentlich einzustufen
sind. Dies tritt dann ein, wenn Abhängigkeitsstrukturen verschiedene Risikoarten betreffen. Im Rahmen der Wesentlichkeitsbetrachtung muss ein Institut
selbst bestimmen, welche Risikokonzentrationen im Rahmen seiner Geschäftstätigkeit als wesentlich zu bewerten und damit im Risikomanagement
zu berücksichtigen sind und welche nicht.

Ein Institut hat folglich jede einzelne Risikokonzentration zu untersuchen, ob 442
das damit verbundene Risiko wesentlich ist. Stresstests und Szenarioanalysen
können beispielsweise eingesetzt werden, um die Wesentlichkeit von Risikokonzentrationen abschätzen zu können.

Einen wichtigen Baustein für das Risikomanagement und -controlling von 443
Risikokonzentrationen stellen deshalb so genannte Stresstests dar. An Hand
von Stresstests lassen sich beispielsweise die Effekte bestimmter Stressszenarien auf Sektorkonzentrationen ableiten. In wirtschaftlichen Krisen reagieren
einige Sektoren wie die Automobilindustrie und der Maschinenbau sensitiver
als Branchen wie Dienstleistung oder Gesundheitsgewerbe. Zudem lassen sich
mit Stresstests verdeckte Abhängigkeiten aufdecken. Somit können Stresstests
dazu genutzt werden, um zum einen die noch nicht bekannten Risikokonzentrationen zu identifizieren und zum anderen die bereits bekannten Risikokonzentrationen gezielt zu stressen.

Das Eingehen von Risikokonzentrationen kann aber auch beabsichtigt und 444
Teil des Geschäftsmodells einer Bank sein. Die qualitative Beurteilung von
Konzentrationen ist die Stelle im Risikomanagementprozess, an der über

Chancen von Risikokonzentrationen bzw. über deren Risikominderung diskutiert werden sollte. Es gilt zu untersuchen, inwiefern eine Konzentration nicht nur Risiken, sondern auch andere, risikomindernde Effekte generieren kann.

445 Das Spezialbankenprinzip, das Regionalprinzip und das Hausbankprinzip gelten als Ursachen von Kreditkonzentrationen. Pfandbriefbanken und Bausparkassen sind Beispiele für Spezialinstitute, die Kreditkonzentrationen bewusst eingehen, um Informations- und Kostenvorteile aus ihrer Fokussierung auf ausgewählte Produkte und bestimmte Kreditnehmergruppen gezielt nutzen zu können. Dies kann dazu führen, dass die Portfolios der Spezialinstitute trotz wesentlicher Kreditkonzentrationen eine besonders hohe Qualität und damit niedrige Ausfallraten aufweisen.

446 Ein weiterer Punkt ist die Diversifikation innerhalb einer Konzentration. Im Fall von Sektorkonzentrationen im Kreditrisiko oder Ertragskonzentrationen können konzentrierte »Klumpen« nicht als homogene sondern als heterogene Einheiten aufgefasst werden. Eine Branche kann sehr heterogen sein, bei der Untereinheiten wenig korreliert sind. Hierbei besteht hoher Argumentationsbedarf, da die Problematik der Sektoreneinteilung die Verbindung zwischen Realität und dem Risikofaktoransatz der Risikomodelle darstellt.

447 Das folgende Beispiel diskutiert den klassischen Fall einer Branchenkonzentration, die in einem spezialisierten Institut auftritt. Eine Pfandbriefbank hat sich auf die Hypothekenfinanzierung für gewerbliche Immobilien spezialisiert. Die Konzentration auf die Branche des gewerblichen Immobilienmarktes impliziert eine (sektorale) Konzentration im Kreditportfolio der Bank. Diese Konzentration ist beabsichtigt, da ihre Vermeidung durch Diversifikation im Widerspruch zur Geschäftsstrategie der Bank stünde. Die Bank sollte sich daher gründlich mit eventuellen Chancen und Risiken auseinandersetzen, die mit dieser Konzentration einhergehen, sofern dies nicht bereits im Rahmen der strategischen Risikobetrachtung geschehen ist. Allerdings sollte diese Situation auf mögliche indirekte Konzentrationen analysiert werden, die sich durch eine ungenügende Diversifikation innerhalb der Immobilienbranche hinsichtlich anderer Kriterien ergeben können. Solche Kriterien können die Art oder Größe der Immobilienprojekte, die Regionen oder die Fachgebiete (Developer-/Bauträgerprojekte im Gewerbebereich, bzw. weitergehend spezialisiert z. B. Logistikimmobilien oder Einzelhandelsimmobilien) sein, in denen die finanzierten Unternehmen bzw. deren Bauvorhaben angesiedelt sind.

## 2. Einsatz von Stresstests und Szenarioanalysen

### 2.1. Begriff Stresstests und Szenarioanalysen

Die Neufassung der MaRisk weist unter Punkt AT 4.3.2 Tz. 4 und AT 4.3.3   448
Tz. 1 deutlich darauf hin, dass insbesondere auch Risikokonzentrationen in Stresstests zu berücksichtigen sind. Mithilfe von Stresstests können Kreditinstitute analysieren, wie sich seltene, aber plausible Stressereignisse bzw. krisenhafte ökonomische Entwicklungen auf die Werte ihrer Portfolios auswirken. Die Stresstestergebnisse erlauben es, nicht nur Rückschlüsse darüber zu ziehen, ob die Auswirkungen der Stresssituationen einer Bank vom Eigenkapital getragen werden können, sondern sie können darüber hinaus versteckte Risiken oder risikoartenübergreifende Abhängigkeitsstrukturen aufdecken und eine Basis für die Entscheidungsfindung des Top-Managements bilden.

Der Einfluss von Konzentrationen auf die Risikolandschaft lässt sich eben-   449
falls mithilfe von Stresstests analysieren, indem die Konzentrationen systematisch in die Stresstests berücksichtigt werden. Sollte sich bei der Analyse herausstellen, dass sich die von den untersuchten Konzentrationen verursachten zusätzlichen Verluste vom Risikodeckungspotenzial nur unzureichend abgedeckt werden, müssen Vorbereitungen für geeignete Maßnahmen getroffen werden, um dies zu verhindern.

Die Kreditinstitute müssen aus verschiedenen Stresstest-Methoden jene aus-   450
wählen, die zu ihrem Risikoprofil, zur Geschäftsstrategie und zur Risikosystematik ihrer Bank passen. Innerhalb der Stresstests kommt der Identifizierung der Risikofaktoren eine zentrale Bedeutung zu. Wichtige Faktoren können beispielsweise makroökonomische Indikatoren (Bruttosozialprodukt, Zinsen, Aktienkurse etc.) verschiedener Länder sein, aber auch Inputparameter aus bankinternen Modellen wie PD, LGD, CCF[158] und Migrationsmatrizen. Bei der Konzeption von Stressszenarien ist grundsätzlich zu beachten, dass die durchgeführten Tests ökonomische Zusammenhänge sinnvoll widerspiegeln und hinreichend plausibel sind.

In der Literatur werden zwei Stresstestvarianten unterschieden: Sensitivitäts-   451
und Szenarioanalyse.[159] Erstere wird auch als univariater Test bezeichnet, da sie den isolierten Einfluss einer extremen Veränderung eines einzigen Risikofaktors auf ein Portfolio untersucht. Die zweite Variante, die auch multivaria-

---

158   Die Abkürzungen stehen für die folgenden Begriffe: PD = Probability of Default; LGD = Loss Given Default; CCF = Credit Conversion Factor.

159   Vgl. grundlegend *Geiersbach/Walter* (2010) und die dort angegebene Literatur.

ter Test genannt wird, analysiert den Einfluss der gleichzeitigen Veränderung mehrerer Risikofaktoren und deren Korrelationsbeziehungen. Szenarioanalysen generieren grundsätzlich realistischere Ergebnisse als die Kombination von Sensitivitätsanalysen, da letztere die Korrelationsbeziehungen zwischen Parametern nicht adäquat berücksichtigt bzw. willkürlich festlegen.

452 Die Szenarioanalyse kann man, wie in der folgenden Abbildung dargestellt, in drei Szenarioarten unterteilen: historische, hypothetische und hybride Szenarien. Im Rahmen von historischen Stresstests werden auf Basis historischer Daten Krisen aus der Vergangenheit nachgebildet. Damit soll untersucht werden, wie sich das aktuelle Portfolio entwickeln würde, wenn diese historische Krise oder eine ähnliche erneut eintreten würde.

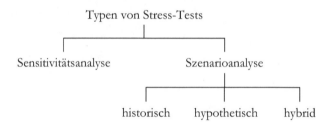

*Abb. 52: Typen von Stress-Tests*

453 Im Gegensatz zu historischen Szenarien lehnen sich hypothetische Szenarien nicht an bestimmte Ereignisse der Vergangenheit an. Sie finden hauptsächlich dann Anwendung, wenn die historische Datenbasis für das betrachtete Portfolio nicht ausreichend zur Darstellung aller aktuellen Risiken ist. Die Verwendung von hypothetischen Szenarien erlaubt die Darstellung von Worst-Case-Szenarien oder generell noch nicht eingetretenen rein fiktiven Situationen.

454 Kombiniert man historische Krisenereignisse mit hypothetischen Szenarien erhält man hybride Szenarien. Dabei dienen die historischen Marktbewegungen ausschließlich zur Kalibrierung der Veränderungen der Risikofaktoren und zur Evaluierung der allgemeinen Marktbedingungen während des Eintretens von Stressereignissen.

455 Stresstests helfen einem Kreditinstitut sich ein detailliertes und zukunftweisendes Bild von seinem Kreditrisikoprofil zu machen. Im Gegensatz zum Value at Risk liefern Stresstests Informationen, die es ermöglichen, die ökonomischen Zusammenhänge beim Auftreten großer Verluste zu begreifen.

Mit Stresstests lassen sich nachvollziehbare Erklärungsansätze für die Überschreitung der Verlustobergrenze liefern, die durch ein bestimmtes Quantil einer Verlustverteilung (gemeint ist der Value at Risk) bestimmt ist. Aus diesem Grund bietet die Kombination aus Stresstests und Value at Risk beim Reporting an den Vorstand Vorteile gegenüber einer alleinigen Verwendung des Value at Risk. Die Integration subjektiver Wahrscheinlichkeiten und die Möglichkeit, hypothetische Szenarioanalysen auf Basis mathematisch-analytischer Methoden durchzuführen, erlauben es dem Risikomanagement das Kreditrisikoprofil eines Institutes deutlicher darzustellen und die Risikopositionen besser zu verstehen.

Allerdings ist die Eintrittswahrscheinlichkeit von betrachteten Stresssituationen unbekannt, sofern diese nicht aus einer Simulation mit statistischen Modellen erzeugt wird. In der Praxis befinden sich die Stresstests in ständiger Weiterentwicklung der Methodik, die sich jüngst auch mathematischer Methoden aus dem Bereich der Extremwerttheorie bedient. 456

## 2.2. Beispiele zur qualitativen Beurteilung

Die Auswirkungen von Konzentrationen auf die Risikolandschaft können ebenfalls mithilfe von Stresstests qualitativ untersucht werden, indem Konzentrationen gezielt mit in die Szenarien integriert werden. Die folgenden Beispiele sollen anhand ausgewählter Szenarien Aspekte der qualitativen Beurteilung von Risikokonzentrationen darstellen. 457

458    Beispiel 1: Qualitative Beurteilung (Operationelles Risiko & Reputations-
risiko)

| |
|---|
| Szenario: Konzentration auf Vertriebskanäle |
| Eine Direktbank generiert ihr Geschäft ausschließlich über den Vertriebs-kanal Internet (Online-Banking). |
| Risikokonzentration: |
| Die Konzentration auf einen Vertriebskanal kann bei Ausfall (z. B. techni-sche Störung) oder erfolgreiche Hackerangriffe (Viren, Pishing) des einzigen Vertriebskanals zu einem Reputationsschaden und somit zu Abwanderung von Kunden führen. Die Konzentration auf einen Vertriebskanal stellt so-mit ein erhebliches Risiko dar. |
| Qualitative Beurteilung: |
| Die hier vorliegende Konzentration wirkt sich verstärkend auf das operatio-nelle Risiko und auf das Reputationsrisiko aus. Zudem ist zu analysieren, ob hier nicht vielmehr ein strategisches Risiko vorliegt. Für ein unabhängiges Institut stellt die Abhängigkeit von nur einem Vertriebskanal ein wesentli-ches strategisches Risiko dar. Ein technischer Ausfall dieses Vertriebskanals kann als nicht wesentlich beurteilt werden, wenn entsprechende Vorkeh-rungen bzw. Maßnahmen (z. B. redundante Auslegung der Systeme) zur Risikobegrenzung getroffen wurden. |

Beispiel 2: Qualitative Beurteilung (Liquiditätsrisiko)

| |
|---|
| Szenario: Konzentration auf Refinanzierungsquellen |
| Ein Institut refinanziert sich ausschließlich am Interbankenmarkt (wholesale funding). |
| Risikokonzentration: |
| Die Abhängigkeit vom Interbankenmarkt als hauptsächliche Refinanzierungsquelle kann in Situationen, in denen sich Banken, wie während der Finanzkrise geschehen, kein Geld mehr leihen, zu Liquiditätsengpässen führen. Somit kann von einer Konzentration ausgegangen werden, die das Liquiditätsrisiko beeinflusst. |
| Qualitative Beurteilung: |
| Durch die hohe Abhängigkeit von einer einzigen Refinanzierungsquelle entsteht eine Konzentration im Liquiditätsrisiko. Diese Konzentration ist grundsätzlich als wesentliches Risiko einzustufen, da gemäß der MaRisk BTR 3 Tz. 1 ein Institut sicherzustellen hat, dass es seine Zahlungsverpflichtungen jederzeit erfüllen muss und zudem eine ausreichende Diversifikation im Hinblick auf die Vermögens- und Kapitalstruktur zu gewährleisten hat. Institute haben entsprechende Notfallpläne für Liquiditätsengpässe (vgl. BTR 3 Tz. 8) vorzuhalten. Dabei müssen auch solche Szenarien berücksichtigt werden, in denen die bisherigen Refinanzierungsgeber nicht mehr verfügbar sind. |

460 Beispiel 3: Qualitative Beurteilung (Operationelles Risiko & Kreditrisiko)

| |
|---|
| Szenario: Abhängigkeitsstruktur durch Finanzierung eines Outsourcing-Partners |
| IT-Prozesse wurden von einer Bank an ein (einziges) externes IT-Dienstleistungsunternehmen ausgelagert. Gleichzeitig ist dieses Unternehmen Kreditnehmer der Bank im Rahmen einer Investitionsfinanzierung. |
| Risikokonzentration: |
| Hier besteht eine Konzentration im Operationellen Risiko (Abhängigkeit von einem einzigen Outsourcing-Partner in einem wesentlichen Unternehmensbereich) kombiniert mit einer Abhängigkeitsstruktur aufgrund des gleichzeitigen Kredites. |
| Qualitative Beurteilung: |
| Hier spricht man von einer Abhängigkeitsstruktur, die sich über mehrere Risikoarten erstreckt und die dadurch existiert, dass der Kreditnehmer gleichzeitig Outsourcing-Dienstleister ist. In einem makroökonomischen Stressszenario könnte der IT-Dienstleister seinen Zahlungsverpflichtungen nicht mehr nachkommen und folglich bei Ausfall die Dienstleistung nicht mehr fortführen. Das Institut müsste weitere Mittel zur Verfügung stellen, um die Konzentration im Operationellen Risiko nicht schlagend werden zu lassen. Dies würde aber bedeuten, ein noch höheres Kreditrisiko einzugehen und gegebenenfalls den IT-Dienstleister umstrukturieren zu müssen. Die Abhängigkeitsstruktur in dieser Form kann sich durchaus als eine wesentliche Risikokonzentration darstellen. |

Beispiel 4: Qualitative Beurteilung (Sektorkonzentrationen im Kreditrisiko)     461

| |
|---|
| Szenario: Spezialisierung auf Produkte rund um die Schifffahrtsbranche<br><br>Eine Bank hat sich auf die Abdeckung der Finanzmaritimen Wirtschaft spezialisiert. Neben Schiffsfinanzierung und Werften-Refinanzierung zählen hierzu auch Investitionsfinanzierung von Reedereien |
| Risikokonzentration:<br><br>Durch die Konzentration auf die Schifffahrtsbranche ist prinzipiell eine hohe Sektorkonzentration gegeben. |
| Konzentrationsvorteile:<br><br>Informationsvorteile und Diversifikation innerhalb der Branche |
| Qualitative Beurteilung:<br><br>Die Spezialisierung auf die maritime Wirtschaft verursacht einerseits Konzentrationen, die sich auf das Kreditrisiko auswirken (Sektorkonzentration auf Reedereien im Firmenkundenportfolio bzw. Sicherheitenkonzentrationen (Schiffe) im Produktportfolio), sowie andererseits Ertragskonzentrationen (maritime Wirtschaft). Alle Konzentrationen zeigen eine hohe Abhängigkeit zur maritimen Wirtschaft, die wesentlich durch den Welthandel getrieben wird. Ein Stressszenario könnte der Einbruch des Welthandels sein, der sich bspw. durch die Ansteckung einer Finanzkrise auf die reale Wirtschaft ausgelöst worden ist. Zwar kann man aufgrund der genauen Kenntnisse der verschiedenen Aspekte des Schifffahrtswesens bei diesem Institut von erheblichen Informationsvorteilen ausgehen, dennoch ist von einer wesentlichen Abhängigkeit zum Welthandel zu sprechen. Eine etwaige Diversifikation innerhalb der Branche, die wiederum risikomindernd wirkt, ist von der Wahl des Stresstests abhängig. |

462  Beispiel 5: Qualitative Beurteilung (Mehrere Risikoarten)

| Szenario: Klagewelle wegen Fehlberatung |
|---|
| Aufgrund von ungenügender bzw. falscher Beratung kommt auf ein Institut eine Klagewelle zu, da sie beispielsweise vielen Kunden den Kauf von Anleihen eines anderen Institutes empfohlen hat, das nun aber in Schieflage geraten ist. Gleichzeitig hat die Bank selbst in Wertpapiere des in Schieflage geratenen Institutes investiert. |
| Risikokonzentration: |
| Hier kann von einer Abhängigkeitsstruktur über verschiedene Risikoarten hinweg gesprochen werden, da sich Konzentrationen aufgrund einseitiger Beratung auf das Reputationsrisiko und das Operationelle Risiko auswirken. Zudem ist die eigene Investition in Wertpapiere eine dritte Gefahr, die dem Marktrisiko (Aktien) und/oder dem Kreditrisiko (Anleihen) zuzuordnen sind. Als Stresstest könnte wieder die letzte Finanzkrise ihre Anwendung finden, wo einige deutsche Institute ihren Privatkunden zum Kauf von Lehman Brother Anleihen geraten haben und gleichzeitig selbst Anleihen gekauft bzw. Lehman am Interbankenmarkt Kredite gegeben haben. Auf diese Institute ist eine Klagewelle wegen mangelhafter Beratung zugekommen. |
| Qualitative Beurteilung: |
| Auch hier kann eine Einstufung als wesentliches Risiko angemessen sein, da sich durch die Abhängigkeitsstruktur über die Risikoarten Reputationsrisiko, Operationelles Risiko und Marktrisiko/Kreditrisiko die Verlustgefahren gegenseitig verstärken, obwohl die ja nach Umfang für sich genommenen Risiken nicht wesentlich sein müssen. |

## 2.3.  Ableitung von Stress-Szenarien

463  Trotz der Neufassung der MaRisk vom 15.12.2010 liegt der Schwerpunkt wie bisher beim Adressausfallrisiko. Aus diesem Grund werden sich die folgenden Ausführungen auf das Kreditrisiko beschränken. Adressausfallrisikokonzentrationen, die die bedeutendste Risikoquelle darstellt, lassen sich in Kreditrisikokonzentrationen, also Konzentrationen in Kredite an einzelne Kreditnehmer, in Verteilung von Engagements auf Größen- und Risikoklassen, in Produkten oder Underlyings strukturierter Produkte, in Sektorkonzentrationen, also ungleichmäßiger Verteilung über Sektoren und Regionen hinweg, in Sicherheitenkonzentrationen, also Konzentrationen in einzelnen Sicherungsge-

bern oder bestimmten Sicherungsarten, und in Ansteckungseffekten, also Konzentrationen in wirtschaftlich verbundenen Unternehmen, unterscheiden. Wie die letzte Finanz- und Wirtschaftskrise gezeigt hat, können Risikokonzentrationen unentdeckte und unterschätzte Risiken schlagend werden lassen. Erst unter gewissen ökonomischen Zuständen entfalten Kreditrisikokonzentrationen ihre volle Wirkung und die Verluste aus einem hoch korrelierten Kreditportfolio steigen progressiv an. Stresstests, die sich aus der Finanzkrise ableiten lassen, können dazu verwendet werden, um zum einen die noch nicht bekannten Risikokonzentrationen zu identifizieren und zum anderen die bereits bekannten Risikokonzentrationen gezielt zu stressen.

Stressszenarien müssen im Unterschied zu Prognosen extreme Zustände vom wirtschaftlichen Umfeld simulieren. Dabei sollen die unterstellten Szenarien plausibel sein, um Fehleinschätzungen zu verhindern. Die MaRisk schreiben vor, historische und hypothetische Szenarien zu verwenden, die die Risikolage eines Institutes angemessen wiedergeben. Sowohl historische als auch hypothetische Szenarien müssen einen konkreten Bezug zu Risikokonzentrationen aufzeigen. Für das Kreditrisiko können nicht immer geeignete oder ausreichend historische Ereignisse identifiziert werden. Häufig lassen sich aber historische Ereignisse als Anknüpfungspunkte für hypothetische Szenarien verwenden – man spricht dann von hybriden Szenarien. Diese Vorgehensweise ist empfehlenswert, da sie praxisnäher ist und man besser auf die individuelle Risikolage des Institutes eingehen kann. 464

Als Beispiel für ein Stresstestszenario kann die Subprime-Krise (US-Immobilienkrise) in den USA dienen.[160] Als in Juli/August 2007 die Ratingagenturen die Ratings der Mortgage Backed Securities (MBS) in den USA abgewertet haben, begann die Subprime(-mortgage)-Krise auszubrechen. Die IKB Deutsche Industriebank und die Sachsen LB gehörten zu den ersten deutschen Instituten deren Zusammenbruch nur mit Milliardenhilfen vom Staat abgewendet werden konnte.[161] 465

Im Zuge der Subprime-Krise musste auch die US-amerikanische Investmentbank Lehman Brothers im September 2008 Insolvenz anmelden. Bis zu ihrem Ausfall war sie einer der größten Sicherungsgeber im Markt von Credit Default Swaps. Auch auf dem Subprime-Segment wurde zunehmend der Tausch von Kredit- gegen Kontrahentenrisiken ausgeweitet, um zusätzliche 466

---

160  Vgl. *Wagatha* (2010), S. 60 ff.
161  Vgl. *Wagatha* (2009), S. 532 ff.

Erträge zu erwirtschaften. Mit diesem Ziel haben sich zahlreiche Marktteilnehmer auf dem US-Markt für Immobilienkredite betätigt, was zum Entstehen von drei Arten von Risikokonzentrationen geführt hat.[162]

467 Regionale Sektorkonzentration im US-Markt, Produktkonzentration im Subprime-Segment (Collateralized Debt Obligations (CDOs) und Sicherheitenkonzentration im CDO- und CDS-Markt. Das Platzen der Immobilienpreisblase in den USA hatte seinen Ursprung in zweifelhaften Kreditvergabestandards und unzureichender Bonitätsprüfung. Steigende Zinsen und daraus resultierende Finanzierungsprobleme bei den Hauseigentümern waren Auslöser des Niedergangs des US-Immobilienmarktes, jedoch waren die genannten Risikokonzentrationen bei deutschen Banken Ursprung der Finanzkrise in Deutschland. Univariate Stresstests zur US-Immobilienpreisblase für das Adressenausfallrisiko werden detailliert bei Wagatha (2010)[163] beschrieben. Dieser Beitrag konzentriert sich im Folgenden auf Multivariate Stresstests.

### 2.4. Modellbasierte Ableitung von Stress-Szenarien

468 Modellbasierte Analysen von Stress-Szenarien werden hauptsächlich von größeren Instituten eingesetzt, da hierzu ein weites Spektrum an Fachwissen über statistische Modelle, Ökonomie, Finanzprodukte, Finanzmärkte, Risikoarten, Verhaltensökonomie (Behavioural Economics) usw. notwendig ist. Aus diesem Grund wird in diesem Beitrag nur ein grober Überblick über Modelle zur Analyse von Stressszenarien gegeben, die sich für Stresstests sowohl im Sinne der SolvV und Basel II als auch für Kreditportfoliomodelle eignen. Ziel ist es, die Inputparameter wie PD, LGD, CCF und Korrelationen für das Kreditportfoliomodell in Abhängigkeit von gemeinsamen Hintergrundfaktoren zu modellieren und Prognoseverteilungen für die Inputparameter des Kreditportfoliomodells zu simulieren.[164]

### 2.4.1. Ein-Faktor-Modell

469 Die Modellierung der Stress-PD stellt den ersten wichtigen Schritt dar. Als ein einfaches Modell zur Modellierung eines Stressszenarios in Abhängigkeit einer Stress-PD kann das Ein-Faktor-Modell von Basel II verwendet werden. Der Ausfallprozess ist hierbei von einem systematischen Faktor Y abhängig, der

---

162  Vgl. *Ade/Winkler* (2010), S. 403.
163  Vgl. *Wagatha* (2010), S. 54 ff.
164  Vgl. *Wagatha* (2010), S. 67 ff.

einer Normalverteilung folgt. Der Kapitalbedarf (C) für die Realisation α des Index Y kann wie folgt beschrieben werden:

$$C(\alpha) = N\left(\frac{N^{-1}(PD) + \sqrt{\rho} \cdot N^{-1}(\alpha)}{\sqrt{1-\rho}}\right) \cdot LGD \cdot EAD, \tag{1}$$

wobei N die Gauß-Funktion und $\rho$ die Abhängigkeit des Kreditnehmers vom systematischen Faktor ausdrückt.

Durch Variation der Zufallsrealisation des Index Y, also das systematische     470
Kreditrisiko, können beliebige Szenarien auf Basis der unterstellten Normalverteilung für die stochastische Größe generiert werden. Für die Risikoparameter LGD und CCF, die in Formel (1) deterministisch sind, können verein-
fachende Annahmen getroffen werden. In Anlehnung an den IRB-Basisansatz
von Basel II lässt sich ein LGD von 45 % unterstellen und eine Annahme für
den CCF von 100 % treffen.

## 2.4.2. Mehr-Faktoren-Modell

Andere grundlegende Modelle zur Generierung von Stresstests für das Kre-     471
ditrisiko sind Mehr-Faktoren-Modelle oder makroökonomische Modelle. Ein
Stressszenario wird dabei allgemein durch ökonomisch negative Ausprägungen der zu Grunde liegenden makroökonomischen Risikofaktoren wie das
Bruttoinlandsprodukt definiert. Die Vorhersage der makroökonomischen
Variablen erfolgt unter Berücksichtigung der aktuellen Wirtschaftslage sowie
der empirischen Korrelationen der Risikofaktoren.

Die Simulation eines Stressszenarios resultiert in dieser Vorgehensweise auf     472
Basis der aktuell vorliegenden Werte und unter Berücksichtigung der empi-
risch festgestellten Abhängigkeiten zwischen den einzelnen Risikofaktoren
simultan. Aus den Simulationsergebnissen werden als Stressszenarien extreme
Realisierungen ausgewählt, die aus heutiger Sicht zwar sehr unwahrscheinlich,
aber nicht unmöglich sind. Diese Vorgehensweise besitzt den Vorteil, dass
sich die Stressszenarien dem aktuellen wirtschaftlichen Umfeld anpassen. Ein
Standardszenario, das unabhängig von der aktuellen Konjunktur gewählt wird
und von der Annahme eines negativen Wachstums des Bruttoinlandsprodukts
von zwei Quartalen ausgeht, wird in einer wirtschaftlichen Boomphase konservativ sein, aber in einer beginnenden Rezession oder Depression eher ein
positives bzw. durchschnittliches Szenario sein.

473 Mithilfe der makroökonomischen Prognosemodelle können für die Risikofaktoren sowohl Punktprognosen als auch per Simulation komplette Prognoseverteilungen ermittelt werden. Auch die Prognoseverteilung der PD wird durch eine Monte-Carlo-Simulation approximiert. Mittels einer großen Anzahl zufällig realisierter Simulationsläufe wird versucht, die theoretische PD-Verteilung durch ihre empirische Häufigkeitsverteilung, möglichst gut anzunähern. Während bei der allgemeinen Ermittlung einer PD-Verteilung die Prognoseverteilung der Risikofaktoren uneingeschränkt Berücksichtigung findet, werden bei der Bestimmung der PD-Verteilung unter einem Stressszenario lediglich ökonomisch nachteilige Ausprägungen der Risikofaktoren ausgewählt.

474 Für die Identifikation dieser Stressszenarien kann eine uni- oder eine multivariate Methode gewählt werden. Im univariaten Fall werden beispielsweise lediglich die ökonomisch schlechtesten fünf Prozent der Realisierung der Prognose eines Basel II Inputfaktors (PD, LGD, CCF) herangezogen. Für die Bestimmung eines Stressszenarios im multivariaten Fall werden die Abhängigkeiten zwischen den Inputfaktoren des Kreditportfoliomodells berücksichtigt.

475 Zur Ableitung des hier dargestellten Krisenszenarios wird ein makroökonomisches Modell für die Gesamtwirtschaft in Deutschland verwendet. Der Grundgedanke beim Aufstellen eines solchen Modells ist, die Volkswirtschaft in ihren Grundzügen abzubilden, so dass ihre wesentlichen Fluktuationen wiedergegeben werden können und sich auch eine konjunkturelle Rezession simulieren lässt. In dem verwendeten Modell bilden die makroökonomischen Indikatoren Rohölpreis (real), Nettoproduktion (real), Zinsstrukturkurve (10y), Handelsverhältnis Export/Import (Terms of Trade) und ifo-Geschäftsklimaindex, zusammen mit den Insolvenzquoten als Repräsentanten des systematischen Kreditrisikos, ein makroökonomisches System.[165] Im Allgemeinen ist davon auszugehen, dass nahezu alle Arten von volkswirtschaftlichen Schocks (Nachfrage-, Angebotsschock, wirtschaftspolitische und geldpolitische Schocks) die systematischen Kreditrisiken antreiben.[166]

476 Die statistische Modellierung basiert im folgenden Beispiel auf ein Vektorautoregressives Modell (kurz VAR-Modell), welches häufig zur Modellierung von makroökonomischen Zeitreihen Verwendung findet. VAR-Modelle sind sehr weit verbreitete Modelle zum simultanen Schätzen mehrerer Gleichungen.[167] Bei dieser Art von Zeitreihenmodellen werden die endogenen Variab-

---

165    Vgl. *Wagatha* (2005), S. 179 f. und 216 f.
166    Vgl. *Wagatha* (2004), S. 34.
167    Vgl. grundlegend *Wagatha* (2005), S. 29 ff.

len sowohl durch ihre eigenen Vergangenheitswerte, als auch durch die Vergangenheitswerte der anderen endogenen Variablen bestimmt. Schon mit wenigen Variablen liefern VAR-Modelle eine ausreichende Vorhersagegenauigkeit, was die Handhabbarkeit des Modells erheblich verbessert. Innerhalb des Modells wird mit speziellen stochastischen Verfahren (Bootstrapping-Verfahren und Monte-Carlo-Simulationen) eine Verteilung der möglichen Zustände des systematischen Kreditrisikos in Abhängigkeit der Konjunktur simuliert.[168]

Abbildung 53 zeigt die beobachteten und die prognostizierten Insolvenzquoten für den Vorhersagezeitraum von acht Quartalen.[169] Zudem sind neben den Prognosewerten auch das zugehörige 90 %-Konfidenzintervall ausgewiesen.[170] Dabei spiegelt das untere 90 %-Konfidenzband eine konjunkturelle Hochphase, das obere 90 %-Konfidenzband eine konjunkturelle Rezession wider. Die Eintrittswahrscheinlichkeit dieser konjunkturellen Rezession beträgt 5 %, sie wird also im Laufe der nächsten 20 Jahre im Schnitt nur einmal an Heftigkeit übertroffen. Durch die Wahl des Konfidenzintervalls lassen sich die Eintrittswahrscheinlichkeiten für die Stressszenarien bestimmen. Im obigen Beispiel haben sich vom Schätzzeitpunkt (Dez. 2009) bis zum Prognosezeitpunkt (Dez. 2010) die Insolvenzraten der gesamten Wirtschaft im Durchschnitt (Best Guess) um fast 8 % erhöht. In der verschärften wirtschaftlichen Rezession (oberes 90 %-Konfidenzband), also dem Stressszenario, ist es sogar eine Erhöhung um 97 %. Schätzt man die Insolvenzquotenentwicklung auf zwei Jahre (von 2010 bis 2011) in die Zukunft, erhält man als Best Guess eine Erhöhung um 27 % und in der verschärften wirtschaftlichen Rezession (Stressszenario) einen Anstieg von 132 %. Abbildung 53 zeigt den historischen Verlauf und die 2-Jahresprognose der Insolvenzquoten.

Die durchgeführte Untersuchung kann auf einzelne Branchen und Regionen fokussiert werden, so dass sich auch die branchenspezifischen Erhöhungen der Insolvenzraten im Falle einer verschärften wirtschaftlichen Rezession feststellen lassen.[171] Je nach betrachtetem Teilportfolio lassen sich die kreditnehmerspezifischen PDs um den oben abgeleiteten Erhöhungsfaktor stressen.

477

478

---

168    Vgl. *Wagatha* (2005), S. 90 ff.
169    Die Verteilung basiert auf 5.000 makroökonomischen Szenarien.
170    Die Konfidenzintervalle spiegeln nicht nur die Unsicherheit hinsichtlich zukünftiger makroökonomischer Schocks, sondern auch die Unsicherheit bezüglich der geschätzten Koeffizienten des Makro-Modells wider.
171    Vgl. *Hahnenstein/Wagatha/Rempel-Oberem* (2006), S. 170 ff.

*Abb. 53: Insolvenzquoten-Prognose mit 90 %-Konfidenzbänder*

479  Im Falle von LGD und CCF können entweder Annahmen getroffen oder ebenso Prognoseverteilungen generiert werden. Leider dürfte bei den meisten Instituten die Datenlage, also ausreichend lange Zeitreihen, für die Basel II Inputfaktoren PD, LGD und CCF noch nicht vorhanden sein, so dass auch hier auf Proxy, wie Insolvenzquoten für das systematische Kreditrisiko, zurückgegriffen werden muss. Im Immobilienbereich ließe sich beispielsweise ein Immobilienpreisindex als Risikofaktor für den LGD in das makroökonomische Modell integrieren. Dies hätte den Vorteil, dass der Wirkungszusammenhang (Korrelation) zwischen PD und LGD modelliert und dieser Zusammenhang auch in die Zukunft geschätzt werden könnte.[172]

---

172  Im Folgenden wird ein LGD von 100 % unterstellt und davon ausgegangen, dass der CCF 100 % beträgt.

**Dichtefunktion und kumulierte Dichtefunktion**

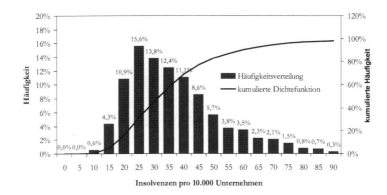

*Abb. 54: Insolvenzquoten-Prognose für Dez. 2010 – Dichtefunktion und kumulierte Dichtefunktion*

Abbildung 54 gibt einen detaillierten Überblick über die Häufigkeitsverteilung   480
aus der Abbildung 53. Die PD-Prognoseverteilung weist aufgrund der zum
Prognosezeitpunkt erwarteten Verschärfung der wirtschaftlichen Situation
einen rechtsschiefen Verlauf auf. Eine Verbesserung der Konjunktur und
somit die Reduzierung von Kreditausfällen wird lediglich in ca. 30 % aller
Fälle prognostiziert und dies nur in einer moderaten Weise. In 70 % aller
Szenarien wird von nahezu konstanten Insolvenzquoten bzw. von einer Steigerung derselbigen ausgegangen. Die Steigerungsraten können dabei ein erhebliches Ausmaß annehmen, die die Rechtsschiefe der Verteilung bestimmen.

**Prognostizierte Veränderung des systematischen Risikos**

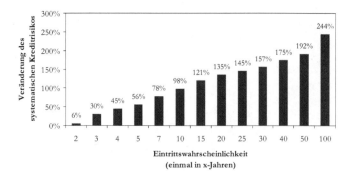

*Abb. 55: Veränderung des systematischen Kreditrisikos für Dez. 2010 – Eintrittswahrscheinlichkeiten*

481  Gegeben der Dichtefunktion in Abbildung 54 lassen sich für die Veränderungen des systematischen Kreditrisikos Eintrittswahrscheinlichkeiten ableiten. Diese Eintrittswahrscheinlichkeiten sollen dem Management ein Gefühl für die Ungewissheit eines Stressszenarios geben. Werden Stressszenarien betrachtet, deren mögliches Eintreten vollkommen unbekannt ist, wird das Management dazu verleitet, diese sehr unwahrscheinlichen Ereignisse nicht richtig ernst zu nehmen. Gibt man hingegen den Stressereignissen Eintrittswahrscheinlichkeiten, dann erhält das Management eine bessere Vorstellung, die einzelnen Stressszenarien untereinander einzuordnen und daraus adäquate Maßnahmen abzuleiten. Ein Manager wird in erster Linie die Stressszenarien bevorzugen, die in einem Managerleben, das 10 bis 25 Jahre betragen kann, auftreten können. Ereignisse, die beispielsweise im Schnitt nur alle 50 oder 100 Jahre eintreten können, eignen sich weniger zur aktiven Steuerung eines Institutes. Aus Fremdkapitalgebersicht sind diese weniger wahrscheinlichen Stressereignisse mit extremen Auswirkungen von größerer Bedeutung.[173]

482  In der Abbildung 55 sind bestimmten prozentualen Veränderungen des systematischen Kreditrisikos Eintrittswahrscheinlichkeiten zugeordnet worden. Zum Schätzzeitpunkt (Dezember 2009) ist beispielsweise zu erwarten, dass innerhalb des nächsten Jahres das Stressereignis, die durchschnittliche PD für ein Portfolio deutscher Unternehmen erhöht sich um 98 %, im Schnitt einmal in 10 Jahren eintreten kann. Dieses gewählte Ereignis ist in einem Managerleben als durchaus real zu bewerten.

---

173  Vgl. *Wagatha* (2011), S. 1470 ff.

## 2.5. Analyse eines Beispielportfolios

Mithilfe eines Beispielportfolios aus Krediten deutscher Unternehmen soll 483
gezeigt werden, wie sich ein oben abgeleitetes Stressszenario auf das ökonomische Eigenkapital des Portfolios sowie bestimmten Risikomaße auswirkt
und sich daraus Implikationen zur Steuerung von Sektorrisikokonzentrationen
ableiten lassen. Zur Anwendung kommt das makroökonomische Rezessions-
szenario, das im Schnitt einmal in 10 Jahren eintreten kann und zu einer Verdoppelung der Ausfallraten führt. Im Folgenden wird dieses Szenario als der
Stressfall bezeichnet.

Das Beispielportfolio lässt sich nach Exposure und nach Kreditnehmeranzahl 484
in Ratingklassen einteilen, wie die Abbildung zeigt. Der Großteil (ca. 50 %)
der Ratings befindet sich im Ratingklassenbereich 3 bis 5 mit einer anzahlge-
wichteten Ausfallrate von 1,08 % bzw. volumengewichtet von 0,85 %, wobei
beide Werte auf Basis des Gesamtportfolios berechnet sind.

**Ratingklassen-Verteilung des Beispielportfolios**

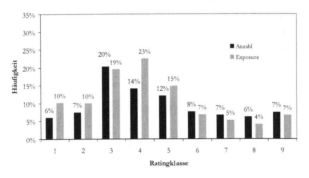

*Abb. 56: Aufteilung des Beispielportfolio in Ratingklassen*

Die Exposure-Verteilung über die 20 größten Branchen wird in Abbildung 57 485
dargestellt, wobei die 5 bzw. 10 größten Wirtschaftszweige fast 40 % bzw.
60 % des Portfolios auf sich vereinigen. Mit fast 18 % Portfolioanteil bildet
der Wirtschaftszweig »Grundstücks- und Wohnungswesen« eine Sektorkonzentration im Kreditportfolio.

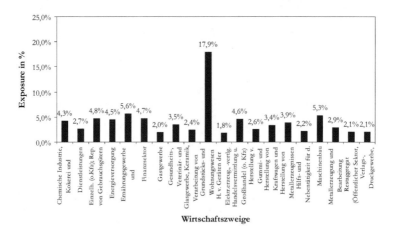

*Abb. 57: Überblick der Wirtschaftszweige im Beispielportfolio*

486    Die obige Darstellung der Sektorrisikokonzentration »Grundstücks- und Wohnungswesen« wird durch die Darstellung der Aufteilung des Expected Loss Anteils am Gesamtportfolio je Wirtschaftszweig in Abbildung 59 bestätigt. Die Aufteilung nach durchschnittlichen Branchenausfallraten kann die Risikokonzentration nicht erkennen, wie Abbildung 58 illustriert. Die höchsten durchschnittlichen Branchenausfallraten sind in der Branche Gastgewerbe zu beobachten.

## Ausfallraten je Wirtschaftszweig

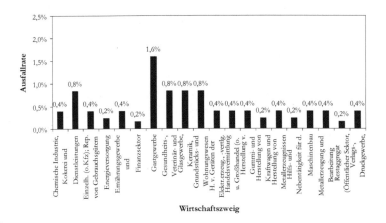

*Abb. 58: Überblick der durchschnittlichen Branchenausfallraten*

## Expected Loss Anteil nach Wirtschaftszweig

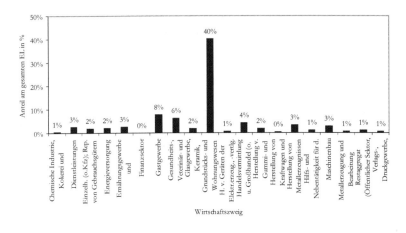

*Abb. 59: Aufteilung des Beispielportfolios nach Anteil am gesamten Expected Loss*

## 2.5.1. Verlustverteilung und zentrale Risikokennzahlen

487  Nachfolgend werden für das Beispielportfolio die Simulationsergebnisse im »normal case« und im »stress case« gegenübergestellt.[174] Im Stressfall werden lediglich die Ausfallraten verdoppelt und alle anderen Parameter wie LGD, CCF oder Korrelationen unverändert gelassen.[175]

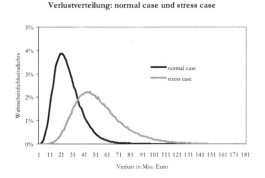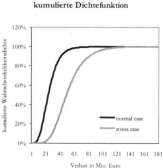

*Abb. 60: Dichtefunktion und kumulierte Dichtefunktion der Verlustverteilungen*

488  Abbildung 60 zeigt Dichtefunktion und kumulierte Dichtefunktion der Verlustverteilung aus beiden Szenarien. Wie erwartet, verschiebt sich die Verteilung im »stress case« gegenüber dem »normal case« nach rechts und wird breiter. Der erwartete Verlust verdoppelt sich, während der unerwartete Verlust sich um mehr als die Hälfte vergrößert. Im Risikomaß Expected Shortfall[176] (ES) zum 100 Mio. Euro-Quantil, es werden also nur Verlustszenarien berücksichtigt, die größer als 100 Mio. Euro betragen, erfolgt eine Steigerung um 10 %. Tabelle 1 fasst die Ergebnisse zusammen. Insgesamt zeigt Abbildung 60, dass die unterstellte konjunkturelle Rezession zu einem erheblichen Anstieg des Kreditrisikos im Kreditportfolio führt.

---

174  Zum Vorgehen vgl. *Hahnenstein/Wagatha/Rempel-Oberem* (2006), S. 164 ff.
175  In einem weiteren Schritt können Stress-Parameter mithilfe des makroökonomischen Modells für die anderen Risikofaktoren bestimmt werden.
176  Der Expected Shortfall, auch als Conditional Value at Risk bezeichnet, ist definiert als der Mittelwert aller Verluste, die größer als ein bestimmter Verlust (oder Value at Risk) sind.

| Risikomaße (in Mio. Euro) | normal case | stress case | Faktor |
|---|---|---|---|
| Expected Loss | 27,3 | 54,2 | 2,0 |
| Standardabweichung | 30,0 | 60,0 | 2,0 |
| CVaR (99,9%-Quantil) | 95,0 | 148,0 | 1,6 |
| Expected Shortfall (100 Mio. Euro -Quantil) | 105,1 | 115,6 | 1,1 |

*Tabelle 1: Auswirkungen des Krisentests auf ausgewählte Risikomaße*

## 2.5.2. Anteile am Expected Shortfall

Das verwendete Kreditportfoliomodell ermöglicht einen detaillierten Blick    489
hinter die Quantile bzw. den Expected Shortfall der Verlustverteilung. So
kann beispielsweise untersucht werden, ob bestimmte Branchen, Ratingklassen oder Kreditnehmer überproportional zum Verlust bzw. zum Expected
Shortfall beitragen. Zu diesem Zweck werden beim Durchführen einer Vielzahl von Simulationsläufen die kritischen Simulationsläufe protokolliert.
Dadurch können die einzelnen Kreditnehmer, die zum eingetretenen Verlust
beigetragen haben, identifiziert werden. Das Kriterium zur Selektion und
Protokollierung der kritischen Simulationsläufe kann bedarfsgerecht festgelegt
werden. So lassen sich, neben dem Expected-Shortfall-Bereich, zum Beispiel
auch symmetrische, oder nach weitergehenden statistischen Erwägungen
gewählte Intervalle um ein festgelegtes Quantil herum auswerten. In der Praxis können somit mit diesem Analyse-Instrumentarium differenzierte Unter-
suchungen, insbesondere am rechten Rand der Verlustverteilung, durchgeführt werden.

Für den Vergleich zwischen Normal- und Stressszenario wird bei der Betrach-    490
tung des Expected Shortfalls auf das 100 Mio. Euro Quantil abgestellt. Dies
bedeutet, dass der Mittelwert über alle Verluste gebildet wird, die größer als
100 Mio. Euro betragen. Dieser Wert liegt der Annahme zu Grunde, dass für
das Kreditportfolio nach der Kapitalallokation für alle Risikoarten ein öko-
nomisches Kapital in Höhe von 100 Mio. Euro bereitsteht. In den folgenden
Analysen gilt es herauszufinden, welche Risikokonzentrationen im Normal-
und Stressszenario eine Limitüberschreitung verursachen können. Jedes einzelne simulierte Expected Shortfall Szenario führt zu einer Überschreitung des
Kreditportfoliolimits von 100 Mio. Euro.

**Expected Shortfall (ES) der 20 größten Branchen**

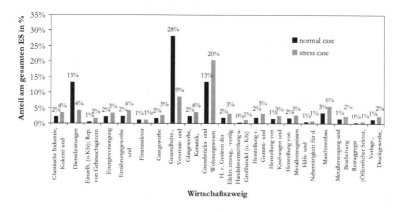

*Abb. 61: Expected Shortfall der 20 größten Branchen im Normal- und Stressfall*

491    Abbildung 61 stellt die Aufteilung des Expected Shortfalls nach Wirtschaftszweigen für den Normal- und Stressfall gegenüber.[177] In allen betrachteten Branchen, mit Ausnahme der Wirtschaftszweige »Dienstleistung« und »Gesundheits-, Veterinär- und Sozialwesen«, erhöhen sich Expected Shortfall Anteile deutlich. Dabei ist das Ausmaß der Veränderung abhängig vom Einfluss der Konjunktur. Gerade die Wirtschaftszweige »Dienstleistung« und »Gesundheits-, Veterinär- und Sozialwesen« zeigen sich wenig konjunktursensitiv, was sich wiederum in niedrige Korrelationen zu den anderen Branchen ausdrückt. Hoch korreliert zeigen sich Wirtschaftszweige, die dem Oberaggregat »Verarbeitendes Gewerbe« zuzuordnen sind, wie der »Maschinenbau« oder die Branche »Herstellung von Kraftwagen und Kraftwagenteilen«. Hier ist eine Verdoppelung bzw. eine Verdreifachung des Expected Shortfallanteils zu beobachten. Während im Normalfall noch die Branchen »Dienstleistung«, »Gesundheits-, Veterinär- und Sozialwesen« und »Grundstücks- und Wohnungswesen« als sektorale Risikokonzentrationen zu identifizieren sind, hat sich im Stressfall die Gewichtigkeit der Konzentrationen verändert. Als größte

---

177   Methodisch wird hier für die Zuordnung von Anteilen des Expected Shortfalls auf Einzelkreditnehmerebene die protokollierten Simulationsläufe verwendet und dann auf Wirtschaftszweige aggregiert.

Konzentration ist die Branche »Grundstücks- und Wohnungswesen« gefolgt von »Gesundheits-, Veterinär- und Sozialwesen« auszumachen. Der Wirtschaftszweig »Dienstleistung« wird durch die Branche »Maschinenbau« verdrängt.

Ein ähnliches Bild kann bei der Beobachtung der bedingten Branchenausfall-  492
raten festgestellt werden, wie Abbildung 62 illustriert. Die bedingte Branchenausfallrate bezieht sich auf all die Szenarien in der Simulation, die einen Verlust von 100 Mio. Euro überschreiten. Demnach wird sich ein makroökonomischer Schock für die Bank viel stärker durch gleichzeitiges, unerwartetes Ausfallen mehrerer Kreditnehmer aus der Maschinenbaubranche auswirken als durch unerwartete Ereignisse in der Dienstleistungsbranche. Die Analysen haben deutlich gezeigt, dass eine ausschließliche Betrachtung von Risikokonzentrationen an Hand von Exposure-Zahlen und einfachen Risikowerten wie Ausfallraten und Expected Loss Werten nicht ausreichend ist. Vielmehr sind Korrelationen zwischen den einzelnen Kreditnehmern und Branchen zu berücksichtigen, die auch die Auswirkungen von Risikokonzentrationen in einem neuen Licht darstellen können. Sehr hilfreich zeigen sich hierbei Kreditportfoliomodelle, die sich sehr gut zur Identifikation von Risikokonzentrationen eignen.

**Bedingte Branchenausfallhäufigkeit**

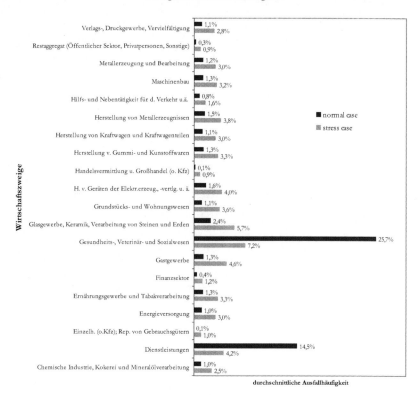

*Abb. 62: Bedingte Branchenausfallhäufigkeiten*

### 2.5.3. Einzelkreditnehmer-Analyse im Grenzbereich

493    Auf Basis der protokollierten Simulationsläufe, die alle ausgefallenen Kunden im Expected Shortfall berücksichtigen, stellt Abbildung 63 die bedingten Ausfallwahrscheinlichkeiten der zehn größten Kreditnehmer dar. Als bedingte Ausfallwahrscheinlichkeit wird hier die Häufigkeit bezeichnet, mit der das Ausfallen der zehn größten Kreditnehmer zum Gesamtverlust in den protokollierten Shortfall-Szenarien beiträgt. Die bedingte Ausfallwahrscheinlichkeit lässt sich als Maß für die Relevanz eines Kreditnehmers für das Eintreten des Shortfalls interpretieren. Sie kann so für die Definition eines marginalen Risikoanteils des Kreditnehmers am Gesamtrisiko des Portfolios herangezogen

werden. Bei fast allen Kreditnehmern steigt die bedingte Ausfallwahrscheinlichkeit im »stress case« erwartungsgemäß an. Lediglich beim Kunden K6, einer großen Leasinggesellschaft, hat sich die bedingte Ausfallwahrscheinlichkeit leicht verringert. Dies lässt auf eine gewisse Immunität gegen konjunkturelle Schocks schließen. Im Allgemeinen drückt sich der Grad der Anfälligkeit für konjunkturelle Schwankung im unterschiedlichen Ansteigen der bedingten Ausfallwahrscheinlichkeit aus. So ist Kunde K10 weniger konjunktursensitiv als Kunde K5, obwohl er eine höhere bedingte Ausfallwahrscheinlichkeit hat.

**Bedingte Ausfallhäufigkeit der zehn größten Kreditnehmer**

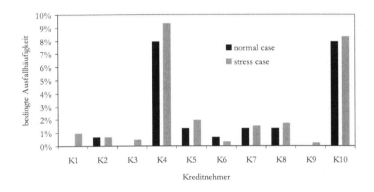

*Abb. 63: Bedingte Ausfallhäufigkeit der zehn größten Kreditnehmer im ES*

Große Portfolioverluste werden zumeist von gemeinsamen Ausfällen großer Kreditnehmer verursacht. Erwartungsgemäß müsste eine konjunkturelle Rezession diese gemeinsamen Ausfallwahrscheinlichkeiten erhöhen. Abbildung 64 zeigt für den Bereich des Expected Shortfalls die Anzahl gemeinsamer Ausfälle der 10 größten Kreditnehmer innerhalb eines Simulationsschritts sowie die bedingten gemeinsamen Ausfallhäufigkeiten dieser Kreditnehmer im ES-Bereich. Während im »normal case« nur maximal zwei der zehn größten Kreditnehmer in einem der protokollierten Simulationsläufe simultan ausfallen, ist im »stress case« auch der gleichzeitige Ausfall von drei der zehn größten Kreditnehmer möglich. 494

211

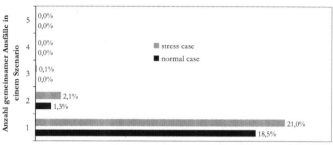

*Abb. 64: Bedingte gemeinsame Ausfallhäufigkeit der zehn größten Kreditnehmer im ES*

495    Durch den Vergleich der erzielten Ergebnisse im Normal- und Stressfall kann eine stressinduzierte Differenz je Konzentrationsmerkmal ermittelt werden. Die jeweilige Abweichung veranschaulicht den Anstieg der Risikokonzentrationen durch den Eintritt der Stressereignisse. Dabei ist die Abschätzung der Eintrittswahrscheinlichkeit für den Stressfall ein wichtiges Hilfsmittel zur Kommunikation der Ergebnisse mit dem Management. Die Kenntnis über die Auswirkungen offensichtlicher und verborgener Risikokonzentrationen, die durch Stressszenarien erkannt werden können, stellt für die Risikosteuerung einen wesentlichen Mehrwert dar.

### 2.6.    Steuerung von Risikokonzentrationen mithilfe von Stresstests

496    Eine Steuerung auf Basis der in den vorhergehenden Abschnitten erzielten Ergebnisse kann auf mehreren Segmentierungsebenen geschehen. Das Beispielportfolio wurde auf Basis von Sektoren bzw. Wirtschaftszweigen analysiert, dabei wären auch Analysen auf Regionen- oder auf Gesamtportfolioebene möglich. Auch auf anderen Ebenen lassen sich Vergleiche der Risikomaße im Normal- und Stressfall vornehmen. Dies ermöglicht Gefährdungspotentiale auf verschiedenen Ebenen gezielt zu identifizieren und zu steuern.

497    Im Steuerungsprozess können Beobachtungsgrenzen oder Ampelstufen in Form von weichen und harten Grenzen für die unterschiedlichen Ebenen eingerichtet werden. Dabei sind die Beobachtungsgrenzen oder Ampelstufen so zu bestimmen, dass diese wie ein Frühwarnsystem funktionieren. Für mögliche Überschreitungen bestimmter Grenzen ist ein Maßnahmenplan aufzu-

stellen, der regelt, welche Maßnahmen zur Reduzierung des Risikokonzentrationspotentials einzuleiten sind. Zur Ableitung der Grenzen sollte die Eintrittswahrscheinlichkeit eines Szenarios berücksichtigt werden, um gleichzeitig die Schwere der Maßnahmen zu bestimmen.

Auch durch Diversifikation des Portfolios sichert sich das Kreditinstitut gegen die Abhängigkeit von Einzelentwicklungen ab und reduziert somit neben dem Gesamtrisiko auch die Risikokonzentration. Bei Unterschreitung eines angestrebten Diversifikationsgrades oder einer anderen Beobachtungsgrenze sind entsprechende Maßnahmen zu ergreifen, wie beispielsweise die Risikoreduzierung aus Einzelengagements durch Syndizierung oder Verbriefung von Krediten einer Branche oder durch gezielte Investition in andere Branchen oder Marktsegmente, sofern ausreichend freies Eigenkapital verfügbar ist. Ein Neugeschäftsstop, Einsatz von Kreditderivaten oder die Anpassung der Bepreisung für Konzentrationen können als kurzfristig umsetzbare Maßnahmen in den Maßnahmenkatalog aufgenommen werden. 498

Risikokonzentrationen sollten einerseits ausgehend von den Geschäfts- und Risikostrategien und andererseits auf der Basis der tatsächlichen Portfoliodaten identifiziert und quantifiziert werden. Es ist zu bedenken, dass das Eingehen von Risikokonzentrationen auch beabsichtigt und wie bei Spezialbanken Teil der Geschäftsstrategie sein kann. 499

Für die Anforderungen der novellierten MaRisk hinsichtlich der Risikokonzentrationen und der Stresstests empfiehlt sich ein integriertes Vorgehen, bei dem die ermittelten Risikokonzentrationen wesentlich in den Stresstests berücksichtigt werden. 500

Der Einsatz von Stresstests erlaubt sowohl das gezielte Stressen von bereits bekannten Risikokonzentrationen als auch die Aufdeckung von unbekannten Risikokonzentrationen. Dabei kann qualitativ und quantitativ eine Stresstestanalyse erfolgen. Erstere bietet sich nicht nur an, wenn eine quantitative Darstellung zu kompliziert erscheint, sondern auch um Modellrisiken zu vermeiden. In der Praxis sollte sowohl qualitativ als auch quantitativ das Management von Risikokonzentrationen erfolgen. 501

502  Nach Festlegung der Stressszenarien können je Betrachtungsebene, wie Segment oder Region, bestimmte (höhere) Risikomaße im Normal- und Stressfall gegenübergestellt werden. Der große Vorteil dieser Vorgehensweise liegt in der Identifizierung von unbekannten oder verdeckten Risikokonzentrationen. Auf Basis der Vergleichsergebnisse zwischen Risikomaßen im Normal- und Stressfall lassen sich frühzeitig geeignete Maßnahmen zur Reduktion von bekannten und verborgenen Risikokonzentrationen einleiten.

# V. Quantitative Bewertung der Risikokonzentrationen mithilfe von Konzentrationsmaßen

## 1. Einleitung

In dem vorangegangenen Kapitel sind die Risikokonzentrationen qualitativ mithilfe von Stress-Szenarien eingeschätzt worden. In diesem Kapitel werden im ersten Teil die Formen zur quantitativen Einschätzung von Adressenrisikokonzentrationen dargestellt. Der zweite Teil wird dann die Verfahren zur Messung der sonstigen Risikokonzentrationen von Markt-, Liquiditäts- und operationelles Risiko betrachten. 503

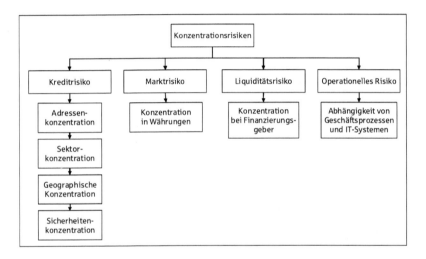

*Abb. 65: Übersicht über die in diesem Kapitel zu behandelnden Risikokonzentrationen.*[178]

Die Unterteilung nach Adressenrisikokonzentrationen und anderen Risikokonzentrationen in diesem Kapitel hängt damit zusammen, dass die Messmethoden für Adressenrisiken bezüglich der Risikokonzentrationen mit am weitesten fortgeschritten sind. Folglich werden in dem ersten Abschnitt zunächst die gängigen Verfahren für die Messung von Adressenrisikokonzentrationen vorgestellt. Diese lassen sich in modellbasierte (z. B. Kreditportfoliomodelle) und in modellfreie Verfahren (z. B. Konzentrationsmaße) unterscheiden. Die häufig komplexeren modellbasierten Verfahren drücken die Adressenrisiko- 504

---

178  Deutsche Bundesbank (2006), Monatsbericht Juni 2006, S. 37.

konzentrationen in Form von ökonomischem Kapital aus. Wohingegen die modellfreien Verfahren die Risikokonzentrationen in einer Zahl dargestellt werden und mit einem optimal diversifizierten Portfolio verglichen werden.

505   Der wahrscheinlich wesentlichste Aspekt für die Messung von Risikokonzentrationen ist das Thema der Datenqualität. Eine angemessene quantitative Beurteilung von Risikokonzentrationen ist vor allem abhängig von der Qualität der Daten, die im Rahmen der laufenden Prozesse erhoben werden. Ist die Datenqualität in Ordnung, werden die ermittelten Parameter zur Einschätzung der Risikokonzentrationen ebenfalls angemessen sein. Denn die Modelle, die auch im Weiteren vorgestellt werden, basieren auf mathematischen bzw. statistischen Berechnungen, die allgemein zugänglich sind. Die Umsetzung der Modelle in die bankspezifischen Prozesse ist deshalb weniger komplex. Die Herausforderung zur Beurteilung von Risikokonzentrationen besteht also vielmehr darin, die verwendeten Daten sachgerecht aufzubereiten, als die mathematisch bzw. statistischen Modelle zu implementieren.

506   Die Finanzmarktkrise hat verdeutlicht, welche gravierenden Auswirkungen Risikokonzentrationen haben können. Deshalb wurde auch im Rahmen der Novellierung der MaRisk den Risikokonzentrationen ein höherer Stellenwert zugewiesen. Die Thematik zu den Risikokonzentrationen wurde unter systematischen Gesichtspunkten in die Anforderungen des Moduls BTR 1 und in den allgemeinen Teil 4.3.2 Risikosteuerungs- und -controllingprozesse überführt. Die Textziffer 6 des Moduls BTR 1 ist in den MaRisk des Jahres 2009 überarbeitet worden und ist auch weiterhin in der Novellierung der MaRisk aus dem Jahre 2010 Bestandteil. Damit ist das Thema der Risikokonzentration stärker in den aufsichtsrechtlichen Vordergrund gerückt.

---

**BTR 1 Tz. 6**

Risikokonzentrationen sind zu identifizieren. Gegebenenfalls vorhandene Abhängigkeiten sind dabei zu berücksichtigen. Bei der Beurteilung der Risikokonzentrationen ist auf **qualitative** und, soweit möglich, auf quantitative Verfahren abzustellen. Risikokonzentrationen sind mit Hilfe geeigneter Verfahren zu steuern und zu überwachen (z. B. Limite, Ampelsysteme oder auf Basis anderer Vorkehrungen).

---

507   Anhand der Textziffer geht ganz klar hervor, dass auf alle Fälle qualitative und falls möglich quantitative Verfahren zur Messung von Risikokonzentrationen heranzuziehen sind. Die quantitative Ermittlung von Risikokonzentrationen

ist nicht immer möglich bzw. unter Berücksichtigung von Kosten-Nutzen-Aspekten nicht immer sinnvoll. In den Erläuterungen zu der Textziffer 6 werden mögliche Abhängigkeiten beschrieben. Diese können beispielsweise »in Form von wirtschaftlichen Verflechtungen, juristischen Abhängigkeiten zwischen Unternehmen u. ä. vorliegen.« Diese Abhängigkeiten gilt es mit Hilfe geeigneter Messverfahren zu beurteilen.

Im allgemeinen Teil der MaRisk werden »angemessene Vorkehrungen zur Begrenzung von Risikokonzentrationen« gefordert. Die nach den Erläuterungen auch quantitativen Instrumente (z. B. Limitsysteme, Ampelsysteme) umfassen. Dies sind Hinweise der Aufsicht, was unter quantitativen Instrumenten zu verstehen ist und welche Instrumente ein Kreditinstitut einzuführen hat, um aufsichtrechtlich angemessene Vorkehrungen zu treffen. Die Einführung von Limit- bzw. Ampelsystemen, mit denen Risikokonzentrationen gesteuert werden, werden unter anderem in dem Kapitel zu der Risikotragfähigkeit in diesem Buch behandelt. Dieser Abschnitt beschränkt sich ausschließlich auf die Verfahren zur Messung von Risikokonzentrationen. 508

Nach den MaRisk handelt es sich bei Risikokonzentration »um Adressen- und Sektorkonzentrationen, regionale Konzentrationen und sonstige Konzentrationen, die relativ gesehen zum Risikodeckungspotential zu erheblichen Verlusten führen können ...«[179] Der Aufsicht geht es besonders darum, dass sich die Kreditinstitute mit den Risikokonzentrationen beschäftigen und sich intensiv mit Ihren »Klumpen« auch im Adressenrisiko auseinandersetzen.[180] Die Kreditinstitute werden somit aufgefordert sich Gedanken zu machen, wie sie mit den Risikokonzentrationen umgehen und wie sie diese messen können. Zur Überwachung und Steuerung der Risikokonzentration können unterschiedliche Verfahren zum Einsatz kommen. 509

Die Messung von Risikokonzentrationen ist kein neues Thema. Schon vor der Finanzmarktkrise hat die Bundesbank sich mit diesem Thema unter anderem in ihrem Monatsbericht vom Juni 2006[181] beschäftigt. In diesem Monatsbericht wurde nämlich schon von der Bundesbank darauf hingewiesen, dass Verluste aufgrund einer ungleichmäßen Verteilung des Portfolios entstehen können, die zu einer Solvenz eines Kreditinstituts führen können. Genau dies ist nach dem Bericht der Bundesbank auch bei mehreren Schieflagen von 510

---

179   Bundesanstalt für Finanzdienstleistungsaufsicht (2009), Konsultation 3/2009: 2. Entwurf der MaRisk in der Fassung vom 24.06.2009, S. 44.

180   Bundesanstalt für Finanzdienstleistungsaufsicht (2009), Brief zur Konsultation 3/2009: 2. Entwurf der MaRisk in der Fassung vom 24.06.2009, S. 2.

181   Deutsche Bundesbank (2006), Monatsbericht, Juni 2006, S. 35 ff.

Kreditinstituten beobachtet worden. In dem Bereich der Marktpreisrisiken wird sich schon länger mit Portfolioanalysen und Diversifikationseffekten beschäftigt.

511    Diese unterschiedlichen Verfahren und Methoden zur Messung von Risikokonzentrationen werden in den nächsten beiden Abschnitten näher erläutert.

| Fragestellung zu den »Risikokonzentrationen« | | Erfüllt |
|---|---|---|
| | *Werden die rechtlichen Rahmenbedingungen und die prozessualen Anforderungen an die Risikokonzentrationen von dem Kreditinstitut eingehalten?* | |
| 1. | Hat das Institut qualitative und falls möglich quantitative Methoden zur Messung von Risikokonzentration implementiert? | |
| 2. | Werden für die Messung der Risikokonzentrationen alle für das Institut wesentlichen Risikoarten berücksichtigt? | |
| 3. | Wird die Geschäftsleitung regelmäßig über die Risikokonzentrationen informiert? | |
| 4. | Gibt es einen Prozess, der regelt, wie die Verfahren von Risikokonzentrationen regelmäßig zu überprüfen sind? | |
| 5. | Gibt es einen dokumentierten Maßnahmenkatalog, in dem die wesentlichen Maßnahmen für Risikokonzentrationen geregelt sind (z. B. bei Limitüberschreitung)? | |
| 6. | Ist die Datenqualität für die Methoden zur Messung von Risikokonzentrationen ausreichend? | |
| 7. | Prüft die interne Revision regelmäßig die Prozesse und Methoden der Risikokonzentrationen? | |

## 2.    Adressenrisikokonzentrationen

### 2.1.    Aufbau von Kreditportfolien

512    Bei dem Adressenausfallrisiko handelt es sich um die Gefahr, einen unerwarteten Verlust durch den Zahlungsausfall oder einer Bonitätsverschlechterung von Geschäftspartnern zu erleiden. Dies ist auf Einzelkreditebene auch einer der wichtigsten Aspekte für die Risikosteuerung. Auf Portfolioebene ist es

darüber hinaus jedoch noch entscheidender, dass die Beziehungen (Korrelation) zwischen den einzelnen Kreditnehmer analysiert wird, damit eben keine Klumpenrisiken entstehen bzw. diese frühzeitig identifiziert werden können. Diese Beziehungen können vielschichtig sein und es ist sinnvoll sich hierüber ein umfassendes Bild zu verschaffen. Dies ist das Hauptziel der Identifikation und Messung von Risikokonzentrationen.

Bevor die Methoden und Verfahren zur Messung von Risikokonzentration 513 vorgestellt werden, ist es notwendig sich zunächst einmal mit dem Aufbau von Kreditportfolien zu beschäftigen. Denn tendenziell entstehen Kreditportfolien eher zufällig. Es können zwar Limitsysteme oder Rating Cut-offs in der Kreditrisikostrategie festgelegt werden, damit wird der Rahmen für das Kreditgeschäft geregelt. Die Kreditnehmer erhalten folglich dann Kredite, sofern sie bestimmte Risikoparameter (z. B. Rating, Risikotragfähigkeit, Limit) aufweisen. Welche Kunden, die die strategischen Voraussetzungen einhalten, im Endeffekt dann Kredite bekommen, ist dann wiederum vom Vertrieb bzw. vom Marktumfeld abhängig. Denn nicht alle potentiellen Kreditnehmer bekommen von dem Kreditinstitut Kredit. Auf Einzelgeschäftsebene bleiben somit in der Regel Diversifikationseffekte und damit verbunden die Risikokonzentrationen unberücksichtigt.

Vielmehr ist dies eine wesentliche Aufgabe des Kreditrisikomanagements 514 eines Kreditinstituts das »zufällig« zusammen gestellte Kreditportfolio zu analysieren und zu steuern. Hierfür benötigt das Kreditinstitut verschiedene Instrumente zur Portfoliosteuerung und Risikomessung. Ein möglicher Aufbau eines umfangreichen Kreditrisikomanagementsystems ist in der folgenden Abbildung 66 dargestellt. Selbstverständlich gehört dazu auch die Messung von Risikokonzentrationen bzw. Klumpenrisiken. Dies sollte schon im Eigeninteresse der Bank erfolgen.

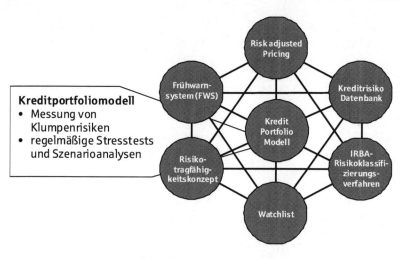

*Abb. 66: Beispiel eines Kreditrisikomanagementsystems*

## 2.2.  Arten von Risikokonzentrationen

515   Es gibt zu den Methoden und zu der Definition von Risikokonzentrationen von Seiten der Aufsicht keine konkreten Aussagen. Vielmehr hat jedes Institut für sich selbst zu entscheiden, welche Arten von Risikokonzentrationen und wie sie diese überwacht. Es sollten dabei auf vorhandene Abhängigkeiten geachtet werden, die z. B. in Form von wirtschaftlichen Verflechtungen bzw. juristische Abhängigkeiten zwischen Unternehmen bestehen.[182] Die Adressenrisikokonzentrationen lassen sich beispielweise wie folgt in verschiedene Arten untergliedern:

- Adressenrisikokonzentration

- Sektorkonzentrationen (z. B. nach Branchen oder Produkten)

- Geographische Konzentrationen (z. B. in Ländern oder Regionen)

### 2.2.1.  Adressenrisikokonzentration

516   Die Adressenrisikokonzentration stellt das firmenspezifische Risiko in einem Kreditportfolio dar. Es handelt sich hierbei um das Risiko, dass Kreditnehmer ungleichmäßig auf das Portfolio verteilt sind. Beim Ausfall von Kreditnehmern mit großen Kreditvolumina kann es dazu führen, dass das Risikodeckungspotenzial des Kreditinstituts nicht ausreicht und dass das Kreditinstitut

---

182   Bundesanstalt für Finanzdienstleitungsaufsicht (2010), dritte Novelle der MaRisk, BTR 1 Tz. 6 Erläuterungen zu den Abhängigkeiten.

dadurch in ernsthafte Schwierigkeiten kommt. Damit dieser Fall nicht unerwartet eintritt, ist es sinnvoll, dieses Risiko regelmäßig zu berechnen. Im Gegensatz zu der systematischen Risikokomponente kann das firmenspezifische Risiko durch Diversifikation reduziert werden. Dieser Zusammenhang ist in der nachfolgenden Abbildung dargestellt.

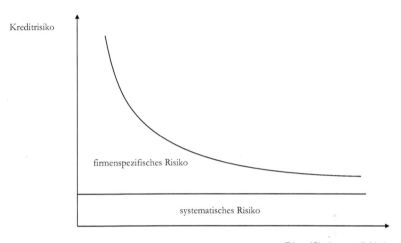

*Abb. 67: Darstellung des Zusammenhangs zwischen firmenspezifischen und systematischen Risiko*

Die Adressenrisikokonzentrationen sind per Gesetz (§ 13 KWG) schon eingeschränkt worden. Denn nach der Großkreditdefinition des § 13 KWG sind alle Kreditnehmer die größer gleich 10 % des haftenden Eigenkapitals anzuzeigen. Die absolute Großkrediteinzelobergrenze liegt bei 25 % des haftenden Eigenkapitals. Damit hat das Kreditinstitut einen Überblick über die Großkredite, dies ist aber keine bonitätsabhängige Darstellung. Deshalb sollten die Kreditinstitute die Adressenrisikokonzentration unabhängig vom § 13 KWG messen und identifizieren, um das tatsächliche Adressenrisiko mit zu berücksichtigen.

517

## 2.2.2. Sektorkonzentrationen

518 Bei den Sektorkonzentrationen wird das Kreditportfolio in verschiedene Branchen oder Produkte untergliedert. Die Kreditinstitute werden hier vor die Herausforderung gestellt, die Sektoren für Ihr Haus zu bestimmen. Eine Möglichkeit besteht darin, die Sektoren beispielsweise anhand des Hauptwirtschaftszweiges nach Branchen zu gliedern.

519 Die Komplexität des Modells wird erheblich erhöht, wenn dabei die Korrelation zwischen und innerhalb der Branchen betrachtet wird. Es ist hierbei sinnvoll die intra-sektoralen Korrelationen (Risikokonzentrationen innerhalb einer Branche) zu maximieren und die intersektoralen Korrelationen (Risikokonzentrationen zwischen den verschiedenen Branchen) zu minimieren. Dabei ist die Ermittlung von Korrelationen in der Praxis sehr schwierig und ein häufig Grund diese in den Modellen zunächst auszuschließen. Jedes Kreditinstitut sollte sich jedoch selbständig Gedanken machen, ob die Genauigkeit des Modells versus einer Erhöhung der Komplexität gerechtfertigt ist.

## 2.2.3. Geographische Konzentrationen

520 Die geographischen Konzentrationen treten auf, wenn ein Kreditinstitut vermehrt in bestimmten Länder bzw. Regionen Kreditgeschäft macht. Problematisch kann es dann für das Kreditinstitut werden, wenn ein nennenswerter Teil des Kreditgeschäfts in Ländern wie beispielsweise Griechenland oder Portugal, die in Schwierigkeiten geraten sind, getätigt worden ist. Diese Schieflage der Länder kann dann Auswirkung auf das vorhandene Kreditportfolio haben. Deshalb ist es wichtig für die Kreditinstitute die geographischen Konzentrationen in der Risikobetrachtung mit einzubeziehen.

521 Die Bildung von geographischen (regionalen) Konzentrationen kann über interne Regelung entgegengewirkt werden, in dem Kreditgeschäfte außerhalb bestimmter Regionen nur sehr selektiv zulässig sind. Für Institute die gemäß Ihrer Geschäftspolitik unter ein Regionalprinzip fallen (z. B. Volksbanken und Sparkassen), handelt es sich deshalb per se nicht um eine wesentliche einzustufende Risikokonzentration. Denn deren Risikokonzentrationen sind bewusst eingegangen worden und somit unterliegen diese Institute keiner »Zwangsdiversifizierung«.

522 Eine Diversifikation kann sogar einen negativen Effekt haben, da aufgrund fehlender Expertise außerhalb des Geschäftsgebiets deutlich höhere Risikokosten anfallen können. Für die Berechnung der geographischen Konzentration ist zunächst ein optimal diversifiziertes Portfolio zu definieren. Dies ist

zum Beispiel gewährleistet, wenn sich die Kreditnehmer gleichmäßig auf Regionen (Länder) verteilen (Referenzportfolio). Hierbei wird ebenfalls vorausgesetzt, dass bezüglich der Adressenrisiken keine nennenswerten Korrelationen zwischen den Regionen existieren. Im nächsten Schritt wird dann die tatsächliche Verteilung des Portfolios auf die verschiedenen Regionen mit dem Referenzportfolio verglichen. Eine Konzentration ist gegeben, wenn es zwischen den beiden Verteilungen zu statisch signifikanten Abweichungen kommt. Um Unterschiede in Verteilungen zu quantifizieren, kann man sich üblicherweise des Kolmogorov-Smirnov-Anpassungstests bedienen.

Von einer Zufallsvariablen X liegen n Beobachtungen $x_i$ (i = 1,...,n) vor. Von    523
diesen Beobachtungen wird die relative Summenfunktion (Summenhäufigkeit, empirische Verteilungsfunktion) $S(x_i)$ ermittelt. Diese empirische Verteilung wird nun mit der entsprechenden hypothetischen Verteilung der Grundgesamtheit verglichen: Es wird der Wert der Wahrscheinlichkeitsverteilung an der Stelle $x_i$ bestimmt: $F_0(x_i)$. Wenn x tatsächlich dieser Verteilung gehorcht, müssten die beobachtete Häufigkeit $S(x_i)$ und die erwartete Häufigkeit $F_0(x_i)$ in etwa gleich sein. Es wird also für jedes i die absolute Differenz

$$d_{0i} = \left| S(x_i) - F_0(x_i) \right|$$

und auch

$$d_{ui} = \left| S(x_{i-1}) - F_0(x_i) \right|$$

berechnet. Es wird sodann die absolut größte Differenz $d_{max}$ aus allen Differenzen ermittelt. Wenn $d_{max}$ also einen kritischen Wert d übersteigt, wird die Hypothese bei einem Signifikanzniveau abgelehnt. Falls beispielsweise mit einem Konfidenzniveau von 99 % gerechnet wird, lässt sich für eine Stichprobe mit n > 40 der kritische Wert $1{,}628/n^{0{,}5}$ approximieren.

Der Kolmogorow-Smirnow-Test ist als nicht parametrischer Test sehr stabil    524
und unanfällig. Ursprünglich wurde der Test für stetig verteilte metrische Merkmale entwickelt; er kann aber auch für diskrete und sogar rangskalierte Merkmale verwendet werden. In diesen Fällen ist der Test etwas weniger trennscharf. Ein großer Vorteil besteht darin, dass die zugrunde liegende Zufallsvariable keiner Normalverteilung folgen muss. Dies macht den Test vielseitig einsetzbar, bedingt aber auch seinen Nachteil, denn der Kolmogorov-Smirnov-Anpassungstests ist nicht sehr genau.

525    Aufgrund der methodischen Probleme des Kolmogorov-Smirnov-Tests wird die Hypothese der Gleichheit der beiden Verteilungen darüber hinaus mittels des Chi-Quadrat-Anpassungstests überprüft.

526    Die n Beobachtungen von x liegen in m verschiedenen Kategorien j (j = 1, ..., m) vor. Treten bei einem Merkmal sehr viele Ausprägungen auf, fasst man sie zweckmäßigerweise in m Klassen zusammen und fasst die Klassenzugehörigkeit als j-te Kategorie auf. Die Zahl der Beobachtungen in einer Kategorie ist die beobachtete Häufigkeit $n_j$. Man überlegt sich nun, wie viele Beobachtungen im Mittel in einer Kategorie liegen müssten, wenn x tatsächlich die hypothetische Verteilung hat. Dazu berechnet man zunächst die Wahrscheinlichkeit $F_0(x)_j$, dass x in diese Kategorie fällt.

$$n_{j0} = F_0(x)_j * n$$

ist die unter $H_0$ zu erwartende Häufigkeit. Die Prüfgröße für den Test ist

$$x^2 = \sum_{j=1}^{m} \frac{(n_j - n_{j0})^2}{n_{j0}}$$

527    Die Prüfgröße $x^2$ ist bei ausreichend großen $n_j$ annähernd $x^2$-verteilt mit m-1 Freiheitsgraden. Wenn die Nullhypothese wahr ist, sollte der Unterschied zwischen der beobachteten und der theoretisch erwarteten Häufigkeit klein sein. Also wird $H_0$ bei einem hohen Prüfgrößenwert abgelehnt, der Ablehnungsbereich für $H_0$ liegt rechts. Bei einem Signifikanzniveau $\alpha$ wird $H_0$ abgelehnt, wenn $x^2 > x^2 (1-\alpha; m-1)$, dem $(1-\alpha)$- Quantil der $x^2$-Verteilung mit m-1 Freiheitsgraden ist.

| | Fragestellung zu den »Adressenrisikokonzentrationen« | Erfüllt |
|---|---|---|
| | Werden die wesentlichen Adressenrisikokonzentrationen von dem Institut identifiziert und überwacht? | |
| 1. | Hat das Kreditinstitut ein umfassendes System zur Portfoliosteuerung von Adressenrisiken implementiert? | |
| 2. | Hat das Kreditinstitut festgelegt, welche Arten von Adressenrisikokonzentrationen es überwacht und ist diese Festlegung ausreichend begründet? | |

| | |
|---|---|
| 3. | Ist in dem Kreditinstitut geregelt, in welchem Umfang die wesentlichen Adressenrisikokonzentrationen gemessen und überwacht werden sollen? |
| 4. | Werden die Prozesse und Verfahren zur Identifikation von Adressenrisikokonzentration in regelmäßigen Abständen wiederholt? |
| 5. | Sind die Verfahren zur Identifikation von Adressenrisiko-konzentrationen ordnungsgemäß und für unabhängige Dritte nachvollziehbar dokumentiert? |

## 2.3. Methoden zur Beurteilung von Risikokonzentrationen

Zur Beurteilung und Identifikation der Risikokonzentrationen haben die Kreditinstitute qualitative und falls möglich quantitative Methoden zu verwenden. Es kann mit Sicherheit davon ausgegangen werden, dass für die Messung der Risikokonzentrationen, Art und Umfang der Geschäftstätigkeit eines Instituts und damit die Komplexität der verwendeten Methoden und – natürlich – die Größe eines Kreditinstituts maßgeblich ist (Prinzip der Proportionalität). Dies entbindet andererseits dennoch kein einziges Kreditinstituts von der Pflicht, die Methodik und die tatsächliche Anwendung der Verfahren zur Berechnung der Risikokonzentrationen laufend zu überwachen. 528

Die einfachste Methode Adressenrisikokonzentrationen zu ermitteln, ist eine Aufstellung der Kreditnehmer nach Kreditvolumen (z. B. anhand der Groß-kreditmeldung) aufzulisten. Hieran erkennt man relativ einfach, welches die größten Kreditnehmer sind und welche davon eventuell ein Klumpenrisiko darstellen könnten. Dies ist natürlich nicht ausreichend und deshalb werden hier beispielhaft drei quantitative Methoden zur Messung von Adressenrisiko-konzentrationen dargestellt: 529

- Kreditportfoliomodell
- Granularitätsanpassungen
- Konzentrationsmaße

### 2.3.1. Kreditportfoliomodell

Als erste Methode zur Messung von Risikokonzentrationen wird ein Kredit-portfoliomodell vorgestellt. Mit Hilfe von Kreditportfoliomodellen steuern und messen die Kreditinstitute aktiv ihre Kreditrisiken. Nachstehende Ziele werden unter anderem mit einem Kreditportfoliomodell verfolgt: 530

- Es werden dabei Kennzahlen ermittelt, die eine aktive rendite- und risikoorientierte Steuerung des Kreditportfolios ermöglichen.

- Weiterhin sollen Einzelkreditrisiken aufgedeckt werden und dessen Risikobeitrag zum Gesamtportfolio ermittelt werden.

- Darüber hinaus werden risikoorientierte Limite abgeleitet.

- Mit den Kreditportfoliomodellen werden Stresstests durchgeführt.

- Des Weiteren werden Risikokonzentrationen gemessen, auf die im Folgenden weiter eingegangen wird.

531  Bei Kreditportfolienmodellen handelt es sich um komplexe mathematisch statische Modelle. Die Messung von Adressenrisikokonzentration und die Implementierung dieser Methoden sind im Verhältnis zu den Anderen sehr aufwendig. Des Weiteren werden hierfür eine Vielzahl unterschiedlicher Daten benötigt, die zunächst erst einmal dem Kreditinstitut vorliegen müssen. Einige dieser Kennzahlen sind beispielsweise die Folgenden:

- Aktuelle Rating- bzw. Scoringnoten der Kreditnehmer

- Zahlungsströme der Kredite

- Migrationsmatrizen der historischen Ratingveränderungen

- Blankokreditvolumen pro Kreditnehmer

- Verwertungs- und Einbringungsquoten

- Korrelationen des Ausfallrisikos

532  Die gängigen Kreditrisikomodelle sind CreditRisk+$^{TM}$, CreditMetrics$^{TM}$ und CreditPortfolioView$^{TM}$. Diese Modelle beziehen alle die Portfoliostruktur mit ein und besitzen daher implizit Kenntnis von Adressenrisikokonzentrationen. In diesem Abschnitt wird beispielhaft CreditPortfolioView$^{TM}$, welches die Sparkassen im Einsatz haben, in seinen Grundzügen vorgestellt.

533  **CreditPortfolioView$^{TM}$** ist ein barwertiges Instrumentarium zur Quantifizierung von Adressenrisiken auf Gesamt- und Teilportfolioebene. Die einfließenden Parameter haben einen Zeithorizont von einem Jahr. Im Rahmen von Monte-Carlo-Simulationen werden Ausfallereignisse erzeugt und das Kreditportfolio entsprechend bewertet. Die resultierende Verlustverteilung zeigt dabei die für Kreditausfälle (im Gegensatz zur Normalverteilung) typische Schiefe mit den Fat tails an. Genau in diesen Fat tails können sich die seltenen aber für das Portfolio bedeutenden Ausfälle großer Adressen zeigen.

Das Verhältnis des unerwarteten Risikos zum erwarteten Risiko ist ein Gradmesser für Größenkonzentrationen (Portfoliokennzahl q). In einem optimal diversifizierten Portfolio, in dem Größenkonzentrationen keine Rolle spielen ergeben sich demnach q-Werte von nahe 1. Je stärker der Ausfall einzelner Adressen die gesamte Verlustverteilung beeinflusse, desto höher ist das unerwartete Risiko im Vergleich zum erwarteten Risiko und damit der q-Wert. Diese Analysen sollten regelmäßig durchgeführt werden und im Zeitablauf verglichen werden. Steigen die q-Werte im Zeitablauf an, könnte dieses ein Anzeichen für erhöhte Risikokonzentrationen sein. Eine detaillierte Analyse des Kreditportfolios ist vorzunehmen und gegebenenfalls sind Gegenmaßen zu ergreifen. 534

### 2.3.2. Granularitätsanpassung

Das Kreditrisikomodell, das dem internen Ratingbasierten (IRB) Ansatz von Basel II unterliegt, berücksichtigt die Adressenrisikokonzentrationen nicht. Es wird vielmehr sogar angenommen, dass das Portfolio einer Bank perfekt granular ist, in dem Sinne, dass jeder einzelne Kredit nur einen sehr kleinen Anteil am Gesamtportfolio beiträgt. Reale Kreditportfolios der Banken sind selbstverständlich nicht perfekt granular. 535

Im ersten Entwurf von Basel II wurde dem Umstand der Granularität von Kreditportfolien im Rahmen der Säule 1 durch eine Granularitätsanpassung Rechnung getragen.[183] Aufgrund der hohen technischen Umsetzungsaufwände findet sich dieser Ansatz jedoch nicht mehr im finalen Basel II-Dokument wieder. Dennoch kann das Konzept – in weiterentwickelter Form genutzt werden, um den zusätzlichen EK-Bedarf, der sich auf Grund von Granularität ergibt, zu berechnen. Der zusätzliche EK-Bedarf drückt dann die Risikokonzentrationen für das Portfolio aus. 536

Eine detaillierte Beschreibung des weiterentwickelten Ansatzes findet sich in Gordy/Lütkebohmert.[184] In diesem Ansatz wird auch die Möglichkeit geboten, den EK-Mehrbedarf abzuschätzen, indem auf Basis der größten Einzelkreditnehmer eine konservative Obergrenze ermittelt wird. Dies ist für Banken sinnvoll, die nicht alle relevanten Informationen auf Einzelkundenebene in auswertbarer Form vorliegen haben. 537

---

183 Basel Committee on Banking Supervision (2001), »The New Basel Capital Accord«, S. 84 – 86.
184 Gordy/Lütkebohmert (2007), Granularity adjustment for Basel II, Discussion Paper, Series 2 No. 01/2007, Hrsg.: Deutsche Bundesbank.

538    Dieser Ansatz zur Ermittlung von Risikokonzentrationen dürfte in der Praxis wenig Anwendung finden. Denn die größeren Kreditinstitute haben ein eigenes Kreditportfoliomodell im Einsatz und die kleineren Kreditinstitute werden aufgrund der Komplexität des Ansatzes eher die folgenden einfacheren Konzentrationsmaße zur Messung von Risikokonzentrationen nutzen.

### 2.3.3. Konzentrationsmaße

539    Ein dritter Ansatz zur Beurteilung der Risikokonzentrationen sind Konzentrationsmaße. Dies ist eine einfache Möglichkeit schnell und überschaubar Adressenrisikokonzentrationen zu messen, da die Konzentrationen in einer Zahl dargestellt werden. Durch die Einfachheit der Ermittlung der Risikokonzentrationen kann eine laufende Überwachung gewährleistet werden. Grundsätzlich sind die Adressenrisikokonzentrationen größer, je höher der Konzentrationsindex (Zahl) des Portfolios ausfällt. Dies ist auch der große Vorteil der Konzentrationsmaße. Es besteht hingegen keine Möglichkeit den Risikobeitrag des Portfolios zu quantifizieren, was auch als Nachteil dieser Konzentrationsmaße zu sehen ist.

540    Nachfolgend werden die wohl beiden bedeutendsten Konzentrationsmaße zur Beurteilung von Risikokonzentrationen, der Herfindahl-Hirschman-Index und der Gini-Koeffizient vorgestellt. Beim Herfindahl-Hirschman-Index handelt es sich um einen einfachen »modellfreien« Ansatz zur Quantifizierung des nicht diversifizierten firmenspezifischen Risikos. Dieser Index ist definiert als die Summe der Quadrate der relativen Portfolioanteile $a_i$ über alle Sektoren N:

$$H := \frac{\sum_{i=1}^{N} a_i^2}{\left( \sum_{i=1}^{N} a_i \right)^2} = \sum_{i=1}^{N} \left( \frac{a_i}{N * \overline{a}} \right)^2$$

541    Der hier verwendete Herfindahl-Hirschman-Index ist die normalisierte Summe der quadrierten Anteilswerte und kann Werte von $\frac{1}{N}$ bis 1 annehmen, wobei der kleinstmögliche Wert bei Gleichverteilung des Portfolios auf sämtliche Kreditnehmer (= minimale Konzentration), der maximale Wert hingegen bei maximaler Konzentration (also wenn der gesamte Portfolio sich aus einem Kreditnehmer zusammensetzt) erreicht wird.

542    Demnach weisen gut diversifizierte Portfolios mit sehr vielen, sehr kleinen Sektoren einen Herfindahl-Hirschman-Index nahe null auf, während stark

konzentrierte Portfolios deutlich höhere Herfindahl-Hirschman-Index-Werte erreichen können. Im Extremfall (nur ein einziger Kreditnehmer) nimmt der Herfindahl-Hirschman-Index den Wert eins an. Dies ist aber ein rein theoretischer Wert, der in der Realität nicht vorkommen wird. Dennoch geht man bei einem Wert kleiner 10 % schon von einer geringen und bei größer 18 % bereits von einer hohen Konzentration aus. Problematisch beim Herfindahl-Hirschman-Index ist die Abgrenzung des zu betrachtenden Portfolios.

Ein weiteres Konzentrationsmaß ist der Gini-Koeffizient. Dieser gibt an, wie    543
stark die Lorenzkurve zwischen einem Extrem »keine Konzentration« (Gini-Koeffizient gleich null) und einem maximal konzentrierten Portfolio ausfüllt (Gini-Koeffizient gleich eins). Der Gini-Koeffizient ist somit als Quotient der Fläche zwischen Gleichverteilung und maximaler Konzentration sowie der Fläche zwischen Gleichverteilung und der Lorenzkurve definiert. Je größer der Gini-Koeffizient ist, desto höher ist die Konzentration des Portfolios.

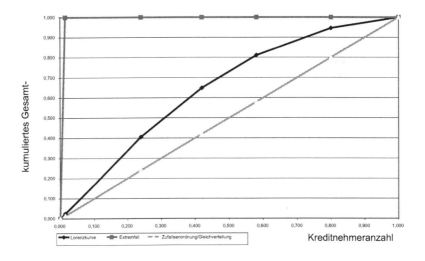

*Abb. 68: Beispielhafte Darstellung der Lorenzkurve*

Die Konzentration des Portfolios ist also graphisch dadurch gekennzeichnet,    544
wie steil die Lorenzkurve zu Beginn verläuft, denn im Idealfall würde ein Portfolio gleichverteilt sein und den Wert null annehmen (keine Konzentration).

Die dargestellten Methoden sind Möglichkeiten, um Risikokonzentrationen zu    545
messen. Die Ergebnisse aus der Messung der Risikokonzentrationen sollten

der Geschäftsleitung regelmäßig (z. B. vierteljährlich) zur Information vorgelegt werden. Soweit sich aus den Ergebnissen Handlungsbedarf abzeichnet, sind diese zeitnah umzusetzen.

## 2.4. Strategie und Kreditrisikobericht

546 Schon vor der Finanzmarktkrise und der Aufnahme der Risikokonzentrationen in die MaRisk war es für die Portfoliosteuerung einer Bank relevant, Risikokonzentrationen zu messen und zu beurteilen. Dafür werden in der Kreditrisikostrategie Leitplanken festgelegt, mit dessen Hilfe »unerwünschte« Risikokonzentrationen vermieden werden sollen. Der Begriff »unerwünscht« ist bewusst gewählt worden, da es für Spezialbanken oder regional tätige Banken bzw. Sparkassen »natürliche« Branchen- bzw. regionale Risikokonzentrationen gibt, die die Bank bzw. Sparkasse bewusst eingehen möchte. Es handelt sich dabei um das strategische Geschäftsmodell des Kreditinstituts. Denn mit der Spezialisierung auf komplexe Produkte können eventuell höhere Margen durchgesetzt werden und dann werden von diesen Kreditinstituten die Risikokonzentrationen bewusst in Kauf genommen. Beziehungsweise haben die spezialisierten Kreditinstitute einen Know-how Vorsprung in den bestimmten Produkten oder Märkten, so dass deren Ausfallraten für diese Portfolien aufgrund ihres speziellen Wissens im Vergleich zu anderen Kreditinstituten gering sind (z. B. Bausparkassen).

547 In der zu erstellenden Strategie sollte die Spezialisierung auf bestimmte Produkte und deren daraus resultierenden Risikokonzentrationen beschrieben werden. Ebenso sollten regional tätige Banken ihr Geschäftsgebiet in der Strategie darlegen und die damit eingehenden Risikokonzentrationen aufzeigen. Des Weiteren werden die Kreditinstitute in der Strategie Limite, Branchenrestriktionen und Rating Cut-offs festlegen, die sich auf Grundlage der Berechnung von den Risikokonzentrationen ableiten lassen. Mit Hilfe dieser Restriktionen werden nicht zwangsläufig die Risikokonzentrationen vermieden. Jedoch wird die Höhe der eingegangen Risiken beschränkt, da tendenziell eher risikoärmere Geschäfte eingegangen werden. Die risikoreicheren Geschäfte sollen durch die in der Strategie verabschiedeten Restriktionen eingeschränkt werden.

548 Ein weiterer Punkt der sich aus den MaRisk ableiten lässt, ist die regelmäßige Berichterstattung an die Geschäftsführung. Dies sollte mindestens vierteljährlich erfolgen und könnte im Rahmen des vierteljährlich zu erstellenden

Kreditrisikoberichts erfolgen. Denn die in der Strategie festgelegten Leitplanken, zu denen auch die Risikokonzentrationen gehören, sind im Kreditrisikobericht regelmäßig darzustellen.

| | Fragestellung zu den » Methoden von Adressenrisikokonzentrationen« | Erfüllt |
|---|---|---|
| | *Werden die Methoden zu Adressenrisikokonzentrationen ordnungsgemäß implementiert und dokumentiert?* | |
| 1. | Sind die eingeführten Verfahren zur Messung von Adressenrisikokonzentrationen bezüglich der Größe des Kreditinstituts und den eingegangenen Risiken angemessen? (Grundsatz der Proportionalität) | |
| 2. | Hat das Kreditinstitut ordnungsgemäß und für unabhängige Dritte dokumentiert, welche Verfahren es zur Messung von Adressenrisikokonzentrationen einsetzt? | |
| 3. | Ist die Geschäftsleitung über die Methoden zur Messung von Adressenrisikokonzentrationen informiert und hat deren Einsatz beschlossen? | |
| 4. | Wird die Geschäftsleitung regelmäßig über die Ergebnisse der Messung von Adressenrisikokonzentrationen informiert? | |
| 5. | Gibt es einen Maßnahmenkatalog, in dem geregelt ist, welche Maßnahmen zu treffen sind, falls Adressenrisikokonzentrationen vorliegen? | |
| 6. | Werden intra- und intersektorale Korrelationen in den Modellen berücksichtigt? | |

## 3. Sonstige Risikokonzentrationen

In dem vorherigen Abschnitt wurde speziell auf die AdressenRisikokonzentrationen eingegangen, da diese Risikokonzentrationen in aller Regel die Wesentlichsten bei den Kreditinstituten darstellen. Dennoch sind die anderen Risikoarten sowie Sicherheiten- und Ertragskonzentrationen nicht zu vernachlässigen. Durch die Veröffentlichungen von Risikokonzentrationen in den MaRisk haben diese an Bedeutung gewonnen. In diesem Abschnitt werden nun die sonstigen Risikokonzentrationen beschrieben. Dabei wird im Einzelnen auf die folgenden Risikokonzentrationen eingegangen: 549

- Sicherheitenkonzentrationen

- Ertragskonzentrationen

- Konzentrationen bei Marktpreisrisiken

- Konzentrationen beim Liquiditätsrisiko

- Konzentrationen bei operationellen Risiken

550 Die Messung von Adressenrisikokonzentrationen ist, wie im vorherigen Abschnitt beschrieben, relativ weit fortgeschritten. Es gibt verschiedene Ansätze die Risikokonzentrationen zu ermitteln. Für die Messung der sonstigen Risikokonzentrationen stehen zurzeit nur relativ wenige Methoden zur Verfügung (Ausnahme bei den Marktpreisrisiken). Aus diesem Grund ist es bei der Ermittlung der sonstigen Risikokonzentration umso wichtiger, dass eine qualitative Beurteilung stattfindet, die in dem vorangegangen Kapitel dargestellt worden ist.

### 3.1. Sicherheitenkonzentrationen

551 Sicherheitenkonzentrationen ergeben sich aus einer positiven Korrelation von den Sicherheitengeber untereinander oder wenn nur ganz wenige Sicherheitengeber für das Portfolio haften. Es besteht die Gefahr der »Ansteckung«, das heißt, wenn ein Sicherheitengeber ausfällt, fallen auch andere Sicherheitengeber aus.

552 Ähnlich gelagert ist die positive Korrelation zwischen den Sicherheitenarten (z. B. Grundschulden, Lebensversicherung, Bürgschaften etc.). Auch dabei besteht die »Ansteckungsgefahr«, dass es Schwierigkeiten bei einer Sicherheit gibt. Dies hat zur Folge, dass die Sicherheiten an Wert verlieren und das Adressenrisiko, welches auf die Sicherheiten abgestellt war, sich erhöht. Das kann sich sogar soweit entwickeln, wie in der Finanzmarktkrise 2008 gesehen, dass die Hauspreise in den USA so gut wie nichts mehr wert sind. Bei der Verwertung der Sicherheit bekommen die Kreditinstitute dann nur noch einen Bruchteil ihrer ursprünglichen Forderungen zurück.

553 Eine Messung der Sicherheitenkonzentrationen kann, wie im Abschnitt zuvor beschrieben, mit Hilfe der Konzentrationsmaße (z. B. Herfindahl-Hirschman-Index) erfolgen. Hierfür sind beispielsweise alle Sicherheitenarten einzelnen zu betrachten und ins Verhältnis zu den Gesamtsicherheiten oder zum Gesamtkreditvolumen zu setzen.

Eine dritte Variante der Sicherheitenkonzentrationen besteht darin, dass ein    554
Sicherheitengeber (z. B. Bürge) für mehrere Kreditnehmer haftet und positiv
mit diesen korreliert ist. Wenn nun das Kreditinstitut ihr Risiko alleine auf den
Sicherheitengeber abgestellt hat, kann es beim Ausfall des Sicherheitengebers
zu einer Erhöhung des Adressrisikos kommen und folglich Auswirkungen auf
das Ergebnis des Kreditinstituts haben.

Bei dieser Variante und auch bei der ersten Variante kann zum Beispiel, das    555
abgesicherte Kreditvolumen pro Sicherheitengeber ins Verhältnis des Ge-
samtkreditvolumens gesetzt werden. Also auch hier bietet sich an, mit Hilfe
der Konzentrationsmaße die Risikokonzentrationen zu messen.

## 3.2.   Ertragskonzentrationen

Im Rahmen der Finanzmarktkrise wurde deutlich, dass Kreditinstitute, die auf    556
wenige oder gar nur eine Ertragsquelle ausgerichtet waren, besonders anfällig
auf Marktveränderungen reagierten. Aus diesem Grund hat die Bundesanstalt
für Finanzdienstleistungsaufsicht (BaFin) in ihrem Schreiben zur MaRisk-
Veröffentlichung der Neufassung vom 14.8.2009 darauf hingewiesen, dass die
Institute sich mit Ertragskonzentrationen zu befassen haben. Dabei hat die
BaFin klargestellt, dass es nicht um »potentielle Ertragseinbußen« oder an-
spruchsvolle »Systeme zur Gesamtbanksteuerung« geht. Vielmehr geht es der
BaFin darum, dass sich die Kreditinstitute den Ertragskonzentrationen bewusst werden und diese ins Kalkül mit einbeziehen. Dies setzt selbstverständ-
lich voraus, dass die Kreditinstitute ihre wesentlichen Erfolgsquellen kennen
und diese voneinander abgrenzen.[185] Es geht somit eher um eine qualitative
Abgrenzung.

Eine Messung der Ertragskonzentrationen ist ebenfalls mit dem Herfindahl-    557
Hirschman-Index möglich. Dabei kann zum Beispiel der Zinsertrag pro Kre-
ditvertrag ermittelt werden und dieser wird dann ins Verhältnis zu den Gesamterträgen gestellt. Gibt es nun einen Kreditnehmer, der einen nennenswerten Anteil an den Gesamterträgen hat, ist diese Ertragskonzentrationen darzustellen und zu kommentieren.

Weiterhin ist auch vorstellbar, dass beispielsweise sämtliche Zins- oder Provi-    558
sionserträge zusammengefasst werden und ins Verhältnis zu den Gesamterträgen gestellt werden. Damit wird ermittelt, ob es eine Konzentration in einer
bestimmten Ertragsart gibt.

---

185   Bundesanstalt für Finanzdienstleistungsaufsicht (2009), Schreiben vom 14.08.2009, MaRisk-
      Veröffentlichung der Neufassung, S. 2-3.

559 Wie sinnvoll eine quantitative Messung der Ertragskonzentrationen ist, ist von jedem Kreditinstitut im Einzelfall zu prüfen. Denn die Kreditnehmer mit großem Geschäftsvolumen werden höchstwahrscheinlich auch betragsmäßig den höchsten Ertrag bringen. Folglich liefern die Ertragskonzentrationen ähnliche Ergebnisse wie die Messung der Adressenrisikokonzentrationen. Ein Kreditinstitut kann dann auf die Messung verzichten, wenn es glaubhaft belegen kann, dass die Ergebnisse doppelt ermittelt werden.

### 3.3. Konzentrationen bei Marktpreisrisiken

560 Das Marktpreisrisiko ist die Gefahr, dass infolge von Veränderungen der Marktparameter (Aktienkurse, Zinssätze, Währungskurse etc.) erwartete Geschäftsergebnisse nicht erreicht werden. Die Definition soll dazu dienen eine klare Trennung zwischen Marktpreisrisiken und Adressrisiken vornehmen zu können. Denn die gehandelten Adressen sowie in welchen Branchen, Sektoren etc. gehandelt wird, spielt in diesem Abschnitt keine Rolle mehr. Diese Betrachtung der Risikokonzentrationen wird mit den Verfahren, die im ersten Teil dieses Kapitels dargestellt worden sind, gemessen.

561 Vielmehr werden hier die Risikokonzentrationen gemessen, die aufgrund der Marktparameter entstehen können, beispielsweise Risikokonzentrationen in Aktien- oder Zinspositionen. Denn im Rahmen der Finanzmarktkrise wurde ebenfalls deutlich, dass einige Kreditinstitute sehr stark in ABS-Transaktionen investiert waren. Nachdem dieser Markt zusammengebrochen war und die Spreads extrem angestiegen sind, sind diese Kreditinstitute in Schwierigkeiten gekommen. Dies ist ein Grund, weshalb sich die Kreditinstitute unter anderem mit Konzentrationen bei Marktpreisrisiken auseinander setzen sollten.

562 Kreditinstitute, die Handelsgeschäfte mit Aktien, Derivaten, Währungen etc. betreiben, gehen aktiv das entsprechende Risiko ein. Schon aus Eigeninteresse haben die Kreditinstitute interne Modelle entwickelt mit denen die Marktpreisrisiken gemessen werden können. Diese internen Modelle können ebenfalls im Rahmen der Risikotragfähigkeitsberechnung verwendet werden. Es handelt sich dabei um interne Marktrisikomodellen (z. B. parametrische Modelle, historische Simulationen, Monte Carlo-Simulationen). Bei diesen Modellen werden gewöhnlich Diversifikationseffekte innerhalb der Marktpreisrisiken berücksichtigt und folglich auch implizit die Risikokonzentrationen.

563 Eines der meist verwendeten Risikomaße im Bereich der Marktpreisrisiken ist der Value-at-Risk. Er gibt den Verlust für eine gegebene Haltedauer (bei Marktpreisrisiken häufig 10 Tage) an, der mit einer bestimmten Wahrschein-

lichkeit (Konfidenzniveau) nicht überschritten wird. Der Erfolg des Value-at-Risk ist darin begründet, dass er relativ einfach zu ermitteln ist und zufrieden stellende Ergebnisse liefert, die im Rahmen des Reportings gut kommuniziert werden können. An die Grenzen stößt der Value-at-Risk an den Rändern der Verteilung, die sogenannten Fat Tails.

Exemplarisch für die Messung von Risikokonzentrationen bei Marktpreisrisi-  564
ken ohne die Verwendung eines internen Modells soll hier für das Wechselkursrisiko beschrieben werden. Es besteht die Möglichkeit, dass der Herfindahl-Hirschman-Index dabei zur Anwendung kommt. Es werden die Fremdwährungsgeschäfte nach den einzelnen Währungen sortiert und danach werden die Anteile zum Gesamtvolumen gebildet. Zu überlegen ist, ob die Anteile auf das gesamte Geschäftsvolumen oder ob diese lediglich auf das gesamte Fremdwährungsvolumen bezogen werden. Beide Methoden können eine Aussage über Risikokonzentrationen machen. Dem Kreditinstitut muss nur bewusst sein, welche Aussage es treffen will und die entsprechende Bezugsgröße auswählen.

Für lokal tätige Kreditinstitute dürften die Konzentrationen in Fremdwährung  565
keine so große Bedeutung haben. Die Geschäfte in Fremdwährung sind überschaubar und aus diesem Grunde ist es zu überlegen, ob für diese Geschäfte überhaupt die Risikokonzentrationen zu messen sind. Hier könnten ein Limitsystem und eine qualitative Betrachtung der Risikokonzentrationen völlig ausreichend sein. Bei internationalen Kreditinstituten sieht dies natürlich anders aus. Diese Kreditinstitute werden für die Berechnung von Risikokonzentrationen eigene interne Modelle verwenden. Die Verwendung des Herfindahl-Hirschman-Index kann hierbei für eine schnelle Indikation hilfreich sein.

## 3.4. Konzentrationen bei Liquiditätsrisiken

Die Risikokonzentrationen bei Liquiditätsrisiken kommen im Wesentlichen  566
im Bereich der Refinanzierung vor. Das bedeutet, dass die Kreditinstitute ihren tatsächlichen Zahlungsmittelbedarf über sehr wenige Quellen decken können.

Vor der Finanzmarktkrise sind die Kreditinstitute davon ausgegangen, dass  567
Liquidität jederzeit zu relativ geringen Kosten zu beschaffen ist. Im Rahmen der Finanzmarktkrise wurde den Kreditinstituten verdeutlicht, dass dies nicht der Fall ist. Die Kreditinstitute haben sich unter einander kaum noch beziehungsweise kein Geld geliehen und die Kosten für die Beschaffung von

Liquidität sind immens angestiegen. Dies wird an der folgenden Graphik verdeutlicht. Danach sind die CDS-Prämien der 13 größten Banken im Rahmen der Finanzmarktkrise deutlich angestiegen.

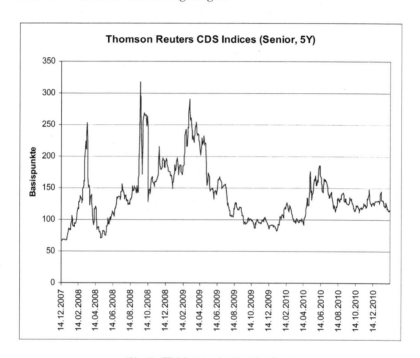

*Abb. 69: CDS-Prämien der 13 größten Banken*

568    Bei der Messung beziehungsweise Beurteilung von Risikokonzentrationen bei Liquiditätsrisiken spielt die Größe und die mögliche Konzernzugehörigkeit eines Kreditinstituts eine wesentliche Rolle. Kleine und mittlere Bank und auch Kreditinstitute die zu einem Konzern gehören verfügen aufgrund der Größe bzw. aus strategischen Gesichtspunkten in der Regel nur über eine oder sehr wenige Quellen zur Refinanzierung. Somit sind diese Kreditinstitute von wenigen Quellen zur Refinanzierung ihrer Geschäfte abhängig. Diese Abhängigkeit gilt es im Rahmen der Messung der Risikokonzentrationen zu beurteilen. Eine quantitative Messung ist in diesem Fall relativ einfach, da die Refinanzierungsquellen dem Kreditinstitut bekannt sein sollten. Es ist dann möglich diese Quellen und das Volumen der Liquiditätsbeschaffung mit einfachen Risikomaßen, wie bei den Adressenrisikokonzentrationen beschrieben, zu messen. Bei nur einer bzw. relativ wenigen Refinanzierungsquellen ist die

Aussagekraft dieser Kennzahlen recht eingeschränkt. Vor allen Dingen wenn berücksichtigt wird, dass es sich dabei um eine bewusst eingegangene strategische Risikokonzentration handelt.

Aus diesem Grund ist es wichtig, wenn das Kreditinstitut ebenfalls eine quali-   569
tative Erhebung der Risikokonzentrationen vornimmt, indem die für die Liquiditätsbeschaffung relevanten Bereiche des Kreditinstituts sich beispielsweise überlegen:

- Wie viel Liquidität in den nächsten Tage, Wochen, Monaten und Jahren benötigt wird (z. B. durch Erstellung von Liquiditätsablaufbilanz)?
- Welche zusätzlichen Maßnahmen zur Beschaffung von Liquidität getroffen werden können?
- Wie sichergestellt ist, dass immer ausreichend Liquidität zur Verfügung steht?

Bei Liquiditätsrisiken sollten auf jeden Fall die Risikokonzentrationen mit   570
Hilfe von qualitativen Verfahren beurteilt werden, da es sich hierbei häufig um strategisch bewusst eingegangene Risikokonzentrationen handelt bzw. die Größe eines Kreditinstituts eine wesentliche Rolle spielt. Des Weiteren ist eine quantitative Ermittlung der Risikokonzentration wenig sinnvoll, wenn es nur eine geringe Anzahl an Refinanzierungsquellen gibt.

### 3.5.   Konzentrationen bei operationellen Risiken

Bei operationellen Risiken ist es sehr schwierig Risikokonzentrationen quanti-   571
tativ zu messen. Sie werden in diesem Abschnitt auch nur wegen der Vollständigkeit erwähnt. Eine eigene Methodik zur Messung von Risikokonzentrationen wird hier nicht vorgestellt. Denn die operationellen Risiken bezeichnen die Gefahr, von unerwarteten Verlusten, die in Folge der Unangemessenheit oder des Versagens von internen Verfahren, Menschen und Systemen in Folge von externen Ereignissen eintreten. Es gibt hierfür wenig Risikomodelle, die diese Risiken quantitativ messen. Ein Modell, welches hier zu erwähnen wäre, ist das Konzept des Operational Value-at-Risk. Dies ist aber mit einem sehr hohen Umsetzungsaufwand verbunden und es müssen dem Kreditinstitut auch eine hinreichende Anzahl von Schadensfällen vorliegen, damit ein statistisches Modell entsprechende Aussagen treffen kann. Häufig scheitert es in der Praxis an der Datenmenge und -qualität.

Außerdem ist eine Diversifikation bei dieser Risikoart wenig oder nur mit sehr   572
hohem Aufwand möglich. Denn die Risiken resultieren im Wesentlichen aus den Prozessen und Systemen sowie den Mitarbeitern des Kreditinstituts heraus.

Aus diesem Grund ist es sicherlich sinnvoller, operationelle Risiken im Hinblick auf die Messung von Risikokonzentrationen eher qualitativ abzudecken. Ein Vergleich mit den tatsächlichen Schadensfällen kann dabei hilfreich sein.

| Fragestellung zu den » Methoden von sonstigen Risikokonzentrationen« | Erfüllt |
|---|---|
| *Werden die Methoden zu den sonstigen Risikokonzentrationen ordnungsgemäß implementiert und dokumentiert?* | |
| 1. Hat das Kreditinstitut alle über die Adressenrisikokonzentrationen hinausgehenden wesentlichen Risikokonzentration identifiziert? | |
| 2. Werden diese Verfahren ordnungsgemäß und für unabhängige Dritte nachvollziehbar dokumentiert, die zur Messung der sonstigen Risikokonzentrationen eingesetzt werden? | |
| 3. Begründet das Kreditinstitut schriftlich die nicht Quantifizierung von bestimmten Risikokonzentrationen (z. B. bei den operationellen Risiken) | |
| 4. Ist sichergestellt, dass das Kreditinstitut keine Risikokonzentrationen doppelt berücksichtigen? Das heißt, falls die Risikokonzentrationen schon mit der Quantifizierung der Adressenrisiken ermittelt worden sind, diese nicht noch mal bei den sonstigen Risikokonzentrationen berechnet wird. | |

## 4. Fazit

573 Risikokonzentrationen sind im Rahmen der Finanzmarktkrise immer mehr in den Fokus der Aufsichtsbehörden geraten. Die Kreditinstitute sollten jedoch schon aus Eigeninteresse ihre Risiken und somit auch die eingegangenen Risikokonzentrationen messen. Dafür steht den Kreditinstituten ein ganzes Bündel von Möglichkeiten zur Verfügung. Ein Aspekt ist sicherlich, die Risikokonzentrationen zu quantifizieren. Dies ist natürlich nur ein zu betrachtender Punkt. Vielmehr müssen die gesamten Risikomaßnahmen, wie z. B.

- Limitsysteme,
- Stresstests,
- Portfolioanalysen,

- Risikoreports
- Usw.

eines Kreditinstituts in Gänze sämtliche wesentlichen Risiken abdecken. Die hier vorgestellten Methoden zur Quantifizierung von Risikokonzentrationen sind davon ein wesentlicher Bestandteil.

---

✓ **Praxistipp zu der »Quantifizierung von Risikokonzentrationen«**

- Die Aufsicht hat die Institute verpflichtet, die Risikokonzentrationen für alle Risikoarten und risikoartenübergreifend zu überwachen und zu messen. Denn im Rahmen der Finanzkrise wurde deutlich, dass Risikokonzentrationen für die Institute existenzgefährdend sein können. Aus diesem Grund sind auch quantitative Methoden in Abhängigkeit von der Geschäftspolitik und –strategie des Instituts umzusetzen.

- Für die Messung der Risikokonzentrationen haben die Kreditinstitute einen Prozess zu implementieren, anhand dessen die wesentlichen Risikokonzentrationen identifiziert werden. Dieser Prozess ist regelmäßig zu wiederholen und für unabhängige Dritte nachvollziehbar und ordnungsgemäß zu dokumentieren.

- Die Kreditinstitute sollten neben den quantitativen Verfahren auf alle Fälle qualitative Aussagen zu den Risikokonzentrationen treffen. Die quantitative Messung von Risikokonzentrationen kann nur ein Baustein des Risikomanagements eines Kreditinstituts sein und eventuell Hinweise auf mögliche Risikokonzentrationen geben.

---

# C.

## Steuerung, Überwachung und Reporting von Risikokonzentrationen in der Praxis einer Genossenschaftsbank

## C. Steuerung, Überwachung und Reporting von Risikokonzentrationen in der Praxis einer Genossenschaftsbank

Die Übernahme von Risiken ist die wesentliche Ertragsquelle des Bankge-schäfts. Die Transformationsleistungen der Bank sind immer mit der Über-nahme von Risiken verbunden. Wie in jedem Gewerbebetrieb sind dabei die Chancen und Risiken der Ertragsquellen gegeneinander abzuwägen. Durch Spezialisierung auf bestimmte Märkte und durch vorgegebene Geschäftsmo-delle entstehen Risikokonzentrationen, die seit jeher ein unvermeidbarer Be-standteil des Bankgeschäftes sind. Durch Erschließung neuer Märkte können weitere Ertragsquellen geschaffen werden, die sich in ihren Chancen und Risiken von den bisherigen Märkten unterscheiden. Dieser als Diversifikation bezeichnete Vorgang kann das Risikoprofil einer Bank tatsächlich positiv beeinflussen, zur Ertragsverstetigung und damit zur dauerhaften Steigerung des Vermögens beitragen. Risikomodelle, die diesen Diversifikationseffekt messen, weisen in Folge ein geringeres zahlenmäßiges Risiko aus. Andererseits wird im Laufe der Zeit die Erfahrung auf Basis des neuen Risikoprofils dazu führen, dass die Gesamtrisiken in ihrem Umfang bewusst oder unbewusst gesteigert werden, um die unveränderte oder gar gesteigerte Risikotragfähig-keit besser auszunutzen. {574}

Dieser Effekt lässt sich sehr gut mit der technischen Entwicklung im Auto-mobilbau vergleichen. ABS-Bremsen, Fahrstabilitätsprogramme, Bremsassis-tenten, Spurassistenten usw. führen jeweils dazu, dass die Sicherheit auf den Straßen steigt. Einen Teil des Sicherheitsgewinnes kompensiert der Fahrer aber dadurch, dass er sich nun auf die Systeme verlässt, sich sicherer fühlt und so schneller fährt. Er bewegt sich so dichter an den Grenzen des physikalisch Möglichen. Das geht solange gut, bis ein unvorhergesehenes Ereignis eintritt, dass auf alle Systeme in gleicher Weise einwirkt. Beispielsweise Eis in einer Kurve reduziert plötzlich die gesamte Bodenhaftung. Da alle Systeme aber auf Bodenhaftung angewiesen sind und die Physik nicht überlisten können, endet die Fahrt in einer Katastrophe. Ein Ausrutscher, der bei niedrigerem Tempo noch auf dem Randstreifen hätte abgefangen werden können, endet nun am nächsten Baum. Dagegen hilft nur, sich die Gefahren bewusst zu machen und eine vorsichtigere Fahrweise zu wählen. Im Bankgeschäft bedeutet das, sich der Einzelrisiken bewusst zu sein und das Risiko einzukalkulieren, dass diese in Krisen auch gleichzeitig eintreten könnten. {575}

576     Als bewährte Methoden zur Risikosteuerung stehen Verminderung, Abwälzung oder Vermeidung, als eine Extremform der Verminderung, zur Verfügung. Prinzipiell lassen sich diese Methoden auch auf die Steuerung von Risikokonzentrationen anwenden. Alle erkennbaren oder irgendwie vorstellbaren Abhängigkeiten können vermieden, abgesichert oder vermindert werden. Aber wie ist es mit dem Eis in der Kurve, den »unerkannten« Risikokonzentrationen?

577     Nahezu jede Krise unterscheidet sich in Ursache und Wirkung von früheren Krisen. Als Lehre aus Krisen verfeinern wir unsere Risikomodelle, erkennen neue Zusammenhänge und verbessern unsere Parametrisierung. Politik und Aufsichtsrecht fordern allgemeingültige Maßnahmen zur Vermeidung von Wiederholungen. In Folge dieser Maßnahmen verändern sich Märkte und Verhalten der Marktteilnehmer sowie die Wirkungsweisen der Märkte zueinander.

578     Als Beispiel diene die Finanzmarktkrise, die sich seit Sommer 2007 aus ihrem Vorlauf, der Subprimekrise, zuspitzte. Bereits im Sommer 2007 hätte man den Beginn der Krise an steigenden Risikoaufschlägen für Bankentitel und Pfandbriefe erkennen können. Aber wer hätte damals erahnt, dass sich seit Jahren stabile Spreads derart ausweiten und zwischen welchen Märkte diese Spreads in Folge der Krise auftreten würden? Dass das Vertrauen zwischen den Banken schwindet, war nicht mit Sicherheit vorauszusagen. Im Gegenteil haben viele die gestiegenen Spreads als Einstiegssignal in Bankanleihen fehlinterpretiert.

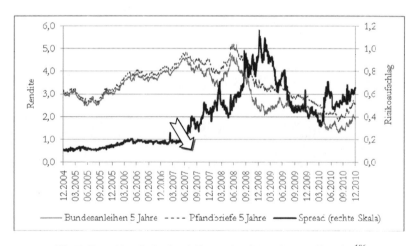

*Abb. 70: Entwicklung der Risikoaufschläge für deutsche Pfandbriefe im Zeitverlauf[186]*

---

186     DZ Bank Datenversorgung.

ABS-Wertpapiere, deren Konstruktion selbst auf Diversifikationsannahmen    579
beruhte, wurden zuvor von Banken mit der Absicht der Diversifikation des
Anlageuniversums gekauft. Nun erwiesen sie sich als »Giftmüll« für die Bank-
bilanzen und damit eine Ursache für den genannten Vertrauensverlust.

Die Anforderungen an Risikomodelle sind seither gestiegen. Es gibt nicht    580
mehr die eine richtige Zinskurve. Der Markt sucht aktuell immer wieder neu
seinen »Save Haven«, einen Markt in dem das Vermögen vermeintlich vor
Wertverlusten geschützt ist. Die Abgrenzung zwischen Marktpreisrisiko und
Adressrisiko verschwindet zusehends. Die Auswirkungen auf das Kundengeschäft sind an einer neuen Qualität des Konditionswettbewerbs zu erkennen.
Banken denen der Finanzmarkt Geld nur zu hohen Risikoaufschlägen gibt,
drängen in Folge mit hohen Konditionen in das Retailgeschäft und der Steu-
erzahler gibt ungefragt die Rückzahlungsgarantie.

Die gemachte Erfahrung verdeutlicht die Notwendigkeit der Steuerung und    581
Überwachung von Risikokonzentrationen. Es zeigt aber auch gleichzeitig, dass
die Steuerung von Risikokonzentrationen durch Vermeidung aller ihrer Aus-
prägungsformen kaum möglich, da die zukünftigen Risikokonzentrationen
historisch häufig nicht erkennbar und daher nicht einschätzbar sind. Wie
wahrscheinlich ist das »Unwahrscheinliche«? Quantitative Aussagen darüber
sind kaum möglich. Modelle sind immer nur Versuche die Wirklichkeit abzubilden und selbst in ihrer größten Komplexität immer von Prämissen abhängig, die in den vergangenen Krisen dann jeweils nicht oder nur begrenzt zutra-
fen.

## I.  Inter-Risikokonzentrationen

Die MaRisk[187] unterscheiden zwischen Intra- und Inter-Risikokonzentrationen    582
und beziehen sich dabei auf die in ihnen definierten Risikoarten. Alle wesentlichen Risiken inklusive der Risikokonzentrationen sind dem Risikodeckungspotential[188] gegenüberzustellen. Die Steuerung und Überwachung von Inter-
Risikokonzentrationen ist also aus Sicht der MaRisk erforderlich, sofern das
System der Risikotragfähigkeit risikomindernde Diversifikationseffekte[189]
zwischen den Risikoarten berücksichtigt. Da die aktuellen Risikomodelle und
Gesamtbanksteuerungsinstrumente im Allgemeinen zunächst auf die in den
MaRisk definierten Risikoarten spezialisiert sind, gestaltet sich eine Messung

---

187    Vgl. MaRisk AT 2.2 Ziffer 1 Erläuterung (Fassung vom 15.12.2010).
188    Vgl. MaRisk AT 4.1 Ziffer 1.
189    Vgl. MaRisk AT 4.1 Ziffer 6.

der Diversifikationseffekte der Inter-Risikokonzentrationen in der Praxis jedoch als besonders schwierig. Zur Vermeidung dieses Problems steht aus Sicht der MaRisk einer einfachen Addition der Risiken aller wesentlichen Risikoarten zur Messung der Auslastung der Risikotragfähigkeit nichts im Wege. Eine solche Addition der Risikoarten entspräche in einem Korrelationsmodell vereinfacht ausgedrückt der Korrelation »1«. Wenn Risikoart A schlagend wird, so würde also gleichzeitig auch Risikoart B schlagend. Diese vereinfachte Extremwertannahme übertreibt zwar mit größter Wahrscheinlichkeit die Risikosituation, wird aber den möglichen kurzfristigen Auswirkungen einer Wirtschaftskrise sehr nahe kommen. Welchen Steuerungsimpuls kann man aber aus diesem Extremwert ableiten?

583 Betrachten wir dazu kurz verschiedene Möglichkeiten der Herleitung des maximalen Risikodeckungspotentials. Eine erste externe Forderung an die Risikodeckungsmasse könnte die Rückzahlung sämtlicher Verbindlichkeiten auch im Krisenfall sein. Diese Anforderung hat zwar gesamtwirtschaftlich einen hohen Wert, ist aber betriebswirtschaftlich von geringem Nutzen. Für die Eigentümer der Bank ist ihr eingesetztes Kapital ohnehin unwiederbringlich verloren. Für sie ist also eine wesentlich entscheidendere Bedingung, den Fortbestand des Unternehmens unter Einhaltung aller aufsichtsrechtlichen Anforderungen zu sichern. Damit ist das eingesetzte Kapital zumindest teilweise gesichert und die Unabhängigkeit des Unternehmens gewahrt. Darüber hinaus wäre eine beliebige engere Vorgabe durch die Eigentümer zum Schutze ihres Kapitals denkbar. Die oben genannte Methode zur Ermittlung der Risikosituation wäre gut geeignet, eine extreme Marktlage zu simulieren und die Erfüllung dieser strategischen Anforderungen zu überprüfen.

584 Eine weitere Möglichkeit zur Abschätzung der Gesamtbankrisiken unter Einbeziehung der Inter-Risikokonzentrationen sind die in den MaRisk[190] definierten Anforderungen an Stresstests. Hierbei sind unter Berücksichtigung von »Risikokonzentrationen und Diversifikationseffekten« »historische und hypothetische Szenarien« zu entwickeln, die »außergewöhnlich, aber plausibel möglich« sind. Untersucht man dazu einige extreme Marktphasen der Vergangenheit, so lässt sich feststellen, dass über den Gesamtzeitraum zwar Wertverluste in den einen Märkten Gewinnen in anderen Märkten gegenüberstanden, aber diese Gewinner- und Verlierer-Rollen durchaus mehrfach zwischen den Märkten wechselten. Ausgehend von der maximalen historischen anhaltenden Schwächephase einer für die Anlagestruktur (Asset Allokation) der Bank we-

---

190    Vgl. MaRisk AT 4.3.3.

sentlichen Anlageklasse wurden jeweils die maximalen negativen Wertveränderungen in den restlichen Anlageklassen in einem beliebigen Abschnitt dieses
Gesamtzeitraums untersucht. Die festgestellten möglichen Wertverluste werden mit den jeweiligen aktuellen Investitionsvolumen der Anlageklassen aus-
multipliziert und aufaddiert. Zusätzlich wird ein durch Verschlechterung der
Risikoklassen und Ratingklassen erhöhtes Adressrisiko unterstellt. Um sicherzustellen, dass die strategisch gewählte Anlagestruktur auch in solche extremen Marktsituationen durchgehalten werden kann, sollten die Risiken von der
oben hergeleiteten Risikodeckungsmasse nach MaRisk grundsätzlich abgedeckt sein.

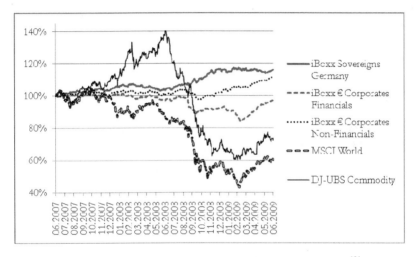

*Abb. 71: Ausgewählte Marktentwicklungen im Verlauf der Finanzmarktkrise[191]*

Das Konzept weicht bewusst von der statistischen Zeitpunktbetrachtung     585
eines historischen VaR-Verfahrens ab, da in den untersuchten Marktsituationen sowohl die Korrelationen zwischen den Anlageklassen zeitweise deutlich
steigen, als auch eine operative aus Marktmeinung oder Limitüberschreitungen resultierende Umschichtung zwischen den Anlageklassen die Partizipation
an nachfolgenden Markterholungen verhindern könnte. Ein zusätzlicher
Handlungsdruck könnte aus Rechtfertigungsgründen gegenüber Gremien
oder Bankenaufsicht entstehen: Um dem Vorwurf der Tatenlosigkeit zu entgehen, könnten Positionen auf niedrigstem Niveau verkauft werden, obwohl
eine rasche Gegenbewegung nun immer wahrscheinlich wird. Dieser hypothe-

---

191    Quelle: vwd Vereinigte Wirtschaftsdienste AG.

tische Stresstest basiert gewissermaßen auf Murphys Gesetz und unterstellt eine Verkettung von ungünstigen Ereignissen mit einer gleichzeitigen Anhäufung von Fehlentscheidungen.

586   Ein solches Szenario kann auf Basis der Erfahrungen aus der Finanzmarktkrise erstellt werden. Dabei ist dann beispielsweise im Gegensatz zum Zinsverlauf während der Finanzmarktkrise ein Anstieg des Zinsniveaus zu unterstellen, der zwar nur in einem begrenzten Zeitraum aufgetreten war, aber ebenfalls zu Wertverlusten der Renten- und Zinsstrukturen hätte führen können.

| Index | Maximaler | im Zeitraum | |
|---|---|---|---|
| | Wertverlust | von | bis |
| iBoxx Sovereigns Germany | -4,07 % | 17.03.2008 | 13.06.2008 |
| iBoxx € Corporates Financials | -17,15 % | 24.10.2007 | 17.03.2009 |
| iBoxx € Corporates Non-Financials | -6,01 % | 26.08.2008 | 17.10.2008 |
| MSCI World | -59,07 % | 31.10.2007 | 09.03.2009 |
| DJ-UBS Commodity | -57,13 % | 02.07.2008 | 02.03.2009 |

*Abb. 72: Maximale Wertverluste einzelner Anlageklassen im Verlauf der Finanzmarktkrise*

587   Auch diese Methode zur Ermittlung der Risikosituation wäre gut geeignet, eine extreme Marktlage zu simulieren und die Erfüllung der genannten strategischen Anforderungen zu überprüfen. Man kann mit großer Wahrscheinlichkeit davon ausgehen, dass selbst in Marktphasen, die den eigenen Erfahrungshorizont übersteigen, an der strategischen Positionierung im Wesentlichen festgehalten werden kann. Zudem sorgt das Modell im Vergleich zu statistischen Modellen für sehr große Transparenz, das es anschaulich auf Erfahrungswerten aufbaut. Für eine weitergehende Feinsteuerung der Risikopositionen sind solche auf Extremwerte ausgerichtete Systeme aber kaum brauchbar.

588   Untersuchen wir daher noch kurz eine Möglichkeit der Herleitung eines engeren über die Forderung der MaRisk an Risikodeckungspotentiale hinausgehenden Risikolimits. Betrachten wir den Eigentümer erneut als Investor, so hat er das Interesse an einer angemessenen Wertentwicklung seines Investments bei einem klar definierten Risiko. Dieses Chancen-Risiko-Verhältnis

baut nun der allgemeinen Finanzmarkttheorie folgend auf normalen durchschnittlichen Marktentwicklungen auf. Das zugehörige Risikolimit berücksichtigt daher eine vorzugebende Mindestrendite während eines Steuerungszyklus
und ist sehr stark von der Risikoneigung des Investors abhängig. Das Jahres-
ergebnis muss schließlich ihm gegenüber kommunizierbar sein.

Die Entwicklung und Verbreitung von Modellen zur Steuerung der Gesamt-    589
Risikoallokation führt zu einer immer ausgefeilteren Berücksichtigung von
Diversifikationseffekten. Die Ausgestaltung dieser Modelle ist gut geeignet zur
Feinsteuerung der Positionen auf Basis eines Konzeptes zur ertrags- und risi-
kooptimierten Steuerung. Die Herausforderungen vor der Risikomanagement-
systeme stehen ist die Bewertung, Steuerung und Überwachung unterschiedlicher Risiken (Kreditrisiken, Marktpreisrisiken usw.), deren Entwicklung zumeist unabhängig voneinander betrachtet wird. Die Wechselwirkungen zwischen den einzelnen Risikoarten werden daher nicht ausreichend berücksichtigt. Sowohl mögliche positive Effekte aus der Diversifikation zwischen einzelnen Anlageklassen als auch potentielle negative Auswirkungen aufgrund
gleichgerichteter Bewegungen oder Ansteckungsgefahren werden vernachlässigt. Die fehlende ganzheitliche Perspektive kann Fehlentscheidungen bei der
strategischen Ausrichtung nach sich ziehen. Eine Lösung besteht in der Einbindung sämtlicher wesentlichen Allokationsentscheidungen in eine integrierte
Treasury-Strategie auf Gesamtbankebene. Dem Geschäftsmodell von Kreditgenossenschaften folgend, sind die Adressenausfallrisiken aus Kundenge-
schäften als ein Hauptrisiko zu berücksichtigen. Andere Risikoarten entwickeln sich in Stärke und Richtung unterschiedlich oder in ihrer Ausrichtung
zeitlich versetzt.

| Jahr | Insolven-zen Unter-nehmen Deutsch-land | Euro Stoxx 50 Total Return Index | Rex Perf. Index | Insolven-zen Unter-nehmen-Deutsch-land | Euro Stoxx 50 Total Return Index | Rex Perf. Index |
|------|------|------|------|------|------|------|
| 1991 | 8.837 | 1.000 | 120 | Veränderung zum Vorjahr in % | | |
| 1992 | 10.920 | 1.073 | 136 | 23,6 % | 7,3 % | 13,4 % |
| 1993 | 15.148 | 1.541 | 156 | 38,7 % | 43,6 % | 14,7 % |
| 1994 | 18.837 | 1.465 | 152 | 24,4 % | -5,0 % | -2,5 % |
| 1995 | 22.344 | 1.728 | 178 | 18,6 % | 18,0 % | 16,7 % |
| 1996 | 25.530 | 2.185 | 191 | 14,3 % | 26,5 % | 7,5 % |
| 1997 | 27.474 | 3.061 | 204 | 7,6 % | 40,1 % | 6,6 % |
| 1998 | 27.828 | 4.129 | 227 | 1,3 % | 34,9 % | 11,2 % |
| 1999 | 26.476 | 6.137 | 222 | -4,9 % | 48,6 % | -1,9 % |
| 2000 | 28.235 | 6.032 | 238 | 6,6 % | -1,7 % | 6,9 % |
| 2001 | 32.278 | 4.877 | 251 | 14,3 % | -19,1 % | 5,6 % |
| 2002 | 37.579 | 3.116 | 274 | 16,4 % | -36,1 % | 9,0 % |
| 2003 | 39.320 | 3.690 | 285 | 4,6 % | 18,4 % | 4,1 % |
| 2004 | 39.213 | 4.036 | 304 | -0,3 % | 9,4 % | 6,7 % |
| 2005 | 36.843 | 5.017 | 316 | -6,0 % | 24,3 % | 4,1 % |
| 2006 | 34.137 | 5.922 | 317 | -7,3 % | 18,0 % | 0,3 % |
| 2007 | 29.160 | 6.491 | 325 | -14,6 % | 9,6 % | 2,5 % |
| 2008 | 29.291 | 3.745 | 358 | 0,4 % | -42,3 % | 10,1 % |
| 2009 | 32.687 | 4.700 | 376 | 11,6 % | 25,5 % | 4,9 % |

*Abb. 73: Diversifikationspotentiale zwischen Insolvenzen[192], Renten und Aktien[193]*

---

192    Quelle: Statistisches Bundesamt.
193    Quelle: vwd Vereinigte Wirtschaftsdienste AG.

In diese Risikoarten kann daher gezielt investiert werden, um Diversifikati-    590
onspotentiale zu erhöhen oder neu auszunutzen und damit die Ergebnissitua-
tion zu stabilisieren.[194] Durch eine konsistente Steuerung der Gesamtrisiko-
Allokation bekommt die Bank einen genauen Überblick über die Zusammensetzung ihres Vermögens. Dabei werden das Risiko und die Performance-
Chancen in den einzelnen Asset-Klassen transparent. Über Optimierungsmo-
delle können nunmehr optimale Allokationen im Rahmen der bankeigenen
Risikostrategie festgelegt werden. Investitionsentscheidungen werden somit
fundiert getätigt und nicht aus vermuteten Korrelationszusammenhängen
heraus entschieden.

Eine weitergehende Anforderung der MaRisk[195] umfasst sogenannte Inverse-    591
Stresstests. Diese verlangen eine Verschlechterung von Kennzahlen bis zu
dem Punkt, dass die definierte Risikotragfähigkeit aufgebraucht ist. Im Sinne
einer hohen Transparenz und Nachvollziehbarkeit erscheint es sinnvoll, die
Tests jeweils auf die Veränderung eines Parameters zu beschränken. Besonders im Zeitverlauf wird damit sichtbar, wie sich die Risikokonzentration der
Bank verändert. Für Inter-Risikokonzentrationen sind Inverse-Stresstests nur
bedingt einsetzbar, da hier Risikoarten-übergreifende Parameterveränderungen gewählt werden müssten. Dies schränkt die Auswahl der zur Verfügung
stehenden Parameter stark ein; alternativ müsste die Auswirkung der Veränderung des einen Parameters auf einen anderen über Modelle abgeschätzt werden, was wiederum die Erreichung unseres Zieles, der Messung von Risikokonzentrationen, in Frage stellt.

## II.  Intra-Risikokonzentrationen

Die Steuerung und Überwachung von Intra-Risikokonzentrationen ist aus    592
Sicht der MaRisk erforderlich, sofern das System der Risikotragfähigkeit risikomindernde Diversifikationseffekte[196] innerhalb einer Risikoart berücksichtigt. Für diese gelten natürlich die gleichen Überlegungen wie für die Risikoar-
ten-übergreifenden Konzentrationen. Hier ergeben sich zahlreiche Ansätze
unterschiedlicher Komplexität.

---

194  Vgl. DZ Bank (2010), »Integrierte Vermögensallokation und aktuelles Aufsichtsrecht«, Fach-
     vortrag zur Anlegerversammlung der Union Investment am 25.10.2010 in Frankfurt/M.
195  Vgl. MaRisk AT 4.3.3 Ziffer 3.
196  Vgl. MaRisk AT 4.1 Ziffer 6.

## 1. Marktpreisrisiko

593 Die MaRisk trennen zwar die Marktpreisrisiken konsequent von den Adressenausfallrisiken ab, erlauben aber die Steuerung bestimmter Elemente der Adressenausfallrisiken von Emittenten im Bereich der Marktpreisrisiken[197]. Veränderungen von Ratings oder Bonitätseinschätzungen des Kapitalmarktes führen zu Kursschwankungen[198]. Diese können von zinsinduzierten Kursschwankungen isoliert werden. Die Modelle zur Abschätzung und Steuerung dieser Risiken unterscheiden sich zum Teil von den für das Kundengeschäft angewandten Verfahren. In Folge werden daher auch Elemente der Adresserisikosteuerung unter dem Kapitel Marktpreisrisiko abgehandelt, sofern sie sich aus dem Eigenanlagegeschäft der Bank ergeben.

### 1.1. Limitierung von Emittenten- und Länderrisiken

594 Es bedarf nicht immer hoch komplexer Systeme um Risiken zu erkennen und zu steuern. Häufig können einfache, übersichtliche Limitsysteme Abhängigkeiten gut verdeutlichen. In einer einfachen Datenbank können Risikoabhängigkeiten von Emittenten und Kontrahenten im Eigengeschäft abgebildet werden. Dazu werden alle Eigenanlagen der Bank sowohl nominal als auch in Abhängigkeit von Rating, Restlaufzeit und Besicherung gewichtet betrachtet. Über eine Matrix, die diese Faktoren berücksichtigt, werden jeder Eigenanlageposition festgelegte Risikogewichte zugerechnet. Eine Gewichtung lässt sich beispielsweise aus KSA-Gewichten der Solvabilitätsrichtlinie sowie den Anrechnungsfaktoren der GroMiKV ableiten.

---

197 Vgl. MaRisk BTR 1 Ziffer 4 Erläuterung.
198 Vgl. MaRisk BTR 2.1 Ziffer 1 Erläuterung.

**Anrechnungsfaktoren GroMiKV bis 31.12.2010**

|                     | bis 1J | bis 3J | über 3J |
|---------------------|--------|--------|---------|
| Staaten Zone A      | 0      | 0      | 0       |
| SV Banken Zone A    | 0      | 20     | 50      |
| Ford Banken Zone A  | 0      | 20     | 100     |
| Nichtbanken         | 100    | 100    | 100     |

| Anrechnungsfaktoren Solvabilitätsverordng. | | | | Abgeleitete individuelle Anrechnungsfaktoren | | | | |
|--------------|--------|--------|--------|---------------|--------|--------|--------|---------|
|              |        | bis 3M | über 3M |              |        | bis 3M | bis 3J | über 3J |
| Staaten Zone A | AAA/AA | 0   | 0    | Staaten       | AAA    | 0      | 0      | 0       |
|              | A      | 20     | 20     |               | AA/A   | 20     | 20     | 20      |
|              | BBB    | 50     | 50     |               | BBB    | 50     | 50     | 50      |
|              | BB     | 100    | 100    |               | BB     | 50     | 100    | 100     |
|              | B      | 100    | 100    |               | B      | 100    | 150    | 150     |
|              | C      | 150    | 150    |               | C      | 150    | 350    | 350     |
|              | oR     | 100    | 100    |               | oR     | 150    | 150    | 150     |
| Banken Zone A | AAA/AA | 20   | 20     | Banken        | AAA    | 20     | 20     | 20      |
|              | A      | 20     | 50     |               | AA/A   | 20     | 50     | 50      |
|              | BBB    | 20     | 50     |               | BBB    | 50     | 50     | 100     |
|              | BB     | 50     | 100    |               | BB     | 100    | 100    | 150     |
|              | B      | 50     | 100    |               | B      | 100    | 150    | 350     |
|              | C      | 150    | 150    |               | C      | 150    | 350    | 350     |
|              | oR     | 20     | 50     |               | oR     | 100    | 100    | 100     |
| Verbriefungen | AAA/AA | 20   | 20     | Verbriefungen | AAA    | 20     | 20     | 50      |
|              | A      | 50     | 50     |               | AA/A   | 50     | 50     | 100     |
|              | BBB    | 100    | 100    |               | BBB    | 100    | 100    | 150     |
|              | BB     | 350    | 350    |               | BB     | 350    | 350    | 1250    |
|              | B      | 1250   | 1250   |               | B      | 1250   | 1250   | 1250    |
|              | C      | 1250   | 1250   |               | C      | 1250   | 1250   | 1250    |
|              | oR     | 1250   | 1250   |               | oR     | 1250   | 1250   | 1250    |
| Nichtbanken  | AAA/AA | 20     | 20     | Nichtbanken   | AAA    | 20     | 50     | 50      |
|              | A      | 50     | 50     |               | AA/A   | 50     | 100    | 100     |
|              | BBB    | 100    | 100    |               | BBB    | 100    | 100    | 100     |
|              | BB     | 100    | 100    |               | BB     | 150    | 150    | 150     |
|              | B      | 150    | 150    |               | B      | 150    | 150    | 350     |
|              | C      | 150    | 150    |               | C      | 350    | 350    | 350     |
|              | oR     | 100    | 100    |               | oR     | 150    | 150    | 150     |

*Abb. 74: Herleitung von Anrechnungsfaktoren für ein Emittentenlimitsystem*

Eine Aggregation der Eigenanlagen auf Adressrisikoeinheiten, Anlageklassen, 595
Länder, Regionen usw. ist denkbar. Die Struktur der Eigenanlagen kann nun
leicht gesteuert werden. Durch Limitierung und Definition von Warngrenzen
auf den jeweiligen Aggregationsebenen werden Klumpen vermieden. Durch
Hinterlegung einer Ampel werden Strukturveränderungen im Bestand sichtbar
und Neugeschäfte in Bereiche mit geringer Konzentration geleitet. Die Veränderungen von Ratings oder Restlaufzeitenverkürzung führen automatisch
zu Handlungssignalen. Um eine frühzeitige Reaktion zu ermöglichen, ist eine
zusätzliche laufende Beobachtung von Bonitätsspreadveränderungen unumgänglich. Bei Bedarf können auffällige Emittenten dann auch mit einem internen Bonitätsmalus belegt werden.

## 1.2. Risikokonzentration in Fonds

596    Fonds bieten im Rahmen der Eigenanlagesteuerung zahlreiche Vorteile gegenüber Direktanlagen. Neben steuerlichen und handelsrechtlichen Gestaltungsspielräumen ermöglichen sie gerade bei kleinen und mittleren Instituten eine breite Streuung von Anlagerisiken, verschaffen Zugang zu Märkten, die ansonsten verschlossen blieben. Mit zunehmender Diversifikation und Komplexität steigen jedoch die betriebswirtschaftlichen Anforderungen. Mit dem Ziel einer konsistenten Gesamtbanksteuerung muss auch bei Auslagerung des Managements sichergestellt sein, dass sich die übermittelten Risikozahlenwerke nahtlos in die Risikosteuerung integrieren lassen. Eine Integration muss in der Form erfolgen, dass die aus sämtlichen Kapitalanlagen resultierenden wesentlichen Risiken und die damit verbundenen Risikokonzentrationen jederzeit transparent gemacht werden.

597    Je größer der Einfluss eines Instituts auf die Zusammensetzung des Fonds ist, umso wichtiger ist eine Durchschau auf die Zielanlagen des Fonds. Dabei kann der Fonds in seine Bestandteile zerlegt und so in die zuvor beschriebenen Stresstests, Limitsysteme sowie weitere Gesamtbanksteuerungssysteme integriert werden. Andererseits schwindet bei einem unabhängigen Managementmandat bis hin zu einem reinen Publikumsfonds der Einfluss der Bank auf das Fondsmanagement. Dabei ist zu berücksichtigen, dass Steuerungsmaßnahmen des Fondmanagements nicht unbeabsichtigt durch nachfolgende Gegenmaßnahmen im Rahmen der Gesamtbanksteuerung konterkariert werden. Dadurch würde nämlich die eingekaufte Managementleistung in ihrer Wirkung auf ein Minimum reduziert. Der Regelkreis ist also derart zu gestalten, dass eine Differenzierung zwischen Auswirkungen eigener Entscheidungen und des Fondsmanagements ermöglicht wird. Erhöht beispielsweise der Fondmanager aufgrund seiner Marktprognose die Duration des Fonds, so könnte die Bank bei Integration des resultierenden Cashflows in ihren Zinsänderungs-Cashflow die erhöhte Fristentransformation unreflektiert wahrnehmen und auf das bisherige Niveau zurückregeln. Im Ergebnis wurden Transaktionskosten produziert. Die erste Steuerungsmaßnahme wurde mit einem ungesteuerten Zeitverzug annulliert, was zu an sich schon unkontrollierbaren Risiken führte. Ansonsten weist der Fonds bei Eintreffen der Prognose eine bessere Performance aus, die aber über die reduzierte Fristentransformation der Bank zunichte gemacht wurde.

Natürlich müssen die Systeme den Verpflichtungen der MaRisk nachkommen    598
und die Möglichkeit bieten, ausgelagerte Leistungen ordnungsgemäß zu überwachen sowie die Leistung regelmäßig zu beurteilen. Welche Reporting-
Leistungen bieten die Fondsgesellschaften dafür an?

Diese bieten eine Vielzahl von Risikokennzahlen, Sensitivitäts- und Streu-    599
ungsmaße, VaR-Kennzahlen und Stresstests, die man prinzipiell zwischen Ex-
post- und Ex-ante-Risikokennzahlen unterscheiden kann.[199] Ex-post-
Kennzahlen liefern das tatsächlich vorhandene Risiko für einen zurückliegen-
den Zeitraum basierend auf historischen Daten. Sie stellen eine wichtige
Grundlage für Entscheidungen vor dem Hintergrund dar, dass Entwicklungen
der Vergangenheit als Indikator für zukünftige Wertentwicklungen herangezogen werden können. Ergänzend bieten Ex-ante-Risikokennzahlen unter
Berücksichtigung des Zielinvestments im Fonds die Möglichkeit, potentielle
Entwicklungen in der Zukunft in Form von Value at Risk und Szenarien
transparent zu machen und eine Vielzahl bisher nicht eingetretener Risikositu-
ationen zu simulieren. Während Sensitivitätsanalysen und Streuungsmaße
grundsätzlich den Ex-Post-Kennzahlen zuzuordnen sind und Stresstests generell zukunftsgerichtet sind, lassen sich VaR-Kennzahlen ja nach Verfahren
zuordnen. Erfolgt die Ermittlung des VaR auf Basis von Streuungsmaßen,
sogenannter parametrischer VaR, ist die Kennzahl den Ex-post-Kennzahlen
zuzuordnen. Simulationsbasierte VaR-Verfahren weisen einen starken Zu-
kunftsbezug aus und zählen daher zu den Ex-ante-Kennzahlen.

Eine bekannte Ex-post-Kennziffer zur Messung des Fondsrisikos ist der Va-    600
lue at Risk auf Basis der sogenannten BVI-Methode. Er berücksichtigt das
Wertschwankungsrisikos eines Fonds auf 10 Tage mit einer relativ kurzen
Historie. Marktpreisrisiken, alle Bestandteile des Adressrisikos sowie Effekte
aus Steuerungsmaßnahmen des Fondsmanagements werden dabei vermischt.
Drastische Kursbewegungen an den Märkten rufen das Risikomanagement in
den Mittelpunkt und führen möglicherweise zu starken Umschichtungen in
den Fonds. Die sich ergebenden Diversifikationseffekte wirken zwar risikomindernd, tragen aber gleichzeitig die Gefahr von unerkannten Risikokonzentrationen in sich. Die Risikokennzahl bildet weder die Auswirkung von
Marktkrisen ab, sofern sie sich nicht zufällig in der betrachteten Historie befinden, noch wird die aus der aktuellen Struktur resultierende Risikosituation
treffend dargestellt. Die Kennzahl ist also nur geeignet bei einer etwa gleich-

---

199    Vgl. Union Investment (2010), Edition Risikomanagement 5.3 und 5.4.

bleibenden Fondsstruktur. Die Kennzahl kann aber keinesfalls die Diversifikationseffekte in Fonds ermitteln. Daher sind weitergehende interne Risikomodelle erforderlich.

601 Zur Ermittlung von simulationsbasierten VaR-Werten nutzen Fondsgesellschaften Monte-Carlo-Simulationen. Diese ermöglichen die Berechnung möglicher Verluste aus einer fast unbegrenzt erscheinenden Anzahl alternativer Szenarien. Dazu wird der Fonds in Bestandteile zerlegt, die von unterschiedlichen Risikofaktoren abhängig sind. Die relevanten Risikofaktoren werden möglichen fiktiven Änderungen unterworfen, die auf Basis historischer Entwicklungen definiert werden. Anschließend werden die einzelnen Finanzinstrumente vollumfassend neu bewertet. So werden die geschätzten Eigenschaften, Volatilität und die Korrelationen zwischen Risikofaktoren in einem Portfolio vollständig erfasst und auch optionale Auszahlungsprofile von Derivaten berücksichtigt. Nach einer ausreichenden Anzahl von Simulationsläufen, die jeweils einen theoretischen Fondswert auf Basis dieser Risikoparameter ermitteln, errechnet sich ein Ex-ante-VaR, der alle wesentlichen Marktpreisrisiken und auch Adressausfallrisiken berücksichtigt. Spreadrisiken werden bezogen auf Corporate-Sektoren, Schwellenländer, usw. simuliert. Jedes Finanzinstrument, das entsprechende Risikofaktoren aufweist, wird mit einer spezifischen Zinskurve, abgeleitet aus Basiszinskurve und Spreads, bewertet. Die Spreads ergeben sich dabei individuell in Abhängigkeit vom Branchensektor, Währungsraum und Rating. Zur Quantifizierung der Aktienrisiken werden die Sensitivitäten von Einzeltiteln gegenüber dem Risiko aus für sie relevanten Sektoren, Regionen und Investmentstilen sowie makroökonomischen Parametern ermittelt. Durch Erzeugung von Kovarianz-Matrizen werden sowohl die systematischen als auch die unsystematischen Risiken und die Korrelationen zwischen den Märkten berücksichtigt. Abgebildete Risikofaktoren sind Indexkurse, Aktienkurse, Zielfondskurse, Wechselkurse, Emerging Market-Zinskurven, Developed Market-Zinskurven und Swap-Kurven sowie Credit-Spread-Kurven und CDS-Spread-Kurven nach Ratings und Sektoren.

602 Der Vorteil der Monte-Carlo-Simulation ist, dass die Marktwerte der Fonds ohne konkrete Verteilungsannahme berechnet werden. Auch wird nicht auf eine Normalverteilungsannahme zurückgegriffen, die den Schätzfehler parametrischer Verfahren erhöht. Da über das Verfahren auch keine Abhängigkeit von beschränkten Zeitreihen besteht, lässt es sich flexibel einsetzen. Der ermittelte Value at Risk kann in der Risikolimitierung der Bank verwendet werden.

Die Frage nach den Diversifikationseffekten blieb aber noch unbeantwortet. 603
Hierzu bietet das System die Möglichkeit, die Korrelationsannahme auf »1« zu
setzen. Alle Instrumente im Fonds werden dann als vollständig zueinander
korreliert bewertet. Wenn man diese Kennzahl mit dem zuvor berechneten
Value at Risk ex ante vergleicht, errechnet sich der Diversifikationseffekt im
Fonds. Die Kennzahl kann auch als Schätzwert für den Zusammenbruch der
Korrelationseffekte genutzt werden. Als sogenannter gestresster Value at Risk
lässt sich diese Kennzahl in der Risikotragfähigkeitsberechnung verwenden.
Dazu kann bei Bedarf auch noch das Konfidenzniveau erhöht werden.

Neben den simulationsbasierten VaR-Verfahren werden im Rahmen der Ex-   604
ante-Risikomessung Stresstests durchgeführt. Das Auftreten extremer Ereignisse an den Finanzmärkten hat gezeigt, dass die von Modellen und Marktteilnehmern geschätzten Schwankungen deutlich überschritten werden können.
Mithilfe von Stresstests werden solche potentiellen Marktkonstellationen
analysiert. Durch zahlreiche realitätsnahe Szenarien kann gewährleistet werden, dass jeder Risikofaktor eines Instruments separat einem extremen Stresstest ausgesetzt wird. Durch Kombination extremer Entwicklungen und vollständiger Korrelation der Risikofaktoren wird die Forderung der MaRisk nach
historischen und fiktiven Szenarien erfüllt.

In Abhängigkeit von dem Aufbau des Gesamtbankreportings können auch   605
einzelne Adressrisiko-Sensitivitäten isoliert berechnet werden. In einer Zeit-
reihe kann mit Hilfe der Spreadduration die Anfälligkeit des Portfolios auf
Veränderungen des Creditspreads erkannt werden. Einige Banken weisen das
Adressenausfallrisiko aus dem Eigenanlagegeschäft in der Marktpreisrisikosteuerung aus. Diese Vorgehensweise wäre konsistent zu dem oben beschriebenen Aufbau des Fondsreportings. Andere Banken folgen in ihrem
Reporting konsequent der Trennung der Risikoarten nach MaRisk. Dafür lässt
sich der erwartet Verlust der verzinslichen Anlagen des Fonds aus den Ratings
und den von den Ratinggesellschaften ausgewiesenen 1-Jahres-Ausfallwahr-
scheinlichkeiten berechnen. Der so errechnete erwartet Verlust könnte im
Adressrisikoreport der Bank Verwendung finden und der entsprechende Wert
dem Marktpreisrisiko gutgeschrieben werden.

1.3.    Anwendung bankeigener VaR-Modelle

Die Überlegungen und Erfahrungen aus der Risikomessung von Fonds lassen   606
sich prinzipiell auf eine vermögenswertorientierte Steuerung der Bank übertragen. Allerdings werden die meisten Institute kleinerer bis mittlerer Größe

nicht in der Lage sein, ihre Risikomessung so aufwendig zu parametrisieren. Insbesondere die dauerhafte Pflege solcher Risikomodelle und die notwendige dauerhafte Qualitätssicherung ließen die Institute schnell an ihre Grenzen stoßen. Ferner würden die mit einem solchen Steuerungsmechanismus verbundenen Kosten in Relation zu den eingegangenen Risikopositionen und dem daraus zu erwartenden Mehrertrag betriebswirtschaftlich kaum Sinn machen. Umfangreiche Bestände in alternativen Assets sollten daher in Fonds eingebracht werden, um so das beschriebene Know-How der Fondsgesellschaften zu nutzen. Über das Zinsbuch hinausgehende Eigenbestände können dann als unwesentlich bezeichnet werden und mithilfe der modernen historischen Simulation in das Risikotragfähigkeitskonzept der Bank eingebracht werden. Selbst in diesem Verfahren lassen sich durch unterschiedliche Parametrisierung Risikokonzentrationen berücksichtigen. Sofern die Bank in einem VaR-Kalkulationslauf alle preisbestimmenden Risikofaktoren simulieren lässt, berücksichtigt das System automatisch die impliziten Korrelationen der Vergangenheit. Die Auswahl der Historie sollte sich daher über einen vollständigen Konjunkturzyklus erstrecken.

607 Der ermittelte Value at Risk kann in der Risikolimitierung der Bank verwendet werden. Nur wenn Krisen in dem Zeitraum eingeschlossen sind, lassen sich auch deren veränderte Korrelationen messen. Bei Ausweitung des Simulationszeitraumes entsteht allerdings das Problem, dass nicht immer eine vollständige Historie für alle Assets zu finden ist. Das stellt die Parametrisierung erneut vor eine Herausforderung. Historische Zeitreihen einzelner Instrumente müssten durch Schätzungen in Abhängigkeit von Marktindizes ergänzt werden. Alternativ ließe sich durch Aufsplittung der VaR-Kalkulationen eine vollständig positive Korrelation unterstellen. Dazu würden zunächst alle Finanzinstrumente in Portfolios aufgeteilt, die nach ihren Risikofaktoren abgegrenzt werden. Für jedes Portfolio kann anschließen individuell ein sinnvoller maximaler historischer Zeitraum ermittelt werden. Die einzelnen Simulationsergebnisse werden aufsummiert, was im Ergebnis zu einem VaR mit einer Korrelation von »1« führt. Wenn man diese Kennzahl mit dem zuvor berechneten Value at Risk vergleicht, errechnet sich der Diversifikationseffekt im Eigenbestand der Bank. Die Kennzahl kann als Schätzwert für den Zusammenbruch der Korrelationseffekte genutzt werden. Bei Bedarf kann auch noch das Konfidenzniveau erhöht werden. Als sogenannter gestresster Value at Risk lässt sich diese Kennzahl in der Risikotragfähigkeitsberechnung verwenden.

## 1.4. Risikokonzentration im zinstragenden Kundengeschäft

Kundengeschäfte fließen mit ihrem Zinsänderungs-Cashflow in die Markt-    608
preisrisikosteuerung der Bank ein. Bei festverzinslichen Positionen ist die
Risikomessung mit den Systemen zur Marktpreisrisikosteuerung unproblema-
tisch. Die eingegangenen Verträge sind beidseitig bindend und können so
über die absolute Zinsniveauveränderung bewertet werden. Enthalten die
Produkte einseitige Kündigungsrechte in denen der Kunde als Stillhalter fun-
giert oder Optionen deren Ausübung automatisch sichergestellt ist, lassen sich
die Preisveränderungen ebenso eindeutig über Zinsniveau und Volatilitäten
bestimmen. Die Bank kann beispielsweise kündbare Inhaberschuldverschrei-
bungen oder Minimax Floater durch derivative Gegengeschäfte risikolos stellen oder durch eine Integration der Optionsrechte in ihre Risikosteuerung
genau analysieren. Sobald die Bank jedoch als Stillhalter auftritt und eine rationale Ausübung der Rechte nicht sichergestellt ist, sind Modelle gefordert, die
das Optionsrisiko abbilden können.

Hierbei ist zunächst die Motivation der Ausübung durch den Kunden zu    609
hinterfragen. Bei liquiditätsmotivierter Ausübung ist der rechnerische Marktwert der Option zweitrangig. Der Kunde übt die Option aus, da er sich in
einem Liquiditätsengpass befindet, unabhängig davon, ob der aufgegebene
Produktzins für ihn besser als ein aktuell angebotenes Nachfolgeprodukt ist.
Bei einer ausreichend großen Grundgesamtheit kann die Bank aus der Vergangenheit abschätzen, wie groß die Wahrscheinlichkeit einer solchen Ausübung ist, da diese in den entsprechenden Marktphasen mit einer für sie positiven kalkulatorischen Leistungsstörung verbunden ist. Eine solche regelmäßige statistische Option lässt sich gut im Cashflow des Produktes abbilden. Die
Deckungsgeschäfte können entsprechend kürzere Laufzeiten ausweisen. Damit wird zugleich auch ein potentieller Liquiditätsbedarf ausgeglichen. Das bei
der Bank verbleibende Risiko ist jedoch, dass sich das Kundenverhalten anders als in der Vergangenheit entwickelt. Je nach Marktphase besteht das Risiko darin, dass die geschätzten Ausübungswahrscheinlichkeiten über- oder
unterschritten werden.

Ein weiteres Motiv zur Ausübung der Option könnte das veränderte Kapital-    610
marktumfeld sein. Der Kunde übt die Option rational in Abhängigkeit vom
Marktwert aus. Auch hier kann die Bank aus der Vergangenheit abschätzen,
wie groß die Wahrscheinlichkeit einer solchen Ausübung ist, da diese mit einer
für sie negativen kalkulatorischen Leistungsstörung verbunden ist. Gleichzeitig kann die Annahme getroffen werden, dass die Anzahl der liquiditätsmoti-

vierten Optionsausübungen identisch ist. Somit beschränkt sich die Wahrscheinlichkeit einer rationalen Ausübung auf die Differenz der Ausübungswahrscheinlichkeiten der beiden untersuchten Phasen. Eine solche rationale Option lässt sich über Derivate absichern oder als offene Position in der Marktpreisrisikosteuerung integrieren. Auch hier verbleibt das Konzentrationsrisiko, dass sich das Kundenverhalten anders als in der Vergangenheit entwickelt.

611 In der entsprechenden Marktphase besteht das Risiko darin, dass die geschätzten Ausübungswahrscheinlichkeiten überschritten werden. Verschärft wird die Problematik dadurch, dass diese Optionen beim Vertragsabschluss zumeist nicht adäquat bepreist werden können. Im Falle von Wachstumszertifikaten wird dies besonders deutlich. Diese werden häufig wie endfällige Anlageprodukte kalkuliert. In der Geschäftskalkulation ist aber die kürzere Duration über den verkürzten Cashflow margenreduzierend zu berücksichtigen. Die rationale Option muss ebenfalls anteilig von der Marge abgezogen werden.

612 Um hier unnötige Risikokonzentrationen zu vermeiden, ist sicherzustellen, dass derartige Produkte nur an Kunden, die der statistischen Erhebung entsprechen, verkauft werden. Im Allgemeinen ist davon auszugehen, dass es sich dabei um Privatkundschaft oder das kleinere Firmenkundensegment handelt. Eine Begrenzungsmöglichkeit bestünde auch in einer Volumenbeschränkung pro Kundeneinheit, eine weitere in anderweitigen Beschränkungen der Optionen auf bestimmte maximale Ausübungsvolumina pro vorgegebenen Zeitraum oder generelle Einschränkungen der Ausübungszeiträume.

### 1.5. Parametrisierung gleitende Durchschnitte

613 Das Konzept der gleitenden Durchschnitte als Dispositionsvorschrift für variable Kundeneinlagen und Kundenkredite ist hinreichend belegt und nachgewiesener Maßen geeignet für die Modellierung des Zinsänderungs-Cashflows.[200] Dennoch sind bei der Parametrisierung zahlreiche Rahmenbedingungen zu beachten, die zu Risikokonzentrationen führen könnten. Für die nachfolgenden Betrachtungen muss natürlich unterstellt werden, dass die Dispositionsvorschriften über ein geschlossenes Gesamtbanksteuerungssystem auch tatsächlich in Dispositionsgeschäfte umgesetzt werden. Ziel ist es, das Zinsbuch zunächst risikolos zu stellen, um dann in Folge bewusst Zinsänderungsrisiken einzugehen. Notwendig ist, die Wirkungsweise des Modells auf

---

200 Vgl. Christian Sievi (1995), Kalkulation und Disposition insbes. Kapitel 10.

alle Facetten der Gesamtbankrisikosteuerung zu verstehen, um das Modellrisiko auf ein Minimum zu reduzieren.

Die Dispositionsvorschrift ist ein wesentlicher Bestandteil der Produktstrategie. Kunden erwarten eine angemessene Anpassung variabler Konditionen an die Veränderungen des Kapitalmarktes. Häufig wird über variable Einlagenprodukte ein starker Verdrängungswettbewerb ausgetragen. Ferner sind durch Vertragstexte und durch die Rechtsprechung enge Rahmenbedingungen gesteckt. Nicht zuletzt gilt es, das Kundenempfinden abzubilden, um in einer Vielzahl von denkbaren Konstellationen angemessen reagieren zu können. Die Disposition anhand der gleitenden Durchschnitte kurzfristiger Geldmarktzinsen beschleunigt zwar die Reaktionsmöglichkeit auf Zinsschwankungen im Kapitalmarkt, führt jedoch bei Einlagenprodukten zu einem dauerhaft niedrigeren Punkt auf der Zinsstrukturkurve und damit der Problematik, der schlechteren Kondition im Vergleich zur Konkurrenz. Im Kreditgeschäft könnten diese schnellen und starken Schwankungen dazu führen, dass die Konditionen innerhalb kürzester Zeit so extrem ansteigen, dass sie nicht nur Bestandskredite an die Grenze der Kapitaldienstfähigkeit treiben, sondern auch den Neuvertrieb dieser Produkte zum Erliegen bringen. Die Alternative bildet die Verwendung der gleitenden Durchschnitte langfristiger Zinsen. Hier entsteht jedoch das Problem, das bei einer allgemeinen Zinsniveauveränderung durchaus ein nachlaufender Impuls aus der Disposition gegenläufige Zinsanpassungen vorschreibt. Wo treten hierbei nun Risikokonzentrationen auf und wie kann man diesen entgegensteuern?

Eine Ursache für eine Risikokonzentration besteht darin, aus Mangel an Verständnis für die Auswirkungen auf die Gesamtrisikosituation einzelne variable Produkte isoliert betrachten zu wollen. Am einfachsten lässt sich dies am Beispiel kurzfristiger Einlagenprodukte verdeutlichen. In Niedrigzinsphasen führt der zuvor genannte Wettbewerbsdruck häufig dazu, dass der Vertrieb ein Produkt fordert, dass Zinsen deutlich oberhalb der Geldmarktsätze zahlt. Die eigenen Festgeldangebote können gegen die Tagesgeldkonditionen der Konkurrenz nicht mehr gegenhalten. Analysen der Zinsanpassungsverhalten von Tagesgeldprodukten bekannter Direktanbieter ergaben, dass diese beispielsweise mit gleitenden Durchschnittssätzen des 3-Jahressatzes disponiert werden. Aus Sicht des Vertriebes besteht die Notwendigkeit ein solches Produkt nachzuahmen, um wettbewerbsfähig zu bleiben. Wenn das Zinsniveau in Folge wieder ansteigt, wird der Punkt erreicht, an dem die Geldmarktzinssätze die gleitenden Durchschnittssätze des 3-Jahressatzes übersteigen. Zu diesem Zeitpunkt sieht der Vertrieb nun die Notwendigkeit, das lahmende Tages-

614

615

geldprodukt wiederum durch das zuvor verworfene Festgeld zu ersetzen. Aus Sicht des Vertriebes wurde alles richtig gemacht. Das Volumen wurde gehalten und die ausgewiesenen Margen waren stets positiv. Was passierte aber in Wirklichkeit? Bei Entwicklung des Tagesgeldproduktes wurde vereinfachend auf historische gleitende Durchschnitte zurückgegriffen. Die zugehörigen Geschäfte waren aber als Dispositionsgrundlage nicht im Bestand und sind als solche auch nicht nachträglich dispositiv umsetzbar.

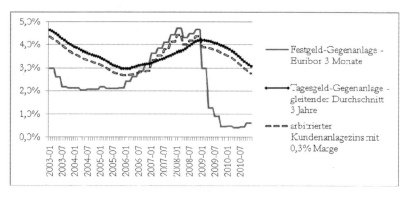

*Abb. 75: Fehlgesteuerter Kundenanlagezins[201]*

616    Die errechnete Marge ist also nicht realisierbar. Im Ergebnis bleibt, dass die im Rahmen der Barwert- und GuV-Steuerung prognostizierte Margenstabilität respektive Zinsaufwandssenkung für das Festgeld nicht eingetreten ist. Wenn in Folge das Tagesgeldprodukt zugunsten des Festgelds abgebaut wurde, blieben aus der Niedrigzinsphase Dispositionsgeschäfte übrig, die nunmehr über keine adäquate Refinanzierungsquelle verfügten. Im Ergebnis bleibt jetzt festzustellen, dass die im Rahmen der Barwert-Steuerung prognostizierte Margenstabilität nicht eingetreten ist respektive die im Rahmen der GuV-Steuerung prognostizierte geringe Zinsaufwandserhöhung für das Tagesgeld deutlich übertroffen wurde.

617    Im Darlehnsgeschäft treten die genannten Effekte genau gegenläufig auf. Dies soll am Beispiel zwei parallel angebotener Darlehnsprodukte verdeutlicht werden. Zum einen böte die Bank ein variables Darlehen an, das auf Basis gleitender Durchschnitte mittelfristiger Kapitalmarktzinsen (im Beispiel wird ebenfalls der 3-Jahressatz verwendet) disponiert wird; zum anderen bestehe noch die Produktvariante eines reinen Geldmarkt-Floaters. Bei niedrigem

---

201    DZ Bank Datenversorgung.

Geldmarktzins wird der Floater bei identischer Marge einen attraktiveren Kundenzins ausweisen, als das variable Darlehen mit Kopplung an gleitende Durchschnitte. Abgesehen davon, dass sich dieses Produkt so im Neugeschäft überlegen zeigt, könnten Berater geneigt sein, ihren Bestandskunden eine Umwandlung zu empfehlen. Dabei entsteht natürlich das bereits diskutierte Problem, dass Refinanzierungsgeschäfte plötzlich ohne Gegengeschäft dastehen, mit allen resultierenden Folgen.

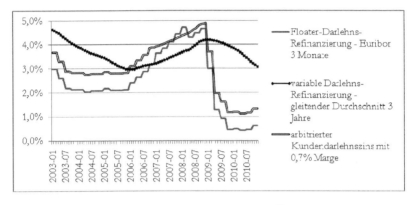

*Abb. 76: Fehlgesteuerter Darlehnszins[202]*

Im Laufe einer Zinssteigerungsphase dreht die Attraktivität der Produkte    618
erneut. So wird im Kredit- und Einlagengeschäft eine Bewertungskurve geschaffen, die sich nicht in reale Dispositionsgeschäfte umsetzen lässt. Die Folge sind nicht nur schwankende Margen, sondern auch barwertige Schäden, auf deren Kalkulation wird in Folge noch eingegangen.

---

202    DZ Bank Datenversorgung.

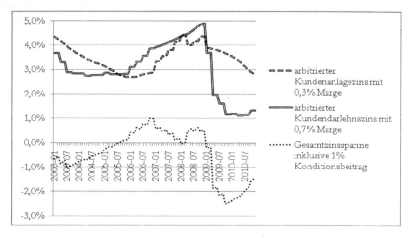

*Abb. 79: Negative Auswirkung auf das Zinsergebnis*

619 Dem Kunden wird es jeweils ermöglicht, die Produkte der Bank gegeneinander zu arbitrieren. In der Gesamtbanksteuerung wurde das Fristentransformationsrisiko durch ein Modellrisiko ersetzt. Beide Risiken sind aber von Marktzinsveränderungen abhängig. Es handelt sich um eine klassische Risikokonzentration. Wie lässt sich dieses Risiko reduzieren?

620 Einfache Modelle zur Ermittlung der Dispositionsvorschrift vernachlässigen den Einfluss von Volumenschwankungen. Setzt ein Modell lediglich auf historischen gleitenden Durchschnitten auf, so wird damit zwingend ein konstantes Volumen impliziert. Margen-Schwankungen ergeben sich bei diesen Modellen ausschließlich aus Veränderungen von Produktzins und untersuchtem Marktzins. Volumenkonstanz ist in der Realität aber eher die Ausnahme. Werden Volumenschwankungen im gleitenden Durchschnittszins berücksichtigt, so ergeben sich Margen-Schwankungen auch aus dem Einfluss der Volumenveränderung in Abhängigkeit vom aktuellen Zinsniveau, da der notwendige Liquiditätsausgleich nur über aktuelle verfügbare Marktgeschäfte durchgeführt werden kann. Erfahrungsgemäß wird die durch diesen Modellansatz steigende Margen-Schwankung durch Mischungsverhältnisse von vergleichsweise kürzeren Marktzinssätzen kompensiert. Auf Basis dieses Modells werden Risikokonzentrationen bereits in der Entstehung vermieden. Die untersuchten Produkte unterscheiden sich nicht so stark von den alternativen Produkten, dass dem Kunden die Möglichkeit einer umfangreichen Arbitrage geboten würde. Die Strategie der jeweiligen Produkte muss dem Vertriebsmitarbeiter transparent sein und sollte dem Kunden so vermittelt werden. An dieser Produktstra-

tegie kann und muss die Bank dann auch festhalten. Ähnlich strukturierte Produkte, zwischen denen der Kunde ohne Restriktionen nach Belieben hin- und herschalten kann, sind bereits in der Produktentwicklung zu vermeiden. Durch geschickte Produktgestaltung könnte ein Produktwechsel zumindest erschwert werden, indem der Kunde beispielsweise optionale Vertragsbestandteile beispielsweise Zinsober- oder -untergrenzen aufgibt, die bei Abschluss des Produktes entgeltlich erworben hat.

Zur Quantifizierung der aus Volumenschwankungen entstehenden Risiken sollten Nachkalkulationsmodelle die Berechnung der notwendigen barwertigen Ausgleichszahlungen beherrschen. Bei diesen Ausgleichzahlungen handelt es sich um Leistungsstörungsentgelte für die vorzeitige Auflösung von Dispositionsgeschäften oder barwertige Kursaufschläge für den Abschluss marktferner Dispositionsgeschäfte. Denn in Höhe der Volumenveränderung ist der zukünftige Volumenablauf des jeweiligen gleitenden Durchschnittes mit aktuellen Konditionen nachzubilden. Da diese Geldanlagen lediglich zu aktuellen Konditionen am Geld- und Kapitalmarkt getätigt werden können, führen die marktfernen Kupons zu einem barwertigen Ausgleich über den Kurs. Die entstehenden Ausgleichszahlungen sind dem Vertrieb zuzurechnen, da er nicht in der Lage war, die »vereinbarte« Volumenkonstanz zu erreichen. Über die verursachungsgerechte Zurechnung wird das Risikobewusstsein des Vertriebes geschärft. <sup>621</sup>

Das Modell zur Ermittlung der Dispositionsvorschrift unterstellt weiterhin eine große Anzahl von Einzelanlagen, die im Volumen gleichmäßig verteilt sind und von zahlreichen Einzelkunden abhängen. Diese Struktur sorgt erfahrungsgemäß dafür, dass eine gewisse Trägheit dauerhaft vorhanden ist. Häufig werden solche Modellannahmen durch Produkteinschränkungen umgesetzt. Denkbar sind Betragsobergrenzen je Kunde, vereinbarte Verfügungsbeschränkungen oder Einschränkung der Kundengruppe durch Ausschluss der Firmenkunden. Diese Maßnahmen dienen der Begrenzung der Risikokonzentration. Wenn solche Eingriffe in die Produktgestaltung nicht durchsetzbar sein sollten, so muss doch zumindest eine regelmäßige Überwachung der größten Einleger der betroffenen Produkte vor einer sich abzeichnenden Risikokonzentration warnen. <sup>622</sup>

Als Beispiel diene der extrem schnelle Rückgang des Zinsniveaus in Folge der Zentralbankmaßnahmen zur Bekämpfung der Finanzmarktkrise. Dieser hat selbst in entsprechend der beschriebenen Überlegungen vorsichtig parametrisierten Modellen dazu geführt, dass Kunden vom Festgeld auf Tagesgelder <sup>623</sup>

überwechselten. Ursache war hierbei, dass die Signale aus der Disposition aufgrund des Konkurrenzumfeldes nicht in ausreichendem Umfang umgesetzt werden konnten. In Folge konnte als Steuerungsmaßnahme eine konsequentere Trennung zwischen privaten und gewerblichen Tagesgeldern durchgesetzt werden. Die Tagesgeldkonditionen im gewerblichen Bereich konnten deutlich gesenkt werden, wodurch stärkere Auswirkungen auf das Zinsergebnis vermieden werden konnten. Aufgrund der beschriebenen detaillierten Parametrisierung konnten – abgesehen von einer nur leicht reduzierten Marge – Auswirkungen auf die Marktpreisrisikosteuerung vermieden werden. Auf die Liquiditätssteuerung nach Maßgabe der Liquiditätsverordnung zeigten sich aber deutliche Auswirkungen.

## 2. Liquiditätsrisiko

624 Die vorgenannten Entwicklungen führten zu spürbaren Auswirkungen in der Liquiditätskennziffer. Festgelder werden mit ihrer Fälligkeit in die entsprechenden Laufzeitbänder als Zahlungsverpflichtungen eingestellt. Festgelder mit einer Laufzeit von einem Monat fallen damit zu 100 % in das relevante erste Laufzeitband; solche mit drei Monaten Laufzeit durchschnittlich zu einem Drittel. Finden nun große Umschichtungen in Tagesgeldbestände statt, so gilt nach der Liquiditätsverordnung pauschal eine Anrechnung von nur noch 10 % im relevanten ersten Laufzeitband. Die Entlastung der Liquiditätskennziffer ist dementsprechend immens. Jedoch ist davon auszugehen, dass die Liquiditätskennziffer bei zu erwartender Umkehrung des Effektes in gleicher Weise belastet wird. Um sicherzustellen, dass diese dann in keinen Engpass läuft, kann eine interne Warngrenze adäquat angehoben werden. Alternativ bieten sich Stresstest an, die einzelne Vorgaben der Liquiditätsverordnung zu unterschiedlichen Bestandspositionen verändern. So könnte eine Verdoppelung der Anrechnung der Sicht- und Spareinlagen einer Umkehrung des genannten Effektes entsprechen. Weitere bankspezifische Szenarien können einen festzulegenden Anteil der Fälligkeiten der nächsten drei Monate der 20 größten Einleger bzw. einen festzulegenden Anteil der 20 größten Sicht- und Spareinlagen umfassen. Ein verstärkter Abruf von offenen Kreditzusagen reiht sich in die bankspezifischen Szenarien ein. Je nach Struktur der Zahlungsmittel können zeitweise Illiquidität der größten Einzelemittenten, Emittentengruppen oder -länder unterstellt werden.

Eine grafische Betrachtung des kumulierten Volumens der variablen Einlagen    625
und der kurzfristigen Terminfälligkeiten beginnend mit dem größten Kunden
und dann absteigend sortiert kann, besonders im Zeitverlauf betrachtet, die
Konzentration von Risiken aufdecken.

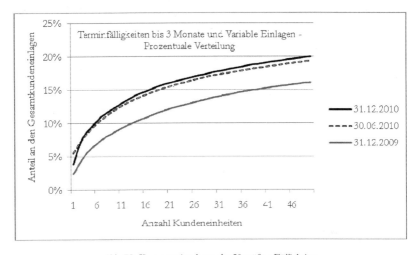

*Abb. 78: Konzentrationskurve der 50 größten Fälligkeiten*

Hierbei wird schnell sichtbar, wie groß die Abhängigkeit der Bank von einer    626
begrenzten Anzahl von Kunden ist.

## 3.    Adressenausfallrisiko

In den Erläuterungen zu AT 2.2 Ziffer 1 der MaRisk wird nicht umsonst    627
darauf hingewiesen, dass Risikokonzentrationen nicht nur aus der Größe von
Einzeladressen herrühren können. Die Notwendigkeit der Überwachung und
Steuerung von Risikokonzentrationen ist im Kreditgeschäft schon lange bekannt. Und auch die Erläuterungen zu BTR 1 Ziffer 1 scheinen Banken vor
keine großartigen neuen Herausforderungen zu stellen. Das Reporting lenkte
schon seit jeher die Aufmerksamkeit auf Größenklassen, Branchenverteilung,
regionale Schwerpunkte usw. Erst BTR 1 Ziffer 6 definiert dann genauere
Anforderungen. Über die Identifikation und Qualifizierung von Risikokonzentrationen hinausgehend wird hier dann in Form einer Öffnungsklausel
(»soweit möglich«) die Quantifizierung eingefordert. In AT 4.3.2 Ziffer 1
werden »angemessene Vorkehrungen zur Begrenzung der Risikokonzentrationen« gefordert. Vor dem Hintergrund der zugehörigen Erläuterung, die quali-

tative Instrumente beispielhaft als regelmäßige Risikoanalysen und quantitative Instrumente als Limit- und Ampelsysteme definiert, betrachten wir nun einige Möglichkeiten der Überwachung und Steuerung.

### 3.1. Verbundene Unternehmen, Kreditnehmerabhängigkeiten und Konzentrationen in Sicherungsinstrumenten und Sicherungsgebern

628 Traditionell werden Risikokonzentrationen bei Einzelkreditnehmern als Klumpenrisiken bezeichnet. Dazu ist es nicht nur aus Sicht der verschärften aufsichtsrechtlichen Regelung erforderlich verbundene oder von einander abhängige Kreditnehmer zu Risikoeinheiten zusammenzufassen. Die Ansteckungsgefahr bei Ausfall eines Kreditnehmers auf andere Kreditnehmer darf nicht unterschätzt werden. Das KWG erwartet daher folgerichtig die Anwendung der Regelungen für Großkredite auf Basis der zusammengefassten Kreditnehmereinheiten. Wenngleich die neuen Regelungen zur Durchschau zu einem extremen Verwaltungsaufwand führen und die Zusammenfassung nicht zuordenbarer Kreditnehmer zu einem Pseudokunden in den meisten Fällen zu einer unnötigen Risikoübertreibung führen, so ist doch die eigentliche Idee hinter dem Regelwerk nachvollziehbar. In internen Risikomodellen ist die weitestgehende Zusammenfassung auf Basis der Engagement-Verknüpfung schon seit Jahren Standard. Bei der Kalkulation des Credit Value at Risk führt die Abbildung dieser Konzentrationen im Modell zu deutlich höheren unerwarteten Verlusten. Damit ist auch eine Begrenzung in Abhängigkeit von dem Risikodeckungspotential der Bank möglich.

629 Zusätzlich können einfach Kennzahlen kombiniert mit einer Ampelfunktion Konzentrationstendenzen im Kreditportfolio sichtbar machen. Das können eine Anzahl der größten Nominalkredite oder Blankokredite im Verhältnis zum Gesamtkreditvolumen oder in Relation zum Betriebsergebnis sein.

630 Genauso wesentlich ist die Überprüfung der Sicherheitenbestände auf Risikokonzentrationen. Die Kalkulation des Adressausfallrisikos und die risikoorientierte Bepreisung basieren jeweils auf den Blankorisikobeträgen. Damit ist jedoch schon unterstellt, dass der eingerechnete Sicherheitenwert Bestand hat. Neben einer regelmäßigen Überprüfung der Realisierbarkeit von Sicherheitenwerten, sollten Konzentrationen von Sicherungsgebern, bestimmten Sicherungsarten oder gar einzelnen Sicherungsobjekten daher genau analysiert werden. Treten bestimmte Sicherungsobjektarten gehäuft auf, stellt sich die Frage

ob diese eine branchenspezifische oder branchenübergreifende Verwendung haben. Handelt es sich um Spezialanlagen so ist die Verwertbarkeit genau zu hinterfragen. Im Bedarfsfall sind die Sicherheitenabschläge zu erhöhen.

Alle Risikokonzentrationen erkennen zu wollen, ist eine schier unmögliche    631
Herausforderung: Der größte Arbeitgeber in der Region, Altersstrukturen in
der Bevölkerung, Einwohnerentwicklungen usw. Im Rahmen einer Risikoinventur lassen sich jedoch die größten Risikotreiber identifizieren und anschließend limitieren.

### 3.2.    Branchen- und Regionenkonzentrationen versus Hausbankprinzip

Bereits im Monatsbericht der Deutschen Bundesbank aus Juli 2006 wurde auf    632
die mögliche Vorteilhaftigkeit der regionalen Nähe zum Kunden eingegangen.
Die aus der Ortsnähe entstehenden Informationsvorteile können die regionale
Sektorkonzentration einer Regionalbank ausgleichen. Es heißt dort: »Das
Regionalprinzip der Sparkassen und Genossenschaftsbanken ist ein weiteres
Beispiel dafür, dass ein Geschäftsmodell Kreditkonzentrationen, insbesondere
(regionale) Sektorenkonzentrationen, begünstigen kann. Besonders gravierend
können sich die Konzentrationsrisiken in Regionen mit einer einseitigen Wirt-
schaftsstruktur auswirken. Der engen regionalen Ausrichtung stehen jedoch
Informationsvorteile aus der größeren Ortsnähe gegenüber.«[203]

Eine generelle und pauschale Vermeidung von Risikokonzentrationen kann    633
das Gesamtrisiko sogar erhöhen. Diversifizierende Investitionen in Regionen
oder Branchen ohne eigene Expertise könnten andererseits die Funktionalität
des Risikomanagements beeinträchtigen. Als Negativbeispiel können erneut
die ABS-Wertpapiere angeführt werden. Diese wurden gern als adäquater
Ersatz für fehlendes Kundenabsatzpotential angepriesen. Die Preise erschie-
nen besser, die Risiken geringer als im eigenen Kundengeschäft. Die Risikokonzentration wurde jedoch völlig falsch eingeschätzt.

Eine enge Verzahnung zwischen Bank und Kunde ist die Voraussetzung für    634
eine für beide Seiten vorteilhafte Partnerschaft.[204] Der Bank erleichtert der
zeitnahe und unmittelbare Kontakt zum Kunden die Analyse und Beurteilung.
Wenn die Bank versteht, was den Kunden antreibt und was zu seinem Geschäftsgebiet gehört, mit welchen strategischen Partnern er zusammenarbeitet
und was seinen geschäftlichen Erfolg determiniert, kann sie sowohl die Risi-

---

203    Deutsche Bundesbank (2006), Monatsbericht Juni 2006, Seite 35 ff.
204    Vgl. Herbert Trenner/Oliver Wilhelm (2011), Beurteilung spezifischer Branchenrisiken bei
        der Kreditvergabe, Zeitschrift für das gesamte Kreditwesen 2/2011.

ken eines Investments abschätzen als auch zielgerichtete Lösungen anbieten. Maßgeschneiderte Absicherungsinstrumente wie Kombinationen aus Termin- und Optionsgeschäften in Zinsen, Währungen oder Rohstoffen sowie die Unterstützung in strategischen Themen wie der Beschaffung von Eigenkapital sichern den geschäftlichen Erfolg. Die Bank wird über die Rolle des Kreditgebers hinaus Betreuungs- und Risikomanagementansätze liefern können. Ein damit auch für die Bank reduziertes Risiko hat auch positiven Einfluss auf die risikoorientierte Kreditbepreisung.

635 Auf der Basis einer vertrauensvollen Zusammenarbeit wird der Kunde auch eher bereit sein, eine intensive und zeitnahe Kommunikationsstrategie zu verfolgen. Daraus erwächst der Bank eine Art Frühwarnsystem. Die Bank erhält Einblicke in die Entwicklung des Unternehmens und der gesamten Branche, die sie für eigene Kreditentscheidungen oder eine Branchenampel verwenden kann. Die Entscheidungsgeschwindigkeit und -sicherheit in Finanzierungsfragen werden gesteigert. Das ermöglicht der Bank und den Kunden eine Verbesserung der Planungssicherheit und eine Reduzierung des Risikos. Das Hausbankprinzip kann so an Bedeutung gewinnen.

636 Andererseits birgt dieses Prinzip auch Gefahren in sich. Die besondere Verbundenheit zur Region und die Nähe zum Kreditnehmer können die Bank in Krisenzeiten auch in eine Art emotionale Verpflichtung bringen. Die Bank könnte eine besondere Verantwortung für das Unternehmen verspüren. Im Zweifel kann dies zu betriebswirtschaftlich riskanten Kreditentscheidungen führen. Damit würde die in der Region bereits eingegangene Adress- oder Branchenrisikokonzentration noch weiter erhöhen. Je weniger das Geschäftsgebiet einer Bank wirtschaftlich diversifiziert ist, umso stärker kann dieser Effekt auftreten. Da die gesamte Region von nur wenigen oder gar einer Branche abhängig sein könnte, wäre es möglich, dass sogar versucht wird, über die Öffentlichkeit Druck zur Kreditvergabe aufzubauen.

637 Die konsequente Umsetzung der eigenen Risikostrategie kann in solchen Konstellationen risikomindernd wirken. Auch wenn eine Branche unter wirtschaftlichen Druck gerät, so können doch die besseren Unternehmen sogar gestärkt aus Krisen hervorgehen. Permanente Unternehmensanalysen und eine auf dem Ratingprozess aufbauende Kommunikation können die entscheidenden Informationsvorteile bringen. Vorbeugend können Branchenlimite die Gefahr von Konzentrationen aufzeigen. Eine Quantifizierung eines im Credit Value at Risk enthaltenen Branchendiversifikationseffektes kann durch Vergleichsrechnung bei einer Korrelation von »1« erreicht werden. Wie

in der Marktpreisrisikosteuerung kann bei Bedarf auch noch das Konfidenzniveau erhöht werden. Als sogenannter gestresster Value at Risk lässt sich diese Kennzahl in der Risikotragfähigkeitsberechnung verwenden.

### 3.3.   Arten des Risikotransfers

Wenn sich aus den vorgenannten Bereichen Risikokonzentrationen ergeben,   638
sei es nun auf Kreditnehmer- oder Sektorebene, so kann es nicht im Interesse der Bank sein, weiteres Kundengeschäft abzublocken. Es wäre irrsinnig, zunächst eine vertrauensvolle Kundenbindung aufzubauen, den Kunden in seinem Wachstum zu begleiten, dann aber ab einer bestimmten Größenordnung wegzuschicken, weil er nicht mehr in die Strukturen der Bank passt. Genauso wenig würde eine Bank einen erstklassigen Kunden ablehnen, nur weil seine Branche im Limitsystem gerade keine Freiräume mehr hat. Was sind daher die klassischen Verfahren des Kreditrisikotransfers und welche inhärenten Risikokonzentrationen sind darin enthalten?

Der Gemeinschaftskredit wird auch als Meta- oder Konsortialkredit bezeichnet.   639
Er umfasst verschiedene Erscheinungsformen. Unterschieden wird zwischen einem offenen und einem stillen Konsortium. Zielsetzung ist jeweils die Risikoteilung. Sie ermöglicht den Ausbau des Neugeschäftes sowie die Erweiterung des Bestandsgeschäftes, Entlastung des Eigenkapitals, Meldepflichtentlastung nach KWG sowie die Verringerung bzw. Vermeidung von Branchenkonzentrationen, den Abbau von bestehenden Blankorisiken im Kreditportfolio der Kreditgenossenschaft und Reduzierung des Verlustes bei Ausfall des Kreditnehmers. Der Gemeinschaftskredit ist klassisch als Unterbeteiligung aber in der Praxis auch als Rückbürgschaft möglich. Bei der Rückbürgschaft erfolgt eine vollständige Aktivierung der Forderung bei dem Konsortialführer. Die aufsichtsrechtliche Entlastung findet zwar nicht statt aber zumindest eine Reduktion des Beitrags zur genossenschaftlichen Sicherungseinrichtung, sofern die Ausfallbürgschaft von der genossenschaftlichen Zentralbank gegeben wird.

Mit Kreislauftranssaktionen steht Genossenschaftsbanken ein weiteres Instru-   640
ment zur Steuerung der Risikokonzentrationen ihres Kundengeschäftes zur Verfügung. Über »VR Circle« verschaffen sich bereits heute fast 100 Genossenschaftsbanken gegenseitig Freiraum für neues Kreditgeschäft. In genossenschaftlicher Kooperation bündeln sie die Risiken ihrer großen Engagements aus mittelständischen Firmenkundengeschäften und sichern sich gegenseitig ab. Dabei berührt VR Circle die Geschäftsbeziehung zwischen Genossenschaftsbank und Firmenkunden nicht: Die Forderungen, die Kundenbeziehung und die

operative Verantwortung für die Betreuung der Engagements verbleiben vollständig bei der jeweiligen Bank. Durch die Kombination von Absicherung und gleichzeitigem Investment in ein breit gestreutes mittelständisches Kreditportfolio steht dem Absicherungsaufwand zudem ein laufender Ertrag gegenüber.

641 Dabei sichern Kreditgenossenschaften ausgewählte gewerbliche Forderungen ab und übernehmen ein grundsätzlich gleiches Volumen von der VR Circle-Plattform. Jede einzelne absichernde Kreditgenossenschaft begibt eine CLN-Inhaberschuldverschreibung, deren Rückzahlung an Kreditereignisse von ihr ausgewählter Firmenkunden gebunden ist. Jede Bank legt selbst fest, in welchem Umfang und für welchen Zeitraum sie sich gegen einen Ausfall ihrer Kreditnehmer absichern möchte. Da es sich um eine synthetische Transaktion handelt verbleiben die Kundenforderungen selbst in der Bilanz der Kreditgenossenschaft, die Kundenbeziehungen bleiben unberührt. Die Inhaberschuldverschreibung wird von der VR Circle-Plattform erworben, die auf der Bilanz der DZ BANK gebildet wurde. Dadurch wird das Kreditausfallrisiko von der Kreditgenossenschaft an die Plattform übertragen. Die VR Circle-Plattform begibt ihrerseits eine Schuldverschreibung, die auf alle Kreditrisiken auf der Plattform referenziert. Der Kapitalverlauf einer solchen Serie entspricht insgesamt dem Gesamtkapitalverlauf der emittierten CLN-Inhaberschuldverschreibung der Kreditgenossenschaften. Die Qualität von VR Circle wird durch die Poolbedingungen sichergestellt, die Bonität der Kreditnehmer wird durch das genossenschaftliche VR Rating ermittelt. Bonitäts- und Laufzeitunterschiede werden über die Preisgestaltung als Aufschlag auf den Euribor ausgeglichen. Tranchen nach unterschiedlicher Bonität werden nicht gebildet, d. h. mögliche Ausfälle werden gleichmäßig je nach Anteil verteilt. Jede teilnehmende Kreditgenossenschaft kauft Anteile einer solchen Serie in Höhe des von ihr abgegebenen Volumens zurück. Damit steht dem Absicherungsaufwand unmittelbar ein Ertrag aus der erworbenen Serie gegenüber. Durch den Verzicht auf externe Ratings oder Börseneinführung handelt es sich nicht um eine Kapitalmarkttransaktion und die Absicherung ist auch nicht von den Credit Spreads am Kapitalmarkt abhängig. Es ist ein neutraler Treuhänder bestellt, der die Einhaltung aller Poolbedingungen überwacht bzw. nach Meldung eines Kreditereignisses überprüft.

642 Die einzelne Kreditgenossenschaft erhöht die Granularität ihres Kreditportfolios. Die Streuung bezieht sich auf geringe Anteile an Kreditnehmereinheiten, zahlreiche Branchen und eine regionale Verteilung. Das maximale und auch gleichzeitig unwahrscheinliche Risiko ist auf das Eingangsvolumen beschränkt.

Für regional tätige Banken sind Credit Default Swaps als Absicherungsinstru-   643
mente im Allgemeinen eher ungeeignet. Solche Instrumente sind meistens für
keinen unserer Kunden verfügbar. Das Einsatzgebiet beschränkt sich insofern
eher auf die Absicherung von Eigenanlagepositionen oder weniger außerge-
wöhnlicher Konstellationen. Zu beachten ist bei diesen Instrumenten jedoch,
dass zum einen das Kontrahentenrisiko richtig abgebildet wird, und das zum
anderen eine Risikokonzentration in Form eines Ausfalls des »Bürgen« eintreten kann. Wenn die Absicherung als Schutz gegen einen Ausfall im Extrem-
szenario dienen soll, kann gerade diese extreme Marktverwerfung dann dazu
führen, dass der Sicherungsgeber selbst ausfällt. Eine perfekte Absicherung ist
es insofern nicht.

### 3.4.   Erstellung eines Ziel-Kreditportfolios

Mit Ausnahme der beschriebenen Risikotransferverfahren ist die Steuerung   644
des Kundenkreditportfolios ein Prozess von strategischer Tragweite. Steue-
rungseffekte werden teilweise erst nach Jahren sichtbar. Strukturen und
Trends lassen sich nur langsam umkehren. Das Kreditportfolio lässt sich im
Wesentlichen über Branchenschwerpunkte, Kreditarten sowie Bonitäts- und
Größenklassenverteilung der Engagements steuern. Der Begrenzung von
Risikokonzentrationen kann damit angemessen Rechnung getragen werden.
Die Erstellung eines Plan-Kreditportolios in einer Produktdimension kann ein
flexibles Agieren am Markt stark behindern. Da die Adressausfallrisiken zudem am Kunden und nicht am Produkt entstehen, ergibt sich auf Produkt-
ebene lediglich ein Negativkatalog, der sich aus der definierten Kundenziel-
gruppe ableitet. Sofern sich das Geschäftsgebiet einer Regionalbank nicht in
einer monostrukturierten Gegend befindet, sollte die Branchenstruktur auf
der Grundlage eines gewachsenen Marktumfeldes mit seiner regionalen Begrenzung eine angemessen breite Streuung bieten. Eine Zieldefinition kann
daher über eine Umkehrung eines Branchenlimitsystems erfolgen. Das Ziel ist
die Einhaltung der Branchenlimite. Steuerungseingriffe werden erst bei dro-
henden Limitüberschreitungen erforderlich.

Auch in der Kundendimensionen Größenklasse und Bonität zeigen sich bei   645
den meisten Banken gesunde Strukturen. Unter Nutzung des Portfoliomodells
des Credit Value at Risk Rechners kann durch Kombination von Engage-
ment-Größenklassen mit der Bonitätsebene eine zweidimensionale Zielmatrix
erstellt werden, die die Berichtsgrößen Kundenanzahl, nominales Blankorisi-
kovolumen, erwarteter Verlust sowie unerwarteter Verlust umfasst und eine
Ampelfunktion aufweist.

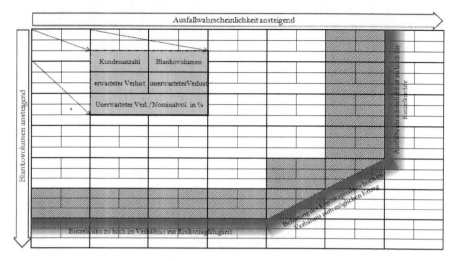

*Abb. 79: Ziel-Kreditportfolio-Struktur*

646 Die Grenzen des Zielbereichs ergeben sich aus der Risikotragfähigkeit, dem Ratingergebnis und dem Renditeanspruch an das Eigenkapital: Die Größenbegrenzung als horizontale Linie des Blankovolumens unabhängig von der Ratingqualität ist erforderlich, da ein Restausfallrisiko in jeder Ratingklasse besteht und die Existenz der Bank niemals gefährden darf. Die Ratingbegrenzung als vertikale Line ergibt sich aus der Grundstrategie des Kreditgeschäftes. Es muss sichergestellt sein, dass auch in der schlechtesten zugelassenen Risikoklasse noch so viele Kundenzahlen akquiriert werden können, die den risikoadjustierten Kreditzins auch bereitwillig zahlen, dass eine ausreichende statistische Grundgesamtheit dauerhaft gegeben ist. Die diagonale Grenze stellt den Bereich dar, wo sich aufgrund der Kombination von schlechtem Rating und hoher Volumenskonzentration ein hoher unerwarteter Verlust ergäbe. Da dieser sehr viel Eigenkapital bindet, könnte diese Kundengruppe keinen positiven Ergebnisbeitrag erbringen. Die Grenzen sind von der Struktur und der Strategie des Hauses abhängig und sollten noch einen vorgelagerten Warnbereich ausweisen.

647 Grüne Felder können unter Berücksichtigung der sonstigen strategischen und operativen Strukturnormen, Limite und Kompetenzen mit Neugeschäft belegt werden. Neuzugänge in gelben Feldern oder Verschlechterungen der Bonitäts- bzw. Blankoanteilsklasse bei Bestandsengagements des Gelb-Bereichs sind als »bemerkenswerte Kredite« kommentierungspflichtig. Geschäfte in

roten Feldern sind durch geeignete Maßnahmen abzubauen; Neugeschäfte im roten Bereich sind als Strategieabweichung zu erläutern.

Durch das gezielte Neugeschäft im grünen Zielbereich lassen sich die unvermeidbaren bonitätsbedingten Wanderungen in den gelben Warnbereich kompensieren. Flankierend werden Wanderungen in den roten Bereich durch gezielte Maßnahmen begleitet. Durch konsequente Anwendung dieses Systems sollte sich die Gesamtstruktur im Zeitverlauf weiter festigen oder gar verbessern. 648

## 4. Operationelles Risiko

Das Management von operationellen Risiken ist ein wichtiges Feld des Risikomanagementsystems. Das Management operationeller Risiken umfasst Self Assessments zur Kategorisierung, Identifikation und Bewertung, eine Schadensfalldatenbank zur Quantifizierung, ein Berichtswesen sowie natürlich eine Strategie. Diese Strategie enthält nicht nur Qualitätssteigerungsprogramme und Kostensenkungsstrategien, sondern umfasst auch die Grundausrichtung für Steuerungsmaßnahmen und stellt die Querverbindung zur Aufbau- und Ablauforganisation der Bank sicher. Aus dem Managementsystem für operationelle Risiken lassen sich bereits mögliche Risikokonzentrationen für eine Bank ableiten. Auf Grundlage der Schadensfalldatenbank können Anhäufungen einzelner Risiken und auch Tendenzen im Zeitablauf erkannt werden. Diese können mit durchschnittlichen Häufigkeitsverteilungen aus Studien verglichen werden. 649

In dem Bestreben nach Produktivitätssteigerungen und Kosteneinsparung werden Prozesse oder Prozessschritte häufig an externe Dienstleister ausgelagert. Solche Maßnahmen können zwar mit Qualitätssteigerungen verbunden sein, sind aber oft auch mit Risikokonzentrationen verbunden. Bei Auslagerung von wesentlichen Leistungen des Bankgeschäfts besteht die Gefahr, dass der Bank das nötige Know-how verlorengeht. Durch die Abhängigkeit von nur einem Dienstleister wird die Bank anfällig für Störungen von außen. 650

Ein Bereich, in dem Banken eine hohe Risikokonzentration aufweisen, ist ihr IT-System. Zwar fehlen hier Modelle zur Quantifizierung des Risikos, die auch gleichzeitig noch einen praxisrelevanten Steuerungsimpuls geben würden, allerdings wird die Bedeutung der Thematik an den regelmäßigen Schlagzeilen, die Computerhacker oder Viren auslösen, deutlich. Der Aufwand den die Rechenzentren für Datenschutz und Datensicherheit betreiben ist entsprechend immens. Die Abhängigkeiten von IT-Systemen zu unterschätzen, 651 wäre fatal. Zumal sich das Risiko weder vermeiden noch abwälzen lässt, müssen doch zumindest die Auswirkungen eines Schadensfalles vermindert werden. In Notfallplänen sollten für alle Kernsysteme alternative Information- und Kommunikationswege aufgebaut werden.

652 Ein weiterer Bereich, der auf Risikokonzentrationen untersucht werden sollte, ist die Altersstruktur der Kundschaft. Neben der Tatsache, dass sich aus dieser Struktur umfangreiche Vertriebsansätze ableiten lassen, steht die demografische Entwicklung Deutschlands seit einigen Jahren im Zentrum zahlreicher Diskussionen.[205] Thematisiert werden dabei neben der Auswirkung auf die Sozialsysteme auch die Bedeutung für die private Altersvorsorge, die Auswirkung auf Aktien- und Rentenmärkte sowie die Wirkung auf den Wohnimmobilienmarkt. Neben der Notwendigkeit, dass Banken sich dem Finanzdienstleistungsbedürfnis einer veränderten Kundenstruktur flexibel anpassen, darf nicht vernachlässigt werden, dass im Rahmen von Vermögensnachfolge und Generationenübergang große Teile der verwalteten Kundenvolumina die Eigentümer wechseln werden. In strukturschwachen überalterten Regionen, in denen die Erbengeneration häufig in wirtschaftliche Ballungszentren gezogen ist, müssen Konzepte für das Halten solcher Bestände entwickelt werden. Darüber hinaus sollte auch die Altersstruktur der eigenen Kundschaft mit der des Geschäftsgebiets abgeglichen werden, um Fehlentwicklungen rechtzeitig gegenzusteuern.

653 Die Veränderung der demografischen Alterszusammensetzung schlägt sich auch in den betrieblichen Altersstrukturen nieder. Bei einer niedrigen Zahl von Neueinstellungen aufgrund von schrumpfenden Märkten und Produktivitätssteigerungen kann sich der Altersdurchschnitt im Unternehmen gravierend erhöhen. Zwar muss das höhere Durchschnittsalter per se kein Problem darstellen, allerdings kann durch ein gehäuftes zukünftiges Ausscheiden erfahrener Mitarbeiter eine erhebliche Lücke im Betrieb entstehen. Zu untersuchen ist auch die Altersstruktur innerhalb von Geschäftseinheiten, Organisationsbereichen oder Hierarchieebenen um künftige Engpässe zu vermeiden. Durch Qualifikations- und Fortbildungsmaßnahmen von Nachwuchskräften sowie die Entwicklung von Führungskräften kann rechtzeitig gegengesteuert werden. Die Bank ist so auf die Wirkungen des demografischen Wandels mit immer knapper werdenden Nachwuchskräften besser vorbereitet.

---

205 Vgl. Bundesverband Öffentlicher Banken Deutschlands (2007), Auswirkungen der Bevölkerungsentwicklung auf Banken und Volkswirtschaft.

Ein anderes Risiko in Verbindung mit der Personalstruktur ist die persönliche    654
Bindung zwischen Kunde und Berater. Besonders bei regional tätigen Banken
ist diese Bindung stark ausgeprägt und ein Teil der Geschäftsstrategie. Je in-
tensiver die Betreuung des Kunden und enger die Kundenbindung zum Berater umso wichtiger ist ein Konzept, die Kundenverbindung abzuschirmen.
Neben Strategien für die Mitarbeiterbindung sind auch Konzepte notwendig,
Kunden rechtzeitig ihren neuen Beratern überzuleiten. Denkbar wäre auch ein
Konzept von Beraterpaaren für gehobene Kundensegmente. Dieses könnte
nicht nur einen dauerhaften Mehrwert für den Kunden bedeuten, sondern
auch die Gefahr einer Abwerbung bei einem Mitarbeiterverlust nahezu ausschließen, da die enge Bindung zu dem anderen Berater ja noch erhalten
bleibt.

## III. Ausblick

Die Steuerung, Überwachung und das Reporting von Risikokonzentrationen    655
wird sich in den nächsten Jahren nicht zuletzt durch die verschärften aufsichtsrechtlichen Anforderungen weiterentwickeln. Verbesserte Modelle, die
sachgemäß immer nur ein Erklärungsversuch bleiben werden, können – mit
dem nötigen Sachverstand eingesetzt – Problembereiche aufzeigen und frühzeitige Gegensteuerungsmaßnahmen einleiten. Durch die jeweiligen Banken-
verbände werden bereits seit Jahren Kennzahlen- und Limitsysteme gepflegt,
die auch Konzentrationsmaße beinhalten. Durch eine stärkere Fokussierung
auf das Thema werden diese Systeme sukzessive um weitere Vergleichsgrößen
für die Steuerung und Überwachung von Risikokonzentrationen erweitert
werden.

# D.

# Management von Risikokonzentrationen im Fokus der Revision

# D. Management von Risikokonzentrationen im Fokus der Revision

## I. Prüfung und Beurteilung aus Sicht der Internen Revision

### 1. Vorbemerkungen

#### 1.1. Selbstverständnis und Definition der Internen Revision

Die Prüfung der Ordnungsmäßigkeit der Vorgänge und Abläufe, also die Überwachung, innerhalb eines Unternehmens obliegt neben der Planung und Organisation in erster Linie der Geschäftsführung. Unterscheiden kann man nach den originären Managementaufgaben[206], die nur durch die Unternehmensleitung durchgeführt werden können und den delegierbaren Aufgaben, die auf andere Personen übertragen werden können. Die Überwachungs- und Prüfungsfunktion gehört zu den delegierbaren Aufgaben. Trotz einer Delegation kann sich die Geschäftsführung jedoch nicht ihrer originären, unternehmerischen Gesamtverantwortung entziehen.

656

Die rasante Entwicklung der EDV-Technik und die Implementierung neuer Organisationsformen wirken sich fortlaufend auf die Organisationsstrukturen und die internen Unternehmensabläufe aus. Die zunehmende Internationalisierung, die Dezentralisierung von Betriebsstätten und Entscheidungsfunktionen, der Ankauf bestehender Unternehmen und das Wachstum der normalen Geschäftstätigkeit lassen es nicht mehr zu, dass die Geschäftsführung Einblicke in jedes Geschäft nehmen kann. Es gestaltet sich dabei für die Unternehmensleitung schwierig, die Gesamtübersicht über das Unternehmen zu behalten. Durch die hohe Wettbewerbsintensität in nahezu jeder Branche und jedem Geschäftsbereich ist es erforderlich, Rationalisierungsmöglichkeiten in sämtlichen Geschäftsprozessen und Unternehmensbereichen wahrzunehmen. Dem obersten Führungsorgan fehlt i. d. R. jedoch die Detailkenntnis im Bereich der operativen Tätigkeiten, um im Rahmen von Prüfungen Verbesserungsmöglichkeiten zu erarbeiten. Hinzu kommt, dass durch die immer komplizierter und komplexer werdenden wirtschaftlichen Rahmenbedingungen und Zusammenhänge die Konzentration der obersten Managementebene auf kreative und strategische Tätigkeiten geboten ist.

657

---

206 Z. B. strategische Unternehmensplanung; Festlegung der langfristigen Rahmenkonzeption für die strategischen Geschäftsfelder; die Konzeption, Einführung und Pflege wesentlicher leistungsfähiger Systemstrukturen.

658    Aus den genannten Gründen delegiert die Unternehmensleitung i. d. R. die erforderlichen Prüfungs- und Überwachungsaufgaben auf eine andere Person oder Personengruppe. Dabei kann es sich um eine Übertragung auf eine externe, betriebsfremde oder interne Person oder Abteilung handeln. Wird die Überwachungsfunktion an eine betriebliche Stelle delegiert, spricht man von der Stelle der Internen Revision.

659    Die Interne Revision stellt ein Instrument einer effizienten und zukunftsorientierten Unternehmensführung dar. Sie trägt durch Ausübung steter und gründlicher Überwachungsaufgaben zur nachhaltigen Sicherung des Unternehmenserfolges bei.

660    Das Deutsche Institut für Interne Revision e.V. (DIIR) definiert die Interne Revision wie folgt:

> *»Die Interne Revision erbringt unabhängige und objektive Prüfungs- und Beratungsdienstleistungen, welche darauf ausgerichtet sind, Mehrwerte zu schaffen und die Geschäftsprozesse zu verbessern. Sie unterstützt die Organisation bei der Erreichung ihrer Ziele, indem sie mit einem systematischen und zielgerichteten Ansatz die Effektivität des Risikomanagements, der Kontrollen und der Führungs- und Überwachungsprozesse bewertet und diese verbessern hilft.«*

661    Bei dieser Definition wird deutlich, dass die Interne Revision ein zentrales Element der Corporate Governance darstellt und absolut notwendig ist, um die Funktionsfähigkeit und Effizienz der internen Steuerungs- und Überwachungssysteme sowie Überwachungsprozesse sicherzustellen. Dies wird auch in den folgenden beiden Abschnitten nochmals deutlich.

### 1.2.    Tätigkeitsfelder der Internen Revision

662    Die rasanten Veränderungen in der Geschäftswelt[207] nehmen starken Einfluss auf die Interne Revision und unterwerfen diese einer ständigen Weiterentwicklung. Die an die Interne Revision gestellten Anforderungen, Aufgaben und Zielsetzungen unterliegen somit einer stetigen Anpassung an die aktuellen Erfordernisse. Die derzeitige Entwicklung zeigt, dass sich die Tätigkeitsfelder der Internen Revision zunehmend auf zukunftsorientierte und projektbegleitende Prüfungen sowie Beratungen verlagern und die Zusammenarbeit mit dem Aufsichtsorgan und den externen Abschlussprüfern bedeutender wird.

---

207    Z. B. zunehmende Internationalisierung, Umsetzung von Rationalisierungskonzepten, Zunahme EDV-gestützter Abläufe, zunehmende Relevanz von Risikoaspekten, erhöhte aufsichtsrechtliche Anforderungen.

Im Rahmen ihrer Überwachungsfunktion führt die Interne Revision in allen   663
Feldern und Funktionen des Unternehmens Prüfungen auf Ordnungsmäßigkeit, Zweckmäßigkeit und Wirtschaftlichkeit durch. Dabei wendet sie sämtliche Prüfungstechniken zum Soll-/Ist-Vergleich wie Einzelfallprüfungen, Sys-
temprüfungen, Auswahlprüfungen sowie Kosten-Nutzenanalysen, Wertanaly-
sen etc. an.

Die nachfolgende Abbildung zeigt die **Tätigkeitsfelder der Internen Revi-**   664
**sion** in der Übersicht. Die Revisionsfelder Financial Audit, Operational Audit,
Management/Managerial Audit und Internal Consulting beschreiben dabei die
klassischen, traditionellen Tätigkeitsbereiche. Die anderen genannten Tätigkeitsfelder haben sich dagegen erst in der jüngeren Vergangenheit entwickelt.

*Abb. 80: Tätigkeitsfelder der Internen Revision (Quelle: Berwanger/Kullmann, 2008, S. 77).*

Die gemachten Erläuterungen verdeutlichen, dass auch die Prüfung des Risi-   665
komanagementsystems zu den Aktivitäten der Internen Revision gehört, weshalb dieses im Folgenden kurz vorgestellt werden soll.

## 1.3.    Das Risikomanagementsystem

666    Laut § **25a KWG** muss ein Kreditinstitut über eine ordnungsgemäße Geschäftsorganisation verfügen, die insbesondere ein angemessenes und wirksames Risikomanagement umfasst, welches u. a. die Grundlage für die Sicherstellung der Risikotragfähigkeit bildet. Die Mindestanforderungen an das Risikomanagement (MaRisk) geben auf dieser Grundlage einen flexiblen und praxisnahen Rahmen für die Ausgestaltung des Risikomanagements, welche von Art, Umfang, Komplexität und Risikogehalt der Geschäftstätigkeit abhängt.

667    Sucht man eine allgemein gültige Definition des Risikomanagements, wird man z. B. im Revisionsstandard Nr. 2 ‚Prüfung des Risikomanagement durch die Interne Revision' des DIIR fündig, welcher das Risikomanagement wie folgt definiert:

> *»Risikomanagement ist ein nachvollziehbares, alle Unternehmensaktivitäten umfassendes Regelungssystem, das auf Basis einer definierten Risikostrategie ein systematisches und permanentes Vorgehen mit folgenden Elementen umfasst: Identifikation, Analyse, Bewertung, Steuerung, Dokumentation und Kommunikation sowie die Überwachung dieser Aktivitäten. Risikomanagement ist integraler Bestandteil der Geschäftsprozesse sowie der Planungs- und Kontrollprozesse.«*

668    Daraus abgeleitet definiert ein **Risikomanagementsystem** organisatorische, finanzielle, methodische und technische Aspekte für ein wirksames und wirtschaftliches Risikomanagement in Gesellschaften. Das Risikomanagement umfasst dabei die Festlegung der Risikostrategie, die Erkennung der Risiken[208], die Bewertung und Messung von Risiken, die Festlegung von geeigneten Gegenmaßnahmen sowie die Steuerung und das Monitoring von Risiken. Bei einer effizienten Risikosteuerung geht es nicht darum, Risiken vollständig zu vermeiden, sondern vielmehr diese systematisch zu steuern und zu überwachen.

669    Das **Risikomanagement i. S. d. MaRisk** stellt einen zentralen Bestandteil der institutsinternen Leitungs-, Steuerungs- und Kontrollprozesse dar. Die in diesem Zusammenhang verwendeten Begrifflichkeiten unterscheiden sich nur unwesentlich von denen der allgemeinen Definition des Risikomanagements. Die nachstehende Abbildung zeigt diese zunächst im Überblick.

---

208    Alles was die Organisation am Erreichen ihrer Ziele hindern kann, wird als Risiko bezeichnet. Dabei sind Risiken sowohl gegenwärtig bekannte als auch künftig auftretende Entwicklungen von Gefährdungen, die eine negative Abweichung eines (zukünftigen) Ist-Werts von einem definierten Soll-Wert bedingen.

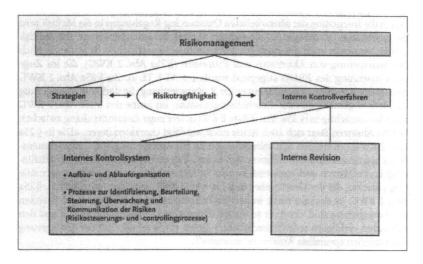

*Abb. 81: Risikomanagement i. S. d. MaRisk*
*(Quelle: Hannemann / Schneider / Hanenberg, 2008, S. 18).*

Das Risikomanagement i. S. d. MaRisk umfasst unter Berücksichtigung der    670
Risikotragfähigkeit insbesondere die Festlegung geeigneter Strategien sowie
die Einrichtung angemessener interner Kontrollverfahren durch die Geschäftsleitung.

Da der Schwerpunkt der bankbetrieblichen Aktivitäten im Eingehen von    671
Risikopositionen liegt, ist es für die Kreditinstitute nicht immer vermeidbar,
dass übernommene Risiken schlagend werden und dadurch Verluste verursachen können. Damit ein Institut beurteilen kann, ob es ggf. eintretende Verluste bewältigen kann, muss es ein Risikotragfähigkeitskonzept erstellen, in
dem alle **wesentlichen Risiken** dem Risikodeckungspotenzial gegenübergestellt werden. Die **Risikotragfähigkeit** ist gegeben, wenn das **Risikodeckungspotenzial**[209] zur Abdeckung der wesentlichen Risiken ausreicht.

---

209   In der Praxis wird i. d. R. nicht das gesamte Risikodeckungspotenzial sondern nur ein be-
      stimmter Anteil zur Verfügung gestellt, die sog. Risikodeckungsmasse.

672 Im Rahmen der Festlegung der **Strategien**[210] sowie bei deren Anpassung hat das Institut die eigene Risikotragfähigkeit jederzeit angemessen zu berücksichtigen. Vorgaben für die Ausgestaltung der Strategien machen die MaRisk dabei nicht, der Detaillierungsgrad ist jedoch abhängig von Umfang und Komplexität sowie dem Risikogehalt der geplanten Geschäftsaktivitäten.

673 Die **internen Kontrollverfahren** bestehen aus dem internen Kontrollsystem und der Internen Revision.

674 Das **interne Kontrollsystem** umfasst sämtliche Formen von Überwachungsmechanismen, die integraler Bestandteil der zu überwachenden Prozesse sind (prozessabhängige Überwachung). Dazu gehören insbesondere die Schaffung von Regelungen zur Aufbau- und Ablauforganisation[211] und Prozessen zur Identifizierung, Beurteilung, Steuerung, Überwachung sowie Kommunikation der wesentlichen Risiken (Risikosteuerungs- und -controllingprozesse).

675 Die **Interne Revision** prüft risikoorientiert und beurteilt als unabhängige Instanz (prozessunabhängige Überwachung) im Auftrag der Geschäftsleitung die Wirksamkeit und Angemessenheit des Risikomanagementsystems im Allgemeinen und des internen Kontrollsystems im Besonderen sowie grundsätzlich die Ordnungsmäßigkeit aller Aktivitäten und Prozesse innerhalb des Kreditinstituts. Die Interne Revision ist als Instrument der Geschäftsleitung dieser unmittelbar unterstellt und berichtspflichtig.

## 2. Prüfung des Risikomanagementsystems

### 2.1. Einführung

676 Am 15.12.2010 wurde von der BaFin die mittlerweile vierte Fassung der MaRisk für Banken veröffentlicht. Die neuen MaRisk traten grundsätzlich mit dem Zeitpunkt ihrer Veröffentlichung in Kraft. Allerdings gewährt die BaFin den Kreditinstituten einen Umsetzungszeitraum bis zum 31.12.2011 und wird vor diesem Stichtag keine aufsichtlichen Sanktionen verhängen.[212]

---

210  Nach den MaRisk hat die Geschäftsleitung eine Geschäftsstrategie (bestehend aus Kredit- und Einlagenstrategie sowie Strategie für das Handelsgeschäft) und eine dazu konsistente Risikostrategie (ggf. unterteilt in Teilstrategien wie z. B. Strategie zu Adressenausfallrisiken) festzulegen und für deren Umsetzung Sorge zu tragen.

211  Hier ist z. B. dem Grundsatz der strikten Funktionstrennung zu folgen, indem sichergestellt wird, dass miteinander unvereinbare Tätigkeiten durch unterschiedliche Personen durchgeführt wird.

212  Ausnahmen bestehen für kapitalmarktorientierte Kreditinstitute bezüglich ausreichend bemessener Liquiditätspuffer. Hier hat ein Aufbau entsprechender Puffer direkt mit der Veröffentlichung zu beginnen.

Neben weiteren Themen hat die BaFin in ihrer Neufassung, die noch durch die globale Finanzkrise inspiriert wurde, die Anforderungen an die **Berücksichtigung von Risikokonzentrationen** konkretisiert und erweitert. Fokussierten die vorangegangen MaRisk nur den Teilbereich der Adressenausfallrisiken, umfassen sie nun explizit alle Risikoarten. Vor diesem Hintergrund gewinnen risikoartenübergreifende Komponenten von Risikokonzentrationen an Bedeutung. Wichtig ist der BaFin dabei, dass die Banken analysieren, ob bestimmte Risikofaktoren sich gleichermaßen auf verschiedene Risikoarten auswirken bzw. verschiedene Risikofaktoren unterschiedlicher Risikoarten in die gleiche Richtung wirken können. Die BaFin gibt explizit den Hinweis, dass Risikokonzentrationen nicht nur aus Einzeladressen resultieren können, die aufgrund ihrer Größe eine Konzentration darstellen, sondern ebenso durch den Gleichlauf von Risikopositionen innerhalb einer Risikoart (»Intra-Risikokonzentrationen«) als auch durch den Gleichlauf von Risikopositionen verschiedener Risikoarten (»Inter-Risikokonzentrationen«). Die BaFin fordert eine angemessene Abbildung von Risikokonzentrationen in den Risikosteuerungs- und -controllingprozessen sowie eine Berücksichtigung bei der Beurteilung der Risikotragfähigkeit. Sie stellt zugleich jedoch klar, dass keine isolierte Steuerung und Limitierung von Risikokonzentrationen parallel zur Risikosteuerung der wesentlichen Risiken erfolgen soll sondern eine integrierte.

677

An diesem Punkt stellt sich die Frage, wie die Interne Revision diese erweiterten Anforderungen künftig in ihre Prüfungshandlungen einbeziehen kann. Dazu sei angemerkt, dass eine Prüfung des Risikomanagementsystems üblicherweise im **Prüffeld der »Unternehmens- oder Gesamtbanksteuerung«** angesiedelt ist, welches aufgrund seiner Bedeutung i. d. R. jährlich im Prüfungsplan (ggf. unter Ansatz von wechselnden Prüfungsschwerpunkten) vorhanden ist. Um sich diesem Thema zu nähern, sollen im folgenden Abschnitt zunächst die Risikoarten im Geschäftsbetrieb einer Bank aufgezeigt werden.

678

## 2.2. Risikoarten

679 Die folgende Abbildung stellt im ersten Schritt einen Überblick über die allgemeinen Bankrisiken dar.

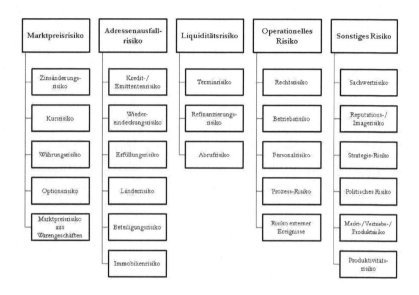

*Abb. 82: Risikoarten (Quelle: eigene Darstellung, in Anlehnung an Palm, 2005, S. 398).*

680 Auf Basis dieser Definition der Risikoarten sollen nun in den folgenden Kapiteln mögliche Prüfungsansätze der Internen Revision im Rahmen der Gesamtbanksteuerungsprüfung unter besonderer Berücksichtigung des Themas »Risikokonzentrationen« aufgezeigt werden, wobei die MaRisk die Leitnorm für die Prüfungshandlungen darstellen.

## 2.3. Prüfungsansätze

### 2.3.1. ,Prüfung der Grundkonzeption

681 Gemäß aufsichtsrechtlicher Vorgabe sind per Definition die Adressenausfall-, Marktpreis- und Liquiditätsrisiken sowie die operationellen Risiken als wesentliche Risiken einzustufen. In diesen Fällen sind auch verbundene Risikokonzentrationen von der Bank im Risikomanagementsystem zu berücksichtigen. Weitere wesentliche Risikofelder, welche die Bank in existenzielle Gefahr

bringen können, sind durch die Geschäftsleitung im Rahmen einer regelmäßigen bzw. anlassbezogenen Risikoinventur zu identifizieren und ggf. einzubeziehen. Abhängig vom konkreten Gesamtrisikoprofil der Bank könnten z. B. auch sonstige Risiken wie Reputationsrisiken als wesentlich einzustufen sein.

Zu Beginn seiner Prüfung sollte den Revisor die Frage leiten, ob die Bank eine 682 solche Risikoinventur durchgeführt und ihr daraus abgeleitetes Gesamtrisikoprofil schriftlich niedergelegt hat. In der Praxis hat es sich als sinnvoll herausgestellt, das Gesamtrisikoprofil eines Kreditinstituts in Form eines **Risikohandbuchs** darzustellen. Das Risikohandbuch sollte Ausgangsbasis für die revisorischen Prüfungshandlungen sein, da dessen Inhalt und Ausprägungen, also das Risikoprofil der Bank, den Prüfungsumfang in den einzelnen Teilbereichen mitbestimmt.

In ein solches Risikohandbuch sollten neben der Aufnahme aller bankbetrieb- 683 lichen Risiken (Risikoinventur) auch deren Beurteilung im Hinblick auf die Gesamtbank (Risikoanalyse) aufgenommen werden sowie deren Überführung in das Risikotragfähigkeitskonzept. Im Regelfall erfolgt im Risikohandbuch eine qualitative Darstellung des Gesamtrisikoprofils, woraus sich anschließend eine Quantifizierung in Form eines Risikotableaus ableitet. An dieser Stelle sollte darauf geachtet werden, ob bestimmte wesentliche Risiken bei der quantitativen Betrachtung ohne Berücksichtigung bleiben. Nach den MaRisk ist dies möglich, sofern das jeweilige Risiko aufgrund seiner Eigenart nicht sinnvoll durch Risikodeckungspotenzial begrenzt werden kann (z. B. bei Liquiditätsrisiken). Entscheidend für die Ausnahme sind eine nachvollziehbare Begründung, deren sachgerechte Dokumentation und die Sicherstellung einer angemessenen Berücksichtigung in den Risikosteuerungs- und -controllingprozessen. Sollten Risiken nicht oder nur schwer quantifizierbar sein (z. B. operationelle Risiken) können diese durch einen plausiblen Risikobetrag im Risikotragfähigkeitskonzept Berücksichtigung finden. Hier ist ebenfalls die Begründung und Dokumentation revisionsseitig zu beurteilen.

Das nachfolgende Schaubild zeigt schematisch im Überblick, wann und wie 684 die Risiken der Bank beim Risikotragfähigkeitskonzept berücksichtigt werden sollten. Für die Interne Revision kann es als Leitbild für die Einzelbeurteilungen der Risiken herangezogen werden, um eine einheitliche Vorgehensweise bei Prüfung des Risikohandbuchs zu gewährleisten.

*Abb. 83: Überblick über die Risiken des Instituts (Quelle: unbekannt).*

685 Das Risikohandbuch sollte darüber hinaus Prozesse beschreiben, die sicher-stellen, dass für die wesentlichen Risiken jederzeit ein entsprechendes Risi-kodeckungspotenzial vorhanden ist. Im Prüfungsverlauf ist die Angemessen-heit, Zweckmäßigkeit und Funktionsfähigkeit dieser Prozesse zu beurteilen.

686 Eine wichtige Frage ist auch, ob **Wechselwirkungen**, sog. Korrelationen bzw. Diversifikationseffekte, zwischen den einzelnen Risiken erwogen wer-den. Sollte dies der Fall sein, müssen die zugrunde gelegten Annahmen durch fundierte Analysen belegt werden. Dabei ist es u. U. nicht ausreichend, sich auf allgemeine Daten zu stützen, sondern es muss die Übertragbarkeit auf das eigene Kreditinstitut hinreichend nachgewiesen werden. Weiterhin müssen die Verlässlichkeit und die Stabilität von Diversifikationsannahmen sowohl re-gelmäßig als auch anlassbezogen überprüft, der Geschäftsleitung berichtet und von dieser genehmigt werden.

687 Die MaRisk legen einen hohen Stellenwert auf die Durchführung von Stress-tests von als wesentlich identifizierten Risiken. Es ist entsprechend zu unter-suchen, ob die Bank dieser Anforderung genügend Beachtung geschenkt hat und Stresstests für sämtliche Risikotreiber vorgesehen hat. Dabei sollte ge-prüft werden, ob sowohl historische als auch hypothetische Stresstests vorge-sehen sind sowie zusätzlich relativ unwahrscheinliche, aber durchaus plausible Szenarien Anwendung finden. Der Dokumentation der dabei angewandten Methoden und zugrundeliegenden Annahmen kommt dabei eine besondere

Bedeutung zu, ebenso deren regelmäßiger Überprüfung. In diesem Zusammenhang muss revisionsseitig auch die Frage gestellt werden, ob explizit Risikokonzentrationen bei der Definition von Stresstests einbezogen werden. Abschließend zu beurteilen ist, ob die Ergebnisse der Stresstests in die Ermittlung der Risikotragfähigkeit einfließen und der Vorstand regelmäßig über diese Ergebnisse sowie die Gesamt-Risikosituation informiert wird. Hierbei sollten auch die wesentlichen Annahmen, die den Stresstests zugrunde liegen, dargestellt werden, um der Geschäftsleitung einen raschen Überblick geben zu können.

Nach den eben dargestellten allgemeinen globalen Aussagen, welche die Ausgangsbasis der revisorischen Handlungen bilden sollte, soll in den folgenden Abschnitten zunächst jeweils eine kurze Beschreibung der einzelnen Risikoarten erfolgen, um eine Einordnung vornehmen zu können, und anschließend mögliche Prüfungsansätze dargestellt werden. Betrachtet werden sollen dabei die per Definition wesentlichen Risikoarten der MaRisk.   688

### 2.3.2. Prüfung der Adressenausfallrisiken

Die Adressenausfallrisiken einer Bank sind diejenigen Risiken, die dadurch   689
entstehen, dass Geschäftskontrahenten ihren Zahlungsverpflichtungen nicht nachkommen können. Die Adressenausfallrisiken umschließen die folgenden Risikoarten:

Das **Kreditrisiko** ist ein im Kreditwesen verwendeter Begriff, worunter all-   690
gemein die Gefahr verstanden wird, dass ein Kreditnehmer die ihm gewährten Kredite nicht oder nicht vollständig vertragsgemäß zurückzahlen kann oder will. Das **Emittentenrisiko** beschreibt die Gefahr von Bonitätsverschlechterungen oder Ausfall eines Emittenten oder eines Referenzschuldners. Es entsteht u. a. durch den Erwerb von Finanzinstrumenten für den Eigenbestand der Bank.

Das sog. **Wiedereindeckungsrisiko** besteht z. B. bei Derivatgeschäften. Es   691
bezeichnet das Risiko, dass ein Geschäftspartner ausfällt, während ein mit ihm abgeschlossenes Derivatgeschäft wirtschaftlich einen positiven Wert hat. Der überlebende Geschäftspartner verliert diesen wirtschaftlichen Vorteil und muss ggf. Ersatzgeschäfte (die Wiedereindeckung) zu für ihn ungünstigeren Konditionen vornehmen. Das **Erfüllungsrisiko** bezeichnet das Risiko, dass eine getätigte Transaktion nicht oder nicht rechtzeitig abgewickelt wird, d. h. das Risiko, dass der Käufer nicht bezahlt oder der Verkäufer das Transaktionsobjekt nicht liefert. Das Erfüllungsrisiko entsteht insbesondere dann,

wenn die beiden Geschäfte zeitlich auseinanderfallen. Das **Länderrisiko** (welches explizit in den MaRisk genannt wird) bezeichnet die speziellen Verlustrisiken im Außenwirtschaftsverkehr, etwa aus dem Export oder Finanzgeschäften von Banken, welche die Durchsetzung von Forderungen gegenüber ausländischen Vertragspartnern bzw. den Kapitaleinsatz und erwartete Gewinne bedrohen. Krisensituationen können ein Land zwingen, vereinbarte Zins- und Tilgungsleistungen des Staates selbst oder dortiger Schuldner ganz oder teilweise ausfallen zu lassen. Dies schließt die mangelnde Erfüllung von Verpflichtungen aus Finanzinstrumenten ein.

692 Das **Beteiligungsrisiko** ähnelt dem Kreditrisiko, weil es aus der Gefahr besteht, dass die von einem Kreditinstitut eingegangenen Beteiligungen zu potenziellen Verlusten (aufgrund von Dividendenausfall, Teilwertabschreibungen, Veräußerungsverlusten oder Verminderung der stillen Reserven) aus bereitgestelltem Eigenkapital, aus Ergebnisabführungsverträgen (Verlustübernahmen) oder aus Haftungsrisiken (z. B. Patronatserklärungen) führen können.

693 Das **Immobilienrisiko** ist definiert als potenzielle negative Wertveränderungen des unternehmenseigenen Immobilienbestands durch eine Verschlechterung der allgemeinen Immobiliensituation oder eine Verschlechterung der speziellen Eigenschaften der einzelnen Immobilie (Leerstände, veränderte Nutzungsmöglichkeiten, Bauschäden etc.).

694 Der Beherrschung der Adressenausfallrisiken kommt bei den meisten Banken eine besondere Bedeutung zu, da diese Risikoart grundsätzlich eine der größten Gefahren für Verluste birgt. Oft wird dabei in der Bank noch unterschieden, ob die Adressenausfallrisiken aus dem Eigen- oder Kundengeschäft resultieren. Entsprechend muss im Rahmen der Prüfung beurteilt werden, ob diese angemessen im Risikomanagementsystem der Bank berücksichtigt werden. Die folgenden Fragen können dabei als Checkliste für Prüfungshandlungen bei dieser Risikoart dienen:

1. Wurden von der Bank Risikosteuerungs- und -controllingprozesse implementiert, die eine Identifizierung, Beurteilung, Steuerung, Überwachung und Kommunikation von Adressenausfallrisiken gewährleisten?

2. Welche Ratingsegmente setzt die Bank im Eigen- und Kundengeschäft ein? Genügen diese den Anforderungen an Gütekriterien für Messinstrumente (Objektivität, Reliabilität, Validität)?

3. Wird bei notleidenden Krediten der Blankoanteil mit einer Ausfallwahrscheinlichkeit von 100 % berücksichtigt?

4. Wie führt die Bank ggf. nach verschiedenen Risikoklassifizierungsverfahren eingestufte Kredite zur Beurteilung des Kreditportfolios zusammen?

5. Hat die Bank Regelungen zur Begrenzung von Risikokonzentrationen getroffen?

6. Werden die Eigenanlagen bei der Identifizierung und Beurteilung der Adressenausfallrisiken berücksichtigt? Welche Ansätze kommen bei dieser Beurteilung zum Tragen (Experteneinschätzung pauschaler Risikobeträge, Spread-Aufschläge, statistische Ausfallwahrscheinlichkeiten etc.)?

7. Wie, wann und wie oft erfolgt eine Überwachung der Adressenausfallrisiken der Eigenanlagen?

8. Welche EDV-Programme kommen zur Anwendung? Gibt es eigenentwickelte Software? Sind die verwendeten Programme geprüft und ggf. zertifiziert?

9. Werden regelmäßige und angemessene Stresstests durchgeführt? Sind dabei auch historische und hypothetische Stresstests vorgesehen? Finden identifizierte oder angenommene Risikokonzentrationen bei den Stresstests Berücksichtigung und wird bei diesen beachtet, dass sie sich sowohl innerhalb als auch zwischen den Risikoarten erstrecken? Wird der Geschäftsleitung regelmäßig über das Ergebnis der Stresstests berichtet?

10. Ist das Berichtswesen einer marktunabhängigen Stelle zugeordnet?

11. Wird der Geschäftsleitung in regelmäßigen Abständen, aber mindestens vierteljährlich, ein Risikobericht, in dem die wesentlichen strukturellen Merkmale des Kreditgeschäfts enthalten sind, mit folgenden Informationen zur Verfügung gestellt (siehe auch MaRisk BTR 1, Tz. 7):

   a. die Entwicklung des Kreditportfolios, z. B. nach Branchen, Ländern, Risikoklassen und Größenklassen oder Sicherheitskategorien, unter besonderer Berücksichtigung von Risikokonzentrationen,

   b. den Umfang der vergebenen Limite und externen Linien, ferner sind Großkredite und sonstige bemerkenswerte Engagements (z. B. Problemkredite von wesentlicher Bedeutung) aufzuführen und ggf. zu kommentieren,

   c. ggf. eine gesonderte Darstellung der Länderrisiken,

   d. bedeutende Limitüberschreitungen (einschl. einer Begründung),

   e. den Umfang und die Entwicklung des Neugeschäfts,

   f. die Entwicklung der Risikovorsorge des Instituts,

g. getroffene Kreditentscheidungen von wesentlicher Bedeutung, die von den Strategien abweichen und

h. Kreditentscheidungen im risikorelevanten Kreditgeschäft, die Geschäftsleiter im Rahmen ihrer Krediteinzelkompetenz beschlossen haben, soweit diese von den Voten abweichen, oder wenn sie von einem Geschäftsleiter getroffen werden, der für den Bereich Marktfolge zuständig ist.

12. Wird der Risikobericht in nachvollziehbarer, aussagefähiger Form verfasst und enthält er neben einer Beschreibung auch eine Beurteilung der Risikosituation?

13. Werden im Rahmen der Risikoberichterstattung bei Bedarf auch Handlungsvorschläge, z. B. zur Risikoreduzierung, aufgenommen?

14. Werden im Risikobericht neben der ausführlichen auch prägnante Darstellungen (z. B. Management-Summary, Ampelsysteme) zur schnellen Orientierung der Geschäftsleitung gewählt?

15. Werden unter Risikogesichtspunkten wesentliche Informationen unverzüglich an die Geschäftsleitung, den jeweiligen Verantwortlichen sowie ggf. die Interne Revision gegeben? Ist für diese Ad-hoc-Berichterstattung ein geeignetes Verfahren implementiert?

16. Wird der Aufsichtsrat der Bank mindestens vierteljährlich über die Risikosituation in angemessener Weise schriftlich informiert? Werden dabei die folgenden Sachverhalte berücksichtigt (siehe auch MaRisk AT 4.3.2, Tz. 6):

   a. Verfassung in nachvollziehbarer, aussagefähiger Art und Weise,

   b. Darstellung der Risikosituation sowie deren Beurteilung,

   c. Gesondertes Eingehen auf besondere Risiken für die Geschäftsentwicklung und dafür geplante Maßnahmen der Geschäftsleitung.

17. Werden unter Risikogesichtspunkten wesentliche Informationen unverzüglich von der Geschäftsleitung an den Aufsichtsrat weitergeleitet? Ist für diese Ad-hoc-Berichterstattung ein geeignetes Verfahren implementiert?

18. Werden die Risikosteuerungs- und -controllingprozesse zeitnah an sich ändernde Bedingungen angepasst?

19. Hat die Bank sichergestellt, dass ohne kreditnehmerbezogenes Limit, also einen Kreditbeschluss, kein Kreditgeschäft abgeschlossen werden darf?

20. Hat die Bank sichergestellt, dass Handelsgeschäfte nur mit Vertragspartnern getätigt werden dürfen, für die entsprechende Emittenten-

bzw. Kontrahentenlimite eingeräumt wurden und alle Handelsgeschäfte mit einer bestimmten Gegenpartei darauf anzurechnen sind?

21. Hat die Bank sichergestellt, dass soweit der Emittenten- bzw. Kontrahentenkreis vorab feststeht, die Emittenten- bzw. Kontrahentenlimite vorab als Globallimit (personifiziert) im Anlageausschuss durch Votum des Marktfolge-Vorstandes bzw. alternativ durch Votum der Marktfolge für diesen Adressatenkreis eingeräumt werden?

22. Hat die Bank sichergestellt, dass die Einräumung der Emittenten-bzw. Kontrahentenlimite im Anlageausschuss unter Einbindung des Marktfolge-Vorstandes bzw. alternativ durch die Marktfolge erfolgt, sofern der Emittent bzw. Kontrahent vorab unbekannt ist und erst bei konkreter Kaufentscheidung feststeht?

23. Wie erfolgt die Protokollierung der Votierung (z. B. direkt auf dem Händlerzettel, im Protokoll der Anlageausschusssitzung)?

24. Hat die Bank sichergestellt, dass trotz Verwendung externer Bonitätseinschätzungen (z. B. Ratings) für die Votierung ein eigenes Urteil über das Adressenausfallrisiko gebildet werden muss?

25. Hat die Bank sichergestellt, dass eigene Erkenntnisse und Informationen in die Kreditentscheidung einfließen?

26. Sind den Händlern eigene Entscheidungskompetenzen zugewiesen? Wie sind diese ausgestaltet?

27. Hat die Bank sichergestellt, dass bei der Ermittlung der Auslastung der Kontrahentenlimite Wiedereindeckungs- und Erfüllungsrisiken zu berücksichtigen sind?

28. Hat die Bank sichergestellt, dass die Positionsverantwortlichen über die für sie relevanten Limite und deren Auslastung zeitnah zu informieren sind?

29. Hat die Bank sichergestellt, dass sämtliche Geschäfte unverzüglich auf die kreditnehmerbezogenen Limite anzurechnen und zu überwachen sind?

30. Hat die Bank sichergestellt, dass bei Überschreitungen der Limite geeignete Maßnahmen zu ergreifen sind und ggf. ein Eskalationsverfahren einzuleiten ist?

31. Hat die Bank sichergestellt, dass die Organisation des Kreditgeschäfts die folgenden Punkte berücksichtigt: Standard- bzw. Individualgeschäft, Kreditgenehmigungsverfahren, systematische laufende Kreditüberwachung, Handhabung von Überziehungen, Frühwarnsystem Mahnwesen, Sanierung, Abwicklung, Zuständigkeiten, Kompetenzen, schriftliche Arbeitsabläufe?

32. Sehen die organisatorischen Regelungen der Bank eine risikodifferenzierte Konditionsgestaltung vor?

33. Verwendet die Bank qualifizierte Ratingverfahren sowohl im Privatkunden- als auch Firmenkundengeschäft?

34. Hat die Bank ausreichende Vorgaben für das Neukreditgeschäft getroffen (z. B. keine Neukreditvergaben in bestimmten Branchen, mit bestimmten Ratingklassen, mit bestimmten Blankogrößen)

35. Hat die Bank sichergestellt, dass regelmäßige (mindestens quartalsweise) Auswertungen (z. B. Volumen der Ratingklassen, Blankoanteile der Ratingklassen, Kredite außerhalb des definierten Geschäftsgebiets, Wanderungsbewegungen der Risikoeinstufungen) zum Kundenkreditgeschäft erstellt werden?

36. Hat die Bank besondere Überwachungsmechanismen vorgesehen, z. B. bei Krediten mit hohen Blankoanteilen, an gefährdete Branchen oder außerhalb des Geschäftsgebiets?

### 2.3.3. Prüfung der Marktpreisrisiken

695 Die Marktpreisrisiken einer Bank beschreiben die Gefahr eines potenziellen Verlusts in nicht geschlossenen Positionen im Zins-, Aktien- oder Währungsbereich aufgrund von nachteiligen Veränderungen von Marktpreisen oder preisbeeinflussenden Parametern. Die Marktpreisrisiken umschließen die folgenden Risikoarten:

696 Das **Zinsänderungsrisiko** umfasst grundsätzlich die Gefahr einer negativen Abweichung einer realisierten (Zins-)Erfolgsgröße von der geplanten Größe dieses Ergebnisses aufgrund von nicht erwarteten Zinskonstellationen. Dieses Risiko kann entweder von den Zinserträgen (niedrigere durchschnittliche Aktivzinssätze als erwartet) oder von den Zinsaufwendungen (höhere durchschnittliche Passivzinssätze als erwartet) ausgehen.

697 Beim **Kursrisiko** werden das allgemeine und das besondere Kursrisiko unterschieden. Während das allgemeine Risiko durch allgemeine Marktbewegungen verursacht wird (z. B. als Folge einer Änderung der ökonomischen Daten oder einer grundsätzlichen Negativentwicklung am Aktienmarkt), bezeichnet das besondere Kursrisiko jenes Verlustrisiko, welches sich aufgrund jeder Abweichung der relativen oder absoluten Änderungen der Kurse von zins- oder aktienkursbezogenen Finanzinstrumenten von den relativen oder absoluten Änderungen der zugehörigen allgemeinen Marktindizes ergibt. Das besondere Kursrisiko wird durch wertpapierspezifische Bewegungen hervorgerufen, die z. B. durch Meldungen über das jeweilige börsennotierte Unter-

nehmen ausgelöst werden können. Eine weitere Ausprägung ist das **Aktien-kursrisiko**, welches die Gefahr bezeichnet, dass ein Aktienportfolio einen Wertverlust durch die Entwicklung an den Märkten erleidet. Das Risiko für Aktien liegt sowohl in sinkenden als auch (in besonderen Fällen) steigenden Kursen.

Das **Währungsrisiko** ergibt sich aus Veränderungen der Währungsparität. Es beschreibt allgemein die Gefahr, dass durch die Übertragung von einer Währung auf eine andere der geplante Erfolg bzw. die erwartete Gewinnspanne beeinträchtigt wird.   698

Mit **Optionsrisiko** wird die Gefahr des Kapitalverlustes im Zusammenhang mit Optionsgeschäften bezeichnet. Diese ergeben sich vor Allem aus der Hebelwirkung, d. h. dass mit relativ geringem Kapitaleinsatz an den Wertveränderungen des Basiswertes überproportional teilgenommen wird. Demnach wird auch überproportional an eventuellen Verlusten partizipiert, die zudem bei Optionen auch unbestimmbar sind. Zusätzlich können die Rechte zum Kauf oder Verkauf von Basiswerten verfallen oder an Wert verlieren, wenn sie nicht bis zur Fälligkeit in Anspruch genommen werden.   699

Das **Marktpreisrisiko aus Warengeschäften** (einschl. Stromderivaten und $CO_2$-Emissionszertifikaten) ergibt sich aus der ungünstigen Entwicklung von Preisen für ein Portfolio mit Rohwaren (z. B. Gold, Öl, Weizen). Diesem Risiko sind auch Portfolios ausgesetzt, welche Rohwarenderivate enthalten.   700

Auch diese Risikoart hat für die Bank eine hohe Relevanz und muss entsprechend von der Revision in ihrer Prüfung mit einbezogen werden. Es ist dabei zu berücksichtigen, dass die MaRisk neben den allgemeinen Anforderungen an Marktpreisrisiken zusätzlich Marktpreisrisiken des Handelsbuches und des Anlagebuches (einschließlich Zinsänderungsrisiken) differenzieren. Die folgende Checkliste mit Fragen kann als Hilfestellung zur Prüfung der Marktpreisrisiken dienen:   701

1. Hat die Bank sichergestellt, dass interne Handelsgeschäfte nur auf Basis eindeutiger Regelungen abgeschlossen werden dürfen?

2. Sind die Zuständigkeiten sowie deren Stellvertretung unter Berücksichtigung der Funktionstrennung geregelt und gibt es zugehörige Stellenbeschreibungen?

3. Wurden von der Bank Risikosteuerungs- und -controllingprozesse implementiert, die eine Identifizierung, Beurteilung, Steuerung, Überwachung und Kommunikation von Marktpreisrisiken gewährleisten?

Sind diese Prozesse in ein integriertes System zur Ertrags- und Risikosteuerung eingebunden?

4. Wurde von der Bank ein System von Limiten zur Begrenzung der Marktpreisrisiken auf der Grundlage der Risikotragfähigkeit unter Berücksichtigung von Risikokonzentrationen eingerichtet?

5. Hat die Bank berücksichtigt, dass ohne Marktpreisrisikolimit kein mit Marktpreisen behaftetes Geschäft abgeschlossen werden darf?

6. Beziehen sich die Limite zur Begrenzung der Marktpreisrisiken sowohl auf die Verlustrisiken bei aktuellen Marktpreisen (aufgelaufene Risiken) als auch bei möglichen Marktpreisveränderungen (potenzielle Risiken)?

7. Hat die Bank sichergestellt, dass auch marktbezogene Risiken, die aus der Veränderung der Bonität einer Adresse resultieren (z. B. besondere Kursrisiken bei Wertpapieren oder Preisrisiken bei Kreditderivaten) in angemessener Weise Berücksichtigung finden?

8. Hat die Bank sichergestellt, dass auch klassische Produkte mit derivativen Elementen in die Steuerung einbezogen werden?

9. Hat die Bank sichergestellt, dass auch Fondsbestände angemessen bei der gesamtbankbezogenen Messung berücksichtigt werden?

10. Werden regelmäßige und angemessene Stresstests durchgeführt? Sind dabei auch historische und hypothetische Stresstests vorgesehen? Finden identifizierte oder angenommene Risikokonzentrationen bei den Stresstests Berücksichtigung und wird bei diesen beachtet, dass sie sich sowohl innerhalb als auch zwischen den Risikoarten erstrecken? Wird der Geschäftsleitung regelmäßig über das Ergebnis der Stresstests berichtet?

11. Ist das Berichtswesen einer vom Bereich »Handel« unabhängigen Stelle zugeordnet?

12. Wird der Geschäftsleitung in regelmäßigen Abständen, aber mindestens vierteljährlich, ein Risikobericht, in dem die vom Institut eingegangenen Marktpreisrisiken unter Einbeziehung der internen Handelsgeschäfte enthalten sind, mit folgenden Informationen zur Verfügung gestellt (siehe auch MaRisk BTR 2.1, Tz. 5):

   a. Einen Überblick über die Risiko- und Ergebnisentwicklung der mit Marktpreisrisiken behafteten Positionen,

   b. Bedeutende Limitüberschreitungen,

   c. Änderungen der wesentlichen Annahmen oder Parameter, die den Verfahren zur Beurteilung der Marktpreisrisiken zu Grunde liegen,

d. Auffälligkeiten bei der Abstimmung von Handelspositionen (z. B. hinsichtlich der Handelsvolumina, GuV-Auswirkungen, Stornoquoten).

13. Wird der Risikobericht in nachvollziehbarer, aussagefähiger Form verfasst und enthält er neben einer Beschreibung auch eine Beurteilung der Risikosituation?

14. Werden im Rahmen der Risikoberichterstattung bei Bedarf auch Handlungsvorschläge, z. B. zur Risikoreduzierung, aufgenommen?

15. Werden im Risikobericht neben der ausführlichen auch prägnante Darstellungen (z. B. Management-Summary, Ampelsysteme) zur schnellen Orientierung der Geschäftsleitung gewählt?

16. Hat die Bank sichergestellt, dass die im Rechnungswesen und Risikocontrolling ermittelten Ergebnisse regelmäßig plausibilisiert werden?

17. Werden unter Risikogesichtspunkten wesentliche Informationen unverzüglich an die Geschäftsleitung, den jeweiligen Verantwortlichen sowie ggf. die Interne Revision gegeben? Ist für diese Ad-hoc-Berichterstattung ein geeignetes Verfahren implementiert?

18. Wird der Aufsichtsrat der Bank mindestens vierteljährlich über die Risikosituation in angemessener Weise schriftlich informiert? Werden dabei die folgenden Sachverhalte berücksichtigt (siehe auch MaRisk AT 4.3.2, Tz. 6):

    a. Verfassung in nachvollziehbarer, aussagefähiger Art und Weise,

    b. Darstellung der Risikosituation sowie deren Beurteilung,

    c. Gesondertes Eingehen auf besondere Risiken für die Geschäftsentwicklung und dafür geplante Maßnahmen der Geschäftsleitung.

19. Werden unter Risikogesichtspunkten wesentliche Informationen unverzüglich von der Geschäftsleitung an den Aufsichtsrat weitergeleitet? Ist für diese Ad-hoc-Berichterstattung ein geeignetes Verfahren implementiert?

20. Werden die Verfahren zur Beurteilung der Marktpreisrisiken regelmäßig überprüft?

Relevante Fragen zu den speziellen Anforderungen für Marktpreisrisiken des Handelsbuches: 702

1. Hat die Bank sichergestellt, dass die mit Marktpreisrisiken behafteten Geschäfte des Handelsbuches unverzüglich auf die einschlägigen Limite anzurechnen sowie die Positionsverantwortlichen über die für sie relevanten Limite und ihre aktuelle Ausnutzung zeitnah zu informieren sind?

2. Hat die Bank sichergestellt, dass bei Limitüberschreitungen geeignete Maßnahmen zu treffen sind und ggf. ein Eskalationsverfahren einzuleiten ist?

3. Hat die Bank sichergestellt, dass die mit Marktpreisrisiken behafteten Positionen des Handelsbuches täglich zu bewerten sind? (Bei Nicht-Handelsbuchinstituten sind grundsätzlich längere Turni möglich)

4. Enthält das tägliche Reporting die folgenden Informationen:

   a. das Ergebnis für das Handelsbuch,

   b. die bestehenden Risikopositionen, die mindestens einmal täglich zum Geschäftsschluss zu Gesamtrisikopositionen zusammenzufassen sind,

   c. die Limitauslastungen.

5. Hat die Bank sichergestellt, dass das Reporting mit den Gesamtrisikopositionen, Ergebnissen und Limitauslastungen spätestens am nächsten Geschäftstag dem für das Risikocontrolling zuständigen Geschäftsleiter zu übermitteln ist?

6. Hat die Bank sichergestellt, dass die Meldung mit den Handelsbereichen abzustimmen ist?

7. Hat die Bank sichergestellt, dass die modellmäßig ermittelten Risikowerte fortlaufend mit der tatsächlichen Entwicklung zu vergleichen ist?

703 Relevante Fragen zu den speziellen Anforderungen für Marktpreisrisiken des Anlagebuches:

   1. Hat die Bank sichergestellt, dass die mit Marktpreisrisiken behafteten Positionen des Anlagebuches mindestens vierteljährlich zu bewerten sind?

   2. Hat die Bank sichergestellt, dass mindestens vierteljährlich ein Ergebnis für das Anlagebuch zu ermitteln ist?

   3. Hat die Bank beachtet, dass abhängig von Art, Umfang, Komplexität und Risikogehalt der Positionen im Anlagebuch auch eine tägliche, wöchentliche oder monatliche Bewertung, Ergebnisermittlung und Kommunikation der Risiken geboten sein kann?

   4. Hat die Bank durch geeignete Maßnahmen sichergestellt, dass Limitüberschreitungen aufgrund zwischenzeitlicher Veränderungen der Risikopositionen vermieden werden können?

   5. Hat die Bank sichergestellt, dass die Verfahren zur Beurteilung der Zinsänderungsrisiken des Anlagebuches die wesentlichen Ausprägungen der Zinsänderungsrisiken erfassen müssen?

6. Hat die Bank sichergestellt, dass bei der Ermittlung der Zinsänderungs-risiken auf Basis von Bestandserhebungen folgende Sachverhalte zu be-rücksichtigen sind, wenn sie von wesentlicher Bedeutung sind:

   a. Faktische Zinsbindungen und nicht die rechtlichen Zinsbindungen (vor allem für Sicht- und Spareinlagen),

   b. Unverzinsliche Aktiva und Passiva (z. B. Beteiligungen)

   c. Optionale Bestandteile (z. B. Kündigungsrechte des Kunden, Son-dertilgungsoptionen, Rückzahlungsoptionen).

7. Hat die Bank sichergestellt, dass hinsichtlich der Berücksichtigung von solchen Positionen mit unbestimmter Kapital- oder Zinsbindung ge-eignete Annahmen festzulegen sind? Wurden dabei adäquate Elastizi-täten ermittelt?

8. Hat die Bank beachtet, dass bei barwertiger Berechnung der Zinsän-derungsrisiken diese dennoch auch GuV-bezogen zu betrachten sind?

9. Hat die Bank beachtet, dass Eigenkapitalbestandteile, die dem Institut zeitlich unbegrenzt zur Verfügung stehen, nicht in die barwertige Er-mittlung der Zinsänderungsrisiken einbezogen werden dürfen?

10. Hat die Bank sichergestellt, dass bei der Bestimmung der Auswirkun-gen von Zinsänderungen auf das handelsrechtliche Ergebnis angemes-sene Betrachtungen über den Bilanzstichtag hinaus erforderlich sind?

11. Hat die Bank sichergestellt, dass falls wesentliche Zinsänderungsrisi-ken in verschiedenen Währungen eingegangen werden, die Zinsände-rungsrisiken in jeder dieser Währungen ermittelt werden müssen?

12. Hat die Bank sichergestellt, dass auch andere Marktpreisrisiken im Anlagebuch berücksichtigt werden (z. B. Risiken aus Investmentfonds, Währungsrisiken, sonstige Preisrisiken)?

13. Wie behandelt die Bank geschlossene Positionen, die durch ein Ge-gengeschäft gedeckt werden, im Risikocontrolling?

14. Wie ermittelt die Bank den Zinsschock gem. § 24 Abs. 1 Nr. 14 KWG?

15. Hat die Bank beachtet, dass Fondsbestände bei der Ermittlung des Zinsschocks adäquat berücksichtigt werden?

2.3.4.   Prüfung der Liquiditätsrisiken

Die Liquiditätsrisiken beschreiben die Gefahr, dass das Kreditinstitut seinen    704
Zahlungsverpflichtungen im Zeitpunkt der Fälligkeit nicht nachkommen
kann. Die folgenden Risikoarten umfassen das Liquiditätsrisiko:

705 Das **Refinanzierungsrisiko** beschreibt die Gefahr, dass mangels ausreichender Marktliquidität Liquidationen erschwert werden und/oder dass erforderliche Anschlussfinanzierungen nicht (oder nur zu schlechteren Konditionen) abgeschlossen werden können.

706 Als **Abrufrisiko** wird die Gefahr bezeichnet, dass vertragskonform zum einen Kreditzusagen unerwartet in Anspruch genommen und zum anderen Einlagen unerwartet abgezogen werden. Das Abrufrisiko tritt somit als aktivisches und passivisches Liquiditätsrisiko in Erscheinung.

707 Das **Terminrisiko** bezieht sich auf die Gefahren, die aus nicht vertragskonformen Verhalten resultieren und bei Aktivgeschäften Einfluss auf die Kapitalbindungsdauer haben. Dies ist bei verzögerten Zins- bzw. Tilgungszahlungen der Fall. Das Terminrisiko wird auch als aktivisches Liquiditätsrisiko bezeichnet.

708 Die jederzeitige Sicherstellung der Liquidität stellt eine strenge Nebenbedingung der MaRisk dar, weshalb es dort eine besondere Stellung einnimmt. Die Regelungen zu den Liquiditätsrisiken wurden seit Einführung der MaRisk, bedingt durch die Finanzkrise, deutlich erweitert. Liquiditätsrisiken können gemäß AT 4.1 Tz. 4 der MaRisk von der Risikotragfähigkeitsberechnung ausgenommen werden, angemessene Risikosteuerungs- und -controllingprozesse sind dennoch einzurichten. Die folgenden Fragen können bei den Prüfungshandlungen zu diesem Bereich als Hilfestellung dienen:

1. Wurden von der Bank Risikosteuerungs- und -controllingprozesse implementiert, die eine Identifizierung, Beurteilung, Steuerung, Überwachung und Kommunikation von Liquiditätsrisiken gewährleisten? Sind diese Prozesse in ein integriertes System zur Ertrags- und Risikosteuerung eingebunden?

2. Ist es bei der Bank erforderlich, die Liquidität auch im Tagesverlauf sicherzustellen?

3. Hat die Bank angemessene Verfahren zur Steuerung der Fremdwährungsliquidität sichergestellt, sofern sie über wesentliche Liquiditätspositionen in unterschiedlichen Währungen verfügt?

4. Gibt es Regelungen in der Bank, in denen die Zuständigkeit für die Überwachung der Einhaltung der Liquiditätskennziffer niedergelegt ist?

5. Hat die Bank systemseitig Begrenzungen geschaffen für:

   a. Refinanzierungen in Form des Abzuges von Großbeträgen im Einlagengeschäft durch Beschränkungen der Großeinlagen bzw. ausreichende Liquiditätshaltung?

b. Abrufrisiken im Kreditgeschäft durch Beschränkung bei den Kreditzusagen (insbesondere im Großkreditbereich)?

c. Terminrisiken durch eine dynamische Liquiditätsplanung (Finanzplan)?

5. Hat die Bank sichergestellt, eine ausreichend große Liquiditätsreserve vorzuhalten?

6. Hat die Bank vorgesehen, den dauerhaften Zugang zu Refinanzierungsquellen, die über das Kundeneinlagengeschäft oder die Refinanzierung über die zuständige Zentralbank hinausgehen, regelmäßig zu überprüfen?

7. Hat die Bank vorgesehen, Liquiditätskosten zu identifizieren und bei der Steuerung der Geschäftsaktivitäten zu berücksichtigen?

8. Führt die Bank regelmäßig angemessene Stresstests durch? Wurden dabei die folgenden Sachverhalte berücksichtigt:

   a. Institutsindividuelle Definition der Stresstests,

   b. Zugrundelegen von unterschiedlich langen Zeithorizonten,

   c. Einbeziehen von institutseigenen Ursachen für Liquiditätsrisiken,

   d. Einbeziehen von marktweiten Ursachen für Liquiditätsrisiken,

   e. Einbeziehen von identifizierten bzw. angenommenen Risikokonzentrationen für Liquiditätsrisiken.

9. Hat die Bank einen Notfallplan für Liquiditätsengpässe festgelegt? Sind darin Maßnahmen im Falle eines Liquiditätsengpasses, eine Darstellung der zur Verfügung stehenden Liquiditätsquellen sowie die zu verwendenden Kommunikationswege enthalten?

10. Überprüft die Bank die geplanten Notfall-Maßnahmen regelmäßig und passt diese ggf. an?

11. Ist das Berichtswesen einer vom Bereich »Markt« unabhängigen Stelle zugeordnet?

12. Werden die Liquiditätsrisiken regelmäßig der Geschäftsleitung berichtet?

13. Enthält die Berichterstattung Angaben zur Liquiditätssituation, zu den Ergebnissen der Stresstests, zu wesentlichen Änderungen des Notfallplans sowie zu besonderen Liquiditätsrisiken aus außerbilanziellen Gesellschaftskonstruktionen?

14. Werden die Verfahren zur Beurteilung der Liquiditätsrisiken regelmäßig überprüft und ggf. angepasst?

15. Besteht bei Unterschreiten der von der Bank festgelegten Größe für die Liquiditätskennziffer eine unverzügliche Informationspflicht an die Geschäftsleitung, den jeweiligen Verantwortlichen sowie ggf. die Interne Revision? Ist für diese Ad-hoc-Berichterstattung ein geeignetes Verfahren implementiert?

16. Hat die Bank bei Erreichen oder Unterschreiten der Schwellenwerte frühzeitig gegensteuernde Maßnahmen implementiert?

17. Wird der Aufsichtsrat der Bank mindestens vierteljährlich über die Risikosituation in angemessener Weise schriftlich informiert? Werden dabei die folgenden Sachverhalte berücksichtigt (siehe auch MaRisk AT 4.3.2, Tz. 6):

   a. Verfassung in nachvollziehbarer, aussagefähiger Art und Weise,

   b. Darstellung der Risikosituation sowie deren Beurteilung,

   c. Gesondertes Eingehen auf besondere Risiken für die Geschäftsentwicklung und dafür geplante Maßnahmen der Geschäftsleitung.

18. Werden unter Risikogesichtspunkten wesentliche Informationen unverzüglich von der Geschäftsleitung an den Aufsichtsrat weitergeleitet? Ist für diese Ad-hoc-Berichterstattung ein geeignetes Verfahren implementiert?

709 In der aktuellen MaRisk-Fassung sind bzgl. Liquiditätsrisiken umfassende zusätzliche Anforderungen an kapitalmarktorientierte Institute hinzugekommen, die an dieser Stelle jedoch nicht weiter behandelt werden sollen (siehe MaRisk BTR 3.2).

## 2.3.5. Prüfung der operationellen Risiken

710 Anders als bei den vorgenannten Risiken liegen die Ursachen für operationelle Risiken häufig im internen Umfeld des Kreditinstituts. Die operationellen Risiken entstehen durch die Gefahr von Verlusten in Folge der Unangemessenheit oder des Versagens von internen Verfahren (Prozesse), Systemen (Hard- und Software), Menschen (Mitarbeiter, Kunden, Fremde) oder in Folge externer Ereignisse. Diese Definition schließt **Rechtsrisiken** ein, aber nicht strategische Risiken oder Reputationsrisiken. Rechtsrisiken bezeichnen die Gefahr von Verlusten aufgrund der Verletzung geltender rechtlicher Bestimmungen. Hierzu zählt das Risiko, aufgrund einer geänderten Rechtsprechung für in der Vergangenheit abgeschlossene Geschäfte Verluste zu erleiden.

Als operationelle Risiken sind sowohl mögliche Schadensfälle (Ex-ante-   711
Betrachtung) als auch eingetretene Schadensfälle (Ex-post-Betrachtung) zu
verstehen.

Die operationellen Risiken sind die am wenigsten detailliert geregelte Risikoart   712
der MaRisk. In diesem Zusammenhang geht es der Aufsicht darum, dass die
Organisation selbst lernt und sich weiterentwickelt, d. h., dass die Bank aus
eingetretenen Schäden klüger werden und Mängel im internen Kontrollsystem
überprüfen sollte. Der folgende Fragenkatalog soll einige Anregungen für die
Prüfungshandlungen der Internen Revision geben:

1. Wurden von der Bank Risikosteuerungs- und -controllingprozesse
   implementiert, die eine Identifizierung, Beurteilung, Steuerung, Überwachung und Kommunikation von wesentlichen operationellen Risiken gewährleisten? Sind diese Prozesse in ein integriertes System zur
   Ertrags- und Risikosteuerung eingebunden?

2. Wurden die folgenden Zuständigkeiten bzw. Verantwortlichkeiten im
   Rahmen der operationellen Risiken festgelegt:

   a. Koordinierung und Anstoß der Risikoinventur,

   b. Zur Erfassung einer Meldung bzw. Schadens,

   c. Zur Prüfung von Meldungen bzw. Schäden und Anlage eines quali-
   fizierten Schadenereignisses,

   d. Zur Maßnahmenableitung nach Eintritt eines bedeutenden Schadens,

   e. Zur Erstellung der jährlichen Berichterstattung an die Geschäftsleitung,

   f. Zur Information an den Aufsichtsrat,

   g. Überwachung der Umsetzung der zu treffenden Maßnahmen.

3. Berücksichtigt die Berichterstattung die Art des Schadens bzw. des Risikos, die Ursachen, das Ausmaß des Schadens bzw. des Risikos sowie
   ggf. bereits getroffene Gegenmaßnahmen?

4. Werden bedeutende Schadenfälle unverzüglich hinsichtlich ihrer Ursache analysiert?

5. Hat die Bank sichergestellt, dass eine Überprüfung und Analyse der
   gemeldeten Schäden durchgeführt wird?

6. Hat die Bank mindestens eine jährliche Risikoinventur vorgesehen?

7. Werden regelmäßige und angemessene Stresstests durchgeführt? Sind
   dabei auch historische und hypothetische Stresstests vorgesehen? Finden identifizierte oder angenommene Risikokonzentrationen bei den

Stresstests Berücksichtigung und wird bei diesen beachtet, dass sie sich sowohl innerhalb als auch zwischen den Risikoarten erstrecken? Wird der Geschäftsleitung regelmäßig über das Ergebnis der Stresstests berichtet?

8. Werden die Verfahren zur Beurteilung der operationellen Risiken regelmäßig überprüft und ggf. angepasst?

9. Werden unter Risikogesichtspunkten wesentliche Informationen unverzüglich an die Geschäftsleitung, den jeweiligen Verantwortlichen sowie ggf. die Interne Revision gegeben? Ist für diese Ad-hoc-Berichterstattung ein geeignetes Verfahren implementiert?

10. Wird der Aufsichtsrat der Bank mindestens vierteljährlich über die Risikosituation in angemessener Weise schriftlich informiert? Werden dabei die folgenden Sachverhalte berücksichtigt (siehe auch MaRisk AT 4.3.2, Tz. 6):

    a. Verfassung in nachvollziehbarer, aussagefähiger Art und Weise,

    b. Darstellung der Risikosituation sowie deren Beurteilung,

    c. Gesondertes Eingehen auf besondere Risiken für die Geschäftsentwicklung und dafür geplante Maßnahmen der Geschäftsleitung.

11. Werden unter Risikogesichtspunkten wesentliche Informationen unverzüglich von der Geschäftsleitung an den Aufsichtsrat weitergeleitet? Ist für diese Ad-hoc-Berichterstattung ein geeignetes Verfahren implementiert?

12. Welche operationellen Risiken werden erfasst und bewertet?

13. Hat die Bank sichergestellt, dass Risiken aus dem Dienstleistungsgeschäft (z. B. Beratungsrisiken, Risiken i. V. m. dem Zahlungsverkehr) erfasst und bewertet werden?

14. Hat die Bank sichergestellt, dass die Prozesse, die Dokumentationsanforderungen, die EDV-Systeme sowie Notfallpläne innerhalb der Bank regelmäßig überprüft und ggf. angepasst werden?

15. Hat die Bank sichergestellt, dass die verwandten Vertragsformulare, zumindest für die wesentlichen Bereiche, auf ihre rechtliche Durchsetzbarkeit geprüft sind?

16. Ist sichergestellt, dass nur die freigegebenen Vertragsformulare verwandt werden?

17. Wer ist für die Aktualisierung von Vertragsformularen verantwortlich?

18. Hat die Bank vorgesehen, dass eine Prüfung von abweichenden Vereinbarungen bzw. Vertragsbestandteilen von den Standardverträgen stattfindet und dass diese von einer vom Markt unabhängigen Stelle vorzunehmen ist?

19. Hat die Bank Vorsorgeregelungen für unvorhergesehene Personalausfälle getroffen?

## 2.3.6. Prüfung von Risikokonzentrationen

Wie bereits umfassend dargelegt, fordert die BaFin mit der Neufassung der 713 MaRisk mehr denn je, dass sich die Banken mit Risikokonzentrationen beschäftigen und sich somit intensiv mit ihren (möglichen) **Klumpenrisiken** auseinandersetzen sollen. Die Kreditinstitute werden explizit aufgefordert, sich Gedanken zu machen, wie ein Umgang mit den Risikokonzentrationen und deren Messung vonstattengehen soll. Die MaRisk selbst machen den Instituten dabei wenig eindeutige Vorgaben. Einzig bezüglich der Risikokonzentrationen bei Adressenausfallrisiken halten die Erläuterungen der MaRisk nähere Angaben bereit. Demnach handelt es sich um Adressen- und Sektorkonzentrationen, regionale Konzentrationen und sonstige Konzentrationen im Kreditgeschäft, die relativ gesehen zum Risikodeckungspotenzial zu erheblichen Verlusten führen können (z. B. Konzentrationen nach Kreditnehmern, Produkten oder Underlyings strukturierter Produkte, nach Branchen, Verteilung von Engagements auf Größen- und Risikoklassen, Sicherheiten, ggf. Ländern und sonstige hoch korrelierte Risiken). Übertragen auf sämtliche Risikoarten bedeutet dies, dass Risikokonzentrationen demnach Risiken beschreiben, die mit einem besonderen Hebel im negativen Sinne auf die Risikotragfähigkeit wirken. Die MaRisk fordern aus diesem Grund die Institute auf, angemessene Vorkehrungen zur **Begrenzung von Risikokonzentrationen** zu treffen. In diesem Zusammenhang stellen sie insbesondere klar, dass solche angemessenen Vorkehrungen sowohl quantitative Instrumente (z. B. Limitsysteme oder Ampelsysteme) als auch qualitative Instrumente (z. B. regelmäßige Risikoanalysen) umfassen können. Weiterhin weisen die MaRisk die Banken an, Risikokonzentrationen auch mit Blick auf die Ertragssituation (**Ertragskonzentrationen**) zu berücksichtigen. Dies setzt voraus, dass die Institute ihre Erfolgsquellen voneinander abgrenzen und quantifizieren können (z. B. im Hinblick auf den Konditionen- und den Strukturbeitrag im Zinsbuch). Zur Überwachung und Steuerung der Risikokonzentrationen werden die Banken daher unterschiedliche Verfahren entwickeln und zur Anwendung bringen müssen, immer unter Berücksichtigung von Art und Umfang ihrer eigenen Geschäftstätigkeit und einhergehender Komplexität der verwendeten Methoden. Aus Sicht der Internen Revision muss im Rahmen der Prüfung nun beurteilt werden, ob die Bank dem Thema »Risikokonzentrationen« in den Risikosteuerungs- und -controllingprozessen ausreichend Bedeutung zugedacht und angemessene Verfahren und Methoden zu deren Messung und Steuerung entwickelt hat. In den Fragekatalogen der vorangegangenen Abschnitte beschäftigten sich bereits einzelne Fragen mit den Risikokonzentrationen in den jeweiligen Risikoarten. Abschließend soll eine Checkliste mit Fragen dargestellt werden, die sich noch einmal allgemein dem Themenbereich auf Gesamtbanksteuerungsebene nähert:

1. Identifiziert und beurteilt die Bank Risikokonzentrationen?

2. Geht die Bank in ihrer Risikostrategie auf Risikokonzentrationen ein?

3. Schätzt die Bank Risikokonzentrationen als wesentlich oder eher unwesentlich ein?

4. Hat die Bank festgelegt, welche Arten von Risikokonzentrationen sie überwacht? Wurden diese ausreichend begründet? Geht sie dabei auch auf Ertragskonzentrationen ein?

5. Hat die Bank qualitative und/oder quantitative Methoden zur Messung von Risikokonzentrationen implementiert?

6. Beachtet die Bank, die Risikokonzentrationen für alle Risikoarten und risikoartenübergreifend zu überwachen und zu messen?

7. Finden die Risikokonzentrationen im Rahmen von Stresstests ausreichend Beachtung?

8. Hat die Bank angemessene Vorkehrungen zur Begrenzung von Risikokonzentrationen geschaffen?

9. Wird die Geschäftsleitung regelmäßig über die Risiko- bzw. Ertragskonzentrationen informiert?

10. Gibt es einen Prozess, der den Umgang mit Risikokonzentrationen regelt?

11. Wie geht die Bank mit identifizierten Risikokonzentrationen um? Werden Maßnahmen zu deren Reduzierung beschlossen?

## 3. Schlussbemerkungen und Fazit

714 Durch die Neufassung der aktuellen MaRisk gewinnt die Gesamtbanksteuerung inklusive dem Management von Risikokonzentrationen zunehmend an Bedeutung. Dieser Entwicklung muss auch die Tätigkeit der Internen Revision Rechnung tragen, sei es im Rahmen von Beratungstätigkeiten, Projektbegleitungen oder Ex-post-Prüfungen. Während bezüglich des Themas Risikokonzentrationen im Bereich der Adressenausfallrisiken im Zeitverlauf bereits Erfahrungen von den Banken gesammelt werden konnten, müssen Verfahren und Methoden in den anderen Risikoarten zum Teil erst noch entwickelt

werden. In den anderen Kapiteln dieses Buches werden diesbezüglich Ansätze und Möglichkeiten aufgezeigt, die als Hilfestellung von den Kreditinstituten herangezogen werden können. Es ist in diesem Prozess nicht Aufgabe der Internen Revision, solche Methoden und Verfahren zu entwickeln, jedoch sehr wohl im Rahmen ihrer Tätigkeit vergangene Entwicklungen zu beurteilen bzw. künftige Entwicklungen anzustoßen sofern erforderlich. Um dieser Aufgabe nachzukommen, ist es aus Revisionssicht erforderlich, geeignete Fragen an entsprechender Stelle anzubringen. Wie bereits dargelegt, macht es nach Auffassung des Autors Sinn, das Management von Risikokonzentrationen im Rahmen der Gesamtbanksteuerungsprüfung zu behandeln. Da die Risikokonzentrationen immer im Zusammenhang mit den Risikosteuerungs- und -controllingprozessen insgesamt betrachtet werden müssen, wurden in den vorangegangenen Abschnitten mögliche Fragenkataloge zusammengestellt, die sich den verschiedenen Risikoarten zuerst allgemein nähern, um dann speziell auch im jeweiligen Kontext die Risikokonzentrationen aufzugreifen. Die aufgezeigte Vorgehensweise ermöglicht es der Internen Revision, sich ihrerseits dem Thema »Risikokonzentrationen« zu nähern und sich adäquat damit zu befassen, um letztlich ihre Aufgabenstellung bewerkstelligen zu können. In Zukunft muss sie die Entwicklungen (sowohl intern als auch extern) in diesem Bereich beobachten, um im Bedarfsfall die eigenen Prüfungsmethoden und -handlungen entsprechend anpassen zu können. Dieser »Blick über den Tellerrand« sollte grundsätzlich für das gesamte Vorgehen in sämtlichen Tätigkeitsbereichen der Internen Revision gelten, gerade bei den allerneusten Entwicklungen sowie aufsichtsrechtlichen Vorgaben kommt diesem Punkt jedoch eine besondere Bedeutung zu und sollte nicht vernachlässigt werden, um als Instrument der Geschäftsleitung jederzeit »gut funktionieren« zu können.

## II. Prüfung und Beurteilung aus Sicht der Bankenaufsicht

### 1. Risikokonzentration

715 Eine Ausarbeitung zum »Management von Risikokonzentrationen« beginnt – auch für einen Bankenaufseher – mit einer Materialsammlung. Der Ausgangspunkt vieler thematischer Recherchen von Bankenaufsehern ist mittlerweile das Internet, insbesondere auch die Online-Enzyklopädie Wikipedia. Im Gegensatz zur mannigfaltigen Fachliteratur ist diese in der Lage, die Begriffe des modernen Finanzwesens in einfache und vor allem kurze Worte zu kleiden. Hinzu kommt, dass auf die Verständlichkeit der Darstellung Wert gelegt wird. Dies ist in der Fachliteratur leider nicht immer der Fall.

### 2. Überblick zu den aufsichtlichen Anforderungen

716 In den bankaufsichtlichen Regelwerken sind die Begriffe Risikokonzentrationen bzw. Konzentrationsrisiken seit einigen Jahren häufiger zu finden, sieh Begriffserklärung im Kapitel I dieses Buches.

717 Die **Solvabilitätsverordnung** (kurz: SolvV) fordert in vielen Einzelfällen des Adressenausfallrisikos die Berücksichtigung von Risikokonzentrationen. Sei es beispielsweise bei angekauften Forderungen (§ 143 ff SolvV), bei der Berücksichtigung finanzieller Sicherheiten (§ 173 f SolvV) oder bei Verbriefungen (§ 243 f SolvV). Auch bei internen Modellen zur Berücksichtigung des Marktpreisrisikos fordert § 316 SolvV die angemessene Berücksichtigung von Konzentrationen beim besonderen Kursrisiko. Das **Kreditwesengesetz** (kurz: KWG) berücksichtigt seit Jahrzehnten Risikokonzentrationen im Adressenausfallrisiko durch seine Regelungen zu Großkrediten. Außerhalb des Adressenausfallrisikos/besonderen Kursrisikos sind allerdings keine Regelungen in der SolvV und dem KWG zu finden.

718 Auch der von der Europäischen Kommission im Jahr 2003 eingesetzte Ausschuss der europäischen Bankenaufsichtsbehörden (Committee of European Banking Supervisors, kurz: **CEBS**) fokussierte die Betrachtung des Risikokonzentrations in ihrer am 25.01.2006 veröffentlichten »Guidelines on the Application of the Supervisory Review Process under Pillar 2« auf das Adressenausfallrisiko. Erst mit der Veröffentlichung der überarbeiteten Regelungen zur Risikokonzentration vom 01.09.2010, »CEBS Guidelines on the management of concentration risk under the supervisory review process (GL31)«, werden Risikokonzentrationen außerhalb des Adressenausfallrisikos systema-

tisch berücksichtigt. Da CEBS zum 01.01.2011 von der neu gegründeten europäischen Bankenaufsichtsbehörde (European Banking Authority, kurz: **EBA**) in London abgelöst wurde, finden Sie die entsprechenden Regelungen mittlerweile auf der Webseite der EBA:

http://www.eba.europa.eu/documents/Publications/Standards---Guidelines/2010/Concentration-risk-guidelines/Concentration.aspx

Die **Mindestanforderungen an das Risikomanagement** (kurz: MaRisk, Rundschreiben 11/2010 vom 15.12.2010) berücksichtigen diese überarbeiteten CEBS-Regelungen zu Risikokonzentrationen.   719

## 3. Risikokonzentrationen und MaRisk aus Prüfersicht

Die neuen bankaufsichtlichen Vorschriften waren noch nicht expliziter Gegenstand von MaRisk-Prüfungen, da sie erst ab dem 31.12.2011 bankaufsichtlich sanktioniert werden. Prüfungserfahrung zu Risikokonzentrationen durfte ich im Rahmen von Prüfungen zur Zulassung von IRB-Verfahren sowie im Rahmen von Prüfungen zur Risikotragfähigkeit in den Risikoarten Marktpreisrisiko und Adressenausfallrisiko sammeln.   720

### 3.1. Anschreiben zu den MaRisk – Einführung

Das Anschreiben zur Veröffentlichung der Neufassung der MaRisk widmet den Risikokonzentrationen folgenden eigenen Abschnitt:   721

> »Vor dem Hintergrund der CEBS-Vorgaben habe ich die Anforderungen an die Berücksichtigung von Risikokonzentrationen dahingehend ergänzt, dass risikoartenübergreifende Komponenten von Risikokonzentrationen stärker in den Fokus rücken. Die Institute sollen analysieren, ob bestimmte Risikofaktoren sich gleichermaßen auf verschiedene Risikoarten auswirken bzw. verschiedene Risikofaktoren unterschiedlicher Risikoarten in die gleiche Richtung wirken können. Nur so kann letztlich dem sog. »Silo-Problem« wirksam entgegengewirkt werden. Die geforderte angemessene Abbildung von Risikokonzentrationen in den Risikosteuerungs- und -controllingprozessen sowie die Berücksichtigung bei der Beurteilung der Risikotragfähigkeit bedeutet im übrigen nicht, dass künftig eine isolierte Steuerung und Limitierung von Risikokonzentrationen parallel zur Risikosteuerung der wesentlichen Risiken zu erfolgen hat.«

Wesentlich finde ich hier den Hinweis auf das **»Silo-Problem«**. Regelmäßig zeigen Erfahrungen bankgeschäftlicher Prüfungen, dass die Prozesse zur Identifizierung, Beurteilung, Steuerung sowie Überwachung und Kommunikation der Risiken nach Risikoarten getrennt organisiert sind. Der Begriff des   722

»Silo-Problems« lässt vermuten, dass die Organisation des Risiko-Controllings in Silos die Ursache für die gegenwärtigen Probleme, gar für die Finanzkrise darstellt und durch eine silofreie Organisation des Risiko-Controllings überwunden werden kann. Aus Prüfersicht sehe ich das Problem weniger in der Silo-Organisation, sondern vielmehr in der Entfernung der Silos voneinander und der daraus resultierenden mangelnden Kommunikation zwischen den Silos.

723 Mit **Entfernung der Silos voneinander** meine ich, dass in manchen Kreditinstituten die Prozesse des Risikocontrollings im Extremfall in mehrere Vorstandsressorts fallen, oder innerhalb eines Vorstandsressorts in zwei separaten Bereichen organisiert sind. Je nach Unternehmenskultur entsteht zwischen den unterschiedlichen Silos ein regelrechter Wettbewerb um die Aufmerksamkeit des Vorstands. Die Prozesse zur Steuerung der Risikokonzentrationen innerhalb einer Risikoart werden von dieser Organisation nicht negativ beeinflusst. Allerdings werden bei großer Entfernung der Silos Risikoarten übergreifende Risiken meist nicht identifiziert. Und ohne diese grundlegende Identifizierung dieser Risiken ist an eine Bewertung und Steuerung der Risikokonzentrationen (hier zudem im engeren Sinne siehe Begriffsdefinition im Kapitel I) gar nicht erst zu denken.

724 **Kommunikation zwischen den Silos** ist eine Voraussetzung zur Identifizierung von risikoartübergreifenden Risikokonzentrationen. Wenn durch eine übergreifende Kommunikation Risikotreiber identifiziert werden, können deren Auswirkungen durch die Silos separat anhand einheitlicher Szenarien gemessen werden, um diese dann siloübergreifend zu aggregieren und eine ganzheitliche unternehmensweite Sicht auf Risikotreiber zu besitzen.

725 Ein Beispiel soll dies erläutern. Angenommen es kommt in einem osteuropäischen Land wie Polen zu politischen Unruhen. Dies hat in erster Linie Auswirkungen auf den Wert der Polen-Anleihen und Schuldscheine mit dem Land Polen als Schuldner. Daneben wirkt sich dies natürlich im Kreditportfolio auf die Unternehmen mit Sitz in Polen sowie die dort ansässigen Privatpersonen aus. Indirekt wirkt es auf andere Unternehmen mit starker Geschäftsaktivität in Polen sowie auf Lombardkredite an vermögende Privatkunden mit Anlageschwerpunkt in Osteuropa. Ebenso werden sich im Marktpreisrisiko die Wechselkurse und Zinssätze im Zusammenhang mit Polen verändern. Nicht zuletzt kann der Risikofaktor Polen auch operationelle Risiken begründen, wenn z. B. Abwicklungsprozesse an ein polnisches Unternehmen ausgelagert ist.

Hilfreich zur Behandlung von Risikokonzentrationen ist nun kein weiteres 726
risikoartübergreifendes Silo, sondern ein Kommunikationsforum, das die Silos
der einzelnen Risikoarten an einen Tisch bringt. Dann können Risikotreiber
einzelner Risikoarten darauf untersucht werden, ob sie auch auf andere Risikoarten wirken.

Zusammengefasst lässt sich also sagen, dass die Risikokonzentrationen einzel- 727
ner Risikoarten problemlos in Silos gesteuert werden können, während die
risikoartübergreifenden Risikokonzentrationen in einem separaten risikoartübergreifenden Forum behandelt werden müssen.

## 3.2. Risikoinventur (AT 2.2)

Die MaRisk fordern in Abschnitt AT 2.2 ausdrücklich, dass jedes Kreditinsti- 728
tut regelmäßig und anlassbezogen eine Risikoinventur durchzuführen hat.
Dies ist keine neue Anforderung, sondern lediglich eine Klarstellung der bisher üblichen Auslegungspraxis. Erstmals erwähnen die MaRisk in den Erläuterungen zu Abschnitt AT 2.2, dass auch Risikokonzentrationen zu identifizieren sind. Dies bezieht sich sowohl auf die Risikokonzentrationen innerhalb
einer Risikoart (Intra-Risikokonzentrationen) als auch auf die risikoartübergreifenden (Inter-Risikokonzentrationen).

Da die Bankenaufsicht die Qualität des Prozesses zur Identifizierung von 729
Risikokonzentrationen beurteilen muss, ist es notwendig, dass der Arbeitsab-
lauf als solches schriftlich niedergelegt ist. Festzulegen ist die Zuständigkeit
für die Identifizierung sowie die weitere Vorgehensweise nach der Identifizierung.

Ebenso ist eine Dokumentation des Ergebnisses der Risikoidentifikation er- 730
forderlich. Diese umfasst zunächst die wesentlichen Risikokonzentrationen.
Nicht vergessen werden sollte allerdings, auch die zunächst identifizierten,
aber dann als unwesentlich verworfenen Risikokonzentrationen zu dokumentieren. Damit wird nachvollziehbar, warum bestimmte, zunächst plausibel
klingende Konzentrationen als nicht relevant beurteilt wurden und der subjek-
tive Prozess der Risikoidentifikation wird objektiviert. Beispielsweise können
Betragsschwellen dazu dienen, unwesentliche Risiken auszusteuern. Eine
aussagekräftige Dokumentation erleichtert die regelmäßige Aktualisierung der
Risikoinventur, da bereits identifizierte Risiken lediglich erneut bewertet werden müssen, um ihre Materialität bestimmen zu können.

731 Wichtig ist, dass nicht nur regelmäßig der vorhandene Risikobestand aktualisiert, sondern auch aktiv nach neuen Risiken und deren Konzentrationen gesucht wird.

### 3.3. Gesamtverantwortung der Geschäftsleitung (AT 3)

732 Die Verantwortung für die Angemessenheit des Risikomanagements liegt gemäß § 25a KWG (und Abschnitt AT 3 der MaRisk) in den Händen sämtlicher Geschäftsleiter gemäß § 1 Abs. 2 KWG. Die Berücksichtigung von Risikokonzentrationen ist eine wesentliche Komponente des Risikomanagements und damit auch in der Gesamtverantwortung der Geschäftsleitung angesiedelt. Nur wenn die Geschäftsleitung versteht, welchen Risikokonzentrationen ihr Kreditinstitut ausgesetzt ist, kann sie diese Risiken angemessen steuern.

733 Regelmäßig wird die Geschäftsleitung die Identifizierung der Risikokonzentrationen und die Implementierung entsprechender Messverfahren an eine oder mehrere operative Organisationseinheiten delegieren. Dies enthebt sie allerdings nicht der inhaltlichen Verantwortung. Insbesondere bei der Qualitätssicherung, der Gestaltung wesentlicher Modellannahmen und der Beurteilung der Ergebnisse ist die Geschäftsleitung gefragt. Ebenso trägt diese die Verantwortung für **einheitliche prozessuale Vorgaben (Rahmenwerk) zu Risikokonzentrationen.**

734 Die Bankenaufsicht beleuchtet üblicherweise, in welchem Umfang die Geschäftsleitung ihrer Verantwortung gerecht wird. Welche Vorgaben macht sie den operativen Organisationseinheiten? Wie überwacht die Geschäftsleitung die operativen Organisationseinheiten? Wie wird die gesamte Geschäftsleitung, (nicht nur der Risikovorstand!) über die Ergebnisse aus Analysen zu Risikokonzentrationen informiert? Wie verwertet sie die Analyseergebnisse zu strategischen und operativen Managemententscheidungen?

### 3.4. Risikotragfähigkeit (AT 4.1)

735 Bereits die erste Textziffer des Abschnitts 4.1 der MaRisk zur Risikotragfähigkeit stellt klar, dass Risikokonzentrationen im Rahmen der Beurteilung der Risikotragfähigkeit zu berücksichtigen sind. Darüber hinaus formulieren die Textziffern 6 und 7 Anforderungen an die Berücksichtigung von Diversifikationseffekten.

736 Da Risikodiversifikation das Gegenteil von Risikokonzentration ist, gelten diese Anforderungen implizit auch für Risikokonzentrationen. Die den Messverfahren für Risikokonzentrationen zugrunde liegenden **Annahmen** sind

anhand einer Analyse der institutsindividuellen Verhältnisse zu treffen. Es reicht also nicht aus, Annahmen externer Quellen ungeprüft zu übernehmen. Vielmehr sind eigenständige Analysen zur Angemessenheit dieser Annahmen durchzuführen. Wenn **externe Daten** berücksichtigt werden, ist zu überprüfen, ob diese auf die individuelle Risikosituation des Instituts übertragbar sind. Zeitreihenanalysen müssen konjunkturelle Auf- und Abschwungphasen umfassen. Bei **Schätzungen** ist in einer Weise konservativ vorzugehen, dass auch unter für das Institutsportfolio ungünstigen Marktbedingungen das Risiko nicht unterschätzt wird. Die Angemessenheit der Annahmen und Schätzungen ist regelmäßig und anlassbezogen zu überprüfen.

Anlassbezogen bedeutet nicht nur, dass bei einer Veränderung des Portfolios die Schätzverfahren zu überprüfen sind. Es kann sich auch aus akutem Anlass die grundsätzliche Wahrnehmung zu einem Risiko verändern. Beispielsweise wird nach der Lehmann-Pleite das Kontrahentenrisiko im Interbankengeschäft sowie das Adressenausfallrisiko von Zertifikaten verändert wahrgenommen. Nach solch extremen Marktverwerfungen ist selbstverständlich eine anlassbezogene Überprüfung erforderlich. 737

Aber auch das Institutsportfolio kann sich kontinuierlich ändern, so dass die ursprünglich definierten Schätzverfahren im Laufe der Zeit das Risikokonzentration/die Diversifikation immer schlechter abbilden. Eine jährliche Überprüfung stellt die Angemessenheit der Schätzverfahren für das Institutsportfolio sicher. 738

Zuletzt fordert Textziffer 7, dass die Annahmen der Geschäftsleitung zu berichten und von dieser zu genehmigen sind. Diese Forderung nach einer Genehmigung durch die Geschäftsleitung wiederholt die in Abschnitt AT 3 der MaRisk geforderte Gesamtverantwortung. 739

Ergänzend zu den Vorschriften der MaRisk möchte ich an dieser Stelle auf die Textziffer 4 der CEBS-Guidelines zur Risikokonzentration hinweisen. Diese erläutern, dass die Eigenkapitalvorschriften der Säule 1 (SolvV) Risikokonzentrationen nicht in vollem Umfang quantitativ berücksichtigen. Es ist im Falle von Risikounterschätzungen in Säule 1 erforderlich, Kapitalzuschläge für Risikokonzentrationen in Säule 2 (Risikotragfähigkeitskonzept) vorzunehmen. 740

## 3.5.   Strategien (AT 4.2)

Testziffer 2 von Abschnitt 4.2 der MaRisk fordert, dass Risikokonzentrationen aller wesentlicher Risiken auch bei der Festlegung der strategischen Risikotoleranzen innerhalb der (Risiko-)Strategie berücksichtigt werden müssen. 741

Neben den Risikokonzentrationen sind auch Ertragskonzentrationen zu berücksichtigen.

742 Darüber hinaus werden an den Strategieprozess keine für Risikokonzentrationen spezifischen Anforderungen gestellt. Vielmehr sind **Risikokonzentrationen in die bestehenden Strategieprozesse zu integrieren**.

743 Wenn ein Institut also bereits einen funktionierenden Strategieprozess besitzt, sind Risikokonzentrationen lediglich inhaltlich zu ergänzen, der Prozess existiert ja bereits.

3.6.     Risikosteuerungs- und Controllingprozesse (AT 4.3.2)

744 Textziffer 2 von Abschnitt AT 4.3.2 bestimmt, dass angemessene Vorkehrungen zur Begrenzung von Risikokonzentrationen zu treffen sind. Die Erläuterungen der MaRisk ergänzen, dass dies sowohl durch quantitative Instrumente wie Limitsysteme oder Ampelsysteme als auch durch qualitative Instrumente wie beispielsweise Risikoanalysen möglich sei.

745 Aus Prüfersicht empfiehlt sich unbedingt eine Integration der Risikoart Konzentration in die bereits existierenden Prozesse zur Identifizierung, Bewertung, Begrenzung, Überwachung und Steuerung von Risiken.

746 Risikokonzentrationen **innerhalb einzelner Risikoarten** lassen sich üblicherweise gut in deren bereits bestehende Risikomanagementprozesse integrieren. Am Beispiel des Adressenausfallrisikos sei dies verdeutlicht. Bei der Portfoliobetrachtung stößt das Controlling automatisch auf etablierte Risikomaße wie Anteile einzelner Branchen (z. B. Landwirtschaft, Chemie, Automobil), Bonitätsklassen, Produktarten (z. B. Baufinanzierungen, Spareinlagen, Schuldscheine), Forderungsklassen (z. B. Banken, Zentralregierungen, Mittelstandsunternehmen), Länder bzw. Regionen. Wenn die Messung dieser Konzentrationen (z. B. im Wege von Prozent des Teil- oder Gesamtportfolios) definiert ist, werden üblicherweise die so gemessenen Risiken durch Limite begrenzt, die auf den üblichen Wegen überwacht und berichtet werden. Als Prüfer erwarte ich hier keine gänzlich neuen Prozesse für diese Risikomaße. Ganz im Gegenteil bevorzuge ich eine Integration in den bestehenden Risikomanagementrahmen, damit die Geschäftsleitung den Überblick über das Portfolio behält und nicht in der Vielzahl der unterschiedlichen Risiken ertrinkt.

Die größere Herausforderung wird das **risikoartübergreifende Management der Risikokonzentrationen** sein. Hier existieren oft noch keine geeigneten organisatorischen Strukturen, die sich diesen Fragestellungen widmen. Vielmehr gilt es, die etablierten Silo-Strukturen zu überwinden und ergänzend zu den Risikosilos einen **bankweiten ganzheitlichen Risikomanagementrahmen** zu schaffen. 747

Also wie werden diese Inter-Risikokonzentrationen in der Praxis identifiziert? Im Rahmen meiner Prüfungstätigkeit habe ich bisher nur das Sammeln und Diskutieren von Expertenmeinungen gesehen. Wissenschaftliche Verfahren, die durch die Anwendung mathematischer Formeln sämtliche risikoartübergreifenden Risikotreiber **identifizieren** können, sind mir bisher noch nicht begegnet. Klar, denn wer, wenn nicht die **Experten des Risikomanagements**, soll solche Inter-Risikokonzentrationen aufstöbern? So werden die Kenntnisse der Portfoliomanager über die Besonderheiten der Teilbankportfolios genutzt und moderiert zusammengefügt. 748

Aus Prüfersicht rate ich dazu, schon den Prozess der Risikoidentifikation nachvollziehbar zu gestalten. Das erleichtert die spätere Überprüfung/Weiterentwicklung der Ergebnisse. Und natürlich gestattet dies internen wie externen Prüfern, die Vorgehensweise nachzuvollziehen. 749

Doch was bedeutet der Begriff Nachvollziehbarkeit praktisch? Ein Prüfer möchte nachvollziehen können, wann welche Personen/Gremien in welcher Weise die Risikotreiber identifiziert haben. Welche Risikotreiber ursprünglich gesammelt wurden, und welche davon aus welchen Gründen wieder verworfen wurden. Ich kann als Prüfer gut damit leben, wenn Sie einen Risikotreiber aus bestimmten nachvollziehbaren Gründen verworfen haben; auch wenn ich im Einzelfall vielleicht anderer Meinung bin. Wenn ich aber auf Basis der Dokumentation nicht erkennen kann, wie Sie die Risikotreiber identifiziert haben und warum einzelne nicht enthalten sind bzw. verworfen wurden, ist das für mich als Prüfer inakzeptabel. 750

Viele Finanzinstitute werden wahrscheinlich ein internes Gremium schaffen/beauftragen, das die Spezialisten für sämtliche Risikoarten zusammen mit der Geschäftsleitung an einen Tisch bringt. Dies verbessert meist die Ergebnisse, da das Wissen der Spezialisten mit dem gesunden Menschenverstand der anderen Teilnehmer kombiniert und damit objektiviert wird. Zudem vermeidet diese Lösung weiße Flecken zwischen den Risikoarten auf der Risikolandkarte und ermöglicht die risikoartübergreifende Identifizierung von Risi- 751 kotreibern. Nicht zuletzt wird nur ein solches Gremium über die Wechselwirkungen zwischen den Risikoarten kompetent diskutieren können.

752 Im nächsten Schritt geht es nun darum, die Risikokonzentrationen zu **bewerten**. Erster Teilschritt ist analog zu Stresstests die **angemessene Auslenkung des Risikotreibers** für das Risikoszenario. Zweiter Teilschritt ist die qualitätsgesicherte und veränderungsgeschützte **technische implementierte Bewertung der Auswirkungen dieser Auslenkungen** für die unterschiedlichen Risikosilos. Jedes Risikosilo analysiert separat, wie sich das Szenario der Auslenkung des Risikotreibers in seinem Bereich auswirkt. Die Ergebnisse werden nun zusammengetragen und zeigen, wie empfindlich das Gesamtportfolio auf den Risikotreiber reagiert. Zunächst erzeugt diese Herangehensweise eine Liste von Risikotreibern mit entsprechenden Auswirkungen auf das Gesamtportfolio. Auch bei der Auslenkung der Risikotreiber hilft dem Prüfer, wenn er nachvollziehen kann, warum der Risikotreiber wie weit ausgelenkt wird. Nur so werden Expertenschätzungen bankaufsichtlich akzeptabel. Nicht zuletzt sollten Auswirkungen der Risikotreiberauslenkung technisch sicher kalkuliert werden. Ich möchte die Entwicklung auf Basis von Tabellenkalkulationen und PC-Datenbanken nicht von vorneherein ausschließen. Für die Gestaltung von Prototypen bieten sich diese Plattformen geradezu an. Sobald sie die Risikokonzentrationen regelmäßig berechnen, sollten die Anwendungsentwicklungsprozesse den üblichen Marktstandards der IT gerecht werden. Nur um einige Beispiele zu nennen: Es ist indiskutabel, dass der entwickelnde Controller sein eigenes Programm selbst testet. Ebenso sind die Formeln der Programme angemessen gegen versehentliche Veränderungen zu schützen. Auch ist die Implementierung zu dokumentieren. Doch möchte ich hier keinen Aufsatz über die bankaufsichtlichen Anforderungen an fachbereichlich entwickelte Anwendungen schreiben.

753 Im nächsten Schritt gilt es nun, die Risiken sämtlicher Risikotreiber angemessen zu **begrenzen**. Die einfachste Form der Begrenzung ist sicherlich, jedem Risikotreiber ein eigenes Limit zuzuordnen. Nur reicht das alleine zur Risikobegrenzung aus? Betrachten wir analog das aufsichtliche Risikomanagement von Großkrediten. Diese werden einzeln auf einen bestimmten Betrag limitiert. Zusätzlich wird auch die Summe der Großkredite limitiert. Eine Begrenzung der Auswirkungen sämtlicher identifizierter Risikokonzentrationstreiber ist also erforderlich. Wahrscheinlich ist es auch notwendig, diese Limite für risikoartübergreifende Risikokonzentrationen auf die einzelnen Risikosilos aufzuteilen. Sonst beansprucht jedes Silo im ungünstigsten Fall das gesamte Limit für sich und das Gesamtlimit wird überschritten. Zur technischen Ver-

waltung der Limite sollten diese in die bestehende Infrastruktur zur Verwaltung der Limite sowie deren Auslastung integriert werden. Bei vollständiger Aufteilung der Limite auf die Risikosilos samt silointerner Überwachung bedarf es zur Überwachung der Einzellimite von Inter-Risikokonzentrationen keiner zusätzlichen prozessualen Vorkehrungen. Lediglich das Portfoliolimit für Risikokonzentrationen ist dann noch separat zu überwachen. Prinzipiell ist natürlich auch jede andere Infrastruktur zur Begrenzung und Überwachung von Risikokonzentrationen erlaubt – wenn sie die Bankenaufsicht davon überzeugen können, dass diese funktioniert.

Das Limitsystem muss sicher stellen, dass die Risikotragfähigkeit bei Auslastung 754 der Limite immer noch gegeben ist. Daneben sind granulare Limitsetzungen erforderlich, um den die Risiken eingehenden Personen einen entsprechenden Handlungsrahmen zu setzen. Die Limitauslastung ist unabhängig zu ermitteln und zu berichten. Das (Eskalations-)verfahren bei Limitüberschreitungen ist prozessual vorzugeben. Wenn der vorhandene Risikobestand nicht mit der Limitstruktur in Einklang steht, sind Maßnahmen abzuleiten, die den Risikobestand in angemessener Zeit wieder in die gesetzten Limite zurückführen.

In Textziffer 4 des Abschnitts 4.3.2 der MaRisk wird explizit gefordert, dass 755 die Risikoberichte »auch auf Risikokonzentrationen und deren potentielle Auswirkungen gesondert eingehen.« Es werden also keine separaten Risikoberichte gefordert. Risikokonzentrationen können im Rahmen der üblichen Berichterstattung an die gesamte Geschäftsleitung dargestellt werden.

Wichtig für die Gewährleistung der Angemessenheit des Berichtswesens ist 756 die **Aussagekraft** der Berichte. Eng bedruckte Zahlenfriedhöfe sind hier ebenso wenig geeignet wie Berichte, die nur drei Zahlen enthalten. Die Berichte müssen es der Geschäftsleitung erlauben, die **Risikosituation des Gesamtbankportfolios** zu erkennen. In der Praxis werden erläuternde Kommentare, z. B. zur Entwicklung von Risikotreibern im Zeitverlauf, das Verständnis der Berichtsinhalte erleichtern. Für die Risikoberichterstattung an das Aufsichtsorgan werden weniger Details als für die Geschäftsleitung erforderlich sein.

## 3.7.   Stresstests (AT 4.3.3)

Bei der Durchführung von Stresstests haben Institute darauf zu achten, dass 757 diese sich auch auf die angenommenen Risikokonzentrationen und Diversifikationseffekte innerhalb und zwischen den Risikoarten erstrecken.

758 Hier wird klargestellt, dass das Gesamtbankportfolio auch hinsichtlich seiner Sensitivität hinsichtlich der Auslenkung von Risikotreibern aus der Risikokonzentration zu beurteilen ist. Ebenso sind Szenario-Analysen erforderlich.

759 Von den bankaufsichtlichen Anforderungen her ist es egal, ob der ausgelenkte Risikotreiber bzw. das Szenario aus einer spezifischen Risikoart stammt, oder risikoartübergreifender Natur ist. Daher verzichte ich hier auf die Formulierung spezieller Anforderungen an Stresstests für Risikokonzentrationen.

## 4. »Range of Practice« zur Sicherstellung der Risikotragfähigkeit bei deutschen Kreditinstituten

760 Die Bundesbank hat mit Datum vom 11.11.2010 die Ergebnisse einer Umfrage zur Sicherstellung der Risikotragfähigkeit bei deutschen Kreditinstituten veröffentlicht. Sie finden dieses auf der Webseite der Deutschen Bundesbank in der Rubrik Bankenaufsicht unter Risikomanagement, wenn Sie die Seite ganz nach unten blättern:

> http://www.bundesbank.de/download/bankenaufsicht/pdf/marisk/range_of_practice.pdf

761 Diese Veröffentlichung zeigt weder die besten am Markt üblichen (best practice) noch die minimal noch erlaubten Herangehensweisen (Mindestanforderungen), sondern stellt die eingesetzten Verfahren **ohne Wertung** nebeneinander dar. Der kurze Abschnitt zu Risikokonzentrationen lautet wie folgt:

> »Die Risikokonzentrationen werden **ausschließlich qualitativ oder volumenorientiert gesteuert,** häufig über **Strukturlimite** nach Größenklassen, Forderungsklassen, Bonitäten oder Branchen. Für die Eigenanlagen werden Emittenten- und Kontrahentenlimite definiert. Die Limite orientieren sich in der Regel an Größen wie den Eigenmitteln nach Säule 1 oder dem Betriebsergebnis. Sie haben somit keinen direkten Bezug zum Risikodeckungspotenzial. Eine **explizite Quantifizierung der Risikokonzentrationen findet sich bei keinem Institut,** sie erfolgt nur implizit innerhalb des Adressenausfallrisikos durch Verwendung eines Kreditportfoliomodells. Die Verwendung von Kreditportfoliomodellen ist auch bei den kleineren Instituten weit verbreitet. Rund 61 % der Institute gaben an, Kreditportfoliomodelle zu verwenden.«

762 Deutlich erkennbar ist, dass es zur Berücksichtigung der Risikokonzentrationen in der Risikotragfähigkeitsbetrachtung generell noch keine ausgefeilten Methoden gibt. Zu Konzentrationen im Adressenausfallrisiko existiert die größte Erfahrungshistorie.

## 5. CEBS-Guidelines zu Risikokonzentrationen

Da die CEBS-Guidelines in Deutschland im Wesentlichen durch die MaRisk    763
umgesetzt wurden, verzichte ich an dieser Stelle auf eine Wiederholung der im
Kapitel zur MaRisk bereits angesprochenen Anforderungen. Vielmehr möchte
ich an dieser Stelle die Aspekte aufgreifen, die so in den MaRisk nicht dargestellt werden. Dies ist nicht der Versuch einer vollständigen Übersetzung der
CEBS-Guidelines ins Deutsche.

Zunächst beginne ich mit den Anforderungen an die Bankenaufsicht (»Super-    764
visory Review and Assessment«). CEBS formuliert explizit, wie nationale
Bankenaufsichtsbehörden mit Risikokonzentrationen umzugehen haben.
Darüber hinaus stelle ich die grundlegenden Regeln zum Risikokonzentrationsmanagement im Überblick dar.

### 5.1. Anforderungen an die Bankenaufsicht

Die Beurteilung, in welchem Umfang ein Finanzinstitut Risikokonzentratio-    765
nen ausgesetzt ist bzw. wie es diese Risiken steuert, ist Teil der umfassenden
**Analyse des Geschäfts- und Risikoprofils.** Dabei ist dem Grundsatz der
Proportionalität folgend die Ausgestaltung des Risikokonzentrationsmanagements in Relation zu Art und Umfang der Risikosituation des Instituts zu
beurteilen (Tz. 107). Materielle Risikokonzentrationen müssen also ins Risikoprofil eingehen.

Wenn ein Institut der Aufsicht gegenüber darlegen kann, dass das bereits    766
vorhandene Risikomanagementsystem die innerhalb von Risikoarten liegenden Risikokonzentrationen angemessen steuern kann, sollen die Aufseher
**keine separaten Prozesse ausschließlich zur Steuerung dieser Intra-
Risk-Konzentrationen** fordern (Tz. 108).

In Konzernstrukturen ist darauf zu achten, dass es durch konzernweite Strate-    767
gien grenzüberschreitend zu Risikokonzentrationen in einzelnen rechtlichen
Einheiten kommen kann. Beispielsweise könnte dies eine Tochter in Luxem-
burg sein, die sich primär dem Wealth Management widmet, oder eine in
Polen zwecks Betreung der osteuropäischen Projektfinanzierungen. Solche
Aspekte werden zwischen den Aufsehern im Rahmen der so genannten »supervisory colleges« zu diskutieren sein (Tz. 109).

Bankaufseher müssen sich ein Urteil darüber bilden, ob Risikokonzentratio-    768
nen angemessen durch das Risikomanagement des Instituts gesteuert werden.

Dieses Urteil soll neben quantitativen Apekten auch qualitative und organisatorische Aspekte einschließen (Regel Nr. 16).

769 Ebenso hat die Aufsicht zu beurteilen, ob die Institute den Vorgaben dieser CEBS-Veröffentlichung gerecht werden. Hierbei ist insbesondere darauf zu achten, in welchem Umfang Risikokonzentrationen in das Risikomanagement-Rahmenwerk integriert sind und ob das Institut sämtliche Bereiche, in denen Risikokonzentrationen auftreten können, berücksichtigt hat (Tz. 110).

770 Bei der Risikobeurteilung von Instituten sollten quantitative Indikatoren zur Qualität des Risikokonzentrationsmanagements erwogen werden. Dies soll den späteren Vergleich von Instituten erleichtern (Tzn. 111 und 112). Beispielsweise können Aufseher im Wege der Expertenschätzung in einem Schulnotensystem je Risikoart den Grad der Berücksichtigung im Risikomanagementprozess bewerten. Bei all diesen quantitativen Maßen darf allerdings nicht vergessen werden, dass diese durch Expertenschätzungen entstehen. Unterschiedliche Schätzende bedeuten qualitativ unterschiedliche Ergebnisse und damit Unschärfen. Keineswegs dürfen die scheinbar genauen quantitativen Ergebnisse unreflektiert aufsichtlich verwendet werden.

771 Bezüglich der Messung von **Risikokonzentrationen zwischen Risikoarten** ist sich die Aufsicht im Klaren darüber, dass es noch keine etablierten Methoden zur Messung dieser Risikokonzentrationen gibt. Die Methoden stecken noch in den Kinderschuhen und es ist von einem eher evolutionären Prozess auszugehen. Daher wird es keine starre bankaufsichtliche Erwartungshaltung geben (Tz. 113). Eher ist analog zur Situation beim Management operationeller Risiken im Jahr 2006 Methodenfreiheit anzunehmen. Damit wird zunächst lediglich erwartet werden, dass grundlegende Anforderungen wie Nachvollziehbarkeit und Plausibilität erfüllt sind. Der gesunde Menschenverstand ist das in erster Linie relevante Prüfungskriterium.

772 Ebenso ist zu berücksichtigen, dass neben der rein quantitativen Modellierung auch qualitative Faktoren bedeutend sind. Insbesondere wenn sich Risikokonzentrationen aus dem Geschäftsmodell ergeben, ist im Besonderen die Expertise der handelnden Personen der Bank bedeutsam und muss in die aufsichtliche Beurteilung einbezogen werden (Tz. 114). Analog zur Methodenfreiheit ist dies ein kaum fassbares Kriterium. Wie soll ein Laie der Bankenaufsicht in speziellen Portfolios und Märkten die Expertise der handelnden Personen beurteilen? Erfolgreiches Selbstmarketing und Blenderei wird nur schwierig von fundiertem Fachwissen und Erfahrung zu unterscheiden sein.

Die Aufsicht soll die Belastbarkeit vorgeschlagener oder bereits umgesetzter 773 Maßnahmen zur Risikoreduzierung beurteilen, insbesondere ob diese auch in Krisenzeiten (z. B. bei illiquiden Märkten) noch angemessen funktionieren (Tz. 116). Auch hier wird es aufsichtsseitig schwierig sein, die Krisenszenarien der Zukunft schon heute vorherzusehen und angemessen in die Diskussion mit den Instituten hineinzutragen. Eher wahrscheinlich scheint mir, dass die Aufsicht für eine Transformation der best Practice zu allen Marktteilnehmern sorgt.

Wenn ein Institut materielle Defizite beim Risikokonzentrationsmanagement 774 aufweist, sind Maßnahmen gemäß Artikel 136 der Richtlinie über Eigenkapitalanforderungen der Europäischen Union (2006/48/EG (Bankenrichtlinie) und 2006/49/EG (Kapitaladäquanzrichtlinie)) zu ergreifen (Regel Nr. 17). Dies können sowohl Kapitalaufschläge sein als auch die direkte Anordnung von Maßnahmen durch die Aufsicht wie z. B. das Reduzieren von Limiten (Tzn. 117 und 118).

Die Aufsicht muss sich eine Meinung darüber bilden, ob die Institute in Be- 775 zug auf ihr Netto-Risikokonzentrationsprofil über eine angemessene Eigenkapitalausstattung und angemessene Liquiditätspuffer verfügen (Regel Nr. 18). Hierbei wird mit steigender Risikokonzentration die Beweispflicht der Institution steigen, dass die quantitative Methode zur Ermittlung der hierzu benötigten Kapitalbeträge angemessen ist (Tz. 120). Sollte das Eigenkapital des Instituts der Risikokonzentration gegenüber nicht angemessen erscheinen, ist die Aufsicht gezwungen, entweder Kapitalaufschläge festzulegen oder zum Abbau von Risikopositionen aufzufordern (Tz. 121). Insbesondere im Hinblick auf das Liquiditätsrisiko ist klar, dass Kapital nicht der beste und einzige Weg zur Kompensation entsprechender Risikokonzentrationen ist. Vielmehr ist aufsichtlich auf die Höhe und Zusammensetzung der Liquiditätsreserven zu achten (Tz. 123).

Die Aufsicht hat zu beurteilen, ob Risikokonzentrationen angemessen im 776 Rahmen von Stresstests berücksichtigt werden (Regel Nr. 19). Darüber hinaus wird sie Institute insbesondere anlassbezogen dazu auffordern, zusätzliche Stresstests durchzuführen (Tz. 124). Diese Möglichkeit wird regelmäßig genutzt, wenn die Aufsicht die Portfolios mehrerer Institute unter bestimmten Krisenszenarien vergleichen bzw. die Robustheit des gesamten Bankensystems beurteilen möchte.

777 Hinsichtlich grenzüberschreitend aktiver Institute haben die Bankenaufsichtsbehörden durch abgestimmtes Verhalten die angemessene Berücksichtigung von Risikokonzentrationen zu gewährleisten. Die gemeinsamen Ergebnisse sind im Risikoprofil des Instituts zu berücksichtigen und unter den beteiligten Aufsichtsbehörden zu diskutieren (Regel Nr. 20).

778 Institute mit speziellem Risikokonzentrationprofil (z. B. geographisch, nach Kundensegment, Produkte oder Refinanzierung) sind mit besonderem Augenmerk zu beaufsichtigen (Regel Nr. 21). Einerseits wachsen mit einem höheren Grad an Risikokonzentration die bankaufsichtlichen Anforderungen an die Eigenkapitalquote. Andererseits liegt risikoreduzierend oft eine besondere Risikomanagement-Expertise vor. Manchmal hat gar ein solches spezielles Portfolio eine höhere Bonität als ein durchschnittliches diversifiziertes Portfolio. Aufforderungen zur Diversifikation wirken oftmals risikoerhöhend, weil das Institut dann in unbekannte Märkte, Regionen etc. expandiert (Tzn. 128 bis 130). Wie viele Kreditinstitute und Privatpersonen haben sich ohne Kenntnis der lokalen Märkte in Ost-Immobilien diversifiziert? Welche Diversifikation schafft eine Investition in strukturierte amerikanische Immobilienkredite zweifelhafter Bonität mit erstklassigen externen Ratings?

5.2.    Generelle Anforderungen an das Risikokonzentrationsmanagement

779 Im Folgenden stelle ich die Anforderungen an die Risikokonzentration der CEBS-Guideline überblickhaft anhand der Kernregeln dar.

780 Das generelle Risikomanagementrahmenwerk eines Instituts muss Risikokonzentrationen klar berücksichtigen (Regel Nr. 1). Dies beginnt bei der Gesamtverantwortung der Geschäftsleitung, die das Risikoprofil des Instituts umfassend verstehen muss. Die Geschäftsleitung hat ihren Risikoappetit für Risikokonzentrationen festzulegen und auf die unterschiedlichen Risikoarten aufzuteilen. Die organisatorischen Regelungen haben angemessen zu dokumentieren, wie Risikokonzentrationen auf Konzernebene und auf Einzelunternehmensebene adressiert werden. Eine regelmäßige Überprüfung des Rahmenwerks soll Veränderungen des Risikoappetits und des geschäftlichen Umfelds berücksichtigen. Ausnahmen von diesen Regeln sind zu begründen und zu dokumentieren sowie kompetenzgerecht zu berichten.

781 Institute müssen im Wege eines integrierten Ansatzes auf die Inter- und Intra-Risikokonzentrationen schauen (Regel Nr. 2).

Institute müssen über ein Rahmenwerk für die Identifizierung (Regel Nr. 3)  782
und Bewertung (Regel Nr. 4) von Risikokonzentrationen verfügen und Prozesse etablieren, die die Steuerung von Risikokonzentrationen sicher stellen.
Hierbei sind interne Limite, Schwellenwerte oder ähnliche Konzepte anzuwenden (Regel Nr. 5).

Darüber hinaus sind materielle Risikokonzentrationen angemessen im Rah-  783
men der Risikotragfähigkeitskonzeption zu berücksichtigen (Regel Nr. 6).

Klar erkennbar sind die Elemente der bereits in den MaRisk formulierten  784
Risikomanagementprozesse, die ich an dieser Stelle nicht mehr wiederholend
ausführen möchte.

### 5.3. Intra-Risikokonzentrationen

In den folgenden Kapiteln stelle ich die von CEBS formulierten Anforderun-  785
gen an die Steuerung von Intra-Risikokonzentrationen dar.

### 5.3.1. Adressenausfallrisiken

Wie anfänglich bereits erwähnt, kennt die Bankenaufsicht schon seit Jahrzehn-  786
ten Regelungen zu Großkrediten. Ich möchte an dieser Stelle auf die von
CEBS am 11.12.2009 veröffentlichten »CEBS Guidelines on the implementation of the revised large exposures regime« hinweisen, die von der Webseite
der European Banking Association (EBA) heruntergeladen werden kann.
Primär regelt diese die Zusammenfassung von Einzelkreditnehmern zu Kreditnehmereinheiten sowie die Verknüpfung von unmittelbar eingegangenen
Adressenausfallrisiken (z. B. Kredite, Schuldscheine) mit solchen gegenüber
demselben Kreditnehmer aus Portfolio-Anlageprodukten (z. B. Basketproduk-
te oder Investmentfonds) und Verbriefungstranchen.

Doch lassen Sie uns vorne beginnen. Wichtig ist, dass ein Institut im ersten  787
Schritt definiert, was es unter Risikokonzentrationen versteht. Diese Definition sollte mindestens folgende Aspekte umfassen:

- Risiko gegenüber demselben Kunden
- Risiko gegenüber den Kunden derselben Gruppe
- Risiko gegenüber den Kunden derselben Branche
- Risiko gegenüber den Kunden einer geographischen Region

- Risiko aus derselben Geschäftsaktivität bzw. demselben Produkt

- Risiko aus derselben Kreditrisikominderungstechnik (z. B. Grundschuld, Staatsanleihen bestimmter Länder)

788 Wenn das Risiko nun definiert ist, geht es an die Entwicklung von Methoden und Werkzeugen, um diese Risiken identifizieren. Üblicherweise fängt dies mit hierzu geeigneten Datenhaushalten an. Erfahrungsgemäß verfügt nicht jedes Institut über Datenhaushalte, die eine Recherche nach Risikokonzentrationen in Kreditsicherheiten erlauben. Manchmal werden diese gar in unterschiedlichen Anwendungen verwaltet und können so gar nicht je Portfolio betrachtet werden.

789 Wenn ein Institut neben dem direkten Adressenausfallrisiko gegenüber Unternehmen X ebenfalls Anleihen und Aktien oder Versicherungen des Unternehmens X als Kreditsicherheit hereinnimmt, sollte dies, wenn X ein wesentliches Risiko ist, erkannt werden können. Auch wenn die Risiken aus Bankbuch- und Handelsbuchpositionen in vielen Häusern getrennt gesteuert werden, ist eine Konsolidierung des Blicks auf das Adressenausfallrisiko erforderlich. Darüber hinaus sollte ein Institut die wechselseitige Abhängigkeit zwischen Unternehmen erkennen, wenn diese in einer Wertschöpfungskette miteinander verbunden sind. Wie unabhängig sind beispielsweise Automobilzulieferer von ihrem Großkunden?

790 Im Rahmen der Messung von Risikokonzentrationen dürfen die Modellrisiken nicht außer acht bleiben. Je nach Parametrisierung des Modells – erfahrungsgemäß lassen sich meist mehrere Parametersätze plausibel begründen – unterscheiden sich die Rechenergebnisse erheblich. Das Institut sollte die unterschiedlichen Bewertungsergebnisse verstehen und im Rahmen des Risikomanagements berücksichtigen. Schlimmstenfalls passt das verwendete Modell gar nicht zum Portfolio, was im ungünstigen Fall zu einer massiven Unterschätzung des Risikos führt. Die Kalibrierung des Modells muss alle Phasen eines Konjunkturzyklus einbeziehen. Sowohl der wirtschaftliche Auf- und Abschwung als auch die Zeiten der Hochkonjunktur und der Depression sind zu berücksichtigen.

## 5.3.2. Marktpreisrisiken

Im Marktpreisrisiko entstehen Konzentrationen entweder durch Positionen    791
gegenüber einem Risikofaktor oder gegenüber miteinander positiv korrelierten
Risikofaktoren. Wenn Korrelationen betrachtet werden, sollte berücksichtigt
werden, dass die während normaler Marktaktivität beobachteten Korrelationen häufig von denen in Krisenzeiten abweichen.

Wichtig ist, dass das Institut versteht, gegenüber welchen Risikofaktoren das    792
Gesamtbankportfolio (Handels- und Bankbuch gemeinsam) sensitiv ist. Ideal
ist hier eine komplette Neubewertung des Portfolios mit entsprechend ausgelenkten Risikofaktoren. Wenn approximativ nur Sensitivitäten mit Risikofaktorauslenkungen multipliziert werden, ist zu berücksichtigen, dass nicht alle
Finanzprodukte (z. B. einfache Optionen und solche mit exotischen Ausstattungsmerkmalen) durch diese Herangehensweise angemessen abgebildet werden können.

Wenn ein Institut ein Marktrisikomodell verwendet, dann ist darauf zu achten,    793
dass die verwendeten Korrelationen der Risikofaktoren insbesondere im
Stressfall nicht zu einer Überschätzung des Diversifikationseffekts führen.
Während bei normalen Märkten ein Verlust von Unternehmen A durch einen
Gewinn bei Unternehmen B kompensiert wird, führen Extremszenarien eher
zu hochkorrelierten Aktienwertverlusten innerhalb einer Region, meist sogar
weltweit.

Unter der Annahme, dass der Value-at-Risk die Risikokonzentrationen in    794
Stresssituationen nicht angemessen abbildet, wird die Einführung separater
Risikokonzentrationsmaße erforderlich. Beispielsweise ist die Analyse der
Sensitivität bzgl. eines einzelnen oder mehrerer korrelierter Risikofaktoren
regelmäßig nützlich, um Effekte von Risikokonzentration zu analysieren.

Auch ist die Marktliquidität in die Betrachtung einzubeziehen. Wenn Risiko    795
konzentrationen schlagend werden, kann es sein, dass die Haltedauer im VaR-
Modell, die unter Normalbedingungen anhand der Liquidität des Portfolios
ermittelt wurde, nicht mehr zutrifft.

## 5.3.3. Operationelle Risiken

Wenn die Quantifizierung operationeller Risiken schon schwierig ist, wie soll    796
dann die Quantifizierung von Risikokonzentrationen der Risikoart Operationelles Risiko möglich sein?

797 Ich nehme an, dass ähnlich der Quantifizierung von operationellen Risiken in fortgeschrittenen Messansätzen gemäß der SolvV zunächst eine Phase des Experimentierens beginnt. Diese wird unterschiedliche Identifizierungs- und Messverfahren für die Risikokonzentration erschaffen, aus denen sich evolutionär die tauglichen Methoden entwickeln. Die Limitierung und das Berichtswesen dürfte verglichen damit eher trivial sein.

798 Risikokonzentrationen können beispielsweise wie folgt auftreten: Ein Unternehmen lagert wesentliche Prozesse an nur einen einzelnen Anbieter aus und verteilt diese nicht zu jeweils 50 % an zwei Dienstleister. Sämtliche Versicherungen wurden komplett bei einer Versicherung abgeschlossen. Sämtliche Anwendungen nutzen eine spezielle IT-Plattform für sämtliche Anwendungen, z. B. nur einen Typ Datenbankserver.

799 Auch geographisch lassen sich Konzentrationen finden, wenn viele Prozesse in ein einzelnes Land verlagert oder ausgelagert werden. Auch Konzentrationen in bestimmten Produkten wie z. B. Zertifikaten, aus denen später Schadensersatzansprüche resultieren, können sich erheblich auf ein Institut auswirken.

800 Analysen auf Basis einer Schadensfalldatenbank können zeigen, in welchen Segmenten des operationellen Risikos sich Schadensfälle häufen. Schlüsselpersonen konzentrieren Schlüsselwissen auf sich. Insbesondere bzgl. kritischer Ressourcen (IT, Personal, Gebäude, Dienstleister) müssen Notfallaktivitäten geplant und getestet sein, damit bei einem Ausfall dieser Ressource nicht der gesamte Geschäftsbetrieb zum Erliegen kommt. Das Business Continuity Management ist eine wesentliche Maßnahme zur Steuerung von Konzentrationen im operationellen Risiko.

### 5.3.4. Liquiditätsrisiken

801 Risikokonzentrationen der Liquidität treten insbesondere dann auf, wenn Finanzinstrumente oder Märkte entweder die Aktivseite und/oder die Passivseite der Bilanz dominieren. Wenn eine solche Risikokonzentration schlagend wird, können entweder an sich liquide Aktiva plötzlich nicht mehr liquidiert werden oder es fehlt für auslaufende Passiva die Anschlussfinanzierung.

802 CEBS hat zu Liquiditätsrisiken im Jahr 2008 mehrere Guidelines verfasst. Die Aufsicht wird erwarten, dass die Geschäftsleitung hinsichtlich der Konzentrationen der Liquidität informiert ist und Schwellenwerte bzw. Limite setzt, bei deren Überschreitung Warnhinweise gegeben bzw. risikoreduzierende Maß-

nahmen initiiert werden. Der Liquiditätsrisikobericht muss die Liquidität nach Risikofaktoren (z. B. Assetklasse, Laufzeit, Währung) aufgliedern, so dass Risikokonzentrationen offenbar werden.

### 5.4. Inter-Risk Konzentrationen

Zu Inter-Risk-Konzentrationen spricht CEBS keine speziellen Handlungs-    803
empfehlungen aus.

## 6. Übliche Prüfungsmängel

Die Aufsicht prüft bereits seit Jahren innerhalb einzelner Risikogattungen    804
Risikokonzentrationen auf dem Weg der Schätzung von Diversifikationseffekten und Korrelationen von Risikofaktoren. Die meisten Erfahrungen liegen
hierzu bei der Modellierung von Marktpreisrisiken vor, einige auch im Bezug
auf Adressenausfallrisiken und Verbriefungspositionen. Auf Basis dieser Erfahrungen werden bestimmte Prüfungsmängel regelmäßig identifiziert. Diese
Mängel werden wahrscheinlich auch bei der risikoartübergreifenden Steuerung
von Risikokonzentrationen relevant sein. Hier also die Evergreens:

- Oft verfügen Finanzinstitute hinsichtlich Risikokonzentrationen über
  **keine systematische Vorgehensweise**/keinen Prozess. Die Qualität
  des Risikomanagements unterscheidet sich zum Teil selbst innerhalb eines Instituts erheblich, da sie nahezu ausschließlich von den handelnden
  Personen abhängt.

- Bei manchen Banken **fehlen wesentliche Portfolioteile** bei der Implementierung von Stresstests, insbesondere fehlen beim Konzernrisiko-
  management für eine Finanzinstitutsgruppe einzelne unbedeutend ein-
  geschätzte Unternehmen mit erheblichem Risikopotential.

- Manche Institute **verzichten auf eine regelmäßige Überprüfung** der
  Angemessenheit des Rahmenwerks zum Risikokonzentrationsmanage-
  ment. Ein implizites »wird schon noch passen« wird den aufsichtlichen
  Regeln nicht gerecht.

- Auch ein die Risiken **nicht angemessen darstellendes Berichtswesen** wurde bereits aufsichtlich kritisiert, wenn wesentliche Risiken zwar
  identifiziert und ermittelt, aber nicht gegenüber der Geschäftsleitung
  berichtet werden.

- Immer wieder werden **unzureichend konservative Risikoschätzungen** bemängelt.

- Auch eine **unzureichende technische Implementierung** durch unzureichend geschützte Excel-Anwendungen wurde schon gewichtig bemängelt.

## 7. Ausblick und Zusammenfassung

805 Verstöße gegen die Neuerungen der MaRisk werden bis zum 31.12.2011 nicht bankaufsichtlich geahndet. Erfahrungsgemäß sind zwölf Monate ein angemessener Zeitraum, um die neuen Regelungen zur Risikokonzentration in einem Kreditinstitut umzusetzen. Ich kann nur empfehlen, frühzeitig mit der Überarbeitung bzw. Ergänzung der Organisation Ihres Instituts zu beginnen. Wer vor dem 31.12.2011 fertig ist, wird mit Sicherheit nicht bestraft werden, sondern verfügt über ein zeitgemäßes Instrumentarium zum Management von Risikokonzentrationen.

806 Wie sollte man also vorgehen, um den aufsichtlichen Anforderungen gerecht zu werden? Im ersten Schritt wird eine Bestandsaufnahme sinnvoll sein. In welchen Risikoarten gehe ich mit Risikokonzentrationen in welcher Weise um? Wo identifiziere ich die Risiken nur und welche bewerte ich auch? Wie bewerte ich die Risiken? Begrenze ich die Risiken durch Limite? Wird die Auslastung der Limite überwacht? Wie systematisch und vollständig ist meine Sicht auf Risikokonzentrationen? Nach dieser Bestandsaufnahme kann ich die Qualität meines Risikokonzentrationsmanagements beurteilen. Im nächsten Schritt empfiehlt sich, die identifizierten Lücken risikoorientiert abzuarbeiten. Die Teilschritte sind klar: Risikoinventur, Bewertung, Begrenzung, Überwachung und damit Steuerung der bisher in der Betrachtung fehlenden Risiken.

807 Nun ist noch der Rahmen zu schaffen, der auch zukünftig sicher stellt, dass alle wesentlichen Risikokonzentrationen sachgerecht behandelt werden. Ein wesentlicher Pfeiler ist der Prozess zur Behandlung von »Aktivitäten in neuen Produkten oder auf neuen Märkten« (Abschnitt AT 8 der MaRisk). Mit der Neufassung der MaRisk im Dezember 2010 ist in Abschnitt AT 8 Tz. 1 ausdrücklich der Passus ergänzt worden, dass bei Geschäften in neuen Produkten und Märkten neben den explizit neuartigen Aspekten und Risiken auch »deren Auswirkungen auf das Gesamtrisikoprofil« zu analysieren sind. Hierbei sollte sich von ganz alleine ein Blick auf entstehende Risikokonzentrationen richten.

Ergänzend hierzu ist im Falle von Ereignissen, welche bisher als vernachlässigbar geltende Risiken als bedeutsam erscheinen lassen, zumindest aber jährlich eine Überprüfung des Risikokonzentrationsmanagements durchzuführen. Oftmals versenken Controller sich unter der Last der Pflicht im Tagesgeschäft und verlieren dabei das große Ganze aus dem Blick. Eine Überprüfung des Gesamten lenkt den Blick von den Details wieder auf das Ganze. 808

Jörg Bretz ist Prüfungsleiter im Referat Bankgeschäftliche Prüfungen I des Regionalbereichs Banken- und Finanzaufsicht bei der Hauptverwaltung Frankfurt der Deutschen Bundesbank. Dieser Text gibt die persönliche Auffassung des Autors wieder. 809

# Literaturverzeichnis

# Literaturverzeichnis

**A**de, B./Dörflinger, M. (2010), Schwachstellenanalyse: Risikokonzentrationen und Stresstests im Kreditgeschäft, in: ForderungsPraktiker, 05/2010, S. 232-236.

Ade, B./Winkler, S. (2010), Einbindung von Risikokonzentrationen in Stresstests, in: Geiersbach, K./Walter, B. (2010) Praktikerhandbuch Stresstesting, Heidelberg 2010, S. 385-417.

Akerlof, George/Shiller, Robert (2009): Animal Spirits: Wie Wirtschaft wirklich funktioniert, New Jersey 2009

**B**aFin (2010): Erläuterungen zu den MaRisk, Rundschreiben 11/2010 (BA) vom 15.12.2010

BaFin (2010a): Begleitschreiben zur Veröffentlichung der Endfassung der MaRisk vom 15.12.2010.

BaFin (2010b): Mindestanforderungen an das Risikomanagement vom 15.12.2010.

BaFin (2010): Bundesanstalt für Finanzdienstleistungsaufsicht, Konsultation 5-2010

Bankhofer, Udo/Vogel, Jürgen (2008): Datenanalyse und Statistik, Wiesbaden 2008

Basel Committee on Banking Supervision (2004), Internationale Konvergenz der Eigenkapitalmessung und der Eigenkapitalanforderungen – Überarbeitete Rahmenvereinbarung, Basel vom 26. Juni 2004.

Basel Committee on Banking Supervision (2005) An Explanatory Note on the Basel II IRB Risk Weight Functions, July 2005.

Basel Committee on Banking Supervision(2008): Cross-sectoral review of group-wide identification and management of risk concentrations, April 2008

Bausch, Heinz-Hermann/Behrends, Tino (2010): MaRisk für Kreditgenossenschaften – Interpretation und praktische Umsetzungshilfen, 4. Auflage, Wiesbaden.

Berwanger, Jörg/Kullmann, Stefan (2008): Interne Revision – Wesen, Aufgaben und rechtliche Verankerung, Wiesbaden.

Bock, H. (2008), Begriff des Kredits und Kreditnehmers, in: Boos, K.-H./Fischer, R./Schulte-Mattler, H. (2008), Kreditwesengesetz: Kommentar zu KWG und Ausführungsvorschriften, 3. Auflage, München 2008, S. 485-544.

Bundesanstalt für Finanzdienstleistungsaufsicht (15.12.2010) dritte Novelle der Mindestanforderungen an das Risikomanagement (MaRisk)

Bundesanstalt für Finanzdienstleistungsaufsicht (2006) Verordnung über die angemessene Eigenmittelausstattung von Instituten, Institutsgruppen und Finanzholding-Gruppen (Solvabilitätsverordnung – SolvV)

Bundesanstalt für Finanzdienstleistungsaufsicht (2010), Mindestanforderungen an das Risikomanagement in der Fassung vom 15.12.2010

Bundesanstalt für Finanzdienstleistungsaufsicht (2010a): Rundschreiben 11/2010 (BA) – Mindestanforderungen an das Risikomanagement – MaRisk, Bonn und Frankfurt am Main.

Bundesanstalt für Finanzdienstleistungsaufsicht (2010b): Konsultation 05/2010 – Erster Entwurf der MaRisk vom 09.07.2010 – Anschreiben, Bonn und Frankfurt am Main.

Bundesanstalt für Finanzdienstleistungsaufsicht (2011) Journal 2011/01 – Abschnitt MaRisk: Erneute Überarbeitung vor dem Hintergrund internationaler Standards von Andreas Hofer

Bundesanstalt für Finanzdienstleistungsaufsicht (2011), Entwurf eines Rundschreibens, 2009 CEBS Guidelines Large Exposure – nationale Umsetzung, GZ: BA 52-FR 2430-2009/0003, Bonn vom 17. Januar 2011.

Bundesverband Öffentlicher Banken Deutschlands (2007), Auswirkungen der Bevölkerungsentwicklung auf Banken und Volkswirtschaft

CEBS (2010) Guidelines on the management of concentration risk under the supervisory review process (GL31), 2 September 2010

CEBS (2010) High level principles for risk management, 16 February 2010

CEBS (2010) Revised Guidelines on Stress Testing (CP32), Konsultationspapier

CEBS (CEBS GL 31): CEBS Guidelines on the management of concentration risk under the supervisory review process (GL31), September 2010

CEBS Guidelines on Liquidity Buffers & Survival Periods, Dezember 2009

CEBS: Guidelines on stress testing (GL32), August 2010

CEBS: Guidelines on the Application of the Supervisory Review Process under Pillar 2, Februar 2006

CEBS: Guidelines on the implementation of the revised large exposures regime, Dezember 2009

CEBS: High-level principles for risk management, Februar 2008

CEBS: Liquidity Identity Card, Juni 2009

CEBS: SECOND PART OF CEBS'S TECHNICAL ADVICE TO THE EUROPEAN COMMISSION ON LIQUIDITY RISK MANAGEMENT, September 2008

Christian Sievi (1995), Kalkulation und Disposition insbes. Kapitel 10

Committee of European Banking Supervisors (2009), Guidelines on the implementation of the revised large exposures regime, London vom 11. Dezember 2009.

Deloitte (White Paper No. 34): Weiterentwicklung der MaRisk für Banken – Entwurf der Novelle, Juli 2010

Deutsche Bundesbank (2006), Konzentrationsrisiken in Kreditportfolios, Monatsbericht Juni, Frankfurt am Main 2006, S. 35-54.

Deutsche Bundesbank (2006), Monatsbericht Juni 2006, Seite 35 ff.

Deutsche Bundesbank (2006): Deutsche Bank Monatsbericht Nr. 6, 2006

Deutsche Bundesbank (2007) Stresstests: Methoden und Anwendungsgebiete, Finanzstabilitätsbericht

Deutsche Bundesbank (2009), Änderungen der neu gefassten EU-Bankenrichtlinie und der EU-Kapitaladäquanzrichtlinie sowie Anpassung der Mindestanforderungen an das Risikomanagement, Monatsbericht September, Frankfurt am Main 2009, S. 67-83.

Deutsche Bundesbank (2009): Stellungnahme zum zweiten Entwurf zur zweiten Neufassung der MaRisk, 2009

Deutscher Genossenschafts- und Raiffeisenverband e.V. (2010): Checkliste 2102 Gesamtbanksteuerung, Berlin.

Deutscher Sparkassen und Giroverband (2007) Risikotragfähigkeitskonzept

Deutscher Sparkassen und Giroverband (2009) Leitfaden Stresstests mit dem Kreditrisikosystem CreditPortfolioView (CPV), Version 1.0

Deutscher Sparkassen und Giroverband (2009) Mindestanforderungen an das Risikomanagement, Interpretationsleitfaden, Version 3.0

Deutscher Sparkassen und Giroverband (2009) Steuerung Operationeller Risiken auf Basis der Quantifizierungsmethodik

Deutsches Institut für Interne Revision e.V. (2009): Internationale Standards für die berufliche Praxis der Internen Revision.

Deutsches Institut für Interne Revision e.V. (2011): IIR Revisionsstandard Nr. 2 – Prüfung des Risikomanagement durch die Interne Revision.

DiMartino, Danielle/Duca, John V. (2007): The Rise and Fall of Subprime Mortgages, in: Economic Letter 2007, Vol. 2, No. 11

DZ Bank (2010), »Integrierte Vermögensallokation und aktuelles Aufsichtsrecht«, Fachvortrag zur Anlegerversammlung der Union Investment am 25.10.2010 in Frankfurt/M.

EG Komission (1987): Empfehlung der EG-Kommission über die Überwachung und Kontrolle der Großkredite von Kreditinstituten, ABl., L 33/10, Erwägungen, 1987

Egloff, Daniel/Leippold, Markus/Vanini, Paolo (2004): A simple model of credit contagion, Arbeitspapier der Universität Zürich

Finanz Colloquium Heidelberg (2009) Neue MaRisk, Bearbeitungs- und Prüfungsleitfaden

Finanz Colloquium Heidelberg (2010) Präsentationsvortrag »Geschäfts- und Risikostrategien auf dem Prüfstand« von Stefan Kühn

Finanz Colloquium Heidelberg (2010) Präsentationsvortrag »Risikokonzentrationen« von Philip Stegner

Finanz Colloquium Heidelberg (2010) Präsentationsvortrag »Steuerung und Überwachung der Risikotragfähigkeit« von Stefan Kühn

Finanz Colloquium Heidelberg (2010) Stresstesting, Praktikerhandbuch

GenG (2010): Genossenschaftsgesetz.

Gleißner/Füser (2007) Aufsatz: Moderne Frühwarn- und Prognosesysteme für Unternehmensplanung und Risikomanagement Dr. Werner Gleißner, Leinfelden-Echterdingen und Dr. Karsten Füser, Stuttgart

Göddecke, C./Fuchs, M. (2010), CRD II: Änderungen der Großkreditregeln, in BaFin Journal, Mitteilungen der Bundesanstalt für Finanzdienstleistungen, 12/2010, S. 8-9.

Gordy/Lütkebohmert (2007), Granularity adjustment for Basel II, Discussion Paper, Series 2 No. 01/2007, Hrsg.: Deutsche Bundesbank

GVB (2010a), Balanced Score Card für Kreditgenossenschaften.

Hagin, Robert (2004): Investment Management: Portfolio Diversification, Risk and Timing – Fact and Fiction, New Jersey 2004

Hannemann, Ralf/Schneider, Andreas/Hanenberg, Ludger (2008): Mindestanforderungen an das Risikomanagement (MaRisk) – Eine einführende Kommentierung, 2. Auflage, Stuttgart.

Hannemann, Ralf/Schneider, Andreas/Hanenberg, Ludger (2008): Mindestanforderungen an das Risikomanagement (MaRisk): Eine einführende Kommentierung, Düsseldorf 2008

Herbert Trenner/Oliver Wilhelm (2011), Beurteilung spezifischer Branchenrisiken bei der Kreditvergabe, Zeitschrift für das gesamte Kreditwesen 2/2011

Hofmann, Rolf (2002): Prüfungs-Handbuch – Praxisorientierter Leitfaden einer umfassenden unternehmerischen Überwachungs- und Revisionskonzeption, 4. Auflage, Berlin.

IDW (2009): IDW Stellungnahme zum ersten Entwurf zur zweiten Neufassung der MaRisk, 2009

Makowitz Harry M. (1959) Portfolio Selektion

Nassim Nicholas Taleb (2007) The Black Swan, The Impact of the Highly Improbable

Palm, Stefan (2005): Anforderungen und Prüfung des Risikomanagementsystems bei Kreditinstituten, in: Prüfungen in Kreditinstituten und Finanzdienstleistungsunternehmen – Interne und externe Revision, Jahresabschlussprüfung, Bankenaufsicht, hrsg. von Axel Becker und Martin Wolf, Stuttgart, S. 395-418.

Peemöller, Volker (2004): Interner Revisor, in: Wirtschaftsprüfung und Interne Revision, hrsg. von Gerhard Förschle und Volker H. Peemöller, Heidelberg, S. 151-197.

Schulte, Michael/Horsch, Andreas (2002): Wertorientierte Banksteuerung II: Risikomanagement, Frankfurt/Main 2002

Schwager, Elmar u. a. (2005): Effiziente Prüfungsdurchführung – Praxisorientierte Anforderungen an ein Auditmanagement-System, in: ZIR – Zeitschrift Interne Revision, 40. Jg., Ausgabe 1/2005, Berlin, S. 8-19.

Seel (2011), Vorstandskompetenz Banksteuerung: Integrierte Risiko- und Renditesteuerung.

Serafin, Andreas/Siegl, Jürgen (2009): Allgemeiner Teil der MaRisk – Anwendungsbereich, in: Bearbeitungs- und Prüfungsleitfaden – Neue MaRisk, hrsg. von Axel Becker, Michael Berndt und Jochen Klein, Wiesbaden, S. 32-45.

Sharpe, William (1964): Capital Asset Prices: A Theory of Market Equilibrium under Conditions of Risk, in: Journal of Finance 1964, Vol. 19, No. 3

SolvV (2007):Verordnung über die angemessene Eigenmittelausstattung von Instituten, Institutsgruppen und Finanzholding-Gruppe (Solvabilitätsverordnung – SolvV) vom 14. Dezember 2006

Sprissler, W./Kemmer, M. (2000), Externes Rechnungswesen, in: Obst/Hintner: Geld-, Bank- und Börsenwesen, 40. Völlig überarbeitete Auflage, hrsg. von: von Hagen, J./von Stein, J.-H., Stuttgart 2000, S. 1295-1408.

Stegner, Philip (2009): Anforderungen an die Risikosteuerungs- und -controllingprozesse, in: Bearbeitungs- und Prüfungsleitfaden – Neue MaRisk, hrsg. von Axel Becker, Michael Berndt und Jochen Klein, Wiesbaden, S. 336-363.

Union Investment (2010), Edition Risikomanagement 5.3 und 5.4

Venzin, Rasner, Mahnke (2010): Der Strategieprozess – Praxishandbuch zur Umsetzung im Unternehmen – (2. Auflage)

Wilkens, Marco/Baule, Rainer/Entrop, Oliver (2001): Berücksichtigung von Diversifikationseffekten im Kreditportfolio durch das Granularity Adjustment, in Kreditwesen 12/2001

Zeranski, Stefan (Hrsg.) (2011): Treasury Management in mittelständischen Kreditinstituten, Heidelberg 2011

# Abbildungsverzeichnis

# Abbildungsverzeichnis

# Stichwortverzeichnis

# Stichwortverzeichnis